21세기 초국가적 안보위협

NEW NATIONAL SECURITY THEORY

채성준 저

21세기 초국가적 안보위협

동문사

머리말

국가는 국민의 안전한 삶을 보장하기 위해 존재한다. 국민이 없으면 국가가 없듯이 국가가 없으면 국민도 없다. 안보는 국가목표의 최우선 순위에 속한다. 국가안보를 위해서는 국민의 기본권을 유보할 수 있다는 헌법정신도 여기에서 기인한다. 그러나 국가안보의 중요성은 쉽게 망각된다. 가까운 우리 역사에서 임진왜란과 병자호란, 한일합병이 그 좋은 예이다. 성리학적 도덕 명분에 매달려 정쟁에만 몰두한 채 국제정치의 냉혹한 현실을 도외시한 데 따른 참극으로 그 결과는 혹독했다.

우리나라는 1945년 8월 15일 36년간의 일제 강점에서 벗어났지만, 자력으로 독립을 쟁취하지는 못했다. 이에 따라 해방정국의 분열과 미국과 소련에 의한 분할통치를 거쳐 남과 북이 갈라지는 민족적 불행을 맞게 되었다. 설상가상으로 1950년 6월 25일 동족상잔의 비극을 겪으면서 분단이 고착화되는 결과가 초래되었다. 그로부터 70년이 지난 현 시점에도 냉전체제의 유산을 청산하지 못하고 세계 유일의 분단국가로 남아 있다.

문제는 탈냉전 이후 국제사회의 질서가 다극화되고 세계화·정보화가 급속히 진행되면서 과거 군사력 위주의 전통적 안보 개념이 변화하고 있다는 사실이다. 이는 테러리즘, 국제범죄, 산업스파이, 사이버테러와 같은 초국가적 안보위협 요인의 등장에 따른 것이다. 국제사회의 일원으로 살아가면서 해외 의존도가 높은 우리도 여기에서 예외일 수가 없다. 결과적으로 볼 때 대한민국은 세계에서 가장 폐쇄적이고 호전적인 북한과 대치해야 함은 물론 초국가적인 안보위협에도 대처해야 하는 이중 부담에 직면해 있는 셈이다.

필자는 오랜 기간 정부에서 국가안보와 국가정책을 다루는 업무에 종사하다가 학위를 받고 대학 강단에 서게 되면서, 현재 우리나라가 당면한 안보문제를 학술적으로 접근하는 기회를 가질 수 있었다. 그리고 그에 따른 결과물을 체계적으로 정리할 필요성을 느끼게 되었다. 그동안 국가안보와 관련된 많은 연구가 있었고 초국가적 안보위협에 따른 신안보 문제 역시 분야별로 여러 저서들이 발간되었지만, 이를 종합적으로 다룬 저작물이 없어 아쉬웠기 때문이다.

이 책은 이른바 21세기의 새로운 안보 영역에 대해 해당 분야 종사자들은 물론 일반 국민들의 이해를 돕기 위한 취지와 목적에서 발간하였다. 이 책은 크게 6부로 구성되어 있다.

제1부에서는 국가와 국력 그리고 국가안보의 의미와 우리나라 안보의 현실에 대해 다루고 있다.

제2부, 제3부, 제4부, 제5부에서는 초국가적 안보위협인 테러리즘, 국제범죄, 산업스파이, 사이버테러를 각각 분야별로 나눠 구체적으로 정리하였다.

마지막으로 제6부에서는 또 다른 신안보 개념으로 부각되고 있는 인간안보와 식량안보·에너지안보 문제를 다루고 있다.

초국가적 안보위협 요인은 군사적 위협과 달리 국민들이 보기에 당장의 직접적 위협으로 느껴지지 않기 때문에 관심이 떨어질 수밖에 없다. 현재 군을 비롯해 정부 각 부처·기관에서 이를 다루고 있으나, 직접적으로 관련이 있는 국가기관은 총리실·국정원이나 군의 국방정보본부·군사안보지원사령부·사이버작전사령부 그리고 검찰이나 경찰의 정보·수사·외사 분야 부서 등으로 제한적이다. 이 때문에 축적된 연구 자료가 많지 않을 뿐 아니라 기관의 특성상 자료 접근이 제약되어 있어 정확한 통계치나 핵심적인 사례를 통한 이론의 뒷받침에 한계가 있었던 점을 인정하지 않을 수 없다.

안보는 물과 공기와 같은 존재이다. 굳건한 국가안보 없이는 우리가 안심하고 살 수 없지만, 평화 시기가 오래되다 보면 국민들은 물론이고 위정자들마저 그 중요성을 잊기 십상이다. 최근 미국과 일본, 중국과 러시아와 같은 한반도 주변 강대국의 이해관계가 첨예하게 대립되면서 구한말과 같은 상황이 재현되는 것이 아니냐는 우려마저 대두되고 있다.

군사적 억지력을 토대로 굳건한 국방 태세를 유지하는 것 못지않게 냉전 종식 이후 새롭게 부상하고 있는 신안보 위협요인에 대한 대처 역시 중요하다. 이 책이 국가안보의 중요성, 특히 초국가적 안보위협 세력에 대한 경각심을 일깨워주는 데 작으나마 보탬이 되었으면 하는 바람이다.

2019년 6월 호국보훈의 달에

저자 채성준

차례

Chapter 04 산업스파이

Chapter 05 사이버테러

Chapter 06 인간안보와 식량 · 에너지안보

국가와 국가안보

1 국가의 개념과 국력의 의미

1) 국가의 개념 및 정의

사전적 의미로 국가(State)란 일정한 지역(영토) 내에 거주하는 사람(국민)들로 구성되고, 그 구성원들에 대해 유일한 권위를 가지는 권력조직을 갖추고, 최고의 통치권을 행사하는 정치단체이자 개인의 욕구와 목표를 효율적으로 실현시켜 줄 수 있는 가장 큰 제도적 사회조직으로서의 포괄적인 강제단체이다. 국가의 기원과 관련해서는 실력설, 계약설, 신의설, 재산설, 계급설, 족부권설 등이 있다. 국가(State)의 어원은 stato로 15세기 이탈리아의 도시국가를 지칭하는 뜻으로 사용되었다. 국가라는 말이 처음 등장한 것은 마키아벨리(N. Machiavelli)의 '군주론'이며, 대체로 동일 민족을 중심으로 해서 형성되기 시작한 근세국가의 명칭으로 사용되다가, 이후 공화국, 군주국, 도시국가, 연방국가, 단일·다민족국가(같은 민족 두 국가)를 포괄하는 용어로 일반화되었다. 일반적으로 민족(Nation)이 동일한 지역에서 장기간에 걸쳐 공동생활을 함으로써 언어, 풍습, 종교, 정치, 경제, 문화, 역사 등을 갖는 인간집단을 말한다는 점에서 국가가 더 포괄적인 개념이라고 할 수 있다.

동양적 의미에서 국가(國家)라고 할 때 '國'(국)의 근원은 '或'(역)으로 무기를 가지고 일정한 지역(영역), 즉 토지(영토)를 수호한다는 뜻에서 비롯되었다. 여기서 토지(영토)에는 한계가 있으므로 그것을 경계(영역) 짓기 위하여 에워쌀 '圍'(위)의 고어인 '口'를 합쳐서 나라 '國'으로 사용된 것이다. 이는 작은 규모의 촌락이 모여 인근의 강한 부족으로부터 침략을 방어하기 위해 성벽을 이루고 단결하는 집단(부족)이 생겨나 국가(부족국가)가 형성된 것으로 해석할 수 있다.

정치학적 의미로 볼 때 국가는 국민·영토·주권의 3가지 핵심 요소로 구성되며, 국가를 구성하는 영토(영역) 위에서 생활하는 일체의 인간과 인간집단(국민)이 외부의 위협으로부터 방어하고, 내부의 치안을 확보하여 일정한 목적을 달성하기 위해 정부라는 조직을 가지는 독립(주권)된 국민단체라고 정의할 수 있다. 그러나 국가의 지위와 권리는 그 자체의 자유의사에 따라 주어지는 것이 아니고 국제사회의 일원이 됨으로써 인정되는데, 이는 국제법에 따라 국제사회의 일원으로서 기본적인 권리와 의무를 동시에 갖게 됨을 의미한다. 국가의 기본적인 권리는 국제사회에서 자국을 보존하는 권리와 동시에 상호주의적 입장에서 타국에 대한 의무로서 독립권(Right of Independence), 평등권(Right of Equality), 불가침권(Right of Inviolability), 명예권(Right of Honor), 외교교섭권(Right of Dipolomacy) 등으로 구성된다. 이런 관점에서 볼 때 북한은 대한민국 헌법(제3조 "대한민국의 영토는 한반도와 그 부속도서로 한다")상으로는 국가가 아닌 '불법정치단체'(괴뢰집단)이지만, 국제정치적 맥락에서 UN에 가입(국제적으로 공인)한 '국가'(한 민족의 다른 나라)라는 점에서 의미의 괴리가 발생한다.

2) 국력의 의미와 구성요소

(1) 국력의 의미

국력이란 한 국가가 그 국가 목표나 국가 정책을 달성하기 위하여 보유하고 있는 능력이다. 즉, 그 국가가 생존하고 발전하기 위하여 보유한 능력을 가리킨다. 그러나 현실적으로는 국가가 국가 목표와 국가 정책을 달성하기 위하여 보유하는 모든 능력을 주로 국제관계의 무력외교적(武力外交的) 관점에서 국력이라고 하는 경우가 많다. 따라서 국력은 한 국가가 다른 국가에 대해서 영향을 끼칠 수 있는 능력이라고도 할 수 있다. 국제정치학자들은 일반적으로 국력을 인구, 천연자원, 국방력, 경제력, 국민의 사기, 정부의 지도력, 외교 기술 등이 종합된 힘으로 정의한다. 국제정치이론의 주류를 형성해 온 현실주의이론은 국력을 한 국가가 '상대국에 대해 영향력을 행사하는 힘'으로 규정하고 있다.

국력을 권력의 개념으로 정의하고 있는 현실주의이론이 가장 중요시하는 요인은 국방력 기반의 경제력 또는 세력 균형 수단으로서의 경제력을 활용하는 방법이다. 현실주의 초기 이론은 군사적 갈등을 의미하는 전쟁의 주된 원인을 힘의 분배라는 체제의 구조적 특성에서 힘에 대한 이해에 중점을 두었다. 특히 국력을 구성하는 요인으로 지리적 조건, 자연자원, 산업 역량, 군사력, 인구와 같은 양적 요소뿐만 아니라 국가의 특성, 국민의 사기, 외교 역량과 같은 무형적 요소를 포함하였고, 나중에 정부의 역량과 같은 제도적 운영 역량을 국력의 요소로 포함하는 포괄적 개념으로 정의하였다.

현대국가는 각기 자국의 생존과 국리민복을 추구하면서 국가 이익을 위해 노력하고 있으며, 이 과정에서 상호 간의 대립으로 인한 갈등·분쟁이 발생하고 전쟁으로까지 발전할 수 있는 요인이 생겨난다. 이에 따라 정글의 법칙이 지배하는 냉혹한 국제사회에서 살아남기 위해서는 국가의 힘, 즉 국력이 무엇보다 중요하다. 힘(Power)이란 정치·사회학적으로 볼 때 어떤 주체가 중대한 가치 박탈이나 가치를 박탈하겠다는 위협을 배경으로 하여 다른 주체의 행동을 그 스스로가 의도하는 방향으로 강제할 수 있는 능력을 의미한다. 국가도 국가의 목적(목표)을 달성(쟁취)하기 위해서는 국가가 발휘할 수 있는 힘으로서 국력(National Power)이 필요하다.

시대적인 측면에서 볼 때 어느 한 나라의 국력을 말할 때 군사적 제국주의 시대에는 국방력이, 경제적 제국주의 시대에는 경제력이 중요한 요인이었다. 그러나 오늘날과 같은 문화제국주의 시대에는 문화력이 주요한 요인이라고 할 수 있다. 과거에는 국력을 군사력, 경제력, 외교력과 같이 상대방의 선호나 관계를 변화시킬 수 있는 능력을 이용하여 유인이나 위협으로 자신이 원하는 것을 획득하는 과정으로 인식했다. 그러나 최근에는 상대방에게 가시적인 위협을 하거나 어떠한 대가를 지불하지 않고도 자발적으로 동조를 끌어내 원하는 것을 획득하는 능력으로 정의한다.

거버넌스적인 관점에서 국력은 시민생활 향상력, 경제가치 창조력, 국제사회 대응력으로 구분할 수 있다. 시민생활 향상력은 국민 한 사람 한 사람이 시민사회의 일원으로서 풍족한 생활을 영위할 수 있는 국가의 능력, 즉 복지국가의 역량이다. 경제가치 창조력은 기업 활동을 하기 좋은 환경을 부여해 줌으로써 한 사람 한 사람의 생활을 만족하게 하는 국가의 능력, 즉 시장국가의 역량을 포함한다. 국제사회 대응력은 국제사회에서 인류의 평화와 공생에 공헌하는 것과 동시에, 자국민의 이익을 지키기 위해 발휘하는 국가의 능력, 즉 글로벌 국가로서의 역량을 의미한다.

결론적으로 국력이란 한 국가가 갖고 있는 또는 동원할 수 있는 인적·물적 자원과 기타 모든 자원들을 실제로 행동에 옮겨 다른 국가의 행동을 변화시킬 수 있는 국가의 능력이라고 정의할 수 있다.

(2) 국력의 구성요소와 유형

국력의 가장 원시적인 요소로는 인구·영토·천연자원의 3가지를 들 수 있다. 그러나 국력이 극히 국제정치적인 개념이라는 점에서 일반적으로는 군사력·경제력·정신력을 그 대표적인 요소로 중시하는 경우가 많다. 실제로 인구·영토·천연자원은 풍부하여도 국제정치상의 강대국·선진국으로서의 지위를 차지하지 못하는 나라들도 많다. 이런 측면에서 본다면 국력은 물적 요소와 함께 기술적·정신적 요소의 복합적이며 다원적인 것으로 생각해야 한다.

학자들 간에는 국력의 구성요소에 대해 여러 가지 다양한 정의를 내리고 있다. 이를 종합해 보면 대체로 지리적, 인구적, 경제적, 정치·외교적, 사회·심리적, 과학·기술적, 군사적 요소로 대별할 수 있다. 또한 국력이 다분히 양적인 측면을 지니고 있는데서 국력의 대소·강약·빈부가 문제되며, 국제비교·측정(測定)의 대상으로서 양적 파악이 시도되고 있다. 예를 들면, ① 군사력은 3군의 병력수, 무기의 수와 성능, 국내총생산(GDP) 가운데 국방비가 차지하는 비율, 국방비의 절대액 등이며, ② 경제력은 GDP 1인당 소득, GDP의 실질성장률, 국부(國富), 여러 사회자본 등을 꼽을 수 있고, ③ 정신력의 경우에는 애국심이나 방위의지 등에 대한 여론조사를 유력한 참고자료로 할 수 있으나, 국력을 엄밀히 계량화(計量化)하기란 여전히 어려운 문제이다.

국력은 국가 간에 적용하는 힘의 성격에 따라 ① 공격적인 힘과 방어적인 힘, ② 잠재적인 힘과 실제적인 힘, ③ 평화 시의 힘과 전시의 힘으로도 구분된다. 국력은 양적·질적으로 끊임없이 변화하고 유동한다. 그러므로 국제 간의 역학관계도 항상 일정할 수가 없다. 즉, 국력은 역학적인 데가 있으며, 국력을 고정적·정태적(靜態的)인 것으로 간주하거나 어떤 나라의 국력을 선입관을 가지고 평가하는 일은 피해야 한다.

한편 국력의 유형은 크게 두 가지로 구분된다. 즉, 물질적이고 구매 가능한 자원이라고 정의할 수 있는 '경성 국력'(hard power)과 비물질적이고 구매가 사실상 불가능하며 경성 국력 요소들이 제대로 작동할 수 있게 여건을 조성해 주고, 구축된 국력을 타국에 대해 효과적으로 행사할 수 있게 하는 '연성 국력'(soft power)이 그것이다.

국가 발전에서 국력은 경제 및 산업 발전이라는 국가정책 목표를 달성하기 위해 정치·사회적 역량을 결집시켜 나가는 국정 관리력과 동일시되는 경향이 있다. 시대 변화에 맞춰 이제는 과거 군사적 제국주의나 경제적 제국주의 시대에 강조되어 온 국방력이나 경제력 등 경성 국력뿐만 아니라 국정 관리력, 정치력, 외교력, 문화력, 사회자본력 그리고 변화 대처력 등 연성 국력도 중요한 시대가 되었다. 연성 국력에 관한 논의도 국가 차원에서 국가의 국력을 효과적으로 사용해 국가의 위상을 제고하는 것을 목표로 하고 있다는 점과 국가 발전론을 의미한다는 점에서 공통점이 있다고 할 수 있다.

특히 오늘날에는 문화 외교, 공공 외교, 국가 브랜드 제고와 같은 정책적 수요와 맞물리면서 국력 연구는 국가 발전 정책의 개념이자 국제관계 연구의 중심 개념으로서 학문적 관심을 유발했다. 기존의 국가 발전 전략은 주로 경성 국력 위주로 강조되었으나, 미국의 중동 정책 실패에서 나타나듯이 이에는 한계가 있다. 미국은 다른 국가들과 협상하고 노력하는 연성 국력적 측면을 무시했으며, 전쟁 승리를 군사력에만 집중함으로써 실패했다고 할 수 있다.

또한 경성 국력을 이용해 전쟁에 승리한다고 하더라도 종전 후 원활한 거버넌스는 노골적인 경성 국력보다는 덜 과시적이고 무의식적인 연성 국력을 행사함으로써 가능하다. 대화, 통신, 교육, 설득의 기술과 같이 상대방을 설득할 수 있는 능력으로서의 연성 국력은 군사력이나 경제력과 같은 강제력보다는 국가의 영향력을 확대하는 데 더욱 효과적인 방안이다. 이런 점에서 연성 국력은 한 국가가 보유하고 있는 가치, 문화, 정책의 매력과 관련이 있다.

결론적으로 볼 때 연성 국력은 사회의 반복되는 문제를 해결할 수 있고, 집단행동의 부정적인 영향을 감소시키고 긍정적인 영향을 극대화함으로써 불확실성을 줄이는 역할을 한다. 특히 비공식적인 개인의 정치참여, 시민단체의 활동, 정부의 규제가 아닌 개인의 사회활동에서 보장되는 개인의 권리와 같은 연성 국력 요소는 건강한 사회 발전을 추진할 수 있는 원동력이 된다.

(3) 우리나라의 국력 평가

우리나라는 60여 년 전 전쟁의 폐허 위에서 눈부신 성공신화를 이룩하였다. 특유의 근면성과 추진력으로 이룬 '한강의 기적'은 전 세계 개발도상국들의 벤치마킹 대상이 된지 오래이다. 1인당 국민소득 3만 달러, 무역 규모 1조 달러를 달성하였고, G20(주요 20개국)의 일원으로 당당히 섰다.

그러나 축배를 들기에는 걱정거리가 많다. 저출산·고령화는 특히 심각한 문제이다. 생산가능 인구는 줄어들고 젊은 세대가 부양해야 할 노인층은 두터워지고 있다. 경제는 활력을 잃고 세대 갈등이 커질 위험성도 적지 않다. 향후 30년간 생산가능 인구는 700만 명 이상 줄고 전체 인구도 2069년에는 3,000만 명대로 떨어질 것이란 전망이다. 저출산·고령화에 대한 국가적 대비가 시급한 상황이다.

최근 우리 경제는 낙관론보다 비관론이 우세하다. 경제 전문기관의 추정에 따르면 1990년대 초반까지 8~9%대에 달했던 연평균 잠재성장률이 2000년대에 접어들면서 4%대로 하락했고, 최근에는 3%대 중반까지 낮아졌다. 2018년 IMF에 따르면 2020년대 3.09%, 2030년대 1.26%, 2040년대 0.27%, 2050년대 0.14%까지 추락할 것으로 전망되었다. 그 원인으로 저출산과 고령화에 따른 유효노동력의 저하, 생산성 증가율의 하락, 한국 금융산업의 낮은 경쟁력, 소득 불평등과 양극화 심화 등을 제시하였다.

이런 상황에서 향후 재정 위기 심화, 실업률 급등, 성장률 둔화 등 건

잡을 수 없는 혼돈에 빠져들 수 있다. 과연 대한민국은 그동안의 성장을 기반으로 행복하고 부강한 국가가 될 수 있을까? 유감스럽게도 여전히 낙관적이지 못하다. 그 이유는 대한민국이 앞으로 상당한 기간 동안 새로운 변화와 요구를 해결할 수 있는 국가 능력을 충분히 확보하고 있지 않기 때문이다. 특히 새로운 변화를 위해 주어진 과제를 해결하기 위한 국가의 유무형적 에너지가 충분치 않을 뿐 아니라 과거로부터 고착된 불통의 방식은 커다란 걸림돌로 작용하고 있다. 과거 산업화 시대에 성공을 가져다준 전통적 접근 방식은 국가의 문제 해결에 오히려 방해가 된다. 즉, 과거의 성공이 오히려 오늘날 문제 해결의 실패 요인이 될 수 있다. 이러한 역사적 흐름을 반영해 오늘날 경성 국력에서 연성 국력으로 패러다임이 이동하고 있는 것이다.

이처럼 불확실성이 증가함에 따라 우리는 국가의 유무형적 힘을 상징하는 국력이 무엇인가를 제대로 파악해야 한다. 또한 국력의 개별 요소를 파악해 향후 발전적인 국력 요소가 무엇인가를 체계적으로 이해할 필요가 있다. 특히 우리나라가 경제 성장에 기초해 제2의 도약을 이뤄내 명실상부한 선진국 대열에 확실하게 진입하기 위해서는 국력을 증대할 수 있는 장기적이고 전략적인 대안 모색이 필요한 시점이다.

국력은 그것이 강제력이든, 설득력이든, 영향력이든, 유인력, 또는 다른 어떤 형태로 표출되든 상관없이 궁극적으로 국가의 정책 목표를 달성하는 수단이자 목적이다. 다만 국력의 중점이 어디에 있는가의 차이가 있다는 점에서 오늘날 기존의 경성 국력보다는 국력의 새로운 국면으로 논의되는 연성 국력의 중요성이 강조되고 있다. 선진국으로 발전하는 데 한계와 제약을 극복하고 우리나라가 선도적인 국가로 발전하기 위해서는 국력 강화의 핵심을 이해하고 경성 국력뿐만 아니라 연성 국력에서도 발전을 달성할 수 있는 전략을 개발해야 한다. 따라서 국가의 지원, 민간의 노력, 학계의 전략적 분석이 통합된 강화 방안의 모색이 요구된다.

한반도선진화재단과 조선일보가 주요 20개국(G20)을 대상으로 5년 주기로 실시하는 종합국력 평가 결과(2014년)에 따르면 한국은 정치·경제·사회·문화·국방 등 13개 종합 부문에서 세계 아홉 번째로 평가됐다.

한국은 국방력(5위), 과학기술력(7위), 변화대처력(6위) 분야에서 강세를, 사회자본력·정치력(각 15위), 기초 국력(14위), 문화력(13위), 외교력(12위) 등에서 약세를 보였다.[1] 이 조사에서 한국의 종합국력 지수는 48.42점으로 2009년 대비 4단계가 상승했다. 지수는 G20 평균인 '50점'을 기준으로 얼마만큼 높거나 낮은지를 나타내며, 13개 분야를 종합해 산출했다. 종합국력 1위와 2위는 미국(68.33점)과 중국(55.92점)이었다. 조사 보고서는 "연성 국력, 특히 정치력 개선이 향후 선진국으로 가는 중요한 열쇠가 될 것"이라고 평가하였다.

국력이란 보다 구체적으로 한 국가가 강제적이든 평화적이든 다양한 설득 수단과 방법을 동원해 다른 나라에서 지원과 협력을 얻어 자국의 정책과 전략을 실천에 옮겨 소기의 국가 목표와 비전을 실현해 내는 국가의 능력이라고 정의할 수 있다. 이를 우리나라의 상황에 적용해 본다면 국민의 생명과 재산, 영토를 보호하고, 다른 나라의 협력을 이끌어내어 '평화 상태'를 유지할 수 있게 하는 종합적인 힘이라고 할 수 있다. 다시 말해 한반도를 통일하고 통일된 대한민국의 핵심 국가 이익을 추구하는 데 필요한 제반 능력의 총체라고 할 수 있다.

최근 한반도 주변의 정세는 북한 핵 문제를 둘러싸고 주변국들의 이해가 상충되면서 격랑의 소용돌이에 빠져들고 있다. 미국과 소련의 양극체제 하에 있던 냉전이 종식된 이후 세계경찰 역할을 하는 미국의 일극체제에서 중국과 러시아의 부상으로 다극화된 국제질서를 넘어서 미국과 중국의 양극체제로 재편되는 양상을 보이고 있다. 그리고 주변 강국들의 영향력이 더욱 확대되면서 구 한말의 상황이 재현되고 있는 것이 아닌가 하는 우려마저 나오고 있다. 이런 상황을 타개하고 한반도 평화와 함께 대망의 민족통일을 성취하기 위해서는 '실리 외교', '선제 외교', '국익 외교' 기조에 맞춘 균형적인 전략이 절실히 요구되고 있다.

1) 북한과는 우리 국력을 100으로 놓고 볼 때 평시(平時)에는 우리의 62%이나 전시(戰時)에는 97.8%로 거의 대등한 수준(북한의 군사력은 남한의 2.2배)인 것으로 평가되었다.

2 국가안보의 의미와 안보개념의 변화실태

1) 국가안보의 의미

사전적 의미에서 안보(Security)란 '안전보장'(安全保障)의 줄임말로 "편안하게 보전함"을 의미한다. 여기서 '국가안전보장'(國家安全保障)이라고 하면 "외부(敵)의 위협이나 침략으로부터 국가(조직, 단체)나 국민(구성원)의 안전을 지키는 일"이라고 규정할 수 있다.[2] 이는 한 주권 국가가 외부의 침략이나 위협에 능동적으로 대처해 그로 인한 공포와 불안 및 우려에서 벗어나서 평온한 상태를 유지하는 것을 의미한다. 최근에는 안보의 개념이 영토 중심의 전통적 국가안보에서 인간의 안전한 삶에 대한 비군사적 위협에 대응하는 인간 중심의 새로운 안보(인간안보)로까지 확장되고 있다. 그러나 본질적으로는 국가정책·국가전략과 유사한 의미에서 "국내외의 각종 군사, 비군사적 위협으로부터 국가 목표를 달성하기 위하여 정치, 외교, 경제, 사회, 문화, 군사, 과학기술 등의 제 수단을 종합적으로 운용함으로써 당면한 위협을 효과적으로 배제하고, 일어날 수 있는 위협의 발생을 미연에 방지하며, 나아가 불의의 사태에 적절히 대처하는 것"이라고 정의할 수 있다.

국가안보라는 개념은 이런 측면에서 기본적으로는 국제 정치무대에서 등장한 현상학적인 개념이면서 법률적인 개념이기도 하다. 우리나라 헌법(제37조 제2항)에는 "국민의 모든 자유와 권리는 국가안전보장·질서유지 또는 공공복리를 위하여 필요한 경우에 한하여 법률로써 제한할 수 있다"고 규정되어 있다. 여기에는 국민의 기본권은 그들이 속한 국가가 자주권을 행사할 수 있을 때만이 지켜질 수 있고, 그 자주권을 지키기 위해 무엇보다 중요한 국가안보를 위해서는 법률이 정하는 바에 따라 천부적인 기본권이라고 할지라도 제한할 수 있다는 헌법정신이 담겨

2) 안보라는 용어는 영어 씨큐리티(security)에서 유래한 것으로서, 안보 이외에도 보안, 보호, 방호, 안전 등과 같은 용어로 번역되어 사용되고 있으나, 국가의 안전을 보장한다는 의미에서는 통상적으로 '안보'로 사용되고 있다.

져 있다.[3] 이는 국가안보의 이념은 궁극적으로 국가의 존립 목적과 직결되는 것임을 의미한다.

2) 탈냉전 이후 국가안보 개념의 변화실태

국제사회에서 국가 간의 평화적 공존을 목표로 삼는 국제법상으로 볼 때 안전보장은 국제분쟁의 평화적 해결 및 전쟁 방지를 그 내용으로 하며, 국내의 방범이나 치안 유지 등의 문제는 국제법상의 대상이 아니므로 안전보장과는 구별된다. 역사적으로 보면 안전보장의 방식은 자국 스스로의 힘으로 대외적 안전유지에 대처하는 개별적 안전보장에서 다수의 국가가 협력하여 공동 체제를 확립함으로써 안전을 유지하는 집단적 안전보장으로 변화하고 발전해 왔다. 제1차 세계대전 전까지는 개별 국가 스스로 군비를 확장하거나 다른 국가와의 동맹을 통해 세력 균형을 유지하는 개별적 안전보장에 의존하였다. 그러나 개별적 안전보장이 국가 간 경쟁을 불러일으키면서 국제사회를 전면전쟁으로 몰아가는 결과가 초래되자, 국제적 문제를 공동 처리하기 위해 집단안전 보장체제를 도입해 제1차 세계대전 이후 국제연맹(League of Nations)에 이어 제2차 세계대전 이후 국제연합(UN, United Nations)이 각각 탄생하였다.

제2차 세계대전이 끝난 1945년부터 40여 년 간 자유민주 진영의 맹주인 미국과 공산 진영의 맹주인 소련이 세계를 분할하여 양측 동맹국 간에 갈등·긴장·경쟁·대립 상태가 이어지는 냉전시대(Cold War Era)가 지속되었다. 소련은 점령 지역인 동유럽에 대한 공산화를 추진하였고, 미국은 유럽 전역으로의 공산화 영향을 차단하기 위해 마셜 플랜(Marshall Plan)을 시행하는 등 적극적으로 대응하였으며, 유럽뿐 아니라 중동·아시아·아프리카 지역에서 상호영향력 확대 경쟁을 벌였다. 냉전 당시 한국 전쟁과 베트남 전쟁 같은 국지적인 충돌은 있었으나, 주축국가인 미·소 간의 직접 충돌사례는 없었다. 대신 두 진영은 첩보전, 선전전, 군사동맹, 재래식 군대의 전략적 배치, 핵무기 개발, 군비경쟁, 대리

---

3) 다만 헌법 제37조 제2항에는 법률에 의해 기본을 제한하는 경우에도 "자유와 권리의 본질적인 내용을 침해할 수 없다"고 부연하고 있다.

전(Proxy War) 그리고 우주 진출과 같은 기술개발 양상을 보이면서 상호 대립하였다. 이에 따라 냉전체제 동안에는 사상적인 이념(이데올로기) 대립이 군사와 정치, 경제, 사회, 문화, 과학 등 모든 분야에서 세계를 반분하던 상황이 지속되었다.

냉전기간 중인 1950년대 중반에 중·소 분쟁이 싹터 1960년대 초중반에 절정을 이르면서 세계 제2의 공산국가인 중국이 소련으로부터의 독자노선을 선언하였다. 그리고 유럽통합 논의 시작, 제3세계 등장, 경제대국 일본의 부상으로 국제질서가 다극화되기 시작하였다. 이후 미국과 중국 간에 국교 정상화 협상(1969~1979년)이 이뤄지고 미국과 소련 간에 전략핵무기 제한협정(SALT-I, Strategic Arms Limitation: 1972년)을 체결하는 등 제한적인 화해 분위기가 조성되었다. 1980년대 중반 고르바초프(Mikhail Gorbachev)의 이른바 페레스트로이카(Perestroika)가 등장해 소련 연방이 해체되고 1989년 베를린 장벽 붕괴를 시발로 1991년 소비에트연방이 해체되어, 사회주의 또는 공산주의 블록체제가 무너짐에 따라 이념 대립에 의한 미·소 양극의 냉전체제가 종언을 고하고, 냉전 후 시대(Post-Cold War Era) 또는 탈냉전 시대가 도래하였다.

그러나 이와 같은 냉전의 종식으로 안보의 수요가 사라진 것은 아니다. 민주·공산 진영으로 양극화되어 있던 세계 안보질서가 다극화되면서 또 다른 안보위협 요인이 등장하게 된 것이다. 국제조직범죄와 마약거래·인신매매·무기밀매·불법이민·테러리즘 등이 바로 그것이다. 탈냉전 이후에 새롭게 등장한 이러한 안보위협은 개별단위 국가를 초월한 문제이거나 국가가 아닌(stateless) 조직이나 단체 또는 개인에 의한 위협이라는 점에서 초국가적 안보위협(Supranational Security Threats)으로 지칭되고 있다. 이와 같은 초국가적 안보위협의 등장은 냉전시대와 달리 국가안보의 목표와 방향에 커다란 변화를 초래하게 되었다. 여기에 더해 냉전체제 붕괴와 함께 전 세계적으로 인적·물적 교류가 국경 없이 이뤄지면서 범죄의 국제화 확률이 높아지고 있다. 특히 테러리즘(Terrorism)은 가장 대표적인 초국가적 안보위협으로 최근 글로벌 안보쟁점으로 부상하고 있다. 2001년에 발생한 9·11테러는 탈냉전 이후 기존 안보위협의 틀을 바꾼 획기적 사건이다. 오늘날 국제 테러조직은 활동영역을 중동과 유럽, 미주에 이어 아시아 지역으로까지 그 세력을 확장하고 있다. 더욱이 과거 전체주의 공산체제에서 지하에 억눌려 있던 러시아 마피아나 중국의 삼합회 그리고 일본의 야쿠자 같은 국제범죄 조직들도 활개를 펴고 있다. 이처럼 탈냉전 이후 국가안보의 쟁점은 명백하게 군사력 위주의 군사안보 쟁점과는 차원을 달리하는 대책을 요구하게 되었다.

탈냉전 이후 안보환경에서 나타나는 또 다른 특징은 신문물을 기반으로 국가 간의 교류가 양적으로 증대되는 세계화이며, 이와 함께 세계 각국이 이념보다는 경제적 우위와 첨단기술을 가지고 무한 경쟁하는 형국에 돌입하였다는 점이다. 세계 각국 간에는 경제력과 국력을 가늠하는 핵심지표인 최첨단 기술 획득을 위한 싸움이 그 어느 때보다 치열하다. 이로 인해 기업 간에는 물론 국가 간에도 첨단산업 정보를 입수하거나 교란시키는 산업스파이가 새로운 안보위협 요인으로 등장하게 되었다. 여기에다 1990년대에 보편화되기 시작한 인터넷과 휴대전화가 정보혁명을 일으키면서 인간의 생활 전반은 물론 기업과 국가의 모든 시스템까지 장악함에 따라 사이버보안 문제가 단순한 경제의 대결을 넘어서 국가안보로 확장되고 있다. 많은 국가들이 사이버안보 문제를 국가의 주요 어젠다로 삼고 있는 것은 이 때문이다. 더구나 사이버상의 범죄 행위가 컴퓨터시스템과 정보통신망을 공격해 국가·사회적으로 엄청난 피해를 발생시키는 사이버테러로까지 진화하면서 또 다른 안보위협 요인이 되고 있다.

결론적으로 볼 때 탈냉전 이후 세계화·정보화의 진전과 함께 국제안보 환경은 ① 전통적 군사안보뿐 아니라 경제·산업기술·자원·환경·생태 및 인간과 사이버에 이르기까지 포괄하는 개념으로 확대, ② 비국가행위자(Non-State Actor)의 증가로 안보위협 주체의 복잡·다기화 및 안보위협 성격의 초국가화, ③ 생화학·미사일·핵 등 대량살상무기(WMD, Weapons of Mass Destruction)의 확산으로 인한 비대칭 전력의 위협 확대, ④ 양극화 체제 붕괴에 따른 불확실성(Uncertainty) 증대로 국제범죄·테러리즘·산업스파이·사이버테러와 같이 안보위협 내용이 다양화하는 등 새로운 변화 양상을 보이고 있다.

3 우리나라의 안보환경

1) 한반도의 특수한 안보환경

우리나라의 안보환경은 제2차 세계대전 종전 이후 미국·영국·프랑스·소련·중국 등 다섯 개 전승국을 중심으로 한 세계질서의 재편과 깊은 관련이 있다. 1945년에 일본의 패망으로 제2차 세계대전이 끝나고 36년간의 일제에 의한 식민지배가 종식되었으나, 민주진영인 미국과 공산진영인 소련이 한반도를 38선을 기준으로 분할 점령하면서 민족분단의 비극이 시작되었다. 이로 인해 한반도가 민주·공산 진영에 의한 냉전체제의 가장 치열한 대립의 각축장으로 전락하게 된 것이다.

분단 초기 제2차 세계대전 승리를 주도한 미국의 힘이 상대적으로 우위에 있었으나, 1949년 중국의 국공내전에서 공산당 승리 및 소련의 핵개발 성공 등으로 힘의 균형이 형성되었다. 1950년 6월 25일 새벽 4시 소련의 지원을 받은 북한의 대대적인 남침으로 동족상잔의 비극적인 전면전이 발발하고, UN군의 참전 및 중군군의 개입 등으로 치열한 공방전을 벌이다가, 1953년 7월 27일 양측에서 휴전협정에 합의하면서 남북분단이 고착화되었다. 전쟁 당시 남북 인구를 합쳐 3,000만 명 정도였는데, 이 중 1/7이 죽거나 다쳤고, 1,000만 명이 넘는 이산가족이 발생하였으며, 국토의 태반이 초토화되는 엄청난 피해가 발생하였다. 한국전쟁은 민주·공산의 분단체제를 더욱 고착화시키는 결과를 낳았으며, 탈냉전이라는 국제질서의 변화에도 불구하고 지금까지 대립과 체제경쟁이 지속되고 있다.

한편 북한은 1972년 이후 공산주의 대신 주체사상을 채택하고 김일성 왕조 세습체제를 구축하고 있다. 냉전종식과 함께 소련 및 동구사회주의 몰락, 지속된 경제위기와 국제적 고립, 남북한의 국력격차 심화, 국제사회의 대북제재 강화 등으로 안보환경의 많은 변화를 겪고 있지만, 현재까지 한반도 적화목표 달성을 위한 '3대혁명역량'을 포기하지 않고 있다. 특히 김정은이 제4차 당대표자회의(2012.4.11.)와 최고인민회의 제

12기 제5차 회의(2012.4.13.)를 통해 북한 당·군·정의 최고 직위에 추대됨으로써 '3대 세습'을 완료하고, '공화국 원수'(2012.7.17.)에 추대된 이후에는 충성경쟁 가열로 핵·미사일 실험 등 대남노선 강경화 추세를 보여 왔으며, 최근 국제사회의 압박에 못 이겨 일단 평화무드로 전환하는 모양새를 취하고 있는 상황이다.

또한 우리나라는 세계 10위의 교역량을 자랑하는 무역 중심국가로 국제교류가 활발해지면서 범죄의 국제화 역시 가속화되고 있는 실정이다. 출입국관리국 통계에 의하면 2018년 총 출입국자는 8,890만 명으로 사상 최고를 기록해 2010년에 출입국자 4,000만 명 시대에 접어든 이후 8년 만에 2배 이상 증가하였으며, 이 가운데 내국인은 5,785만 명, 외국인은 3,105만 명으로 집계되고 있다. 국내 체류 외국인(단기방문 외국인 포함)은 2016년에 최초로 200만 명을 넘어선 이후 매년 200만 명(불법체류 35만 명 이상)을 유지(우리나라 인구의 4.2%, 1,000명당 42명이 외국인)하고 있는 것으로 파악되고 있다. 이러한 측면에서 볼 때 우리나라 역시 탈냉전 이후 새롭게 대두되고 있는 테러리즘과 국제범죄 등 초국가적 안보위협으로부터 자유스럽지 못하다. 더구나 그동안 북한에 의한 항공기테러, 폭발물테러, 요인암살, 납치 등이 수차례 자행되어 왔으며, 최근 남북 간 화해무드 속에서도 그 위협은 여전히 존재하고 있다.

이와 더불어 21세기 글로벌 기술경쟁시대가 도래하면서 최첨단기술의 해외유출 문제가 국가적·사회적 이슈로 새롭게 등장하고 있다. 우리나라는 부존자원이 부족한 상태에서 첨단기술을 국가경쟁력의 원천으로 삼고 있다. 현재 전기전자, 자동차·철도, 철강, 조선, 원자력, 정보통신, 우주, 생명공학, 기계·로봇 등 9개 분야·61개가 국가핵심기술로 지정되어 있다. 하지만 매년 세계 시장점유율 1위의 기술을 포함한 첨단기술이 유출되면서 추정 피해액이 연간 약 50조 원에 이르고 있는 실정이다.

이밖에 우리나라는 인터넷 사용인구, 초고속인터넷 가입자율, 스마트폰 사용인구 등에 있어 여느 선진국에 비해 손색이 없으며, 세계 최고 수준의 ICT 인프라 및 기술 보유국이기도 하다. 문제는 주변 4강에 둘러싸인 채 남북이 분단·대치하고 있는 한반도의 특수한 안보상황에서 대내외적으로 완전히 개방되어 누구나 쉽게 접근할 수 있는 우리 사이버공간이 안보위해세력들의 새로운 먹잇감이 되고 있다는 점이다. 특히 우리의 주적인 북한은 사이버인프라가 극히 열악하고 대외적으로 완벽한 폐쇄성을 유지하고 있는 반면, 사이버공격 능력에 있어서는 세계적 수준인 것으로 알려지고 있다.

결론적으로 우리나라의 안보환경은 탈냉전 이후 다극화된 국제질서 속에서 테러리즘·국제범죄·산업스파이·사이버테러 등 신안보 위협 요인과 더불어 냉전체제의 산물인 민족분단 문제가 여전히 해결되지 않은 가운데, 전 세계에서 가장 폐쇄적이고 호전적이며 비정상적 집단인 북한과 군사적 대치상태를 유지해야 하는 이중 부담에 직면해 있는 것이 현실이다.

2) 북한의 안보위협 실태

(1) 북한의 대남침투 및 도발 양상

북한의 대남 도발은 현재도 진행 중으로 1953년 7월 27일 정전협정 이후 2019년 현재까지 약 2,700여 회에 이르는 무력도발을 감행하였다. 1957.11.9. 어성호 등 어선 7척 납치, 1958.2.16. KNA기 납치(탑승객 32명 중 24명 송환), 1968.1.21. 정찰국 산하 124 군부대 무장간첩 31명 청와대 습격, 1968.10.30. 울진·삼척 지역 무장공비 120명 침투, 1969.12.11. 간첩 조창희 강릉발 서울행 KAL기 납북(탑승객 51명 중 39명 송환, 승무원 등 12명은 미송환), 1970.6.22. 국립묘지 현충문 폭파, 1974.8.15. 조총련계 문세광 대통령 저격(육영수 여사 서거), 1976.8.18. 판문점 도끼만행(미군 2명 사망, UN군 경비병 8명 중상), 1983.10.9. 미얀마 아웅산묘소 폭탄테러(정부 각료 등 17명 순국), 1984.9.24. 무장간첩 1명 침투 대구에서 민간인 2명 사망, 1983.12.3. 부산 다대포 무장간첩 침투, 1986.9.14. 김포공항 청사 폭탄테러, 1987.1.15. 백령도 근해에서 조업 중이던 제27 동진호 납치, 1987.11.29. KAL 858기 폭파 테러(북한공작원 김승일·김현희), 1995.5.30. 86 우성호 서해에서 북한 경비정에 의해 피납, 1995.10.24. 충남 부여 침투 무장간첩 사건, 1996.9.18. 잠수함 이용 동해안 침투, 1998.6.22. 북한 잠수정 속초해안 침투, 1999.6.15. 제1연평해전, 2002.6.29. 제2연평해전, 2008.7.11. 금강산 관광객 북한군 초병에 피격 사망, 2009.9.5. 황강댐 무단 방류 사건(민간인 6명 사망), 2009. 11.10. 대청해전, 2010.3.26. 천안함 피격 사건(승조원 46명 전사), 2010. 4.20. 및 같은 해 10.19. 황장엽 살해 목적으로 정찰총국 직파간첩 침투, 2010.11.23. 연평도 포격 사건(민간인 2명 사망, 군인 2명 전사) 등 일일이 열거하기도 어려운 실정이다.

종북세력들의 반국가적 안보위협 행위 역시 계속되고 있다. 반국가단체에 대한 법원의 판례는 "국가의 존립·안전이나 자유민주적 기본질서를 위태롭게 한다는 점을 알면서 반국가단체인 북한이나 그 구성원 또는 그 지령을 받은 자의 활동을 찬양, 선전, 동조하거나 국가변란을 선전 선동하는 단체"를 지칭한다. 민족자주평화통일중앙회의(민자통, 대법원, 1990.8.28.), 범민족청년학생연합남측본부(범청학련남측본부, 대법원, 1993.9.28.), 조국통일범민족연합 남측본부(범민련 남측본부, 대법원, 1997.5.16.), 한국대학총학생회연합(한총련, 대법원, 1998.7.28.), 한국청년단체협의회(한청, 대법원, 2009.1.30. 해산), 남북공동선언실천연대(실천연대, 대법원, 2009.7.23.), 청주통일청년회(대법원, 2011.12.8.), 우리민족연방제통일추진회의(연방통추, 대법원, 2012.1.27.), 사회주의노동자연합(사노련, 대법원, 2014.8.20. 해산) 등 많은 반국가적 종북단체들이 사법당국의 조치로 해산되었다가 다시 생겨나고 있다. 심지어는 현직 국회의원에 의한 내란선동 사건[4]이 발생하기도 하였다.

북한 직파간첩이나 후원간첩 또한 엄존하고 있다. 탈냉전 이후에 색출한 간첩사건은 적지 않다. 1995.10.24. 북한 공작원과 고정간첩을 접선현장에서 검거한 부여 침투 무장간첩사건, 필리핀인 위장 침투 무함마드 깐수사건,[5] 1997.10.27. 북한직파 부부간첩과 연계한 간첩(2명)사건,

---

4) 이석기 등 구 민혁당 잔존세력들이 주체사상을 지도이념으로 지하조직 'RO'를 결성하고, 종북혁명을 기도하여 국회 등 제도권에 침투한 후 2013년 5월 130여 명이 은밀 회합해 무장폭동을 위한 구체방안 모의 등 내란선동과 더불어, 전화국을 비롯한 국가기간 시설 파괴 등 이른바 '결정적 시기'가 다가올 것에 대비한 중요시설 사전 답사는 물론, 구성원 간 수시 비밀회합, 무장 폭동을 기도하였다.

5) 레바논–필리핀으로 2차례 국적 세탁과정을 거쳐 필리핀인 '무함마드 깐수'로 위장 잠입해 국내 여성과 결혼하고 교수로 활동하면서 정계·학계·언론계 전문가들

1998.12. 민족민주혁명당 간첩사건,[6] 2006.7. 필리핀인 '켈톤'으로 국적 세탁 후에 우회침투한 간첩사건, 2006.10.부터 2007.2.까지 2차례에 걸쳐 총 6명을 검거한 일심회 간첩사건, 2010.1. 및 2010.2. 인민무력부 정찰 총국소속 소좌 K모·D모가 특수 교육을 받고 황장엽 암살을 위해 탈북자로 위장 침투하였다가 검거된 사건, 2012.11. 대법원에서 유죄 확정된 주요 탈북자 암살기도 간첩사건 등이 있다. 최근 주요 간첩사건으로는 주사파 운동권 출신 K모씨가 1993.8. 김일성으로부터 '남한 혁명지도부 결성' 지령을 받고, 지하당 '왕재산'을 결성, 북한 노동당에 가입한 후 '관덕봉'·'관순봉'·'관상봉' 등 대호명(위장호칭)을 부여받은 후에 255국으로부터 공작지령을 수수하고, 각종 군사자료와 국내정세를 북한에 보고하고 정당·관공서 등 제도권 침투를 기도하다가 검거되어, 2013.7. 대법원에서 유죄 확정된 지하당 왕재산 간첩사건을 들 수 있다.

현재 북한은 경제제재를 타개하기 위해 대외적으로는 국제사회의 비핵화 요구에 호응하는 대화 분위기를 조성하면서 국면전환을 모색 중이고, 대내적으로는 '실질적 핵 무력 완성'에 따른 자신감을 바탕으로 내부 결속을 다지면서 통일전선 공작을 기조로 대남공작을 지속 중이다. 국내 안보위해 세력들은 과거와 같이 국민적인 공감대를 얻기 어려운 이념에 기반한 '폭력시위' 위주의 과격 활동은 자제하는 모양새를 취하면서도 사이버공간 등을 활용한 안보위해 행위를 자행하고 있다. 특히 북한은 고도의 암호통신·해외 접선을 통해 최대한 은밀한 간첩활동을 하면서, 한편으로는 남북교류 공간을 이용한 안보위해 활동도 모색하고 있는 것으로 보인다.[7] 결론적으로 현재 대북 안보환경은 한반도 평화정

과 교류하며 고급정보를 수집하였다.

6) 간첩 원진우가 1987년 4월 말레이시아인 진운방으로 위장침투하여 인터넷통신망을 간첩지령 송·수신 수단으로 활용해 활동하다가 1992년 8월 북한으로 복귀하였다.

7) 국내 종북좌파세력들은 사이버공간을 통해 초기에는 온라인 및 오프라인 투쟁을 위해 각종 투쟁구호나 친북 선전선동 내용을 알리는 등 심리공작 차원의 통일전선을 구축하였으나, 최근에는 포탈사이트 내에 특정 카페나 불로그를 개설해 회원을 모집하고 북한체제 찬양 및 남남갈등을 조장하는 등으로 광범위한 통일전선을 형성하는 유형으로 진화하고 있다. 대표적으로 '사이버민족방위사령부'(약칭: 사방사)나 '세계물흙길연대', '통일파랑새', '자주민보' 등 100여 개 이상의 종북 카

착을 위한 남북교류 분위기 속에서도 북한의 간첩침투 및 국내 안보위해 세력들의 지속적인 체제위협 활동을 차단해야 하는 이중적인 부담을 안고 있다고 할 수 있다.

(2) 북한의 군사력 및 대남공작 실태

① 북한의 군사력

'2018 국방백서'에 따르면, 현재 북한은 육·해·공군과 전략군을 포함해 128만여 명의 평시 병력과 762만여 명(교도대, 노농적위군, 붉은 청년근위대 등 포함)의 전시 예비병력을 보유하고 있다. 전체 병력수에 있어 우리나라의 육·해·공군 평시병력 59.9만여 명과 예비병력 301만여 명(사관후보생, 전시근로 소집, 전환/대체 복무인원 등 포함)과 비교할 때 각각 2.1배 및 2.5배 정도로 우위에 있다. 이 밖에 주요 전력상 북한이 우리나라에 비해 전차(4,300여 대/2,300여 대), 다련장·방사포(5,500여 문/200여 문), 전투함정(430여 척/100여 척), 잠수함정(70여 척/10여 척), 전투임무기(810여 대/410여 대) 등에 있어 숫자적으로 볼 때 압도적 우위를 보이고 있다.

페들이 개설되어 김일성 3대 찬양 등 북한 주장에 동조하는 글과 동영상을 게시하고, 사이버공간에 퍼나르기를 하다가 사법당국에 의해 폐쇄 조치되면 변형된 사이트를 지속 운영하면서 '알까기'를 거듭하고 있는 실정이다.

남북한 군사력 비교

2018.12. 기준

<table>
<tr><th colspan="4">구 분</th><th>한 국</th><th>북 한</th></tr>
<tr><td rowspan="5">병력
(평시)</td><td colspan="3">육 군</td><td>46.4만여 명</td><td>110만여 명</td></tr>
<tr><td colspan="3">해 군</td><td>7.0만여 명(해병대 2.9만여 명 포함)</td><td>6만여 명</td></tr>
<tr><td colspan="3">공 군</td><td>6.5만여 명</td><td>11만여 명</td></tr>
<tr><td colspan="3">전략군</td><td>-</td><td>1만여 명</td></tr>
<tr><td colspan="3">계</td><td>59.9만여 명</td><td>128만여 명</td></tr>
<tr><td rowspan="18">주요
전력</td><td rowspan="8">육군</td><td rowspan="3">부 대</td><td>군단(급)</td><td>13(해병대 포함)</td><td>17</td></tr>
<tr><td>사 단</td><td>40(해병대 포함)</td><td>81</td></tr>
<tr><td>여단(독립여단)</td><td>31(해병대 포함)</td><td>131</td></tr>
<tr><td rowspan="5">장비</td><td>전 차</td><td>2,300여 대(해병대 포함)</td><td>4,300여 대</td></tr>
<tr><td>장갑차</td><td>2,800여 대(해병대 포함)</td><td>2,500여 대</td></tr>
<tr><td>야 포</td><td>5,800여 문(해병대 포함)</td><td>8,600여 문</td></tr>
<tr><td>다련장/방사포</td><td>200여 문</td><td>5,500여 문</td></tr>
<tr><td>지대지유도무기</td><td>발사대 60여 기</td><td>발사대 100여 기(전략군)</td></tr>
<tr><td rowspan="5">해군</td><td rowspan="4">수상
함정</td><td>전투함정</td><td>100여 척</td><td>430여 척</td></tr>
<tr><td>상륙함정</td><td>10여 척</td><td>250여 척</td></tr>
<tr><td>기뢰전함정(소해정)</td><td>10여 척</td><td>20여 척</td></tr>
<tr><td>지원함정</td><td>20여 척</td><td>40여 척</td></tr>
<tr><td colspan="2">잠수함정</td><td>10여 척</td><td>70여 척</td></tr>
<tr><td rowspan="4">공군</td><td colspan="2">전투임무기</td><td>410여 대</td><td>810여 대</td></tr>
<tr><td colspan="2">정찰·감시통제기</td><td>70여 대(해군 항공기 포함)</td><td>30여 대</td></tr>
<tr><td colspan="2">공중기동기(AN-2 포함)</td><td>50여 대</td><td>340여 대</td></tr>
<tr><td colspan="2">훈련기</td><td>180여 대</td><td>170여 대</td></tr>
<tr><td colspan="3">헬기(육·해·공군)</td><td>680여 대</td><td>290여 대</td></tr>
<tr><td colspan="4">예비병력</td><td>310만여 명
(사관 후보생, 전시근로 소집,
전환/대체 복무 인원 등 포함)</td><td>762만여 명
(교도대, 노농적위군,
붉은청년근위대 등 포함)</td></tr>
</table>

* 남북 군사력 비교를 위해 육군 부대·장비 항목에 해병대 부대·장비도 포함하여 산출
* 북한군 야포문 수는 보병 연대급 화포인 76.2mm를 제외하고 산출
* 남북 군사력 현황은 양적 비교만 제시하였음. 군사력을 실질적으로 비교하기 위해서는 양적 비교뿐만 아니라 장비성능 및 노후도, 훈련수준, 합동전력 운용개념 등을 종합적으로 고려한 정성적 평가가 함께 이루어져야 함
* 육군 여단 비교의 경우 2016년 국방백서에서는 남북 기동여단만 비교하였으나, 2018년 국방백서에서는 군단급 이상 제대에 편성된 독립여단인 포병, 공병, 항공여단 등을 포함하여 비교한 것임

* 출처: 2018 국방백서.

한편, 미국의 군사력 평가 전문기관인 글로벌파이어파워(GFP)에서 발표한 '2019년 세계 군사력 순위'에 따르면 GFP 지수[8]로 볼 때 우리나라(0.1761)가 세계 주요 137개국 중 7위인데 비해 북한(0.3274)은 18위인 것으로 나타나고 있다.[9] GFP 지수는 단순 전력 대신 총체적 군비태세를 평가하는 만큼 매우 세분화되어 있다. 군사력을 좌우하는 55개 요소를 종합해 '파워지수'(Pwr index)를 산출하는데 △ 육·해·공 각군 장비의 규모 △ 인구 △ 가용 병력 △ 예비군 △ 석유 생산 및 소비량 △ 구매력평가(PPP) 등이 포함된다. 반면 핵무기 숫자는 배제되며, 각국의 정치적 상황이나 군 지휘부의 리더십도 평가에 포함되지 않는다. 이처럼 파워지수가 종합적인 관점에서 군사력을 측정하는 도구가 될 수 있을지는 몰라도 전시 군사력을 단순 비교하는 데는 한계가 있음을 알 수 있다. 특히 북한이 전략적 공격능력을 보강하기 위해 보유하고 있는 이른바 비대칭 전략자산으로 대량살상무기인 핵 및 탄도미사일과 생화학무

* 출처: 한국일보.

8) 파워지수는 0에 가까울수록 군사력이 높다는 뜻이다. 미국이 파워지수 0.0615로 1위에 올랐다. 이어 러시아가 0.0639로 2위를, 중국(0.0673)과 인도(0.1065), 프랑스(0.1584)가 3~5위를 각각 차지해 결과적으로 5위권 군사력 순위는 2018년과 동일했다. 지난해 7위였던 우리나라는 이번 평가에서 0.1761로 자리를 지킨 반면, 8위였던 일본은 6위(0.1707)로 뛰어올랐다. 6위였던 영국이 8위로 밀려났으며, 터키와 독일이 각각 9위와 10위로 뒤를 이었다.

9) 북한은 현역군인 규모(128만 명) 면에서는 중국(218만 3,000명)과 인도(136만 2,500명), 미국(128만 1,900명)에 이어 4위를 차지하였으며, 해군력 평가에서는 미국·중국을 제치고 가장 많은 잠수함을 보유한 국가로 집계되었다.

기[10]까지 포함할 경우 북한의 전시 군사력은 우리나라의 군사력과 주한미군의 전략자산을 합친 것과 대등할 것이라는 평가가 지배적이다.

② 북한의 대남 공작기구 및 침투능력

북한은 1948년 북조선 정권 수립 이후 주로 노동당(대외연락부, 작전부, 통일전선부, 35호실 등)과 군의 정찰국에서 대남 사업 및 정보활동을 담당해 왔다. 이들 북한 대남공작 기구들은 2000년 '6·15 선언'을 전후한 시기와 노무현 정부 출범 이후에는 기구·조직 개편 등 특이한 변화를 보이지 않았으나, 2009년 2월 국방위원회 산하에 정찰총국을 신설하고 노동당 산하 35호실·작전부와 군 정찰국을 통합하여 정찰총국을 설립한 바 있다. 정찰총국 산하에 작전국(구 당 작전부), 정찰국(구 인민군 총참모부 정찰국), 해외정보국(구 당 35호실)을 배치하고 당 대외연락부는 225국(2016년 7월경 문화교류국으로 개칭)으로 변경해 내각 소속으로 위장하였으며 당 통일전선부는 축소 유지하였다. 현재 북한에서 대남공작 활동을 하고 있는 기관은 통일전선부, 문화교류국, 정찰총국, 적군와해공작국, 군 보위국, 국가보위성 등 6개로 이들은 육·해·공 직접침투와 해외 경유 우회침투 공작 역량을 보유하고 있다.

북한 대남 공작기구의 주요임무

기관명	주요 임무
통일전선부	심리전과 통일전선 공작, 남북교류 사업
문화교류국	남한내 지하조직 구축과 정보수집
정찰총국	군사정찰, 정보수집, 대남 테러·사이버해킹과 군사회담
적군와해공작국	우리국군 대상 심리전과 정보수집
군 보위국	체제유지가 주요 임무이나, 대남 정보 수집에도 관여
국가보위성	체제유지가 주요 임무이나 탈북민 위장 간첩 남파, 대남 정보 수집, 남북교류 행사에도 관여

* 출처: 채성준·임석기(2018).

10) 북한은 1960년대부터 생화학무기를 개발·비축해 왔으며, 무기의 특성상 정확한 규모는 구체적으로 확인되지 않고 있으나 러시아·미국에 이어 세계 3위 수준인 것으로 평가되고 있다.

현재 북한의 대남침투 능력은 대남공작 요원과 군 특수전 부대를 포함해 총 20만여 명으로 평가되고 있는데, 이는 2000년 당시 12만여 명 규모에서 계속 증가하고 있는 추세로서 그 주된 이유는 특수전 부대인 군 경보병 부대 증편에 기인한 것으로 보인다. 현재 북한 대남 침투장비 규모는 간첩선(모선과 자선), 잠수함·정, 공기부양정 등 해상·해저용 360여 척과 AN-2기 등 공중용 620여 대 정도로 평가되며, 이들을 활용하여 동시에 수송할 수 있는 인력은 2만 6,000여 명으로 2000년 이후 비슷한 규모를 유지하고 있다.

그동안 북한 대남공작기관은 대내·외 상황 변화에 맞게 간첩침투와 활동 수법을 꾸준히 변화시켜 왔다. 2000년 '6·15선언' 이후 김정일 지시로 육·해상 직접 침투 대신 해외에서 외국 국적을 취득, 우회 침투하는 방향으로 전환하고, 간첩통신 수단도 무전통신에서 인터넷으로 대체하였다. 2008년 이후 탈북민이 증가하자 탈북민 위장침투를 활발히 전개하는 가운데 황장엽 암살을 기도하기도 하였으며, 문재인 정부 들어서는 인터넷을 통한 국가기관 침투·해킹 등 사이버 공간을 통한 대남공작에 주력하고 있다.

③ 북한의 대남전략 및 전술변화 양태

북한은 제4차 당 대표자회(2012.4.) 시 개정한 노동당 규약 서문[11]에 '전국적 범위의 민족해방민주주의혁명 과업 수행'을 당면목표로, '온 사회의 김일성-김정일주의화'를 최종 목표로 설정했으며 제7차 당 대회(2016.5.)[12] 시에도 이를 그대로 유지하였다. 김정은은 7차 당 대회 사업

11) 제4차 당 대표자회시 개정 당 규약: "조선노동당의 당면 목적은 공화국 북반부에서 사회주의 강성대국을 건설하며 전국적 범위에서 민족해방민주주의혁명의 과업을 수행하는데 있으며 최종목적은 온 사회를 김일성-김정일주의화 하여 인민대중의 자주성을 완전히 실현하는데 있다."

12) 7차 당 대회시 김정은의 대남분야 사업총화보고 주요 내용: ① 민족자주와 민족대단결 평화보장과 연방제 실현, 이것은 조국통일 3대헌장을 관철하여 조국통일의 길을 열어나가기 위한 우리 당의 투쟁방침인 조국통일 3대헌장(김일성이 제시한 72.7. '조국통일 3대원칙', 80.6. '고려민주연방공화국창립방안', 93.4. '전민족대단결 10대강령'을 지칭)이다. ② 우리는 민족주의·민족대결의 가치를 높이

총화보고 시에 △ 민족자주·민족대단결 원칙 견지 △ 평화보장과 연방제 관철을 통한 '통일 강국' 실현과 함께 △ 남북관계 개선을 위한 군사적 긴장완화와 대화협상이라는 향후 과제를 제시한 바 있다.

또한, 북한은 1980년 6차 당 대회에서 '고려연방제 통일방안'을 제시하면서 그 선결조건으로 '국가보안법 폐지'와 '폭압기구(국정원 지칭) 해체'를 요구한 이래 대공기반 무력화를 본격화해 왔다. 2000년 '6·15 선언' 이후에도 매년 신년사(1.1.) 또는 계기 시에 '우리민족끼리' 등 대남 선전매체를 통해 "법률(국보법)·제도적 장치(공안기관)들을 정비해야 한다"고 지속 선동하고 있다.[13]

그동안 북한은 하층부 통일전선을 기본으로 하면서 상층부 통일전선을 유기적으로 결합한 통일전선공작을 구사해 왔다. 본래 노동자·농민 대중 등 하층부 중심의 통일전선에 주력해 오다가, 1990년대 말부터 상층부 통일전선을 보다 강화하고 있는 추세이다. 2006.10. '일심회 간첩단'(2002.1. 결성)은 특정 정당의 상층부를 장악해 대규모 통일전선 구축을 기도하였고, 2011.7. '왕재산 간첩단'(2001.3. 결성)도 '상층부 통일전선 구축'을 위해 정치권 진출을 기도하였다.

북한의 해외 공작활동은 중국·일본·유럽 중심에서 미주·동남아 등 전 세계로 확대되는 등 국제화·광역화하는 추세이다. 활동수법 또한 국내 고정간첩을 해외에서 접선, 지령하달 및 대북보고를 수수하는 등 제3국에서의 활동이 증가하고 있다. 해외동포를 공작원으로 활용하거나 해외에서 국적세탁 후 공작원으로 침투하기도 한다. 90년대 말 이후부터는 국제교류가 활발해진 상황을 틈타 해외에 간첩을 보내 위조여권을 입수하거나 현지 국적을 취득한 후 국내 침투하는 수법을 구사하고 있

들고나가며 조선반도의 평화를 보장하고 연방제방식의 통일을 실현하기 위하여 적극 노력, 자주적이고 번영하는 통일강국을 하루빨리 안아 와야 한다. ③ 남과 북은 군사적 긴장상태를 완화하고 모든 문제를 대화와 협상의 방법으로 해결해야 하며, 대화와 협상은 남북관계에서 제기되는 문제들을 겨레의 염원과 의사에 맞게 풀어나가기 위한 기본방도이다.

13) 이밖에도 북한은 우리나라의 대선 및 총선·지방선거 등 주요 정치일정과 관련해 20대 총선(2016.4.) 240여건, 19대 대선(2017.5.) 200여건, 7회 지방선거(2018.6.) 400여건 등 대남 선전선동활동을 지속적으로 전개하고 있다.

는데, 주로 주민등록 및 출입국 관리가 허술한 중국·동남아·남미 등을 통해 우회 침투하는 것으로 나타나고 있다. 대표적인 사례로는 1996.7. 필리핀인 위장 간첩 '깐수사건', 2006.7. 태국인 위장 및 2016.5. 중국인 위장 간첩 등을 들 수 있다.

한편, 북한은 평양방송·통일의 메아리 등 대남 라디오방송 송출과 함께 우리민족끼리·우리민족끼리 TV·메아리·조선의 오늘 등 80여개의 대남 선전 홈페이지를 통해 심리전을 전개해 왔다. 다만, 2018.4.27. '판문점 선언' 이후 북한의 휴전선 일대 대남 확성기 방송 및 대남 전단 살포행위는 확인되지 않고 있다.

(3) 북한의 핵 위협 실태

현재 한반도는 전 세계적으로 유일하게 분단된 상태에서 자유민주주의 국가인 대한민국과 김일성 유일 주체사상이 지배[14)]하고 있는 북한이 군사적으로 대치하고 있다. 더구나 가장 큰 문제는 북한이 가공할 무기인 핵을 보유하고 있다는 사실이다. 북한의 핵 개발 목적은 비대칭전력에 의존해 남한에 대한 확고한 전략적 우위 확보, 미국을 위협해 통미봉남(通美封南)을 통한 평화협정 체결 및 주한미군 철수 관철, 내부 체제결속을 통한 김정은 정권의 유지이다. 이를 위해 김일성 사후 최소 수십만 명이 아사한 '고난의 행군'과 국제사회의 계속되는 제재로 인한 경제난 속에서도 한 번도 그 궤도를 수정하지 않았다. 북한의 핵 개발은 김일성이 창시자이자 설계자이며, 김정일이 집행자, 김정은이 운용자로 3대에

14) 북한은 1970년 5차 당 대회에서 주체사상을 지도사상으로 삼은데 이어, 1980년 10월 6차 당 대회에서는 '김일성 주체사상'만을 당의 유일 지도이념으로 명문화하였다. 1992년에는 개정헌법 서문에 김일성을 '사회주의 조선의 시조'라고 추앙하고 '영원한 주석'으로 추대함으로써 김일성 유훈통치의 헌법적 근거를 마련하였다. 한편, 2010년 9월 28일 당 규약을 개정해 '선군정치'라는 용어를 새롭게 추가하고, 당의 최종 목적으로 규정하였던 '공산주의 사회 건설'을 삭제하였다. 결론적으로 보면 현재 북한 노동당은 '김일성당'이고 북한 헌법 역시 '김일성헌법'으로서 북한은 사실상 김일성이 창시한 왕조 국가이다. 이는 2012년 4월 5차 인민회의에서 이른바 백두혈통인 김정은 3대 세습을 공식화한 것을 보면 알 수 있다.

걸쳐 진행된 혁명과업인 것이다.

북한이 핵 개발에 착수한 것은 6·25 전쟁 이후 김일성이 '핵 보유만이 공화국의 살길'이라는 판단을 내리고, 1955년 소련에 6명의 과학자를 파견하면서부터이다. 1964년에 핵 실험에 성공한 중국을 방문한 김일성이 개발비용에 대해 문의하자 마오쩌둥이 "200억 달러 이상 들었다"면서 "중국은 대국이기 때문에 체면상 핵이 필요하지만 북한과 같이 작은 나라는 핵이 필요 없다"며 만류하였다는 일화가 있다. 이후 북한은 국제사회와 지루한 줄다리기 속에 '대화 따로, 핵 개발 따로'라는 이중전략을 유지하면서 2006년 10월 1차 핵 실험을 한 이래 2016년 1월 4차 핵 실험을 끝내고 핵 보유국임을 선언하였다.

한편, 북한은 1970년대 중반 이집트 등 중동국가에서 구 소련의 스커드 미사일을 구매해 분해·역설계하는 방식으로 미사일 제작에 착수하였다. 이후 1980년대 이후 준중거리 미사일인 노동 1·2호를 발사하였다. 1998년 ICBM에 해당하는 대포동 1호(인공위성인 광명성 1호 탑재 주장, 1,600km급으로 일본을 넘어 태평양까지 도달하는 수준)와 2006년 대포동 2호(6,700km급으로 알레스카까지 도달 수준) 실험 발사, 2009년 은하 2호(광명성 2호 탑재 주장) 발사, 2012년 은하 3호(광명성 3호 탑재 주장, 1만 km급으로 미국 본토까지 도달 수준) 발사, 2016년에는 광명성 4호를 발사(1만 3,000km급으로 워싱턴에 도달할 수 있는 수준)하였다. 2017년 5월 4일 IRBM(화성-12호) 발사에 이어 7월 4일 및 7월 28일 ICBM(화성-14호), 8월 29일 및 9월 15일 IRBM(화성-12호)을 연속 발사하였다. 그리고 2015년 11월 잠수함 탄도미사일인 LSBM을 최초 실험 발사 후 2016년 4월 23일, 7월 9일, 8월 24일 연속 발사하기도 하였다. 미국 정보공동체는 북한이 2020년까지 핵탄두 100기를 보유하고, 워싱턴을 사정거리로 하는 대륙간 탄도미사일 개발에 성공할 것으로 예측하고 있다.

북한의 핵 및 미사일 개발 일지

구분	주요 일지
핵 개발	• 6·25 전쟁 이후인 1955년 소련에 6명의 과학자를 파견하면서부터 핵 개발 시작 • 1962년 원자력연구소 설립, 1963년 영변에 연구용 핵 반응로 건설 • 1980년대부터 영변에 설치된 원자로(7MW, 년간 40Kg 농축우라늄 생산능력)를 가동 • 1982년 미국 정찰위성이 북한의 핵 개발 시설을 포착, 이후 국제사회와의 지루한 줄다리기 시작(러시아 및 미국 등에서 경수로 지원 대신 핵 포기 제의) • 1994년 미국과 제네바 핵 합의를 하였으나 합의 직후 우라늄 농축기술 확보를 위해 파키스탄의 압둘 카디로 칸 박사를 초청하였는가 하면, NPT를 탈퇴하는 등 기만·공갈 협박 술책 되풀이 • 2002년부터 2008년까지 13차례의 6자회담을 가지면서도 '대화 따로, 핵 개발 따로'라는 이중 전략 기조 유지 • 2006년 10월 1차, 2009년 5월 2차, 2013년 2월 3차에 이어 2016년 1월 6일 4차, 9월 3일 5차(소형화·경량화·다종화에 성공 주장), 2017년 9월 9일 6차 핵 실험(ICMB에 탑재할 수 있는 수소폭탄 제조 성공 주장)을 연속 자행 * 2006년 1차 핵실험 이후에 핵 보유 선언, 2012년 개정 헌법에 핵 보유국임을 공식 천명, 2016년 3월 9일 김정은이 직접 나서 "핵을 경량화해 탄도로켓에 맞게 표준화 및 규격화하였다"고 언동 * 최초 핵 실험 후 미국은 7년, 소련은 6년 소요
미사일 개발	• 1970년대 중반 이집트 등 중동국가에서 구 소련의 스커드 미사일을 구매해 분해·역설계하는 방식으로 미사일 제작에 착수 • 1980년대 이후 준중거리 미사일인 노동 1·2호 발사 • 1998년 ICBM에 해당하는 대포동 1호(인공위성인 광명성 1호 탑재 주장, 1,600km급으로 일본을 넘어 태평양까지 도달하는 수준)와 2006년 대포동 2호(6,700km급으로 알래스카까지 도달 수준) 실험 발사 • 2009년 은하 2호(광명성 2호 탑재 주장) 발사, 2012년 은하 3호(광명성 3호 탑재 주장, 1만 km급으로 미국 본토까지 도달 수준) 발사, 2016년 광명성 4호를 발사(1만 3,000km급으로 워싱턴에 도달할 수 있는 수준)하였으며, 2017년 들어 IRBM(화성-12호) 발사에 이어 ICBM(화성-14호), IRBM(화성-12호)을 연속 발사 • 2015년 11월 잠수함 탄도미사일인 LSBM을 최초 실험 발사 후 2016년 세 차례(4월 23일, 7월 9일, 8월 24일)에 걸쳐 연속 발사

현재 공인 핵 보유국, 즉 핵 클럽 국가는 제2차 세계대전 전승국이며 UN 안보리 상임이사국인 미국, 러시아, 영국, 프랑스, 중국 등 5개국뿐이다. 이들이 IAEA를 창설하고 NPT 체결을 주도하면서 새로운 핵 보유국 출현을 저지하고 있다. 그 밖에 이스라엘과 인도 및 파키스탄이 핵을 보유하고 있다고 하지만, 국제사회는 이를 공식적으로 인정하지 않는다. 중동의 맹주를 꿈꾸는 이란은 2006년에 핵 클럽국가임을 선언하였다가 국제사회의 제재에 백기를 들고 2016년 1월 핵 포기를 선언하였다. 그

만큼 핵 문제가 갖는 파괴력이 엄청나면서도 심각함을 입증한 사례이다.

미국을 중심으로 한 국제사회는 북핵 문제를 해결하기 위해 그동안 대북 경제제재와 봉쇄 및 압박 정책을 지속해 왔지만, 중국과 러시아의 비협조적 자세와 폐쇄된 북한사회의 특수성 때문에 한계를 드러냈다. 우리나라로서는 사드 배치와 킬-체인(공격형 미사일 방위시스템) 및 KAMD(한국형 미사일 방어체계)를 조기에 구축하는 것 이외에 별다른 수가 없다. 차제에 핵 개발을 하거나 전술핵을 재배치하자는 주장이 있지만 국제사회의 일원으로 살아가야 하는 우리 입장에서 어느 하나도 현실성이 없다.

문재인 정부 출범 이후 북한 핵 폐기를 전제로 남북·미북 정상회담이 잇따라 개최되는 등 대화와 협상이 진행되면서 국민들 간에는 해결의 실마리가 찾아질 것이라는 기대감이 고조되고 있지만, 북한이 핵을 스스로 포기할지는 여전히 의문이다. 핵 개발은 김일성의 유훈이며 김정은 정권의 유일한 생존수단이기 때문이다. 북한이 핵을 폐기하는 순간부터 국제사회의 한낱 천덕꾸러기로 전락할 것임을 모를 리가 없다. 영구 집권자인 김정은에게는 우리와 미국의 고작 4~5년, 길어야 10년도 못되는 정권이 우습게 보일 수 있다. 한두 고비만 잘 넘기면 핵 보유국임을 인정받고 미국과 대등한 입장에서 국교수립을 할 수 있을 것이라고 꿈꾸지도 모른다. 우리로서는 섣부른 기대보다는 국제사회와 보조를 맞춰 북한이 스스로 핵을 포기할 수 있도록 압박하는 길밖에 다른 길이 없다.

참고문헌

권영성(2010). **헌법학원론**. 경기: 법문사.

권영성(2012). 헌법상 기본의무에 관한 연구. 헌법재판연구 23.

염돈재(2014). 국가정보 개혁을 위한 분석 틀의 모색. 국가정보연구 6(2).

유동열(2012). **사이버공간과 국가안보**. 서울: 북앤피플.

이성만(2018). **국가안보의 이론과 실제**. 서울: 오름.

조영갑(2018). **국가안보론**. 서울: 북코리아.

채성준(2015). 국가정보활동 기능의 경로변화에 관한 연구: 경로의존과 경로진화를 통합한 모형 적용. 한국동북아논총 77.

채성준(2015). 정보환경 변화에 따른 국가정보기관의 역할정립 방안. 한국공안행정학회보 58.

채성준(2015). 정보기관 통제의 효율성 제고 방안. 한국공안행정학회보 61.

채성준(2017). 역사적 제도주의 관점에서의 국가보안법 경로변화 연구. 한국동북아논총 83.

채성준(2017). 국가보안법 존치 당위성에 관한 고찰. 법학논총 41(3).

채성준·임석기(2018). 정보기관 수사권에 대한 연구: 주요국 사례를 통해서 본 국가정보원 안보수사권 필요성을 중심으로. 국회정보위원회 연구용역보고서.

최창현·김명하(2014). 국정관리가 국가성공에 미치는 영향 분석: 한국과 북한을 중심으로 한 50개 국가의 비교 분석. 한국보훈논총 13(1).

최창현·김종근(2014). 연성국력 측면에서 본 G20 국가의 실증적 비교분석. 한국행정학회 동계학술대회 자료집.

최창현·주성돈(2015). **국력이란 무엇인가**. 서울: 커뮤니케이션북스.

한희원(2012). 초국가적 안보위협세력에의 법규범적 대응 법제연구: 미국 애국법에 대한 고찰. 중앙법학 14(2).

한희원(2013). 국가정보와 수사체계 혁신의 법리: 미국 연방수사국(FBI)과 영국 중대조직범죄청의 사례. 법과 정책연구 13(1).

한희원(2017). 국가정보원 수사권에 대한 법적·제도적 연구. 한국테러학회보 10(2).

한희원(2017). 국가안보 패러다임 변화와 정보·수사 융합에 대한 법규범적 연구. 법학연구 17(2).

황성돈(2009). 종합국력 측정에 관한 연구, 교육과학기술력을 중심으로. 외국어대학교 국정관리연구소·교육과학기술부.

황성돈·최창현 외(2014). 대한민국의 종합국력은 어디까지 왔나?. 한선정책심

포지엄 세미나 발제자료.

David Baldwin(1997). The Concept of Security. Review of International Studies 23.

Dycus & Bernie & Banks & Raven-Hansen(2007). National Security Law 4th. E, Wolters Kluwer.

Jeffrey Hart(1976). Three Approaches to the Measurement of Power in International Relations. International Organization 30.

Morgenthau, Hans(1948). Politics among Nations: The Struggle for Power and Peace. New York, NY: Alfred A. Knopf.

Nye, Joseph S(2004). Soft Power: The Means to Success in World Politics. New York, NY: Public Affairs.

Chapter 02

테러리즘

1 테러리즘의 개념과 유형

1) 테러리즘의 개념

테러(terror)라는 용어는 원래 라틴어 'terrere'에서 기원하며, '공포', '공포 조성', '극도의 공포' 혹은 '공포의 심리적 상태 지속' 등을 의미한다. 테러는 기원전의 성경 속 인물이나 줄리어스 시저(Julius Caesar)의 정치적 암살 등에서 볼 수 있듯이 역사적으로 오래 전부터 존재해 왔지만, 현재 우리가 말하는 일반적인 테러리즘의 기원은 근대 들어 1783년 프랑스대혁명 기간 중 1년여 간 실시된 자코뱅당 공안위원회(로베스피에르)의 공포정치(reign terror)에서 찾을 수 있다. 공포정치 시대의 테러리즘 형태는 소위 국가테러리즘(관제테러리즘, state terrorism)으로 정권을 장악한 집단이 자신들의 지원을 받는 조직을 통해 정권유지 차원에서 반정부 세력들에게 정책적으로 행한 탄압형 테러이다. 프랑스 대혁명 이후 1798년에 발간된 '아카데미 프랑세주' 사전에 테러를 "조직적인 폭력의 사용"이라고 최초로 규정하고, 공포정치 당시 혁명파의 테러를 적색테러, 왕당파의 테러를 백색테러라고 지칭하였다.

현대의 사전적 의미에서 테러리즘(terrorism)은 특정 목적을 가진 개인 또는 단체가 살인, 납치, 유괴, 저격, 약탈, 파괴 및 무차별적인 살인 등 다양한 방법의 폭력을 행사하여 정치·사회적으로 공포상태를 일으키는 행위를 말하며, '테러 행위', '공포 상태', '공포정치'와 같은 뜻으로도 사용되고 있다. 통상적으로 '테러'를 '테러리즘'의 줄임말(약자)로 보고 구분 없이 혼용하고 있지만, 학자들 간에는 두 용어를 엄격히 구분해서 사용할 필요가 있다고 주장한다. Schmid & Jongman(1988)은 테러는 폭력과 관련된 마음의 상태(State of Mind)라고 표현한 반면, 테러리즘은 특정 목적 달성을 위해 자행되는 폭력행위로 표현하고 있다. 심리학적 측면에서 접근해 볼 때 테러란 "특정한 위협이나 공포로 인해 모든 인간이 심적으로 느끼게 되는 극단적인 두려움의 근원이 되는 것"[1]으로 규

1) 홍수, 폭설, 지진, 쓰나미, 화산 대폭발과 같은 자연재난, 삼풍백화점 붕괴, 성수대교

정할 수 있다면, 테러리즘이란 의도적·직접적인 폭력을 사용, 특히 정치적 무기나 어떠한 정책으로서 폭력을 사용[2]함으로써 정치·사회적인 복종을 요구하는 점에서 차이가 있다. 결론적으로 테러는 특정 의도와 상관없이 발생할 수 있는 반면, 테러리즘은 의도적·조직적·목적지향적 행위와 관련이 있다고 할 수 있다. 그럼 점에서 테러는 테러리즘 없이도 발생 가능하며, 테러리즘은 테러의 한 구성요소로 볼 수 있을 것이다.

학자들 간에는 각자의 주장이나 이론에 따라 테러리즘에 대해서도 다양하게 정의하고 있다.[3] Thackrah(1987)는 민주주의 국가 내부에서 불안정을 창출하기 위해 행해지는 폭력적이고 극단적인 협박의 조직 체계이거나, 국제적으로 경찰·군대 또는 다국적기업·단체 등에 대해 무차별적이고 예상할 수 없는 공격을 가하고, 공격 목표가 되는 국가들에게 정치·사회적 변화를 강요하는 공격을 시도하는 것이라고 정의하고 있다. Cline & Alexander(1984)는 정치적 목적 달성을 위한 수단이며, 폭력 사용의 한 형태로 저강도 수준의 폭력을 사용하는 전쟁이라고 규정하고 있다. Wilkinson(1986)은 조직적인 살해 및 파괴 그리고 이에 대한 협박을 함으로써 개인, 단체, 특정공동체 혹은 정부를 공포의 분위기로 몰아넣어 자신들의 정치적 목적을 달성하려고 하는 행위라고 정의하고 있다. Schmid & Jongman(1988)은 테러의 정의와 관련한 설문조사를 바탕으로 구성요소 가운데 가장 사용빈도가 높은 용어 22개를 정리하였는데, 폭력 또는 무력(83.5%), 절치(65%), 두려움(51%), 위협(47%)이라는 의미와 심리적 영향효과(41.5%), 희생자와 목표물의 불일치(37.5%), 조

붕괴, 대구지하철 방화사건, 세월호 침몰과 같은 인적재난, 사이코패스(psychopath)에 의해 자행되는 연쇄살인사건 등도 극단적인 두려움의 근원으로 작용한다.

2) 예를 들어, 하이재킹, 요인암살, 공중시설 폭파, 자폭, 유괴, 납치 등 다양한 형태를 통해 사람에게 공포심을 불러일으키는 행위를 말한다.

3) 테러리즘과 유사 용어를 비교·정리해 보면, ① 게릴라전은 "적지역 또는 적이 점령한 지역 내에서 현지 주민들에 의해 생성 발전된 유격작전 부대가 적의 전투력과 산업시설 능력 및 적의 사기를 감소시키기 위하여 공개적으로 수행하는 군사적 또는 준군사적 전투작전", ② 강력범죄는 "폭력이나 무기를 사용하여 저지르는 반인륜적 흉악범죄", ③ 정치범죄는 "일반적으로 국가의 정체체제의 변혁을 목적으로 하는 폭력 또는 비폭력 행위"라고 각각 구분할 수 있다.

직화된 행동(32%), 전략·전술의 한 방법(30.5%) 등이 포함된다. 최근 일부 학자들은 9·11테러사건을 두고 테러리즘을 21세기 최초의 새로운 종류의 '전쟁'으로 인식하고, 그 특성을 고려하여 '제4세대 전쟁'(The fourth generation warfare), '네트전'(Netwar), '비대칭전쟁'(The asymmetric warfare) 등으로 규정하기도 한다. 미국에서도 각 기관에 따라 테러리즘의 개념 규정에 대해 다소 간 차이가 있다. 국무부는 "국가가 아닌 단체 혹은 지하드 조직원에 의한 계획적이고 정치적인 동기를 갖고 비전투원을 목표로 하는 폭력, 보통은 사건을 지켜보는 일반인들에게도 영향을 파급시키려는 목적 하에 이뤄지는 행위"로, 국방부는 테러리즘의 목적에 종교적·이념적 측면을 추가해 "정치적·종교적 또는 이데올로기적인 목적 달성을 위해 정부 또는 사회를 강요하고 함락시키기 위해 사람이나 소요물에 대해 불법적으로 사용되는 칼이나 폭력 또는 위협"으로, FBI는 테러리즘의 목적에 사회적 측면을 추가해 "정치적 혹은 사회적인 목적을 추진하기 위해 정부나 시민 또는 특정 집단 등 그 밖의 것을 위협하고 강압하기 위해 사람이나 소요물에 대해 가해지는 부당한 압력 또는 폭력"으로 규정하고 있다. 9·11테러 이후 부시 행정부에서는 "준국가단체나 비밀요원들이 자신들의 메시지에 귀를 기울이는 상대에게 영향을 미치겠다는 정치적 동기를 가지고 사전에 계획하여 비전투상태에 있는 목표물에게 가하는 폭력"이라고 보다 구체적으로 정의하기도 하였다.

9·11테러 이후 제정한 미국 애국법(Patriot Act, 2001)에서는 테러리즘을 "일반시민을 협박 또는 강요하거나, 협박 또는 강요를 통해 정부 정책에 영향을 주고자 하거나, 대량파괴·암살 또는 납치를 통해 정부조치에 영향을 주기 위한 것으로서, 미 연방 또는 각 주 형법에 범죄로 규정되어 있거나 미 연방 또는 각 주 관할지역 내에서 자행 시 범죄가 되는 인간의 생명에 위협을 초래할 수 있는 행위"라고 규정하면서 이를 "미합중국 영토 외에서 발생되거나 협박·강요 대상자 또는 범죄지·망명지 등 목적 달성을 위한 수단 등이 다국적 요소로 이루어져 있는 경우"를 국제 테러리즘으로, "미합중국 영토 내에서 발생하는 경우"를 국내 테러리즘으로 구분하고 있다. 이를 종합해 보면 ① 미국의 관할권 내외에서

이루어진 행위로서 미 연방 또는 주 정부의 형법을 위반하여 인간의 생명을 위협하는 폭력적 행위, ② 고의로 대중을 협박하는 행위, 강요 또는 협박으로 정부의 정책에 영향을 주는 행위, ③ 대량파괴·암살·납치 등의 방법으로 정부활동에 영향을 미치는 행위라는 공통분모를 도출할 수 있다.

그리고 UN 안전보장이사회 결의안 1373호에는 "테러란 민간인을 상대로 하여 사망 혹은 중상을 입히거나 인질로 잡는 등의 위해를 가하여 대중 혹은 특정한 집단의 사람 혹은 어떤 특정한 사람의 두려움을 야기하여 특정한 사람·대중·정부·국제기구 등으로 하여금 특정 행위를 하도록 강요하거나 혹은 하지 못하도록 막고자 하는 의도를 가진 범죄행위"로 규정하고 있다.

테러리즘 판별기준

- **폭력:** 폭력의 유무만으로 테러리즘을 정의 내리기는 힘들다. 예를 들어, 전쟁, 폭동, 조직범죄에서도 폭력이 나타나지만, 이와 같은 경우 일반적으로 테러리즘에 속하지 않는다.
- **심리적인 영향과 공포:** 테러리즘에 의한 공격은 심리적으로 아주 극단적인 상태를 불러일으키며 상당히 장시간에 걸쳐 심리적 영향을 끼친다. 이 때문에 테러의 대상으로 어떠한 상징물이나 사회·경제적으로 중요한 것들이 선택된다.
- **정치적인 목표를 위한 가해:** 모든 테러리즘은 어떠한 정치적 목표를 가지고 있다.
- **의도적으로 비전투원을 포함한 가해:** 민간인을 직접적 가해의 대상으로 포함하는가 안하는가는 윤리적으로 테러리즘을 판단하는 중요한 기준이다.
- **불법 혹은 비합리:** 특히 국가에 의한 테러리즘의 정의에서 불법이라는 기준의 적용이 이용되고 있다. 그러나 국가테러리즘이라는 시각에서 보면 이러한 합법성 여부의 논의는 전시상황에서 폭격에 의한 민간인 대량살상 같은 것을 정당화시키는 문제가 있다.

한편 우리나라에서는 '국민보호와 공공안전을 위한 테러방지법'(2016. 3.3. 제정, 약칭: 테러방지법)이 제정되기 이전의 국가대테러활동지침(대통령훈령 제47호, 1997.1.1. 개정)에서 "국가이익과 국민에 대하여 국제테러분자 등이 각종의 목적을 위하여 국내외에서 불법적으로 자행하는 각종 범죄행위"라고 규정하고 있다. 이후 테러방지법에서는 "국가나 지방자치단체 또는 외국 정부(외국 지방자치단체와 조약 또는 그 밖의 국제적인 협약에 따라 설립된 국제기구 포함)의 권한 행사를 방해하거나 의무 없는 일을 하게 할 목적 또는 공중을 협박할 목적으로 행하는 각종의 행위"라고 규정하고, 사람, 항공기, 선박에 대한 각종 위해, 생화학 폭발성·소이성(燒夷性) 무기나 장치에 의한 위해, 핵·방사성물질 및 원자력시설 등에 의한 또는 대한 위해라는 5개항을 구체적으로 열거하고 있다. 한편, 국정원에서는 미국·일본·영국·독일 등 각국의 대테러 관련 법 또는 국제협약 등이 정의한 내용을 바탕으로 ① 정치적 목적이나 동기를 가지고 있음(범죄조직과 구별), ② 미리 계획되고 지속성을 가진 사건임(시위 등 우발적 폭력 제외), ③ 공포심을 수반한 사용이나 위협이 따름(총격·폭파·납치 등)과 같은 공통적 요소를 내포하고 있다고 정리하고 있다.

그러나 결론적으로 볼 때 냉전 종식 이후 실질적이고 보편적 개념에서의 테러리즘은 알 카에다·IS 등 국제 테러조직이 종교적·정치적 신념으로 국지전을 일으키거나, 이들 조직에 의해 극단적 이념(최근에는 주로 이슬람 극단주의)에 심취된 조직원 또는 개인(이른바 '외로운 늑대'까지 등장)들이 다양한 폭력수단을 동원(심지어 자살행위까지 사용)해 불특정 다수와 전 세계에 공포감을 불러일으키는 것을 목적으로 하는 모든 행위를 지칭한다고 해야 할 것이다.

2) 테러리즘의 유형과 발생원인

테러리즘의 유형으로는 크게 사상적·정치적 목적달성을 위한 테러와 뚜렷한 목적 없이 불특정 다수와 무고한 시민까지 공격하는 맹목적인 테러로 구분할 수 있다. 여기에는 준국가 단체(Subnational Actor)에 의한 반정부·반체제 테러, 국가기관에 의한 테러(1985년의 프랑스군 장교에 의한 레인보우오리어호 폭파사건 등), 국가가 개인과 단체에 자금·무기·성역(聖域) 등을 지원하는 테러(State-Supported Terrorism), 개인과 조직이 국가의 지령을 받아 실행하는 테러(State-Directed Terrorism, 1981년 불가리아의 지령에 의한 로마교황 암살미수사건)와 같은 국가 테러(State Terrorism)도 존재한다.

또한 테러리즘은 테러리스트의 존재 위치에 따라 국내 테러와 국제(초국가) 테러로 구분할 수 있으며, 테러 형태에 따라 시설파괴, 차량폭파, 요인암살, 인질납치, 항공기·선박 테러(납치, 폭파, 공항만시설 및 승객 공격 등), 화학·생물·핵 및 기타 고성능무기에 의한 테러(CBRNE), 사이버테러 등으로도 구분할 수 있다. 이를 구체적으로 정리하면 다음과 같다.

(1) 폭탄테러

폭탄테러는 전 세계 테러사건의 30% 정도를 차지한다. 폭탄 종류로는 편지·소포·휴지통 등의 소형부터 자동차·비행물 등까지 다양하다. 폭파방법 역시 폭탄적재 또는 부비트랩 장착 폭파차량, 폭발물을 장치한 짐 꾸러미 이용 또는 손으로 직접설치, 발사장치 부착 폭탄 또는 손으로 만지거나 모터장치에 의한 발사, 우편물 이용 또는 자살 폭탄 등 다양하다. 폭탄의 종류로는 다음과 같은 것을 들 수 있다. 첫째는 급조폭발물(IED, Improvised Explosive Device)이다. 규격화된 군용폭탄, 상용폭발물을 본래의 운용목적 또는 작동방법과 다르게 급조하여 만든 폭발물로 군용과 달리 사제폭발물을 말한다. 둘째는 플라스틱 폭탄이 있다. RDX를 주성분으로 한 C4 폭탄으로 외견상 플라스틱과 유사하고, 여러 가지 형태로 변형이 가능하며 금속 탐지기로 발견이 어렵다는 특성이 있다. 셋째로는 자동차 폭탄을 들 수 있다. 자동차 엔진, 트렁크, 스페어타이어 등의 공간에 폭탄을 장치해 발견이 어렵고, 원격조정이 가능하며, 차량탑승 요인암살 및 구조물 파괴 등에 이용된다.

(2) 요인 암살

요인 암살은 정치적 적대관계에 있는 정적이나 사회적·국제적으로 저명한 인사를 제거하기 위한 수단이며, 정치적 불안과 긴장 촉발의 요인이 된다. 주로 총기나 폭발물을 이용한다.

(3) 인질 납치

인질 납치는 사람을 납치해 그 생명을 담보로 자신들의 목적(정치·종교·군사적 목적, 거액의 몸값 요구, 선전, 동료의 석방 등)을 요구하는 행위이다.

(4) 하이재킹(Hijacking)

하이재킹은 항공기(철도, 버스 등도 포함) 납치 및 폭파, 항공기를 이용한 시설물 공격 등 여러 형태가 있다. 테러 유형 중 가장 심각한 방법으로 정치·경제·사회적으로 엄청난 파급효과를 유발한다.

(5) 해상 테러리즘

해상 테러리즘은 선박 및 선원에 대한 폭파 및 납치 행위로서 선박 납치와 선박 사보타지로 대별된다.

(6) 생화학테러

생화학테러는 인체에 유독한 화학물질을 살포하거나 전염병을 발생하게 해 인간을 살상함으로써 국가·사회를 무능화시켜 혼란을 유발시킨다.

(7) 자살테러

자살테러는 테러집단의 목적 달성을 위해 사람의 몸이나 차량 등의 이동수단에 폭탄을 장착해 목적대상 폭파와 함께 스스로 죽는 형태이다.

이밖에 테러의 이념적 성격에 따라 백색테러 및 적색테러 또는 극우테러 및 극좌테러로 구분하기도 한다. 기타 마약테러는 테러리스트나 테러조직들이 활동자금 마련을 위해 마약 밀매 및 밀거래에 가담하면서 생겨난 용어이다. 최근에는 반문명 및 반기술테러 또는 문화재테러라는 용어도 등장하고 있다. 환경론자들이 환경파괴를 막기 위한 목적으로 행하는 테러(Eco-Terror) 또는 정치·사회·군사적 목적 달성을 위해 천연자원 또는 주요 생활환경에 가하는 테러((Environmental Terror)를 환경테러리즘이라고도 한다.

한편, 테러리즘의 발생원인으로는 첫째 종교적·민족적·이념적 대립과 갈등, 둘째 정치적 목적달성을 위한 투쟁, 셋째 경제적 빈곤 및 이권에 의한 갈등, 넷째 사회환경구조의 발달(과학기술의 발달, 대도시의 형성, 지구촌 시대의 도래)을 들 수 있다.

2 테러리즘의 기원과 변천과정

1) 테러리즘의 기원

테러는 기원전 성경 속 인물이나 줄리어스 시저(Julius Caesar)의 정치적 암살 등에서 볼 수 있듯이, 역사적으로 오래 전부터 존재해 왔지만 현재 우리가 말하는 일반적인 테러리즘의 기원은 1783년 프랑스대혁명 기간 중 1년여 간 실시된 공안위원회(로베스피에르)의 공포정치(Reign Terror)에서 찾을 수 있다. 공포정치 시대의 테러리즘 형태는 소위 국가테러리즘(관제테러리즘, state terrorism)으로 정권을 장악한 집단이 자신들의 지원을 받는 조직을 통해 정권유지 차원에서 반정부 세력들에게 정책적으로 행한 탄압형 테러였다. 프랑스대혁명 이후 1798년 발간된 '아카데미 프랑세주' 사전에 테러를 "조직적인 폭력의 사용"이라고 최초로 규정하였는데, 여기서는 공포정치 당시 혁명파의 테러를 적색테러, 왕당파의 테러를 백색테러라고 지칭하였다.

2) 테러리즘의 역사적 변천과정

(1) 고전적 테러리즘 시대(18세기 테러리즘 용어 등장 이전 시기)

역사적으로 볼 때 인류의 등장과 함께 생존권적 이익이나 정치적 대립, 종교적 갈등에서 폭력적 위협이나 암살 등의 원초적 무력이 주로 사용되어 왔다고 할 수 있다. 하나님이 천지를 창조하였다는 기독교적 사상에 입각해 본다면 인류 역사상 최초의 개인적 테러는 구약성경(창세기 4장 1절~16절)에 나오는 '카인과 아벨 사건'일 것이다. 아담과 이브의 장자인 카인은 보리의 첫 수확을, 그의 동생인 아벨은 양의 첫 새끼를 각각 하나님에게 바쳤으나, 동생 아벨이 바친 제물만이 가납(嘉納)된 것을 질투하여 형 카인이 동생을 살해한다는 내용이다.

고대에서 일어난 정치적 테러의 대표적 사건은 기원전 43년 로마 원로원에 의한 '줄리어스 시저 암살 사건'을 들 수 있다. 셰익스피어의 비극에도 나오는 이 이야기는 시저가 정적인 폼페이우스를 제거하여 정치가로서 권력의 정상에 올랐을 때 친구인 브루투스에 의해 암살당하는 내용이다. 동양에서는 사마천의 사기에 나오는 자객 형가(荊軻)의 '진시황 암살 기도사건'이 있다. 형가는 춘추전국시대 말기에 연나라 태자 단의 수하에 있던 용사였는데, 진나라가 한나라와 조나라를 멸망시킨 다음에 연나라를 향해 진군하자 진시황을 암살하려고 했지만 결국 성공하지 못하고 피살되었다.

종교적인 테러로는 기원전 66~77년 팔레스타인에 종교집단 시카리(Sicarri) 단체가 결성되어 로마 통치에 협력하는 유태인을 공격한 사건이 있었다. 그리고 11~13세기에 이슬람 과격단체가 십자군의 군사력에 테러로 대항하면서 암살자를 고용해 기독교지도자 등 요인들을 암살하는 테러사건도 있었다.

(2) 근대적 테러리즘 시대(18세기부터 1960년대 이전)

근대 민족국가 형성 과정에서 국가독립, 민족해방운동을 위한 폭력적 저항과 근대적 국가 형성 후 정치적 대립관계에서 국가권력에 의한 탄압형 테러가 많이 행해졌다. 미국의 남북전쟁 후 극우 남부 백인우월주의 단체인 KKK의 흑인대상 테러가 발생하기도 하였다. 러시아 및 서유럽 무정부주의자들과 좌·우익 간의 정치적 테러(적색·백색)가 성행한 것도 이 시기이다. 바쿠닌(Bakunin)이나 네차예프(Nechaev) 같은 러시아의 아나키스트들은 "현실 정치제도를 바꾸는 유일한 수단은 폭력"이라며 테러리즘을 옹호하기까지 하였다.

1914년 6월 28일 세르비아계의 청년 가브리엘 로프린체프에 의한 오스트리아 프란츠 페르디난트 '황태자 부부 암살 사건'은 정확히 1개월 뒤 불이 당겨진 제1차 세계대전의 시발점으로 손꼽히고 있다. 사건 수사와 재판 과정에서 세르비아 군부가 무기를 지원한 게 드러나자 오스트리아·헝가리가 세르비아에 선전포고를 한 것이 전쟁의 시작이기 때문이다. 20세기 들어 소련(레닌, 스탈린), 독일(히틀러), 이탈리아(무소리니) 등에서 반정부 세력들을 탄압하는 수단으로 테러를 이용(관제테러)하기도 하였다. 제2차 세계대전을 전후해서는 테러가 제국주의에 대한 식민지 독립투쟁의 수단으로 이용되었다.

(3) 현대적 테러리즘 시대(1960년대부터 1990년대)

테러리즘 역사상 테러의 양상에 있어 커다란 변화가 발생한 시기이다. 국제 정치상황과 연결되어 테러리즘의 국제화, 대형화, 정치화가 나타나고, 국가 지원 테러가 더욱 성행하였다. 이스라엘의 건국과 더불어 아랍 민족주의가 형성되고, 이슬람 원리주의가 표면화하면서 중동이 세계의 화약고, 테러의 진원지로 떠오르기 시작하였다.

고전적인 마르크스·레닌주의자들에 의한 시설물 폭파 및 항공기 납치, 항공기 폭파, 승객 공격 등 하이재킹이 본격적으로 등장하게 되었으며, 독일의 '바더 마인호프', 프랑스의 '직접 행동', 이탈리아의 '레드 브리게이즈' 등 테러조직들은 테러에 성공하면 성명을 발표해 자신들이 저지른 것이라고 공표하는 등 테러의 양상에 변화가 일어나기도 하였다. 1990년대 게릴라 인터내셔널(Guerrilla International)이 형성되면서 국제테러리즘의 협력 기반이 마련되었는데, 1996년 피델 카스트로(Fidel

Castro) 등이 주도한 쿠바혁명에는 83개 게릴라 단체에서 531명이 참가하였다.

한편 팔레스타인 문제를 중심으로 이슬람 극단원리주의자들에 의해 불특정 다수인에 대한 무차별 공격양상이 나타나고 살상무기가 현대화하는 등 뉴테러리즘으로 점차 진화하였다.

1972년 5월 뮌헨올림픽에서 이스라엘 선수단 2명을 죽이고 9명을 인질로 붙잡은 사건은 '검은 9월단'의 존재를 전 세계에 드러낸 대표적인 유혈사건이다. 협상에 실패한 서독 경찰이 강경 대응하는 과정에서 인질 9명이 모두 숨졌고, 테러범들도 사살되거나 생포되었다. 이 사건은 국제적으로 테러대응 태세를 본격적으로 구축하는 계기로 작용하였다. 당사국인 독일이 GSG-9, KSK를 창설하는 등 각국에서 대테러 특수부대를 양성하게 된 것이다. 사건 이후 이스라엘 모사드에서 '신의 분노작전'으로 '검은 9월단' 조직원들을 추적해 암살(제거)함으로써 중동 이슬람국가와 이스라엘 간에 '복수에 대한 복수'라는 악순환이 시작되었다.

검은 9월단

팔레스타인해방기구(PLO, Palestine Liberation Organization) 내 알파타에서 분리된 극좌파 게릴라 조직이다. 그 이름은 아랍 게릴라 4명이 1970년 11월 당시 요르단의 탈 총리를 이집트 카이로의 한 호텔에서 암살하면서 스스로 '검은 9월단'이라 칭한데서 시작되었다. 아랍계 게릴라가 요르단 정부군의 토벌작전으로 큰 타격을 받은 1970년 9월을 의미한다.

이스라엘 정보기관의 표적이 됐던 과격 무장조직인 만큼 지도자나 조직원 등의 신원은 철저히 베일에 가려졌으며, 팔레스타인 해방을 외치며 요인암살, 항공기 납치사건 등 각종 테러를 저질렀다.

(4) 뉴테러리즘 시대(1990년대 후반 이후)

1991년 소련이 붕괴되고 탈냉전 시대(post-Cold War era)가 도래하면서 1990년대 후반 들어 마르크스주의식의 테러가 퇴조하고 종말론이나 종교적 이념 대립에 기인한 민족주의적, 종교적 테러리즘이 심화되었다. 1988년에 일어난 '팬암 103기 폭파사고'는 뉴테러리즘의 시작으로 테러조직이 처음으로 테러를 했다고 공개하지 않고 자신을 숨긴 테러로 지목되고 있다. 1995년에는 옴진리교에 의한 '동경 지하철 사린 가스 테러 사건'이 발생해 세계를 놀라게 하였다. 이 시기의 테러는 불특정 다수에 대한 무차별적인 대량 인명살상과 동기가 불분명하고 대중 지지를 의식하지 않는다는 등의 특성을 보이고 있어 '슈퍼테러리즘'(Super Terrorism) 또는 '포스트테러리즘'(Post Terrorism)이라고도 지칭된다.

미 국방부 등의 후원을 받는 미국의 민간연구소 랜드(RAND)는 1999년 '뉴테러리즘에의 대응'(Countering the New Terrorism)이라는 보고서에서 "과거의 테러가 극단적 수단을 동원한 의사소통(커뮤니케이션) 행위였다면 뉴테러리즘은 전쟁을 수행하는 것"이라고 패러다임의 변화를 설명하였다. 2001년 미국 본토에서 발생한 9·11테러사건은 무차별적인 대량 인명살상과 동기가 불분명하고 대중의 지지를 의식하지 않는 뉴테러리즘의 전형을 보여준 사건이다. 워싱턴포스트(The Washington Post)는 2001년 9월 12일 냉전(Cold War) 시대에서 '회색 전쟁' 시대로 접어들었다고 보도하면서 제2차 세계대전에 이어 40년간 지속된 냉전과는 달리 회색 전쟁은 적이 누구인지 모르며, 전선도 전쟁규칙도 없다고 지적하였다. 이후 미국의 아프카니스탄·이라크 공격 등 테러리즘 예방을 위한 선제공격이 이어지면서 테러리즘과의 전쟁이라는 악순환이 현재까지 지속되고 있다.

9·11테러사건

2001년 9월 11일 오전 9시부터 오후 5시 20분 사이에 4대의 민간 항공기를 납치한 이슬람 테러단체에 의한 동시다발 자살테러로 미국 뉴욕의 110층짜리 세계무역센터(WTC) 쌍둥이 빌딩이 무너지고, 워싱턴의 국방부 청사(펜타곤)가 공격을 받았다. 이 사건으로 인한 피해는 4대의 항공기에 탑승한 승객 266명 전원 사망, 국방부 청사에서 사망 또는 실종 125명, 세계무역센터에서 사망 또는 실종 2,500~3,000명이 발생하는 등 인명 피해만도 2,800~3,500명에 달하였다.

납치당한 4대의 항공기에는 3~5명의 납치범들이 탔을 것으로 추정되는데, 이들은 사우디아라비아와 이집트 출신의 조종사들이었다. 미국은 사우디아라비아 출신 국제 테러리스트인 오사마 빈 라덴(Osama bin Laden)과 그의 추종조직인 알 카에다(Al-Qaeda)를 주요 용의자로 간주하고, 그밖에 팔레스타인해방기구(PLO) 산하의 무장조직인 하마스(HAMAS), 이슬람원리주의 기구인 지하드, 레바논의 헤즈볼라 등 다른 이슬람 테러조직들도 관여했을 것으로 보고 있다.

3 뉴테러리즘의 의미와 전개양상

1) 뉴테러리즘의 의미와 특성

뉴테러리즘(New Terrorism)은 전통적인 의미에서의 테러가 자신의 요구를 수용하라는 의견전달 및 자신의 조직의 현시성을 나타내어 왔던 것과 달리, 1990년대에 들어서면서부터 종말론이나 종교적 이데올로기에 근거한 테러가 성행하기 시작하면서 이를 지칭하는 용어로 등장하게 되었다. 1988년에 일어난 팬암 103기 폭파사고는 이를 자행한 테러조직이 처음으로 자신들이 테러를 했다고 공개하지 않고 자신을 숨긴 테러로서, 뉴테러리즘의 시작이라고 불리워진다. 뉴테러리즘이라는 개념을 정립한 것은 앞에서도 설명하였듯이 미국의 민간연구소 랜드(RAND)로서, 1999년 '뉴테러리즘에의 대응'(Countering the New Terrorism)에서 종래 테러양상과 비교해 볼 때 대형화, 무차별화, 주체와 대상이 모두 모호한 전쟁과도 같은 현상을 설명하는 용어로 사용하기 시작하였다. 슈퍼 테러리즘, 포스터모던 테러리즘, 메가 테러리즘(mega terrorism), 재앙적 테러리즘, 종말론적 테러리즘, 대량살상무기 테러리즘 등으로도 지칭된다.

뉴테러리즘의 등장 배경을 살펴보면 정치적으로는 정부에 대한 불만과 민중을 대표하지 못하는 정부, 비능률적 정부기능, 반정부적 입장, 대중의 무관심, 외부의 정치적 영향과 방해로 인해 야기된다. 경제적으로는 부의 재분배 문제, 실업, 식량부족, 낙후산업과 농촌, 불안정한 현실, 사유재산의 불균형, 특정 지역의 인구과잉, 생산체계 빈약 등이 원인이 되고 있다. 사회적으로는 빈곤과 상류사회와의 괴리, 기회상실, 문맹률 및 교육의 빈곤, 사회논리 비약, 융화되지 않는 요소, 빈곤한 정부, 시민과 정치의 관계, 종교의 영역이 정치적 측면을 초과할 때 등이 요인으로 작용하고 있다. 1990년대 이후 여러 가지 요인으로 성행하기 시작한 뉴테러리즘이 계속적으로 증가하고 있는 원인을 살펴보면 다음과 같다.

① 대중언론매체의 발전: TV, 라디오, 신문 및 인터넷 등 각종 매체가 테러범들의 주의, 주장, 목표, 이념을 신속하고 광범위하게 전파해 행동반경을 광역화하고 기동화시킨다.

② 인간소외 현상의 심화: 국제사회에서 개인 간, 세력 간, 국가 간 분쟁과 대립·갈등이 존재하면서 각각의 조직, 세력, 국가가 지향하는 이상과 현실 간 괴리와 간극이 심화되고 있다.

③ 테러리즘을 영웅시하는 시각의 존재: 이해관계를 달리하는 개인, 세력, 국가들 간에 자신들을 대변하는 폭력적 테러리즘을 옹호하고 영웅시하는 풍토가 조성되고 있다.

④ 테러리즘을 문제 해결의 최후 수단으로 보는 시각의 존재: 사회적 약자 혹은 세력들이 국가가 스스로 극복할 수 없는 문제를 해결하기 위한 마지막 수단으로 테러를 선택하고 있다.

⑤ 테러리즘을 국가 외교정책의 수단으로 활용: 국제사회에서 일부 약소국 혹은 강대국들이 자신들의 외교적 이익을 쟁취함에 있어 효과성이 높은 테러리즘을 선호하고 있다.

뉴테러리즘을 "조직이나 개인이 스스로 설정한 목적을 달성하기 위해 불특정 다수나 핵심 기반을 대상으로 불법적 폭력 또는 방법으로 위협하는 행위"라고 정의할 때 다음과 같은 세부 요소로 구성되어 있다.

① 뉴테러리즘의 주체: 과거 전통적인 테러리즘과 달리 조직뿐만 아니라 개인 또한 테러의 행위자가 될 수 있음을 의미한다.

② 뉴테러리즘의 목적: 과거 전통적인 테러리즘이 갖고 있던 정치적·경제적·사회적·이념적·종교적·민족적 목적뿐만 아니라 조직이나 개인이 지닌 또 다른 목적 달성을 위해서도 테러를 하는 것으로 이해한다.

③ 뉴테러리즘의 대상: 특정한 인물이나 시설물 또는 대상만을 목표로 하는 것이 아니라 불특정 다수의 생명과 재산 또는 건강을 위협하거나 국가사회의 운영 및 유지에 필수적인 핵심시설·시스템·기능·가치 등도 포함된다.

④ 뉴테러리즘의 수단: 과거 전통적인 테러리즘과 마찬가지로 불법적 폭력이나 방법을 동원해 위협하는 행위를 의미한다.

뉴테러리즘의 특성은 대체로 다음과 같이 설명할 수 있다.

① 테러집단 자신과 비호세력을 보호하고 공포 효과를 극대화하기 위해 정체도 밝히지 않고 요구조건 제시도 없기 때문에 색출하거나 근절이 곤란하다.

② 희생자와 비희생자의 명확한 구분이 가능했던 전통적 테러리즘(선택적 테러)과 달리 일반대중 전체를 대상으로 하는 보편적 테러(general terror)로 변화하고 있다.

③ 전쟁 수준의 무차별 공격으로 피해가 상상을 초월하고, 초단시간에 상황이 종료됨으로써 테러에 대처할 수 있는 시간이 절대 부족하다.

④ 전통적 테러에서 동원되던 재래식 무기(소총·권총·수류탄·폭탄 등) 뿐만 아니라 생활 주변의 모든 장비들이 테러에 이용될 수 있어 방어 색출에 한계가 있다.

⑤ 세균무기(탄저균), 액체폭탄 등 저렴한 비용으로 많은 인명살상을 노리는 신종 대량 살상무기가 테러에 이용되고 있다.

⑥ 메스컴의 발달로 지구촌 어느 한쪽에서 발생한 사건도 생생한 동영상까지 실시간으로 전 세계에 신속히 전파됨으로써 공포 확산이

용이하다.

⑦ 테러가 국가적 재난으로 인식될 만큼 대형화됨에 따라 정치적 부담이 증대되고 있다.

⑧ 테러에 동원되는 자들이 상당 부분 중산층 출신이고 고학력자로서 공학이나 과학 분야 전공자들이 많으며, 과거 범죄경력이나 정치적 활동과 같은 경험이 없어서 사전 포착이 어렵다.

⑨ 테러 가담자들이 처벌 자체를 두려워하지 않고 심지어 자살을 택하는 경우가 많아 법적 제재 수단에 의한 억제력에 한계가 있다.

⑩ 테러조직이 여러 국가나 지역에 걸쳐 그물망 조직으로 연결된 이념 결사체로서, 인터넷 비밀사이트·전자메일·첨단이동통신 등을 연락 수단으로 삼아 활동하다 보니 실체 파악이나 조직 무력화에 어려움이 있다.

⑪ 테러 공격을 감행하는 대상목표를 선정함에 있어 무차별적일 뿐 아니라, 교통·수도·통신·에너지시설 등 사회를 유지하는 기능상 꼭 필요한 것이나 국가사회적으로 중요한 상징성을 지닌 대상을 주로 선택한다.

팬암 103기 폭파사고

팬암 103기는 독일 헤센 주 프랑크푸르트 국제공항을 출발하여 영국 런던의 히드로 국제공항과 미국 뉴욕 존 F. 케네디 국제공항을 경유하여 미시간 주 디트로이트 웨인 카운티 국제공항으로 가는 비행기로 1988년 12월 21일 243명의 승객과 16명의 승무원을 태우고 남부 스코틀랜드의 로커비 상공을 지나던 중 공중 폭발(폭발된 기체가 마을 중심부를 덮치면서 11명이 사망)하였다.

조사 결과, 폭탄이 최초 출발지인 프랑크푸르트 국제공항에서 실렸다는 것이 확인되었고, 폭파 용의자는 알 메그리히로 밝혀져 8년 6개월 형을 선고받고, 그리녹 감옥에서 복역하다가 2009년 8월 20일 석방 후 2012년 5월 21일 사망하였다.

리비아는 2002년 5월 29일 팬암 103기의 폭탄테러가 자신들의 소행(리비아의 비밀문서에 따르면 당시 리비아의 최고 지도자 카다피가 서방세계에 대한 보복 차원에서 자행)이라고 밝혔고, 270명의 팬암 103기 희생자들에게 27억 달러를 배상하였다.

옴진리교 사린가스 테러사건

1995년 3월 20일 오전 8시경, 관청 밀집 지역인 도쿄 가스미가세키역의 5개 전동차 안에서 독가스가 동시다발적으로 살포되어 5,500여 명이 눈과 코에서 피를 흘리는 등 심각한 중독현상으로 쓰러졌으며, 이 중 12명이 목숨을 잃었다.

수사 결과 1995년 2월 말에 발생한 공증사무소 가리야 사무장 납치 사건과 관련하여 경찰이 옴진리교에 대한 전면수사를 할 것이라는 첩보를 입수한 옴진리교 아사하라 쇼코(麻原彰晃) 교주가 경찰의 관심을 다른 데로 돌리기 위해 교단 간부에게 독가스 살포를 지시함으로써 야기되었음이 드러났다.

아사하라 교주는 1995년 11월에 최후의 전쟁으로 인류가 종말을 맞게 되며, 이때의 무기는 핵, 생물, 화학무기가 될 것이고, 옴진리교 신자만이 아마겟돈을 극복하고 천년왕국을 영위할 수 있다고 설교해 왔다. 교단측은 교주의 설교에 맞추어 1993년부터 야마나시현 가미구이시키촌에 화학플랜트를 건설하여 1994년에는 사린 제조에 성공했으며, 도쿄 지하철 가스 살포는 열성 신도들이 교주의 예언을 실현하기 위해 꾸민 테러 사건의 하나이다.

이 사건으로 아사하라를 비롯한 옴진리교 간부 및 신자 29명이 살인 및 살인미수 혐의로 기소되었으며, 이사하라 등 주범 13명은 2018년 7월 6일 사건 발생 23년 만에 사형이 집행되었다.

페루 일본대사관 인질사건

1996년 12월 17일 아키히토 일본왕의 생일을 축하하는 파티가 열리고 있던 리마의 페루 주재 일본대사관에 극좌파인 투팍아마루 해방운동(MRTA) 소속 게릴라 14명이 수류탄과 총으로 무장하고 난입한 사건이 발생하였다.

그들은 아오키모리히사 일본대사를 비롯하여 프란시스코 투델라 페루 외무장관, 이원영 한국대사 등 내빈 700여 명을 인질로 잡고 종신형을 받아 수감 중인 MRTA 지도자 롤란드 폴라이와 동료 400여 명의 석방 등 4개항의 요구사항을 제시하였다. 그 후 여성과 고령자 등 상당수의 인질을 풀어주었으나 일본대사 등 72명을 계속 억류하고 요구조건의 이행을 강요하며 위협을 가하였다.

이런 상황에서 후지모리 페루 대통령은 사건 4일 후 TV연설을 통해 MRTA의 요구를 단호히 거절한다는 성명을 발표하였다. 그 후에 페루의 도밍고 팔레르모 교육장관이 정부대표로 인질석방을 위한 교섭을 벌였으나, 성공을 거두지 못하자 1997년 4월 22일 150여 명으로 구성된 특수부대를 대사관에 전격 투입시켜 인질구출작전을 전개해 범인들은 전원 사살하고 인질 71명을 사건 발생 126일 만에 구출하였으나, 카를로스 히우스티 대법관과 페루군 2명이 사망하였다.

테헤란 미국대사관 점거사건

이란의 국왕 샤 팔레비는 중동에서 오랫동안 미국의 든든한 동반자였지만 무비판적인 친미주의와 독재로 국민들에게 미움을 받고 있었다. 1979년 추방되었던 종교 지도자 아야툴라 호메이니가 이끈 혁명으로 이란의 팔레비 정권은 붕괴되었고, 국외로 도망친 팔레비의 입국을 미국이 허용하였다. 이에 분노한 테헤란 시민들은 미국대사관을 점거하고 58명의 미국인을 인질로 붙잡아 미국이 팔레비를 이란으로 돌려보내고 미국의 은행에 있는 그의 재산을 내놓아야만 인질들을 석방할 것이라고 선언했다.

당시 민주당 카터 대통령은 이 제의를 단호히 거부하고 1980년 4월 특공대를 동원하여 사로잡힌 인질들을 구출하고자 했으나, 불행히도 요원들을 태운 헬기가 중간에 사막에서 추락하고 말았다. 이후 다음 대통령으로 공화당 레이건의 당선 가능성이 확실해지자 알제리가 중재자로 나선 가운데 호메이니와 레이건의 참모들이 인질 석방 협상을 벌여 이란은 미국 내 팔레비 재산의 환수를 조건으로 인질 석방에 합의함에 따라, 1981년 1월 20일 사건발생 444일 만에 레이건의 대통령 취임에 맞추어 인질들이 석방되었다.

2) 9·11 이후 테러리즘의 전개양상

2001년 9·11테러는 냉전체제 종식 이후 사실상 세계 최강 국가로 군림해 온 미국의 본토가 공격을 받았음은 물론, 그 규모나 방법 등에 있어 테러리즘의 역사에 있어 새로운 한 획을 긋는 어마어마한 사건인 것으로 평가되고 있다. 9·11테러 이후 국제사회가 테러리즘 근절을 위해 합심하여 노력한 결과, 9·11테러를 주도한 알 카에다의 핵심 세력은 많이 약화되었으나, 그 연계세력(Al-Qaida Affiliated Group)의 확산과 자생적(Homegrown) 테러리스트의 증대 등 테러 위협은 여전히 남아 있으며 발생 건수도 꾸준한 상태이다.

특히 2003년 알 카에다의 이라크 내 하부조직으로 출발한 수니파 급진 무장단체로서 칼리프(이슬람 제국 주권자)국가를 선언한 '이슬람국가'(IS)는 그동안 중동은 물론 유럽에서도 테러를 자행하며 전 세계에 공포를 안겼다. 2017년 7월과 10월에 걸쳐 주요 거점이던 이라크 모술(Mosul)과 시리아 락까(Raqqa)에서 쫓겨난 데 이어 2019년 3월 23일 마지막 근거지였던 시리아 동부 접경도시 바구즈마저 잃으면서 지역기반을 상실하였지만, 2019년 4월 21일 발생한 '스리랑카 부활절 연쇄 폭탄테러' 배후 지원 등 건재를 과시하고 있는 것으로 볼 때 오히려 주요 근거지였던 중동지역을 넘어 동남아시아·북아프리카에로의 세력 확산이 우려되고 있다.

국제테러 위험지수(GTI)

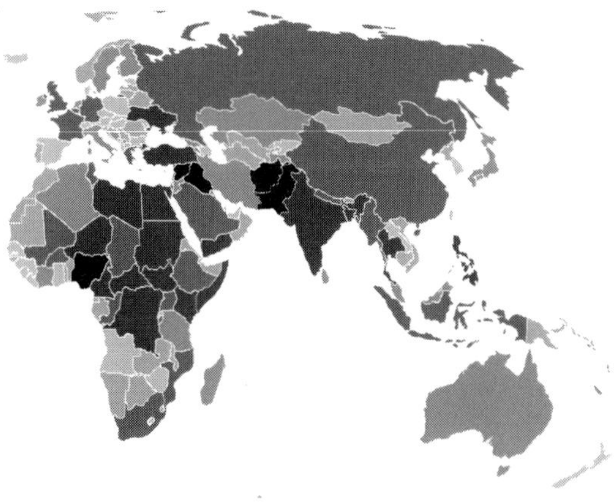

#	Country	Score
1	Iraq	10
2	Afghanistan	9.39
3	Pakistan	9.37
4	Nigeria	8.58
5	Syria	8.12
6	India	7.86
7	Somalia	7.41
8	Yemen	7.31
9	Philippines	7.29
10	Thailand	7.19
11	Russia	6.76
12	Kenya	6.58
13	Egypt	6.50
14	Lebanon	6.40
15	Libya	6.25
16	Colombia	6.24
17	Turkey	5.98

* 출처: Global Terrorism Index.

9·11테러 이후 테러리즘 양상의 특징적 변화를 살펴보면, 이전에는 항공기 납치 및 공중폭파, 요인 암살 및 납치, 공공기관 폭파 등과 같은 전통적인 형태의 강성테러리즘(Hard Target Terrorism)이 대부분이었으나, 이후에는 사람들이 많이 찾고 이용하는 다중이용 시설 또는 장소를 대상으로 하는 연성테러리즘(Soft Target Terrorism)이 증가하고 있다는 점을 들 수 있다. 이와 같은 연성테러리즘의 가장 대표적인 수단과 도구의 특징을 살펴보면 다음과 같다.

① 차량테러: 차량에 폭탄을 탑재해 유인 또는 무인으로 목표물에 기습 돌진하거나 테러범이 대형트럭을 몰고 다중운집 장소를 질주해 인명을 살상한다.

② 자살테러: 테러범이 몸이나 차량에 폭탄을 장착하고 목표물에 진입해 폭파한다.

③ 사제무기: 사제총기(Homemade Guns) 및 사제폭발물(Improvise Explosive Device)이 광범위하게 제조 및 사용되고 있다.

미국 국무부에서 2003년에 내놓은 '세계 테러리즘의 패턴' 보고서에서는 9·11테러 이후 나타나는 국제테러리즘의 추세를 다음과 같이 지적하고 있다.

① 테러조직의 변화: 소규모화, 자생화, 개인화(외로운 늑대)하고 있다.

② 테러재정의 변화: 마약조직과의 연계 및 마약 밀매 등에 직간접적으로 개입하고 있다.

③ 이슬람 극단주의 무장단체들의 실제적 위협이 나타나고 있다.

④ 민족과 종교적 갈등에 따른 테러의 지속 가능성이 예상되고 있다.

⑤ 테러목표의 변화 가능성: 외교·군사시설 이외에 국가·사회 유지 기능상 꼭 필요한 것이나, 중요한 상징성을 지닌 대상을 중심으로 무차별적인 확대가 예상된다.

⑥ 테러방법의 변화 가능성: 전통적 테러 방법 외에 자살테러, 여성·아동테러 등의 증가 추세, 총기 및 폭탄 외에 화학·생물학·방사능 등 WMD(대량살상무기)의 확산이 예상된다.

한편 최근 국제테러 정세의 주요 특징을 다음과 정리할 수 있다.

① IS의 근거지 상실에 따른 역외테러의 확대: 연합군의 공세로 이라크·시리아 내 거점에서 패퇴한 IS가 중동·북아프리카 지역 내 신규거점 구축 및 유럽·동남아 등의 역외테러를 집중적으로 기도하고 있다.

② Low-Tech형 자생테러의 출현: IS 등의 인터넷과 소셜미디어를 이용한 테러 선전·선동에 의해 추종자들이 증가하면서 정신이상자·사회부적응자 등의 모방테러 발생, 특히 일생생활에서 구하기 쉬운 차량·흉기(칼, 도끼) 등을 이용함으로써 테러가 일상화되는 추세이다.

③ 다중운집시설·스포츠 행사 등 소프트 타깃 대상 위협의 고조: 테러의 대상과 방법이 불특정 다수의 일반시설에 예측할 수 없는 다양한 방법으로 무차별적인 살상을 자행하고 있다.

인도네시아 발리 폭탄테러

2002년 10월 12일 밤 11시 30분쯤 인도네시아 발리섬의 쿠타 해변에 있는 한 나이트클럽에 자살 폭탄테러범이 폭탄이 든 배낭을 메고 들어간 후에 폭발이 일어났으며, 부근에 있던 사륜구동 차량에서도 폭발이 발생하였다. 이 사건으로 202명이 숨지고, 300여 명이 부상하였다. 특히 호주 관광객이 가장 많아 사상자 가운데 70% 정도가 호주인이었다. 그밖에 미국인과 독일인 등 서양인이 대부분을 차지하였고, 동양인은 거의 없었다.

사건의 배후는 동남아시아 이슬람원리주의자들의 연합세력으로, 지하드·알 카에다 등과 함께 대표적인 이슬람 국제 테러조직으로 꼽히는 제마 이슬라미야(JI, Jemaah Islamiah)로 밝혀졌다. 이로 인해 사건 발생 며칠 후 제마 이슬라미야의 지도자 아부 바카르 바시르(Abu Bakar Bashir)가 인도네시아 경찰에 체포되었다. 나이트클럽 폭발 직후 폭발 현장에서 15km 떨어진 미국 총영사관 공관 앞에서도 괴한이 던진 사제폭탄이 터졌는데, 다행히 인명 피해는 없었다.

스페인 마드리드 동시다발 테러

2004년 3월 11일 오전 7시 30분경 스페인 마드리드 시내의 교통 중심축 역할을 하는 아토차역(驛)에서 갑작스런 폭발이 일어난 뒤, 아토차역과 같은 노선의 2개 역에서 잇따라 폭발이 발생하였다. 열차 선로에 설치된 총 14개의 폭탄 가운데 10개가 터졌는데, 폭발이 출근 시간대에 맞추어져 있어 190명이 사망하고 1,800여 명이나 부상을 당하였다. 폭탄을 설치한 테러범들은 알 카에다의 조직원들로 밝혀졌으나, 정확한 신원은 확인되지 않았다.

원인은 2003년 3월 이라크전쟁 당시 스페인이 영국과 함께 미국의 이라크 침공을 앞장서 지원하고, 전후에도 자국 군대를 이라크에 파병함으로써 이슬람 테러단체들의 분노를 산 데 따른 것으로 추정된다. 사건 이후인 같은 달 14일 치러진 스페인 총선에서 미국의 이라크전쟁에 적극 동조한 집권당인 국민당(PP)은 스페인군의 이라크 철수를 공언해 온 사회노동당(PSOE)에 패배하였다.

영국 런던 지하철 동시다발 테러

2005년 7월 7일 오전 8시 40분 영국 런던 중심부의 4곳에서 동시 다발적으로 폭발이 발생하였다. 맨 처음 폭발이 일어난 곳은 런던 중심가의 리버풀 스트리트역과 알드게이트역 사이이다. 곧이어 런던 북부 러셀 스퀘어역과 킹스크로역 사이의 지하철 구내, 에지워드 로드역에서 잇따라 폭발이 일어났다. 마지막 폭발은 런던 중심가 태비스톡 스퀘어에서 일어났는데, 2층 버스가 날아갔다. 이 사건으로 56명이 죽고, 700여 명이 부상당했다. 사건이 보도되자 세계 언론들은 이 사건을 테러로 규정하였고, 당시 알 카에다로 자칭하는 비밀조직이 인터넷 웹사이트를 통해 자신들의 소행이라고 밝혔다.

수사 결과 자살 폭탄테러를 저지른 4명의 범인은 10~30대의 전과가 없는 평범한 파키스탄계(系) 영국인들로 밝혀졌다. 테러에 사용된 폭탄을 제조한 혐의로 이집트 생화학자가 이집트 당국에 체포되어 조사를 받고, 배후 조종 용의자 1명이 체포되기도 하였다. 그러나 현재까지도 정확한 배후는 밝혀지지 않고 있다.

예멘 세이윤 폭탄테러

2009년 3월 15일 관광객과 가이드를 포함한 한국인 일행 18명이 예멘 남부의 고대 유적도시 시밤 지역에서 지프 6대에 나누어 타고 이동하다가, 지프에서 내려 일몰과 건물을 조망하던 중 알 카에다의 10대 조직원에 의한 자살 폭탄테러에 의해 4명이 사망하고 3명이 부상을 당했다.

한편, 이 사건을 수습하기 위해 예멘으로 간 대한민국 정부 관계자와 사망자의 유족들이 나누어 탄 차량이 3월 18일 수도 사나에서 폭탄 공격을 받았으나 피해는 없었으며, 3월 25일 예멘은 테러 용의자 12명 중 6명을 검거했다고 밝혔다. 사건 이후인 3월 27일 '아라비아반도 알 카에다'라고 밝힌 자들이 이슬람 웹사이트를 통해 한국이 이슬람과의 전쟁에 참가한 것과 예멘 경찰이 자신들의 지도부 5명을 살해한 것에 대한 보복테러였다고 주장하였다.

러시아 베슬란 초등학교 인질 테러

2004년 9월 1일 무장한 체첸 반군 32명이 러시아 북오세티야공화국의 소도시 베슬란의 제1 초등학교를 습격해 1,200여 명의 인질들을 체육관에 몰아넣고, 러시아군의 철수와 체첸 독립을 요구하는 인질극을 벌였다. 이틀간의 대치와 협상이 계속되던 9월 3일 인질들이 있던 체육관 건물에서 원인을 알 수 없는 폭발이 일어났고, 무너진 벽 사이로 인질들이 도망쳐 나오자 체첸 반군과 러시아 특수부대 사이에 8시간에 걸친 총격전이 진행됐다. 결국 러시아군은 반군 진압에는 성공했지만, 이 과정에서 어린이 186명을 비롯한 민간인 334명이 숨지고, 783명이 다치는 참극이 빚어지면서 러시아 역사상 최악의 인질극으로 기록됐다.

사건 원인을 두고 러시아 정부는 체첸 반군이 폭탄을 터뜨렸기 때문에 러시아군이 진입할 수밖에 없었고, 모든 테러리스트를 체포하거나 사살했다고 밝혔으나, 유족들은 사건 당시 러시아군이 체육관 건물에 무리하게 진입해 진압작전을 펼쳤기 때문에 희생자 규모가 컸다고 주장하는 가운데 아직까지 진상규명이 이뤄지지 않고 있다.

모스크바 극장 인질극 테러

2002년 10월 23일에서 10월 26일까지 러시아 모스크바에 있는 오페라 극장에 체첸 독립을 주장하는 테러리스트 42명이 난입해 공연을 관람하던 시민 850명을 인질로 억류하자, 특수부대인 스페츠나츠가 테러리스트를 모두 사살하고 인질을 구출했다. 이 과정에서 인질 133명 포함 최소 170명이 사망하고 700명 이상이 다쳤다.

모스크바 도모데보 국제공항 자살폭탄테러

2011년 1월 24일 오후 4시 32분에 러시아 모스크바 도모데도보 국제공항에서 체첸 테러 조직원의 자살 테러로 인해 최소 35명이 사망하고 180명이 부상당했다. 유력한 테러 용의자로는 체첸의 무장단체인 카프카스 에미레이트가 지목되었으며, 단체의 수장인 도쿠 우마로프는 이 사건이 자신들의 소행이라고 발표하였다.

노르웨이 연쇄 테러

2011년 7월 22일 15시 22분 노르웨이 수도 오슬로 중심부에 있는 17층짜리 정부 청사 건물 부근에서 폭파 사건이 발생해 7명이 사망하고 여러 명이 부상을 당하였다. 폭발이 일어난지 2시간여 후에는 우퇴위아 섬에서 노동당 청년 조직 주관으로 560여 명이 참여한 청소년캠프 행사장에 경찰로 위장한 범인이 총기를 난사해 최소 80명이 사망하였는데, 사망자 대부분이 13~18세 청소년들이었다. 노르웨이 경찰은 총기난사 현장에서 용의자로 32세의 노르웨이인 아네르스 베링 브레이비크를 체포하였는데, 그는 인터넷상에서 자신은 반(反) 다문화주의 활동을 했던 극우주의자이자 기독교 근본주의자로서 폭탄 공격의 책임도 자신에게 있다고 밝혔다.

프랑스 파리 연쇄 테러

2015년 11월 13일 프랑스 파리 시내 여섯 곳에서 3개팀 9명 이상으로 추정되는 자들의 자살 폭탄테러와 무장 총격테러로 130명 이상이 사망하고 300명 이상이 부상을 당하였다. 프랑스와 벨기에 국적의 이민자 출신 20대 남성인 행동대원 7명은 현장에서 자폭하거나 사살되었다.

사건 이후 프랑스는 이슬람 극단주의 무장단체인 이슬람국가(IS)가 배후세력인 것으로 추정하였으며, IS는 14일 오전 11시 공식 성명을 통해 자신들의 소행임을 인정하였다. 이에 프랑스는 11월 15일 폭탄투하기 10대와 전투기 2대를 동원하여 IS 지휘 본부와 훈련 캠프가 있을 것으로 추정되는 시리아 북동부 라카 지역을 공습하였다.

테러 총책으로 지목된 압델하미드 아바우드는 파리 북부 교외 생드니의 한 아파트에 은신하던 중 11월 18일 프랑스 경찰 특수부대의 공격으로 사망하였으며, 테러에 직접 가담한 용의자 중 유일하게 도망친 살라 압데슬람 체포가 수사의 관건으로 떠올랐으나, 그의 행방이 밝혀지지 않으면서 시리아로 도피했을 가능성이 제기되었다.

벨기에 브뤼셀 연쇄 테러

2016년 3월 22일 벨기에 수도 브뤼셀에서 세 차례의 연쇄 폭탄테러가 발생해 30여 명이 넘게 사망하고 200여 명이 부상하였다. 첫 번째 폭발은 오전 8시쯤 브뤼셀 인근 자벤템 국제공항 출국장에서 발생했으며, 곧이어 아메리칸항공 발권창구 인근에서 두 번째 폭발이 일어났다. 두 차례의 폭발로 테러범을 포함해 최소 14명이 사망했다. 세 번째 폭발은 9시 20분쯤 브뤼셀 도심 말베이크 지하철역에서 벌어졌으며, 이 폭발로 최소 20명이 숨졌다.

벨기에 경찰은 폭탄테러를 일으킨 범인 세 명 중 자국 국적의 칼리드 엘바크라위·브라힘 엘바크라위 형제의 신원을 확인하였다. 형인 브라힘은 다른 공범과 함께 공항에서 폭탄을 터뜨렸으며, 동생인 칼리드는 몰렌비크 역에서 자폭 테러를 일으킨 것으로 알려졌다. 벨기에 당국은 이 테러를 IS의 보복테러로 보고 용의자 추적에 나섰으며, 사건 이후 IS는 자신들의 소행이라고 발표하면서 추가 테러 가능성까지 시사했다.

프랑스 니스 테러

프랑스대혁명 기념일(바스티유의 날)인 2016년 7월 14일 프랑스 남부 해변 도시 니스에서 이슬람 극단주의자로 추정되는 30대 남성이 대형 트럭을 몰고 군중에게 돌진해 1.8km에 걸쳐 질주를 벌인 것은 물론 총격까지 가함으로써 84명이 사망하고 100여 명이 다치는 대참사가 발생했다. 범인은 배송트럭 운전사로 일했던 31세의 프랑스 남성 모하메드 라후에유 부렐로 2005년 튀니지에서 프랑스로 이주한 것으로 알려졌으며, 사건 현장에 있던 경찰들과 총격전을 벌이다 사살되었다.

사건 이후인 7월 16일 IS는 온라인 매체를 통해 자신들이 니스 테러의 배후임을 자처했다. 한편, 니스 테러는 대형 트럭처럼 교통수단을 인명 살상 테러에 직접 활용하였다는 점과 공항, 경기장, 카페, 지하철 등 대부분 밀폐 공간에서 자행되었던 기존의 테러와 달리 해변 산책로라는 개방 공간에서 자행되었다는 점이 특이하다.

아프가니스탄 카불 테러

2018년 1월 27일 아프가니스탄 카불에서 구급차를 이용한 2차례의 폭탄테러가 발생해 103명이 사망하고 235명이 부상당했다. 테러범들은 1차 테러로 인한 응급 환자를 이송한다며 검문소를 통과한 뒤, 사람들이 많은 2차 검문소에서 폭탄을 터트렸다. 폭탄이 터진 곳은 잠후리아트 병원 인근의 번화한 쇼핑가여서 민간인 피해가 컸으며, 아프간 평화협상을 담당하는 고위평화위원회 사무실, 아프가니스탄 내무부 청사, 유럽연합 사무실, 각국 대사관과도 가까웠다. 테러 발생 직후 아프간 주재 탈레반은 자신들이 이번 테러의 배후라고 주장했으며, 아프간 경찰은 테러 용의자 4명을 체포해 조사를 벌였다.

스리랑카 부활절 폭탄 테러

2019년 4월 21일 스리랑카의 최대 도시 콜롬보를 비롯한 전국 8곳에서 동시 다발적인 폭탄 테러가 발생하였다. 기독교 교회와 고급 호텔이 표적이 된 것으로 보아 스리랑카의 뿌리 깊은 종교 갈등과 연관이 있는 것으로 추정되었다. 테러 이틀 후에 IS의 지도자 아부 바크르 알 바그다디가 지난 2014년 6월 이라크 모술의 알누리 모스크에서 설교 영상 이후 5년 만에 모습을 드러내 테러 배후를 자처하며 시리아 바구즈 전투에 대한 복수였다고 주장했다. 적어도 35개국의 외국인과 3명의 경찰관을 포함한 290명이 사망하고 500명 이상이 부상을 입었다. 스리랑카 경찰은 테러 용의자들을 전원 검거하거나 사살했다고 밝혔다.

4 중동문제와 이슬람 극단주의의 실체

1) 이슬람교의 연원과 중동문제

(1) 이슬람교의 연원과 종파

이슬람교는 7세기 초 무함마드가 아라비아반도 메카에서 유일신 알라의 예언자로 세운 종교이다. 아라비아어의 '이슬람(Islam)'이란 '복종하는 것'을 뜻하고 이슬람교도를 나타내는 '무슬림'은 본래 '귀의한 자'라는 뜻이다. 무함마드는 천사 가브리엘을 통하여 유일신 알라의 가르침을 계시받았는데, 원래 알라는 아랍의 다신교 시대부터 메카에서 최고신으로 숭배되어 왔지만, 무함마드는 여기서 한 걸음 더 나아가 다른 모든 신을 부정하고 오로지 알라만을 유일신으로 내세웠다. 현재 이슬람교도는 성지 메카를 중심으로 아시아·아프리카·유럽 등지에 널리 분포되어 있으며, 세계 무슬림 인구는 약 12억 명 정도로 추정된다.

이슬람교는 크게 시아파(Shiis)와 수니파(Suunis)라는 두 종파로 분파되어 있다. 현재 전 세계 12억 이슬람교도들 중에서 수니파가 90% 정도이고, 시아파가 8~9%이며, 나머지 소수 종파는 극히 일부분에 불과하다. 이슬람교가 이렇게 두 종파로 갈라지게 된 것은 교조 무함마드에게 아들이 없었기에 그가 죽은 후 후계를 둘러싸고 대립이 시작되었기 때문이다. 수니파는 무함마드가 죽은 뒤 무슬림 지도자들에 의해 그의 뒤를 이을 후계자로 뽑힌 아부 바크르, 우마루, 우스만, 알리를 정통 칼리프(계승자·대리자라는 뜻)로 승인한 대다수의 신자로서, 무함마드의 후계자를 이 4대의 정통 칼리프와 이후 역대 칼리프왕조의 칼리프로 보고 있다.

이에 반해 시아파는 원래 예언자 무함마드의 후계자(칼리프)로 그의 사촌이자 사위인 알리(제4대 칼리프)와 그의 직계후손 11명만을 정당한 후계자로 보며, 이들을 무슬림 공동체의 최고지도자이자 종교지도자인 '이맘'이라고 지칭한다. 즉, '수니'란 말은 코란과 함께 '무함마드의 순나(말과 행동, 관행)를 따르는 사람들'을 뜻하며, '시아'는 '알리와 그 후손들을 따르는 사람들'(시아트알리)을 의미한다. 현재 전 세계 12억 이슬람교도 가운데 수니파가 90%이고, 중동국가 중 사우디아라비아(90%), 이집트(84%), 아랍에미리트연합(90%) 등은 수니파가 절대 다수를 차지하고 있으나, 시아파 역시 이란(90%), 이라크(65%), 바레인(50%)은 물론이고, 사우디아라비아(10%), 시리아(15%), 레바논(30%) 등에서 정권을 흔들만한 세력으로 혼재되어 있다.

중동지역 시아파와 수니파 분포도

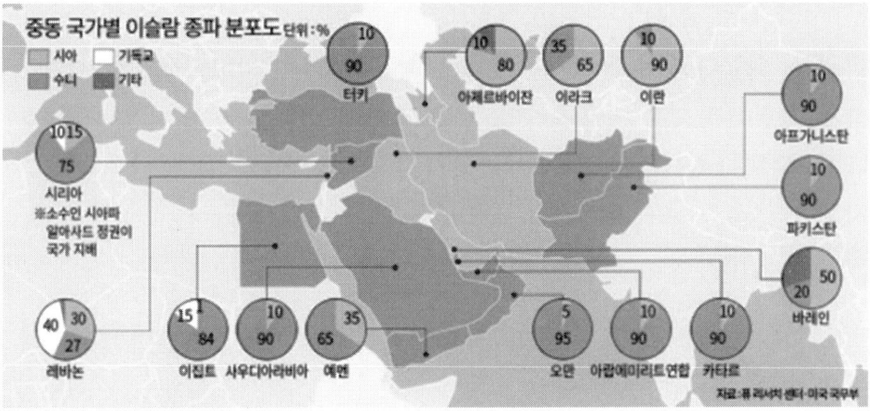

문제는 종파 간의 이러한 차이가 단순히 후계자 문제뿐 아니라 아랍인과 페르시아인, 그 외의 민족 간 감정도 포함되어 복잡하게 얽혀 있다는 데 있다. 아랍 세계에는 대부분이 수니파 이슬람교도인 데에 비해, 유럽계 페르시아인이 주류를 이루는 이란과 그 주변 국가들에는 시아파가 많이 살고 있다. 수니파는 자신들이 정통파라고 칭하면서도 외국인 칼리프까지 허용하는 등 융통성 있는 형식을 채택하였으며, 새롭게 이슬람교의 우산 아래 들어오는 공동체의 관습을 허용하는 등 포용을 통해 교세를 확장할 수 있었기 때문에 인도네시아와 아프리카 등 나중에 이슬람교를 받아들인 대부분의 나라들은 수니파 이슬람교를 믿고 있다. 반면에 시아파는 초기 이슬람교도의 공동체적 지배를 지지한 정치적 파벌로 시작해 훗날 종교적 운동으로 진화되어, 이슬람교를 세속적으로(다른 말로는 융통성 있게) 수용하는 데 반발하는 독실한 신자들과 아랍계 이슬람교도들로부터 차별 대우를 받던 비아랍계 이슬람교도, 즉 마왈리들의 지원을 등에 업고 교세를 확장해 나갔다.

이와 같이 이슬람교는 수니파와 시아파라는 두 종파의 분열로 인해 오늘날까지 대립과 반목이 지속되고, 여기에 유전지대를 둘러싼 영토분쟁과 아랍인과 페르시아인 간의 민족적 이질성 등의 문제와 함께 여러 강대국들의 이해관계가 복잡하게 개입되면서 오늘날 중동지역이 세계의 화약고로 불리워지게 된 것이다. 1980년 9월 시작되어 1988년 8월에 끝난 이란-이라크 간의 전쟁도 이란(시아파 90%)과 페르시아만을 사이에 둔 이라크의 경우 시아파(65%)가 다수임에도 수니파(35%)인 후세인이 정권을 잡았다는 점이 한 원인으로 작용하였다. 2011년 튀니지에서 시작된 시민혁명으로 아프리카와 중동 지역에 민주화 바람이 거세게 불던 당시, 바레인에서는 시민혁명이 아니라 수니파와 시아파의 분쟁 때문에 이웃 나라인 사우디아라비아(수니파의 맹주)와 이란(시아파의 맹주)까지 개입해 자칫하면 국제전으로 번질 뻔하였다.

(2) 아랍-이스라엘 분쟁

제2차 세계대전 이후인 1948년 5월 '유대인 국가' 이스라엘의 독립이 일방적으로 선언되면서 주변 아랍 국가와의 제1차 중동 전쟁(1948~1949년)이 일어났으며, 약 100만 명 정도의 팔레스타인 난민이 발생하게 되었다. 이후 이스라엘과 아랍 국가 간에는 제2차 중동전쟁(1956년, 수에즈전쟁), 제3차 중동전쟁(1967년, 6월 전쟁, 6일간 전쟁), 제4차 중동전쟁(1973년, 10월 전쟁)이라는 4번에 걸친 전면전쟁이 일어났다.

한편, 팔레스타인인들은 민족의식을 강화하여 많은 민족주의 운동단체나 게릴라 조직을 결성하고, 1964년에는 연합조직인 팔레스타인해방기구(PLO, Palestine Liberation Organization)를 만들었으며, 아랍 측은 모든 팔레스타인인의 해방, 즉 이스라엘의 괴멸을 호소하게 되었다. 1987년 요르단강 서안과 가자지구에서 팔레스타인인 주민에 의한 반(反) 점령 주민봉기 '인티파다'가 시작되어 국제사회에서 팔레스타인인의 민족문제를 해결해야 한다는 필요성이 재인식되면서, 1991년 10월 마드리드에서 중동평화 국제회의가 개최되고 현재의 평화 일정이 시작되었다.

1993년 9월 노르웨이의 중개로 비밀협상을 거듭한 이스라엘과 PLO가 '팔레스타인 잠정자치에 관한 여러 원칙의 선언'(잠정자치합의)에 조인하고 1994년 5월에는 팔레스타인 잠정자치가 시작되어 자치정부가 수립되었다. 이러한 팔레스타인인의 문제를 중심으로 한 중동 평화일정의 진전은 아랍·이스라엘 관계에도 결정적인 변화를 초래하여 1994년에는 이스라엘·요르단 평화조약이 조인되었다. 그러나 자치종료 후 팔레스타인인의 최종적 지위를 어떻게 할 것인가, 이스라엘과 시리아, 이스라엘과 레바논 간의 평화를 어떻게 실현할 것인가, 예루살렘에서의 종교와 민족의 공존 틀을 어떻게 구축할 것인가 등의 문제가 여전히 남아있다.

(3) 예멘 내전

예멘은 북아라비아 반도 남서부에 위치한 국가로 서쪽으로는 홍해, 남쪽으로는 아덴(Athens) 만(灣)으로 둘러싸여 있고, 북쪽 경계선은 사우디아라비아이다. 1918년 서구 열강에 패배한 오스만투르크 제국으로부터 독립한 후에 예멘아랍공화국(북예멘)과 영국령으로 분리되었다. 1967년 영국령에서 예멘인민민주공화국(남예멘)이 독립한 후에도 분단국가로 계속 남아 있다가 1990년 5월 22일 남북예멘이 통일되었다. 그러나 당시 예멘의 통일은 정치적 봉합에 의한 불완전한 통일이었기 때문에 1994년 5월에 재분단되어 내전이 시작되었다. 1994년 7월에 북예멘의 일방적 승리로 다시 통일되었으나 이때부터는 종교적 갈등으로 내전상태나 다름없는 혼란이 계속되었다. 여기에 사우디아라비아·이란 등 인접 중동국가들이 개입하면서 급기야 국제적 문제로 확대되었다. 2014년 9월 후티 반군(Al Houthi Rebel)이 수도인 사나(Sanaa)를 장악하는 등 예멘 내전은 정부군과 후티 반군, 후티 반군과 알 카에다 사이의 무력충돌로 계속되고 있다. 현재는 사실상 아덴 지역을 중심으로 한 예멘정부와 사나를 근거지로 하는 후티정부로 분단된 상태이다. 결국 이 분쟁은 본질적으로 중동지역의 수니파 맹주인 사우디아라비아와 시아파 맹주인 이란의 대리전으로 변모해 복잡한 양상으로 전개되고 있다.

2) 이슬람 극단주의 무장단체

(1) 이슬람 극단주의의 이념적 배경

이슬람 극단주의 무장조직들은 자신들을 '지하디스트'(jihadist)라고 부른다. 지하디스트의 본래 의미는 이슬람교의 경전인 꾸란에서 성전(聖戰)을 의미하는 지하드를 수행하는 사람, 즉 알라의 뜻에 따라 성전을

치르는 사람을 지칭한다. 원래 꾸란에서 말하는 성전이란 두 가지 뜻이 있는데, 첫째는 종교에서 말하는 자기 수양·성찰, 즉 자신과의 싸움을 뜻하고, 두 번째가 이교도와의 전투를 의미한다. 자신과의 싸움을 '대(大)지하드', 이교도와의 전투를 '소(小)지하드'라고 하는데, 원래 대지하드가 더 큰 의미를 가지며, 소지하드도 "저들이 먼저 너희에게 싸움을 걸어온다면 살해하라. 이것이 신앙을 억압하는 저들의 대가이다"라는 것이 신앙적 해석이다.

이처럼 꾸란에 기록된 지하드는 이슬람 국가가 유럽의 십자군 공격(1096~1270년)과 몽골의 침략(1258년)을 받아 멸망하는 등 시련을 겪으면서 '공격적인 지하드가 신자의 의무'라는 식으로 점차 변질되었다. 이런 생각을 가장 확고하게 이론으로 정리해 전파시킨 사람이 이집트의 이슬람혁명이론의 주창자인 사이드 쿠틉(Sayyid Qutb, 1906~1966)이다. 쿠틉은 정부장학금으로 미국에서 유학생활 중 서구·세속주의에 환멸을 느껴 귀국 후 반체제활동을 하다가 1966년 대통령 암살사건에 연루되어 처형되었다고 한다. 그는 "이집트가 영국의 식민지로 전락하고 많은 이슬람 국가들이 서방국가들에게 침탈당한 것은 이슬람 본연의 의무를 다하지 않았기 때문"이라면서, "이슬람이 아닌 모든 곳을 이슬람의 힘으로 해방(정복)시켜야 할 대상으로 보고 무력을 통한 성전을 최고의 종교적 행위"라고 주장하였다. 본래 꾸란에서는 칼리파(지도자)만이 성전의 개시를 선포할 수 있지만, 쿠틉은 '가만히 있는 것'을 죄악으로 규정하고 누구나 필요에 따라 성전을 수행할 수 있다고 설파해 이후 모든 이슬람 과격주의자들의 이론적 토대를 제공하였다.

(2) 이슬람 주요 무장단체

중동·아프리카 이슬람 무장단체 분포도

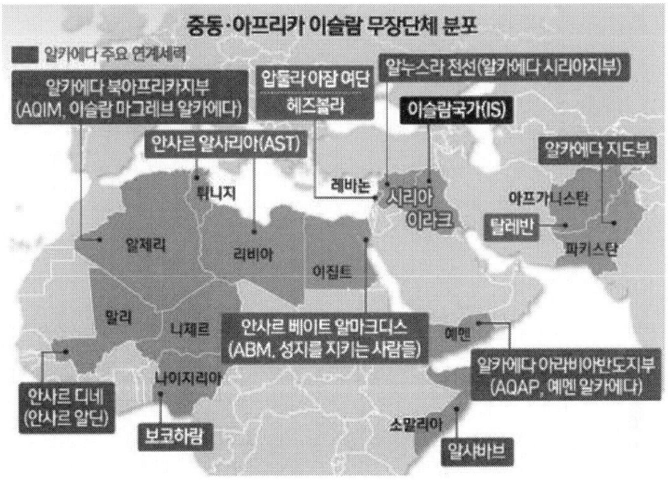

* 출처: 연합뉴스.

① 오사마 빈 라덴과 알 카에다

사우디아라비아 출신의 오사마 빈 라덴(Osama bin Laden)이 이끈 국제적인 테러조직으로, 주로 미국을 표적으로 테러를 자행하고 스스로 그 실행을 인정하는 식의 과격행위를 하였다. 1979년 소련이 아프가니스탄을 침공했을 때 이슬람 의용군으로 참전한 오사마 빈 라덴이 1988년 결성한 것으로 알려져 있다. 근거지 혹은 본부라는 뜻의 알 카에다(Al-Qaeda)는 1991년 걸프전쟁을 계기로 미국이 사우디아라비아의 이슬람 성지 메카(Mecca)와 메디나(Medina)에 군대를 주둔시킨 것에 반발해 반미 조직의 성격을 굳혔다.

알 카에다가 존재를 드러낸 대표적인 사건은 2001년 9·11테러이다. 여객기를 탈취해 미국 뉴욕의 세계무역센터로 돌진해 3,000여 명의 목숨을 앗아가고, 미국 국방부(펜타곤)를 목표로 항공기 납치 테러사건을 일으키는 등 전 세계에 충격을 준 동시다발 테러 사건을 벌였다. 이에 앞서서는 사우디아라비아 주둔 미군기지 폭파, 케냐와 탄자니아의 미국 대사관 폭파, 예멘 근해의 미국함 습격에 관여한 것으로 여겨지며, 2000

년에는 미국 세계무역센터 생물학무기 테러사건을 벌이기도 하였다.

점조직으로 움직이기 때문에 정확한 규모와 활동 범위, 참여자 등은 공개되지 않고 있지만, 최고지도자 아래에 법·정치위원회, 군사위원회, 재정위원회, 조달위원회, 보안위원회, 정보위원회 등이 있는 것으로 여겨진다. 아라비아반도, 북아프리카, 이라크, 파키스탄, 아프가니스탄 등 40여 개국에 지부가 있으며, 동남아와 아프리카 등 65개국에 연계조직이 있는 것으로 추정된다. 미국은 9·11테러 이후 오사마 빈 라덴을 잡겠다며 2001년 10월 7일 아프가니스탄을 침공했지만 10년이 넘도록 전쟁을 끝내지 못한 채 막대한 희생만 냈다. 그러다가 마침내 2011년 5월 2일 빈 라덴을 찾아내 사살했지만, 그 장소는 아프가니스탄이 아니라 파키스탄의 아보타바드(Abbottabad)였다.

빈 라덴이 제거된 뒤 보복을 선언, 또 다시 세계를 긴장시켰다. 그의 뒤를 이어 새 지도자가 선출됐는데 조직의 2인자 아이만 알자와히리(Ayman al-Zawahiri)가 될 것이라는 예상과 달리 이집트 특수부대 장교 출신 사이프 알아델(Saif al-Adel)이 새 지도자가 됐다. 그러나 빈 라덴 사망을 계기로 조직은 여러 지역으로 뿔뿔이 흩어졌고, 그중 예멘 알 카에다(AQAP)가 내전으로 쇠약해진 예멘을 중심으로 자살폭탄테러를 감행하는 등 명맥을 유지하고 있다.

② 탈레반(Taliban)

1994년 10월 2만 5,000여 명의 학생들이 중심이 되어 아프가니스탄 남부 칸다하르에서 결성한 수니파 무장 이슬람 정치조직이다. 결성 당시부터 군정세력으로 출발해 1994년에는 아프가니스탄 국토의 80% 정도를 장악하였다. 1995년 초에 국방장관 마수드(Massoud)에 의해 조직이 와해될 위기를 맞았으나, 1996년 들어 파키스탄에서 군사지원, 사우디아라비아에서 재정지원을 받아 수도 카불(Kabul)을 점령하고 정권을 탈취하였다.

2001년 발생한 9·11테러사건의 배후자인 오사마 빈 라덴과 그의 추종 조직인 알 카에다를 숨겨둔 채 미국에 인도하지 않음으로써 미국과 동맹국들의 반발을 산 끝에 결국 아프가니스탄 전쟁이 일어났다. 같은 해 10월 7일부터 시작된 미군과 영국군의 합동 공격으로 인해 대부분의 공군기지와 지휘본부, 방공망과 방송시설이 파괴되었음에도, 여전히 빈라덴을 인도하지 않고 계속 항쟁 의지를 밝히면서 성전(聖戰: 지하드)을 촉구하였다. 그러나 2001년 11월 마침내 미국에 의해 탈레반 정권이 무너지자 파키스탄 접경으로 근거지를 옮겨 아직도 테러를 자행하고 있다.

③ 보코하람(Boko Haram)

보코하람('Western education is forbidden'이라는 뜻)은 2002년 32살의 젊은 이슬람 지도자 모하메드 유수프(1970~2009년)가 "나이지리아에 이슬람 율법에 따른 나라를 세워야 한다"고 주장하며 결성하였다. 2009년 보르노 주지사 선거에 개입했다가 이를 주시한 정부가 유수프를 즉결 처형하자 음지로 숨어들어 극단적인 무장 투쟁을 전개하였다. 2010년 9월 한 교도소를 침입해 죄수들을 탈옥시켰고, 2011년에는 수도 아부자에 있는 유엔건물에서 자살폭탄테러를 일으켰으며 카메룬, 차드 등 인접국가로까지 범위를 확대하며 테러를 자행하였다.

2014년 4월 14일에는 나이지리아 북부 보르노주의 주도 마이두구리의 한 여학교(중등학교)에 침입해 276명을 납치한데 이어, 2015년 1월 북동부 바가 지역의 민간인 마을에 침입해 닥치는 대로 살인하였다. 2015년 3월에는 이라크와 시리아에서 맹위를 떨치고 있는 이슬람 극단주의 무장단체인 IS에 공개 충성을 맹세하였는데, 현재까지 살해한 사람의 수만 2만 명을 넘어섰으며, 생명에 위협을 느낀 나이지리아 국민들은 국경을 넘어 난민으로 전락하였다.

④ 알 샤바브(Al-Shabab)

소말리아가 1991년 이후 20년 넘게 내전을 겪는 과정에서 "이슬람 근본으로 돌아가야 한다"고 주장하는 이슬람 법정연합(ICU, Islamic Courts Union)이 조직됐는데, 알 샤바브('청년들'이라는 뜻)는 2006년 여기서 독립한 단체이다. 2010년 우간다에서 폭탄테러를 일으켜 74명이 목숨을 잃었고, 2013년 9월에는 케냐 나이로비의 대형쇼핑몰 웨스트게이트를 장악하고 무슬림이 아닌 사람들을 골라내 총살해 67명이 사망했으며, 이때 한국인 관광객 한 명도 희생되었다. 이후 2015년 4월에는 케냐의 가리사 대학에 들어가 학생 148명을 사살, 2015년 11월 1일에도 소말리아 모가디슈의 한 고급호텔에서 폭탄테러를 자행하였다.

⑤ 제마 이슬라미야(JI, Jemaah Islamiyah)

동남아시아 이슬람 통합국가 건설을 목표로 1990년에 결성된 동남아 이슬람원리주의 연합단체이다. 발족 직후부터 말레이시아, 싱가포르, 필리핀, 인도네시아, 태국, 브루나이 등의 이슬람 세력을 규합했으며, 국제테러조직인 알 카에다나 필리핀의 이슬람 분리주의단체 모로이슬람해방전선(MLF) 등 이슬람 무장단체들과 연계해 테러활동을 한 것으로 의심받고 있다.

단체의 정확한 규모는 알려지지 않았지만 2000년 9월 17명을 숨지게 한 자카르타 '크리스마스 이브' 연쇄 폭탄테러, 2002년 10월 202명의 목숨을 앗아간 발리섬 폭탄테러, 2003년 8월 12명이 숨진 자카르타 메리어트호텔 폭탄테러 등을 자행한 혐의를 받고 있다. 또 2004년 9월 인도네시아 호주대사관 폭탄테러, 2005년 10월 20명이 숨진 발리섬 자살 폭탄테러에도 연루된 것으로 추정된다. 테러 학교를 세워 조직원들을 체계적으로 교육·훈련시키고, 알 카에다와는 협력관계를 유지하면서 무기와 자금 등을 지원받아 온 것으로 알려져 있다. MLF의 협조를 받아 필리핀 민다나오섬과 졸로섬에서도 조직원을 키우는 것으로 추정된다.

정신적 지도자는 이슬람 성직자인 아부 바카르 바시르(Abu Bakar Bashir)인데, 그는 발리섬 폭탄테러 직후 인도네시아 경찰에 체포됐다가 2006년 6월 석방됐다. 그는 기회가 있을 때마다 기자 회견 등을 통해 제마 이슬라미야와의 관계를 부인했지만, 1980년대 정치적 탄압을 피해 말레이시아로 갔다가 그곳에서 다른 동료들과 함께 인도네시아, 말레이시아, 필리핀 등의 인사들을 모아 조직을 만든 것으로 알려져 있다.

유엔은 각종 테러에 연루된 혐의를 받고 있는 제마 이슬라미야를 2002년 알 카에다와 연계된 테러단체로 규정했다. 동남아 각국의 경찰과 정보기관은 제마 이슬라미야를 와해시키기로 하고 핵심 조직원 검거와 은신처 추적 작전 등을 수행하고 있으며, 미국과 영국 등은 이들 국가의 기관을 적극적으로 지원하고 있다. 2008년 11월에는 발리섬 폭탄테러를 저지른 조직원들이 총살형에 처해지기도 하였다.

⑥ **알 누스라 전선(ANF, al-Nusra Fromt)**

오사마 빈 라덴이 만든 국제 테러단체 알 카에다의 시리아 지부로, 아부 모하메드 알 골라니가 2012년 1월 시리아 내전 당시 시리아에서 조직한 무장 공동체이다. 이후 시리아와 레바논에 거점을 두고 이슬람국가(IS)의 점령 지역을 제외한 시리아 내 상당 지역을 장악한 것으로 알려져 있으며, 2013년부터 독자 세력화했다. 조직원은 약 1만여 명으로 알려져 있다.

2013년 알 카에다와 연계된 사실이 알려지면서 당시 이 단체의 지도자 알 골라니는 미국의 '특별 지정 국제 테러리스트' 명단에 올랐으며, 2014년에는 미국 국무부에 의해 테러단체로 지정됐다.

한편, IS의 전신인 이라크이슬람국가(ISIL)가 알 카에다 이라크지부(AQI)에 뿌리를 두고 있다는 점에서 IS와 알 누스라 전선은 같은 뿌리를 둔 조직이라고 볼 수 있지만, IS가 2014년 초 알 누스라 전선과의 갈등 끝에 알 카에다에서 퇴출된 이후엔 반목하는 사이가 됐다.

⑦ **돌연변이 테러조직 IS**

IS의 뿌리는 요르단 출신의 알 자르카위가 1999년 만든 '유일신과 성전'이라는 조직으로, 2004년 이라크 알 카에다(AQI)라는 이름으로 개명, 한국인 김선일씨 납치 참수와 이라크의 시아파 주민들과 사원, 유엔인사 등을 상대로 마구잡이 테러를 자행하였다. 2006년 6월 미군의 공습으로 알 자르카위가 사망한 후 AQI는 알 자르카위와 함께 조직을 지휘했던 알 바그다디를 중심으로 재편해 2006년 10월 '이라크이슬람국가'(ISI)로 개명하였다. 다른 과격 무장조직들이 외부의 적과의 싸움에 몰두해가기 시작할 때, 철저히 이라크 내부를 장악하는데 집중해 미국이 무너뜨린 후세인 정권의 잔존세력들을 흡수해 이라크를 장악하기 시작하였다. 2010년 말부터 2011년 초까지 중동 지역에 불어닥친 '아랍의

봄' 이후 내전이 발생하는 등 혼란을 틈타 2013년 4월 조직의 이름을 '이라크와 레반트 이슬람국가'(ISIL, Islamic State in Iraq and Levant)라고 개명하였다. 이 당시 이슬람 극단주의 무장조직의 아버지뻘이었던 알 카에다가 ISIL 지도자 알 바그다디에게 따로 조직을 만들지 말고 시리아 내전에서 반정부세력을 지원하라는 지시를 하달하였으나, 명령을 듣지 않고 2013년 11월에는 알 카에다가 보낸 특사를 살해하였다. 이에 알 카에다는 2014년 2월 "ISIL은 우리와 아무 관련 없는 조직"이라며 절연을 선언하였다.

2014년 6월 29일에는 이라크 최대 유전도시 모술을 장악한 후 '이슬람 국가'를 수립하겠다고 선포하고 이름도 이슬람국가(IS, Islam State)로 다시 개명하였다. 이후 이라크와 시리아 영토를 침범해 군인뿐 아니라 민간인까지 살해하고, 여성들을 성노예로 삼았으며, 외국인 기자(미국, 영국, 일본) 납치 참수, 이집트의 콥트교도(기독교) 참수, 요르단 조종사를 산 채로 화형, 고대 유적지 폭파, 어린 소년들을 데려다 살인에 가담시키는 만행을 자행하였다. IS가 다른 테러 조직과 가장 다른 특징 중 하나는 화려한 홍보스킬로 조직원을 모집하는 동영상을 비롯해 참수, 테러 동영상까지 화려한 뮤직비디오를 연상케 하는 고화질의 UCC로 만들어 배포하고 인터넷 사이트와 SNS도 자유자재로 활용한다는 것이다.

엄청난 기세로 세력을 확장한 IS의 승승장구는 2014년부터 미국이 주도하는 국제 동맹군이 IS 격퇴에 착수하면서 뒤집어지기 시작했다. IS에 밀리던 이라크와 시리아 정부군, 쿠르드족 및 이슬람 시아파 민병대들이 국제 동맹군의 지원으로 반격에 나섰기 때문이다. 그 결과 IS는 2017년 한 해 주요 거점에서 패전을 거듭하기 시작했다. IS는 2017년 7월 주요 거점도시였던 이라크 모술(Mosul)에서 약 3년 만에 쫓겨났고, 3개월 뒤인 10월에는 사실상 수도 역할을 하던 시리아 락까(Raqqa)에서마저 패한데 이어, 2019년 3월 23일 시리아민주군(SDF)이 마지막 근거지였던 시리아 동부 접경도시 바구즈를 탈환하면서 지역기반을 완전히 상실하였다.

5 테러리즘의 이론적 배경과 근거

1) 사회·심리이론

(1) 박탈감이론

테드 거(Ted R. Gurr)가 체계화한 '상대적 박탈감이론'(Relative Deprivation)은 '좌절–공격이론'(Frustration Aggression Theory)이라고도 하는데, '기대와 실제 간의 괴리' 또는 '가치와 가치능력 간의 차이'에 대한 인식을 말하며, 그 주체는 개인일 수도 있고 집단일 수도 있다. 상대적 박탈감을 초래하는 유형은 점감적 박탈감(Decremental Deprivation), 열망적 박탈감(Aspirational Deprivation), 점진적 박탈감(Progressive Deprivation)과 같은 세 가지 모델로 구분된다. 이와 같은 상대적 박탈감 이론은 사회적 욕구 형성도가 사회적 욕구 만족도를 훨씬 초과할 경우 사회·심리적 좌절감이 형성되고, 이것이 곧 폭력적 사태로 발전될 가능성이 있는 것으로 요약된다.

(2) 동일시이론

동일시(Identification)란 사회심리학에서 개인에 의해 다른 사람의 행위에 미치는 영향력을 설명하는데 사용되는 용어로서, 일단의 개인이 테러리즘을 선택하는 현상을 심리적 측면에서 설명하는 데 유익한 이론이다. 동일시이론은 1차적인 동일시와 2차적인 동일시로 구분할 수 있는데, 1차적인 동일시는 주(主)와 객(客)이 아직 갈라지지는 않았으면서도, 완전히 미분화되어 주객의 구별이 없는 것도 아닌 상태에서 나타나는 원초적인 감정의 연결을 의미한다. 2차적인 동일시는 주객(主客)의 구별이 있는 대인관계 속에서 상호 간에 존재하는 감정적 연결을 바탕으로, 타인의 인격적인 특성들을 본보기로 삼아 자기 속에 끌어들여 독립된 인격을 만드는 무의식적인 심리과정이다. 여기서 테러리즘의 원인이론과 관련된 2차적 동일시는 두 가지 다른 현상, 즉 첫 번째는 다른 개인이나 단체와 같이 존재하거나 똑같이 되려는 희망이며, 두 번째는 싫든 좋든 간에 자신과 동일시 대상 간에 존재하는 유사성을 인정하려는 것을 의미한다.

(3) 일반긴장이론

로버트 에그뉴(Robert Agnew)가 주장한 긴장이론 중 하나로서 하류계층의 범죄 행위가 아닌 사회의 모든 구성요소의 범죄 행위에 대한 일반적 설명을 제공하고 있다. 개인의 목적달성 실패, 기대와 성취 사이의 괴리, 긍정적 자극의 제거와 부정적 자극의 출현 등이 긴장의 원인이 되며, 이로 인해 노여움이나 좌절, 실망, 우울, 두려움과 같은 '부정적 감정의 상황'(Negative Affective States)을 야기하고 반사회적 행동을 유발한다는 것이다.

(4) 합리적 선택이론

범죄를 저지르는 행동은 어떠한 방식으로든지 가해자에게 이익이 되는 방향으로 합리적 선택을 하게 된다는 이론이다. 범죄자도 범죄행위에 착수하기에 앞서, 우선적으로 범죄행위로 인한 사회적 파장이나 행위를 통해 얻을 수 있는 이익, 형사사법기관에 적발될 가능성, 처벌의 종류와 내용, 정도 등을 판단한다고 주장한다.

(5) 국제정치구조이론

국제정치구조이론은 이스라엘과 팔레스타인 분쟁, 이슬람교 수니파와 시아파 갈등, 중남미·동남아·아프리카 분쟁 등 민족주의, 분리 독립, 종족 간 갈등으로 인해 피해가 발생하는 테러를 설명하는 주요 이론적 근거이다. 국제사회에서 개별 주권국가는 타국과 발생하는 이해관계의 해결에 있어 가능한 수단과 방법(힘, Power = 전쟁)을 가리지 않고 현실주의적으로 국가 이익을 추구하는 것이 공통된 속성(핵무기의 등장과 재래식 무기의 파괴력 증가로 직접대결 회피)이다.

여기서 테러리즘은 주권국가 간 이익의 충돌에서 발생하는 저강도 분쟁(Low Intensity Conflict) 또는 제4세대 전쟁(the Fourth Generation Warfare)에 속한다. 주권국가 간 테러리즘에 대한 인식의 차이는 폭력사용 현상에 대한 시각에 있어 “한 사람의 테러리스트가 다른 한편에서는 자유의 전사”(one man’s terrorist, one man’s freedom fighter)가 되는 현실로 나타나 테러리스트에 대한 국가 지원을 정당화하게 된다.

(6) 현대사회구조이론

현대사회의 ① 고도의 도시 집중화, ② 교통·통신·과학기술의 발달, ③ 무기체계의 고도화, ④ 테러리즘에 대한 묵인 풍토 등 구조적 문제 때문에 테러가 발생한다는 주장이다.

2) 폭력이론

(1) 프란츠 파농의 폭력이론

프란츠 파농(Frantz Fanon)은 프랑스 리옹대학에서 정신의학을 전공한 의사로서, 1954년부터 1956년까지 아프리카 알제리의 민족해방운동에 참가하여 이론가이자 정신적 지도자로서 활동하였다. 1961년에는 반식민주의의 이론서이자 유럽문명에 대한 근원적 비판서인 대표작 ‘지상의 저주받은 사람들’을 발표하였다. 그는 자신의 저서에서 서구선진 자본주의 국가들에 의한 제3세계 지역, 특히 아프리카에 대한 제국주의적 식민지배 자체가 폭력이라고 규정하면서, 식민지배에서 나타나는 식민자의 피식민자에 대한 억압, 착취, 불평등을 해소하기 위한 수단으로서 폭력사용이 유일한 방법임을 제시하였다. 이러한 파농의 주장은 식민지 상태의 민족에게 민족해방이라는 정치적 목적 달성을 위한 물리적 폭력사용을 정당화·합리화시키는 이론적 배경을 제공하고 있다.

(2) 마르쿠제의 폭력이론

헤르베르트 마르쿠제(Herbert Marcuse, 1898~1979)는 20세기 후반에 정치적 좌파에 대한 강력한 영향력을 가진 사상가로서, 1960년대 후반에 발생한 세계적 규모의 학생운동의 긍정적 이데올로그로서 평가되고 있다. 그는 철학상으로는 헤겔의 변증법, 사회이론으로는 마르크스의 노동소외 사상, 문명론으로는 프로이트의 에로스 사상을 통합하여 현대의 고도산업사회와 산업문명에 대한 변증법적 부정철학이론인 '비판이론'을 개진하였다. 그는 사회체제 속에서 버림받은 소외자, 정치적이거나 인종적, 출신지역에 따른 이유로 박해 받는 자들, 제3세계의 민중들이 기존 체제에 대해 사용할 수 있는 유일한 수단은 폭력으로서 이는 자연권적인 저항권에 속한다고 주장하였다. 이와 같은 그의 주장은 베트남전 반대운동, 흑인민권운동, 피식민자들의 민족해방운동, 학생들의 반체제적 시위 등에 있어 폭력을 정당화시켜 주는 이론적 바탕이 되고 있다.

(3) 마리겔라의 도시게릴라 폭력이론

카를루스 마리겔라(Carlos Marighella, 1911~1969)는 한때 브라질 공산당원으로 활동한 바 있으며, 1969년 자신이 혁명집단(Acao Libertadora Nacional)을 직접 조직하여 운영한 경험을 토대로 테러리스트들의 필독서로 알려진 '브라질 해방을 위하여'(For the Liberation of Brazil)를 저술하였다. 그는 자신의 저서에서 도시에서의 테러리즘 전술과 도시게릴라의 전략·전술을 구체적으로 기술하면서 이에 필요한 폭력 사용의 구체적인 방법을 제시하였다. 이 책에는 도시게릴라의 행동지침으로서 습격, 기습과 잠입, 점령, 매복, 납치, 파괴공작, 테러, 무장선전, 심리전 등이 나열되어 있다. 또한 그는 도시게릴라의 무장투쟁의 필수적 목표로 첫째 경찰과 군대의 지도자와 이들의 지원자를 물리적으로 격멸시키는 것, 둘째 정부 재산과 거대 자본가, 대토지 소유지주, 제국주의자의 재산을 몰수해 혁명자금으로 활용할 것을 주장하였다.

6 테러조직의 현황과 구성 · 유형

1) 테러조직의 현황과 분류

테러조직은 테러리즘의 3대 구성요소인 테러의 주체, 테러의 객체, 테러의 수단 중 가장 핵심적이라고 할 수 있는 테러의 주체에 해당하는 것으로서 테러리즘의 출발점이라고 할 수 있다. 테러조직은 적게는 수 명의 소규모 조직에서부터 수만 명의 조직원과 세포들을 거느린 거대 조직까지 다양한데, 미국의 랜드연구소(RAND Corporation)나 START (National Consortium For the Study of Terrorism and Responses to Terrorism) 등의 통계자료에 따르면 최소 한 번 이상의 테러를 자행한 조직은 전 세계적으로 1,000여 개 정도 존재하는 것으로 집계되고 있다. 지역별 분포를 보면 대략적으로 중동/북아프리카에 가장 많고, 다음으로 서유럽, 남아시아, 남미, 북미, 중남아프리카 순인 것으로 나타나고 있다.

테러조직을 기본적 성향에 따라 분류하면 대체로 민족분리주의 조직이 가장 많고, 그 다음으로 극단적 종교주의 그리고 공산사회주의를 표방한 조직 순인 것으로 파악되고 있다. 이밖에 테러조직을 이념 성향에 따라 무정부주의, 반세계화주의, 공산사회주의, 환경우선주의, 민족분리주의, 인종차별주의, 종교적 신념, 좌익, 우파보수, 우파반동 등으로 분류할 수 있지만, 대체로 몇 개의 이념 성향이 겹치는 경우가 많다.

최근 활발히 테러를 자행하는 대표적인 테러조직들로는 세계 각지에 세포조직을 보유한 IS, 알 카에다, 제마 이슬라미야, 아부사야프 그룹(ASG) 등 이슬람 원리주의 극단세력과 체첸, 타말족 등 민족분리주의 단체 그리고 일본의 옴진리교와 같은 사이비 신흥종교집단, 중남미 마약 카르텔 등과 연결된 초국가적 테러·범죄 조직들을 들 수 있다.

한편 UN은 2019년 1월 기준으로 테러단체 89개(현재 활동 중 40개, 활동 약화 15개, 테러자금 지원 34개)와 국제테러분자 445명을 지정해 회원국들로 하여금 자산 동결 및 무기거래 중단과 출입국 금지 등 국제적인 제재를 하도록 하고 있다. UN에서 지정한 테러단체가 가장 많은 나라는 파키스탄으로 18개이다. 기타 미국, 영국, 캐나다, 호주 등 주요 서방국가들도 UN과 별도로 독자적인 근거에 따라 테러단체를 지정해 제재를 가하고 있다.

2) 테러조직의 구성·유형 및 전략전술

(1) 테러조직의 구성

대부분의 테러조직은 내부적으로 임무 수준에 따라 역할이 다른 조직원들로 구성되어 있으며, 기본적으로 피라미드식 구조를 형성하고 있다. 또한 일반적으로 원점을 기준으로 외곽조직으로부터 적극적 우호조직, 수동적 지원조직, 전문적 지원조직, 직접적 지원조직, 행동조직 및 지도자조직 등으로 구성되어 있다.

① 적극적 우호조직: 외곽에서 테러범들을 직간접적으로 지원해주는 조직으로서 선전효과의 증대, 자금 획득, 조직 확대에 기여함은 물론 기초적인 정보수집 및 주변 감시, 은신처 제공, 인적 및 물적 수송 지원 등의 역할을 수행한다. 범죄에 대한 의식 없이 참여하는 경우도 있다.

② 수동적 지원조직: 테러조직의 의도나 목표에 대해 동정적인 집단이나 개인들로서, 직접 행동으로 옮길 정도의 사명감은 없어도 정치적 전위집단이나 후원자로서의 역할을 수행하면서 테러조직이 집단행동을 하는데 있어 다수의 위력을 발휘하는 데 기여한다.

③ 전문적 지원조직: 특정 전문 분야에서 조직목표에 대한 참고자료나 정보를 제공하고, 체포된 테러범들에 대한 비호, 테러범의 은닉 혹은 알리바이 제공, 법률자문 및 의료지원 역할을 수행한다.

④ 직접적 지원조직: 핵심요원들에게 직접·계속적으로 전술작전을 지원하는 중추조직으로서, 대피소, 공격차량의 준비·관리, 핵심요원

훈련, 테러대상 정보제공 및 감시, 무기와 탄약 지원 등의 역할을 한다.

⑤ 행동조직: 순교자적 정신으로 무장되어 공격현장에서 직접 테러행위를 자행하는 핵심요원이다.

⑥ 지도자조직: 테러조직의 최고 지휘조직으로서 정치적·전술적 두뇌를 제공하고, 지휘부의 정책수립, 테러공격의 계획 및 통제와 집행 업무를 수행한다.

* 출처: 김진태(2011).

(2) 테러조직의 구조모형

테러조직의 구조모형은 크게 계층구조를 가진 조직과 네트워크구조를 가진 조직으로 구분되는데, 어떤 조직은 두 가지 모형 중에서 하나를 선택하기도 하지만, 어떤 조직은 두 가지 모형을 적절하게 혼합한 구조를 가지고 있다. 레닌주의 혹은 마오쩌둥주의 등 이데올로기 조직이나 정치적 성향이 강한 조직의 경우 대체로 중앙통제가 가능한 계층구조를 선호하고, 신생조직들은 네트워크구조를 더 선호하는 경향이 있다.

① 계층구조: 지휘 및 통제 그리고 책임소재에 대한 명확한 수직구조를 가지고 있으며, 테러조직의 운영과 관련된 모든 정보는 위에서 아래로, 아래에서 위로만 전달 및 보고된다. 지휘 및 명령체계가

일사분란하다는 장점이 있으나, 상부 지휘체계가 와해될 경우 조직 전체가 쉽게 무너지는 취약성을 보유하고 있다. 일본 적군파, 독일 적군파, 이탈리아 붉은 여단, 팔레스타인 조직, 아일랜드공화군(IRA), 스페인 무장독립단체(EFA) 등이 이에 해당된다.

② 네트워크구조: 각기 다른 지역에 거주하는 개인 또는 동일 마인드를 가진 집단들이 느슨하게 연계하고 있는 구조로서, 테러조직을 지지 또는 지원하는 개인, 세포, 다른 네트워크 혹은 계층구조를 가진 조직이 연계하여 형성되고 연결된다. 첫째 체인 네트워크(조직을 구성하는 인자들이 순차적으로 연결되는 구조), 둘째 허브·휠 네트워크(조직을 구성하는 인자들이 하나의 인자를 중심으로 연결), 셋째 다채널 네트워크(각 구성인자들이 다른 각 구성인자들과 연결되는 수평적 구조)로 분류할 수 있다. 각 구성인자들이 동일한 이념을 갖고 있거나 상호 이해가 일치할 때 조직의 운영, 작전 등에서 효율성을 발휘할 수 있고, 목표달성에 실패하거나 사망 또는 피검되더라도 조직을 구성하고 있는 일부 인자만 이탈되어 조직 전체의 와해나 분리를 방지할 수 있다는 장점을 보유하고 있다. 대표적인 네트워크 조직으로 알 카에다를 들 수 있는데, 구성하는 인자들이 독립적으로 활동하게 되므로 상부조직과 직접적인 연계성을 찾기 어려워 와해가 어려운 구조이다.

(3) 테러조직의 전략·전술

테러조직의 주요 전략으로는 ① 정치적 선전(Propaganda), ② 광범위한 공포의 확산, ③ 심리적 효과와 정부의 무능 유도, ④ 동료 테러리스트의 석방 및 자금 조달을 들 수 있다. 다음으로 테러조직의 주요 전술로는 ① 폭탄공격, ② 무장공격, ③ 인질납치, ④ 암살, ⑤ 하이재킹, ⑥ 시설물 점거, ⑦ 방화 및 약탈을 들 수 있다.

7 테러대응 실태

1) 테러대응의 의미와 국제사회의 대응체제

(1) 테러대응의 의미

테러대응이란 테러주의자의 행동으로부터 개인이나 재물의 취약점을 줄이기 위해 사용하는 모든 방어적 수단을 말한다. 즉, 테러사건이 발생되기 이전에 예방·저지활동을 하거나 테러사건 발생 이후 취해지는 대응활동의 체계적인 수단 및 방법을 의미하는 것이다. 그리고 주로 정부기관(군, 경찰, 정보기관) 주도로 이루어지는 특성 때문에 일반적으로 '대테러활동'이라고 지칭한다. 군사적으로는 '대테러작전'(Combatting Terrorism)이라고 하는데, 여기에는 방어적 의미인 Anti Terrorism과 공세적 의미인 Counter Terrorism이 모두 포함된다.

(2) 국제사회의 테러대응 체제

1937년 국제연맹(League of Nations)에서 테러리즘의 예방과 처벌을 위한 협약(Convention for Prevention and Punishment of Terrorism)을 통해 테러의 범죄화, 범죄인 인도, 수사 공조 등 테러방지를 위한 국제적 협력을 최초로 논의하였다. 그러나 테러의 정의와 국내 입법 조치 의무에 대한 국가 간의 이견 차이로 발효에는 실패하였다. 이후에도 팔레스타인 문제에 대한 이견 등으로 인해 테러의 개념 및 정의에 대한 국제적인 합의를 도출해 내지 못함으로써 일반적·포괄적인 규제를 내용으로 하는 협약은 만들지 못하고 특정 테러 유형에 따른 테러행위 규제 협약들이 제정되었다.

1960년대부터 국제민간항공기구(ICAO) 중심으로 1963년 도쿄, 1970년 헤이그, 1971년 몬트리올협약 등을 연이어 체결해 항공기 테러에 대한 규율 기반을 마련하였다. 기타 외교관 및 인질에 대한 테러, 해양에서의 국제테러, 폭탄테러, 테러자금 조달 등을 규율 및 억제하기 위한

14개의 국제협약[4]들이 잇따라 제정되었다. 국제연합(UN)에서는 1996년 국제테러리즘 특별위원회 설치, 1997년 폭탄테러 억제를 위한 국제협약, 1997년 테러자금 조달억제에 관한 국제협약을 채택하기도 하였으나, 테러에 대한 구체적인 행동은 2001년 전대미문의 9·11테러사건 이후에 본격화되었다.

9·11테러 직후인 2001년 UN안보리 결의안 1368호(2001)와 2005년 1624호에 의거해 대테러위원회(CTC, Counter-Terrorism Committee)와 대테러 사무국(CTED, Counter-Terrorism Committee Executive Directorate)을 잇따라 창설하였다. 여기서는 각국이 제출한 국가별 대테러활동 심사, 대테러 관련 국제협약 비준 촉구, 대테러 능력 제고를 위한 기술 지원, 국제 및 지역기구와 대테러 협력 증진 등 활동을 전개하고 있다. 2005년 UN 정상회의 결과문서에 따라 UN 사무총장이 대테러 전략개념을 발전시켜 종합대책을 수립토록 하고, 2006년 5D(① 설득: Dissuade, ② 방지: Deny, ③ 억제: Deter, ④ 강화: Develop, ⑤ 보호: Defend)를 개념기반으로 하는 글로벌 대테러 전략권고안을 제출, 2006년 UN총회에서 글로벌 대테러 전략을 채택하였다.

2) 세계 각국의 테러대응 실태

세계 각국은 테러리즘 근절을 위해 국제연합(UN), 아시아유럽회의(ASEM), 아시아태평양 경제협력(APEC) 등 국제기구 및 국제적 협의체 차원의 대테러 공조(Counter-Terrorism)에 참여하면서 각 국가별로 자체

---

4) 14개 국제협약은 항공기테러(항공기 내에서 범죄 및 기타 행위에 관한 협약, 항공기 불법납치 억제를 위한 조약, 민간항공기의 안전에 대한 불법적 행위의 억제를 위한 협약, 국제민간항공에서 사용하는 공항에서의 불법적 폭력행위의 억제를 위한 의정서, 베이징협약), 폭발물 & 핵테러(핵물질 방호에 관한 협약, 국제 핵테러행위 억제 협약, 가소성 폭약의 탐지를 위한 식별조치에 관한 협약, 폭탄테러의 억제를 위한 국제협약), 해상테러(해상항행의 안전에 대한 불법행위 억제를 위한 협약, 대륙붕에 소재한 고정구조물의 안전에 대한 불법행위를 위한 의정서), 인질테러(외교관 등 국제적 보호인물에 대한 범죄의 예방 및 처벌에 관한 협약, 인질억류 방지에 관한 국제협약), 테러자금(테러자금 조달의 억제를 위한 국제협약)으로 분류할 수 있다.

대응체제를 구축하고 있다.

(1) 미국

미국의 테러대응 체계는 대통령을 정점으로 한 정책기구인 국가안보회의(NSC)와 주무기관인 국토안보부(DHS)를 중심으로 테러정보통합기구인 NCTC와 수사·정보기관의 협조체계로 구성되어 있다. 특히 9·11 테러사건 이후 연방 정부에 흩어져 있던 대테러 기구들을 하나로 통합하여 2002년 11월 국토안보부(DHS, Department of Homeland Security)를 창설한데 이어, 국가정보장실(ODNI, Office of the Director of National Intelligence)을 창설해 다양하게 분화된 정보기구(16개)들을 통합·조정하도록 하였다.

미국의 테러범죄에 대한 구체적인 대응책은 다음과 같다.

① 테러범죄에 대한 연방헌법, 애국법 및 반테러법 등 법적 근거를 명확히 규정하고 있다.

② 국토안보부와 연방수사국은 국가대테러센터(NCTC)의 주요 사용자이면서 연방수사국 합동테러리즘대책팀 활동의 적극 지원 및 정보공유를 위해 NCTC OnLine 보안 웹사이트를 운용(합동대테러리즘대책팀 및 국방부 접속 가능)하고 있다.

③ 테러사태가 발생하면 상황별 대응기관 간 역할체계를 명확히 규정, I급사태(국가적 대응) 시는 군 합동특수전 사령부(JSOC), II급사태(국내 주요 사태) 시는 FBI, III급 사태(각 주의 주요사건) 시는 주경찰 SWAT, Ⅳ급 사태(각 지방사건) 시는 보안관 SWAT이 각각 담당하도록 규정하고 있다.

④ 주경찰 자체에 대테러진압 부대가 단독으로 작전을 수행할 수 있는 권한을 부여하고 있으며, 국내 테러사건 수사가 주(州) 차원에서 자체적으로 처리 곤란할 경우에는 FBI의 지원·협조를 받을 수 있도록 규정하고 있다.

9·11테러사건 이후 개편된 미국의 국가정보 체계도

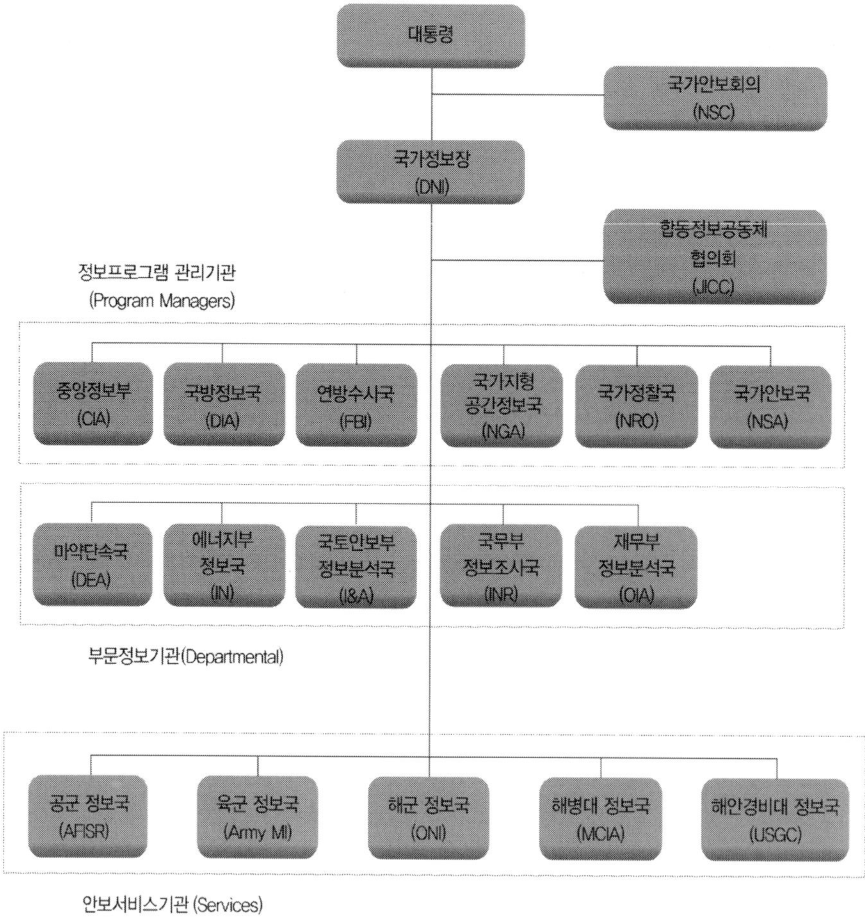

* 출처: 이길규(2010).

한편, 미 국무부는 테러를 사주, 지원, 방조하거나 은신처를 제공하거나 무기 또는 정보 제공여부를 평가해 매년 4월 '국가별 테러리즘 보고서'를 발표하고 있다. 1982년 3월 1일 첫 테러지원국으로 리비아와 이라크, 남예멘, 시리아, 쿠바를 지정한데 이어, 1984년 이란, 1988년 북한, 1993년 수단을 각각 지정하였다. 이후 남예멘은 1990년 제외, 이라크는 2004년 해제, 리비아는 2006년 제외, 쿠바는 2015년 제외, 북한은 2008년 해제 후 2017년 재지정하였다. 수단은 북한과 경제, 군사 관계 등을 단절하며 미국 당국과 협조하는 등 테러지원국 해제를 추진하고 있는 상태이다. 현재 테러지원국으로 지정된 국가는 이란, 수단, 시리아, 북한 등 4개국이다.

(2) 독일

독일의 대테러 관련 정부기관들은 수직적 지휘 관계가 아닌 대등·병렬적 체계를 유지하고 있다. 대테러정보법(ATDG)에 근거하여 대테러정보는 정보기관이 아닌 수사기관인 연방범죄수사청(BKA)에서 시스템을 관리하고 있다. 특히 연방경찰청은 철도·국경·공항·기동경찰을 지원하는 임무를 담당하며 대테러특수부대(GSG9)를 운용하고 있다.

(3) 프랑스

프랑스의 테러 대응체계는 국내안보회의(DSC)와 주무기관인 내무부에서 테러 방지를 위해 노력하고 있으며, 대테러조정통제본부(UCLA)에서 테러정보를 통합하고 있다. 중앙집권형의 프랑스 경찰제도는 기능적으로 한국과 유사한 대테러 조직구성과 역할을 담당하고 있으나, 국립경찰 및 군경찰과 협력관계를 통해 독자적으로 권한과 임무를 수행하고 있다.

(4) 영국

영국은 코브(COVER)로 알려진 테러리즘 대책본부에서 테러발생 시 위기관리를 맡고 있으며, 런던 경시청에도 테러리즘 전담기구인 스코틀랜드 야드(Scotland Yard)를 내무장관 직속으로 두고 유사시에 대비하고 있다. 또한 해양국가로서의 특성상 해병대 내에 대해상테러리즘 기동대(Task Force)를 설치·운용하고 있다.

(5) 이스라엘

이스라엘은 이슬람세력의 빈번한 테러리즘 공격에 대비하기 위해 대테러 담당 여러 유관기관들이 상호 정보제공 등 업무공조 체제를 유지하고 있다. 수상 직속의 정보 및 보안기구인 바이다트(Vadat), 대외정보를 맡고 있는 모사드(Massad), 국내보안기관인 신베드(Shin Beth), 대테러 특수부대인 샤레트 메트칼 등이 대테러 관련 업무를 직간접적으로 수행하고 있다.

3) 우리나라의 테러대응 실태

(1) 우리나라의 테러 환경

우리나라는 민족·종교 간 대립·갈등이 거의 없고 안정적인 치안상태와 아직까지 낮은 사회갈등 수준 때문에 다른 나라보다는 테러정세가 비교적 안정되어 있는 것으로 평가되고 있다. 그러나 1997년 국내에서 암약하던 고정간첩에 의해 피살된 이한영 사건과 같은 테러 재발 가능성과 2000년 이후 급증한 탈북자들이 남한 사회에 적응하지 못해 일으키는 사회문제 및 탈북자로 위장한 북한공작원 사례 재발이 우려되고 있다.

최근에는 해외의 싼 노동인력 유입에 따른 국내체류 외국인, 특히 이슬람 국가 출신자(2017년 현재 28개국 17만여 명)들이 증가하고 있다. 그리고 전국에 산재한 다중 이용시설과 주요 테러 목표가 되는 109개소에 달하는 주한 미군시설은 한국에서 테러리즘 발생 가능성이 결코 낮지 않음을 나타내는 지표이다. 2015년 9월 IS가 올린 동영상에는 한국을 테러 대상인 '십자군 동맹' 62개국의 하나로 포함한데 이어, 26번째 테러대상 국가로 지목하고 있다.

한편, 우리나라 국민들을 대상으로 한 국외 테러환경은 크게 두 가지로 구분할 수 있다.

첫째, 국외에서 여행을 하는 한국인 해외여행자에 대한 테러 노출이다. 1980년대 중반부터 시작된 출국 자율화로 인해 우리나라 국민들의 해외여행과 출장이 가파른 증가 추세이다. 여행지역 또한 기존 선진국 위주에서 오지 및 이색여행 지역으로 확대되고 테러위험 지역에 대한 방문도 증가하면서 2004년 이라크 무장세력의 김선일 납치, 2006·2007·2011·2012년 소말리아 해적의 동원호·마부노호·삼호주얼리·제미니호 납치, 2007년 아프칸 탈레반의 샘물교인 납치 등 한국인 대상 인질납치와 석방금 요구 테러가 증가하고 있다.

둘째, 해외 주재 외교관 및 상사원·기업인 또는 우리 국적 선박이나 항공기에 대한 테러 노출, 특히 9·11테러로 인해 미국이 테러와의 전쟁을 선포하고 이슬람 주변국과 전쟁을 시작하면서 한국군 파병 이슬람 지역권에서 현지 근로자와 교민 및 주재공관에 대한 테러가 지속적으로 증가하고 있다. 2004년 이라크에서 오무전기 직원 피습, 2006·2007년 나이지리아 대우건설 현장 피습, 2007년 아프카니스탄 다산부대 피습, 2008년 인도 뭄바이 호텔 관광객 피습 등이 주요 사례이다.

한편, 최근 사회양극화 및 경제난 등으로 '외로운 늑대', 다시 말해 자생적인 테러의 발생 가능성도 대두되고 있다.

(2) 북한의 테러위협 실태

북한은 우리 헌법 제3조 1항의 "대한민국의 영토는 한반도와 그 부속도서로 한다"는 규정으로 볼 때 한반도 내의 불법정치단체에 불과하면서도, 1991년 제46차 UN 총회에서 우리와 별개 의석을 가진 회원국으로 동시 가입한 국가라는 이율배반적인 존재이다. 한편, 6·25 한국전쟁 당시인 1953년 7월 27일 판문점에서 맺은 정전협정의 정식명칭이 'UN군 총사령관(미국 육군대장 마크 W. 클라크)을 일방으로 하고 조선민주주의인민공화국 최고사령관(김일성) 및 중공인민지원군 사령관(펑더화이)을 다른 일방으로 하는 한국 군사정전에 관한 협정'으로서 대한민국은 당사자에서 제외되었다. 이처럼 북한과 우리의 복잡한 국제관계에서 볼 때 북한에 의한 대남 군사적·비군사적 공격을 "정치적 목적 달성을 위해 폭력적 수단을 동원"하는 테러리즘의 범주에 포함시켜야 할 것인지, 아니면 적성국가의 침략행위 또는 휴전상태에서의 도발행위로 간주해야 할 것인지에 대한 별도의 논의가 필요하다.

현행 통합방위법[5]에는 "적(敵)의 침투 도발이나 그 위협에 대응하기

---

5) 1968년 12월 20일 울진·삼척지구 무장공비 침투사건을 계기로 '대비정규전 능력강화대책'(대통령훈령 제24호)을 제정한 이래, 1970년 1월 6일 이를 '대비정규전 봉쇄 지침 및 능력강화 대책'으로 개정한데 이어, 1982년 1월 12일 '대비정규전지침'으로 명칭을 변경하였으며, 주한미군이 보유하고 있던 평시작전권이 우리 군으로 환수된 것을 계기로 1995년 1월 1일 다시 '통합방위지침'으로 개정하였다. 이후 1996년 9월 강릉 잠수함 침투사건을 계기로 북한의 대남침투에 대한 좀 더 강

위하여 국가 총력전(總力戰)의 개념을 바탕으로 국가방위요소를 통합 운용하기 위한 통합방위 대책을 수립·시행하기 위하여 필요한 사항을 규정함을 목적으로 한다"고 규정되어 있어, 우리의 주적인 북한에 의한 각종 침투 도발 행위는 우선적으로 이 법의 적용을 받아야 한다. 이에 비해 테러방지법에는 테러단체를 UN에서 지정한 단체로 제한하고 있어 북한에 의한 침투 도발 행위를 이 법에 적용시키는 데는 한계가 있다. 다만 테러방지법 제2조 제3항에 테러위험인물과 제4항에 외국인테러전투원을 규정하고 있어 북한에 의한 침투 도발이 이들과 연관되어 있을 경우 이 법의 적용대상이 된다고 할 수 있다. 군 병력의 동원과 관련해서도 북한의 침투 도발 행위의 경우 즉각적인 교전이 허용되는데 반하여, 테러 행위의 경우 군사시설 안에서 발생한 테러사건에 대해서이거나 경찰력의 한계로 긴급한 지원이 필요해 요청을 하는 경우에만 경찰의 대테러 작전을 지원하도록 제한되어 있다.

그러나 현실적으로 볼 때 우리나라 입장에서는 1945년 해방과 동시에 남북이 분단된 이후 1950년 한국전쟁 후에는 물론이고 이전에도 북한에 의한 크고 작은 비군사적·군사적 공격에 시달려 왔다는 점에서, 이를 이른바 넓은 의미에서의 '국가에 의한 테러리즘'으로 접근할 필요가 있다. 이처럼 북한에 의한 대남 공격행위를 테러리즘으로 규정한다고 할 때 그 특징은 다음과 같다.

① 국가가 공격을 직접 주도하고 지원한다는 점이다.
② 공격의 직접적인 목표, 즉 대상은 대한민국에 한정된다는 점이다.
③ 이른바 3대 혁명노선의 일환인 남조선 및 국제 혁명역량 강화를 위한 폭력수출이라는 점이다.
④ 북한의 내부 불만을 해소하기 위해 외부에 대한 적대적 분위기 또는 대내외적 긴장을 조성할 목적을 갖고 있다는 점이다.

시기별로 북한의 대남 테러행위를 정리해 보면 다음과 같다.

력한 통합적인 작전의 수행 필요성이 증대됨에 따라 1997년 1월 13일 '통합방위법' 및 동 시행령이 제정됨으로써 북한의 대남 침투·도발에 대한 민·관·군의 효과적인 통합방위체계를 구축하는 법적 근거가 마련되었다.

① 남북분단 이후~한국전쟁 발발 이전: 남한 내 비밀공산당원이나 남파간첩을 통해 한반도 내에 공산정권 수립이라는 궁극적 목적을 갖고 이에 반대하는 반공세력에 대한 테러 및 전복활동을 전개하였다. 1945년 현준혁 암살, 1947년 4·3 제주사건 및 1948년 10·19 여순사건 배후 조종, 1952년 이승만 대통령 저격 등 남한 내 요인 암살 기도 등이 대표적이다.

② 한국전쟁 이후부터 1950년대: 한반도 분단이 고착화된 상태에서 1958년 민간항공기 KNA 납치사건, 1968년 KAL YS-11기 납치사건 등 남한 내 사회혼란 유도를 겨냥한 테러를 자행하였다.

③ 1960년대: 남한의 경제개발 및 한미연합 방위태세 강화 등에 위기의식을 갖고, 1968년에 청와대 기습 시도, 미 정보함 푸에블로호 납치, 울진·삼척 무장공비 침투 등을 자행하였다.

④ 1970년대: 남북한 간 경제발전의 격차가 심화되고 우리나라의 자주국방체계가 점차 확립되어 가면서 북한의 대남도발이 최고조에 달한 시기였다. 1970년 국립현충문 폭파사건 및 1974년 8·15 광복절 대통령 저격사건 등 두 차례에 걸친 박정희 대통령 암살 기도, 1978년 광천지구 무장공비 침투 등이 발생하였다.

⑤ 1980년대: 1970년대의 연장선상에서 남한의 정치, 사회, 경제 질서를 파괴시켜 북한의 대남혁명전략을 하루빨리 완성시켜야 한다는 조급함이 표출된 시기이다. 1981년과 1983년 캐나다와 미얀마를 국빈 방문한 전두환 대통령 암살 기도, 1983년 대구 미문화원 폭파사건, 1986년 김포공항 폭파사건, 1987년 KAL 858기 폭파사건 등을 자행하였다.

⑥ 1990년대: 공산주의 종주국인 소련의 붕괴와 김일성 사망 그리고 '고난의 행군' 시기를 거쳐 내부결속이 어느 정도 완료된 시점인 1996년부터 강릉 무장공비 침투 및 NLL 침범, 1996년 러시아 최덕근 영사 및 1997년 귀순자 이한영 암살을 자행하였다.

⑦ 2000년대 이후: 남북한 간 교류협력과 화해가 시도되는 가운데에서도 지속적인 테러를 자행하였다. 1999년 제1 연평해전에 이은 2002년 제2 연평해전 도발, 2008년 우리 민간인 금강산 저격, 2009

년 대청해전 도발, 2010년 연평도 포격사건, 2011년 천안함 침몰 공격이 일어났다. 한편, 2009년 7·7 D-dos 공격을 시작으로 2011년 40여개 공공망 D-dos 공격, 2011년 농협전산망 악성코드 감염, 2012년 중앙일보 전산망 침투, 2013년 주요 언론사와 금융기관 전산망 동시다발 공격 및 청와대와 주요기관 D-dos 공격 등 다양한 사이버테러를 지속 감행하고 있다.

(3) 우리나라의 테러대응 시스템

우리나라는 탈냉전 이후 신안보 위협에 대처하기 위해 1982년 1월 국가 대테러활동지침(대통령훈령 49호)을 제정하여 범정부 차원의 테러리즘 대응체제를 구축하고, 테러대책회의와 테러대책위원회 및 대테러실무위원회(국정원, 외교통상부, 국방부, 행정안전부, 군사안보지원사령부, 경찰청 등 테러 관련기관 실무 부서장으로 구성)를 설치하고 있다. 2003년 12월 이라크 파병 및 2004년 6월 김선일씨 피살 사건을 계기로 국가대테러리즘 업무의 개념과 국외, 국내, 군사시설, 방사능, 생물, 화학, 항공, 해양 등 8개 분야에서 테러업무 수행 절차를 정립한 대테러표준 메뉴얼을 작성(2004.1.30.)하였으며, 이어 국가대테러활동지침을 개정해 테러 관련 정보를 통합관리하는 대테러정보통합센터를 개소(2005.4.1.)하였다.

한편, 2001년 9·11테러 이후 UN 안전보장이사회에서 테러 활동 및 집단행동 등의 예방·조치 및 무기·정보·자금 등의 지원 차단을 위한 회원국의 제반 이행 사항을 권고함에 따라, 2001년 11월 28일 16대 국회에서 정부 입법안(행정자치부)으로 테러방지 관련 법안을 발의하였다. 이 법안은 17대, 18대, 19대 국회에서도 의원 입법안 형식으로 연이어 발의되었으나 입법이 계속 무산되다가, 2015년 11월 프랑스 파리 테러 사건 발생과 2015년 1월 시리아 접경지역에서 실종된 김모 군(당시 18세)이 이슬람 극단주의 무장단체인 이슬람국가(IS, Islamic State)에 가담한 사건을 계기로 법안이 최초로 발의된지 15년만인 2016년 3월에 '국민보호와 공공안전을 위한 테러방지법'(약칭: 테러방지법)으로 제정하게 되었다.

테러방지법의 주요 내용을 보면 총리실 주관 국가테러대책위원회(위원장: 국무총리) → 대테러센터 → 테러사건대책본부(본부장: 5개 기관장)를 설치·운영하고 있다. 이 중 대테러센터는 ① 국내외 테러정보 수집·관리, ② 테러위협 징후 탐지, ③ 테러위기 평가 및 경고발령(관심: Blue → 주의: Yellow → 경계: Orange → 심각: Red), ④ 테러대책위원회의 결정사항 이행 및 점검, ⑤ 테러예방 교육 및 홍보 업무를 수행하고 있다.

테러경보 발령 기준 및 조치사항

구분	발령 기준	조치 사항
관심 (Blue)	**실제 테러발생 가능성이 낮은 상태** - 우리나라 대상 테러첩보 입수 - 국제테러 빈발 - 동맹·우호국가 내 대형 테러발생 - 해외 국제대회에 아국인 다수 참가	- 관계기관 비상연락체계 유지 - 테러대상시설 등 테러점검 - 테러 위험인물 감시강화 - 공·항만 보안 검색률 10% 상향
주의 (Yellow)	**실제로 테러로 발전할 수 있는 상태** - 우리나라 대상 테러첩보 구체화 - 국제테러조직·연계자 국내잠입 기도 - 재외국민·공관 대상 테러징후 포착 - 국가중요행사 개최 D-7	- 관계기관별 자체 대비계획 점검 - 지역 등 테러대책협의회 개최 - 공·항만 보안 검색률 15% 상향 - 국가중요행사 안전점검
경계 (Orange)	**테러발생 가능성이 농후한 상태** - 국제테러조직이 우리나라 직접 지목 및 위협 - 국제테러조직·분자 잠입활동 포착 - 국가중요행사 개최 D-3	- 관계기관별 대테러상황실 가동 - 테러이용수단의 유통 통제 - 테러사건대책본부 등 가동 준비 - 공·항만 보안 검색률 20% 상향
심각 (Red)	**테러사건 발생이 확실시 되는 상태** - 우리나라 대상 명백한 테러첩보 입수 - 테러이용수단 도난·강탈사건 발생 - 국가중요행사 대상 테러첩보 입수	- 테러사건대책본부 등 현장 설치 - 테러대응 인력·장비 현장 배치 - 테러대상시설 잠정 폐쇄 - 테러이용수단 유통 일시중지

* 출처: 대테러센터 테러방지법 해설.

5개 테러사건대책본부는 국외테러 = 외교부, 군사시설테러 = 국방부, 항공테러 = 국토교통부, 해양테러 = 해양경찰청, 국내일반테러 = 경찰청으로 각각 역할이 분담되어 있다. 이 외에 화생방테러지원본부(환경부, 보건복지부, 원자력안전위원회), 테러복구지원본부(행정안전부)를 설치·

운영하고 있다. 국정원에는 정보수집권과 추적권을 주어 테러 위험인물의 △ 개인정보(사상·신념·건강 등 민감정보 포함)·위치정보·통신이용정보 수집, △ 출입국·금융거래 기록추적 조회, △ 금융거래 정지 등을 요청할 수 있는 권한을 부여하고 있다.

테러 관련 정부의 각 부처 및 기관들의 역할을 살펴보면 실제 테러사건 발생 시에는 '5개 테러사건대책본부' 및 '화생방테러 지원본부' 중심

우리나라의 국가테러업무 수행 체계도

* 출처: 대테러센터 홈페이지.

으로 현장지휘본부가 차려져 사태 수습 및 피해복구, 테러범 검거작전 등을 수행하게 된다. 국정원은 테러 관련 국내외 정보의 수집 및 작성 배포 업무를 담당하면서, 지역테러대책협의회 및 공항·항만 테러대책협의회 주관, 테러정보통합센터(국정원·군·경찰·소방이 24시간 합동근무하면서 테러정보 수집·분석 및 지원활동 수행)를 설치·운영하고 있다. 기타 대테러특공대(국방부, 해양경찰청, 경찰청), 테러대응구조대(소방청), 대화생방테러 특수임무대(국방부), 군 대테러특수임무대(국방부), 대테러합동조사팀(국정원) 등을 각각 설치해 테러 대응활동 중이다. 한편 대테러 업무 수행 관련 국민기본권 침해 방지를 위해 총리실 산하에 '대테러 인권 보호관'을 설치(비상임)·운영하고 있다.

우리나라의 테러대응 관련 기관별 임무

관계기관	담당임무
대테러센터 (총리실)	- 기관별 임무분담 및 실무조정 - 테러경보 발령 - 국가테러대책위원회 및 실무위원회 운영 - 대테러활동 관련 법령, 지침 등 제·개정
외교부	- 국외테러 총괄 대응 - 각국 정부와 대테러 협력체제 유지 - 여행금지국 지정 - 외국인 테러전투원(FTF) 여권 효력정지
통일부	- 북한 테러에 대한 대북 성명, 전통문 발송 등 조치 - 북한 관련 국가중요시설(출입사무소 등) 대테러 대책
법무부(검찰청)	- 출입국 관련 대테러 및 경호안전 대책지원 - 테러혐의자 잠입 차단대책 - 테러사건, 테러단체 및 인물에 대한 수사 총괄 - 국내 체류 외국인 동향 관리
국방부	- 군 대상 테러대응 총괄 - 대테러특공대 운영 - 대테러특수임무대 운영 - 대화생방테러 특수임무대 운영 - 국내외 테러진압작전 지원
행정안전부	- 테러복구지원본부 운영 - 국가중요시설 대테러 안전대책 - 테러사건 대응활동 시 물자 및 편의 제공

관계기관	담당임무
산업통상자원부	- 전력, 가스 등 국가산업기간시설 대테러 안전대책
보건복지부/환경부/ 원자력안전위원회	- 화생방 관련 테러이용 가능 물질 안전관리 및 취급시설 대테러 안전대책
국토교통부	- 항공기테러 대응 총괄 - 항공기 운항 관련 국제조약 체결 등 - 테러위험지역 취항노선 대테러 점검 - 다중이용시설 대테러 대책
해양수산부	- 선박 및 항만시설 대테러 안전대책 - 선박 운항 관련 국제조약 체결 등 - 테러위험지역 운항 국적선 대테러 안전대책 지원
기획재정부	- 대테러 관련 예산 지원 등
과학기술정보통신부	- 국제우편물을 이용한 대테러 검역·감시체계 강화
금융위원회	- 테러자금 차단을 위한 금융거래 모니터링
국가안보실	- 국가위기관리체계 기획 조정 - 테러 관련 중요 상황의 대통령 보고
경호처	- 대통령 경호대책 - 국가원수급 국빈 경호
테러정보통합센터 (국정원)	- 테러위험인물 관련 정보 수집 및 조사, 추적 - 대테러 정보 수집, 작성 및 배포 - 지역 및 공항만 테러대책협의회 운영 - 대테러통합센터 운영 - 대테러합동조사팀 운영 - 테러정보의 통합관리
경찰청	- 국내일반테러 대응 총괄 - 대테러특공대 운영 - 협상실무요원, 전문요원 및 통역요원 육성·확보 - 총기·폭발물 등 테러 이용 물질에 대한 안전관리
해양경찰청	- 해상 대테러 총괄 - 대테러특공대 운영 - 협상실무요원, 전문요원 및 통역요원 육성·확보
소방청	- 테러대응구조대 운영 - 화생방테러 발생 시 초기단계 오염확산 방지 및 제독 대책
관세청	- 테러물품 반입 차단을 위한 금융거래 모니터링
지방자치단체	- 테러대응구조대 설치 운영 - 인명구조, 구급 및 지역주민 긴급대피 방안 강구 등

* 출처: 권순구(2018).

강영숙(2016). **테러학**. 서울: 도서출판 진영사.

국무총리실 대테러센터(2017). 테러방지법 해설.

권문택(2009). 국가 사이버안전 관리조직의 통일적 체계구축에 관한 연구. 정보보안 논문지 9(3).

권순구(2018). **한국 대테러학**. 경기: 법문사.

권정훈(2012). **테러리즘과 테러대응 시스템의 재조명**. 경기: 한국학술정보.

권정훈(2011). 독일의 테러대응책과 우리의 방향. 한국콘텐츠학회 학술대회자료집 2011.

권창범(2011). 사이버 보안특집: 사이버 보안을 위한 국가적 추진체계 검토 및 발전방안. 연세의료 과학기술과 법 2(2).

권한용(2014). 사이버테러에 대한 국제적 대응방안과 한국에의 시사점. 동아법학 65.

권현준(2011). 사이버보안법제 선진화 방안연구. 방송통신위원회.

박근수(2017). **테러리즘 대응**. 서울: 세종홍익 다원디자인프린팅.

박동균·박기범(2012). 9·11 이후 미국 대테러리즘 정책의 최근 경향과 시사점. 한국테러학회보 5(3).

박보라(2018). 국제테러발생 영향요인과 한국에의 시사점. INSS 연구보고서 18-17.

박재적·안종웅(2016). 테러에 대한 주요국의 대비 현황 및 시사점. 안보연구시리즈 1(2).

박종건(2017). 뉴테러리즘의 위협과 대응방안에 관한 연구: 한국의 대테러작전과 작전수행체계 중심으로. 한성대학교 국방과학대학원 석사학위논문.

심우민(2013). 최근 전산망 마비사태와 사이버 테러 대응체계 개선방안. 이슈와 논점 640.

오세연·윤경희(2016). 자국내 IS테러단체에 의한 소프트타깃 테러발생 가능성에 대한 연구. 한국경호경비학회보 47.

유상범(2016). 테러에 대한 주요국의 대비 현황 및 시사점. 안보연구시리즈 1(2).

육소영(2010). 사이버보안법의 제정 필요성에 관한 연구. 공법연구 11(2).

윤해성(2016). 현 시점에서의 효과적인 대테러체계 모색. 한국안보형사법학회·한국형사정책연구원·대검찰청 공동학술대회 자료집.

윤태영(2010). 영국의 대테러리즘 위기관리 체계와 전략. 한국위기관리논집 6(1).

윤태영(2014). **테러리즘과 대테러리즘.** 경남: 경남대학교출판부.

이기덕·문경환(2011). 대테러 관련 법제와 대응체계의 문제점 및 개선방향: 테러정보수집권을 중심으로. 국가정보연구 4(1).
이길규(2010). 미국의 대외정책 결정에 있어 국가정보의 역할: 이라크전쟁을 중심으로. 한양대학교 대학원 박사학위논문.
이대우(2016). ISIL의 파리연쇄테러가 한국의 대테러정책에 주는 함의. 정세와 정책.
이만종(2016). 테러방지법 제정으로 인한 변화와 향후 테러정책 발전방향. 한국테러학회·대검 공동학술대회 자료집.
이수형(2003). 9·11 뉴욕테러와 21세기 국제분쟁의 새로운 유형: 제4세대 전쟁, 네트전, 비대칭전쟁. 사회과학논문집 19.
이태규(2012). **군사용어사전**. 서울: 일월서각.
이태윤(2004). **21세기 국제테러리즘**. 서울: 도서출판 모시는 사람들.
전 웅(2010). 초국가적 안보위협과 정보활동의 방향: 미국의 사례를 중심으로. 국가정보연구 3(2).
정맹석(2018). 대테러정보환경 패러다임 변화에 따른 국가정보기관 발전방안. 아주대학교 대학원 박사학위논문.
정육상(2013). 외로운 늑대 테러의 발생가능성과 경찰의 대응방안. 한국경찰학회보 16(5).
정육상(2015). 테러집단 IS의 위협실상과 향후 전개양상 전망. 유럽헌법연구 18.
정은숙(2015). 이슬람 국가(IS)의 파리시내 테러: 의미와 대응. 세종논평 310.
정지운(2010). 미국의 국토안보법의 체계에 관한 연구. 치안정책연구소.
제성호(2017). 독일의 테러방지법과 테러대응기구. 법학논문집 41(1).
주성돈(2017). 대테러 협력의 개념과 제도발전: 유럽의 협력적 거버넌스를 중심으로. 한국지방자치연구 19(3).
조성택·임유석(2013). 미국의 대테러활동을 위한 정보공동체(IC)의 역할과 함의. 한국치안행정논집 10(3).
주승희(2015). 신종 테러범죄, 이른바 뉴테러리즘에 대한 국내외 연구현황. 비교형사법연구 17(4).
채성준(2018). 테러방지법 입법의 정책변동 사례 분석: ACF와 MSF를 결합한 모형 적용. 한국공안행정학회보 65.
최진태(2011). **대테러학원론**. 서울: 대영문화사.
한국국가정보학회(2013). **국가정보학**. 서울: 박영사.
한국법제연구원(2017). 테러방지법 해설.
한희원(2013). **국가정보-법의 지배와 국가정보.** 서울: 법률출판사.
황문규(2014). 독일의 협력적 테러대응시스템의 구축. 한국행정학회 학술발표논문집.

홍성표(2016). 테러에 대한 영국의 대비 현황 및 시사점. 안보연구시리즈 1(2).
홍준범(2015). **중동 테러리즘: 중동의 새로운 질서와 IS의 탄생**. 서울: 청아.

Ashley Deeks(2015). Communities, Peer Constraints, and the Law. Harvard National Security Journal 7.

Berkowitz, D. B., & Goodman, E. A.(2010). Best Truth: Intelligence in the Information Age. New Haven: Yale University Press.

Cline, Ray S. & Alexander, Yonah(1984). Terrorism: the Soviet connection. New York: Crane Russak.

Daniel Byman(2015). Comparing Al Qaeda and ISIS: Different Goals, Different Targets. Washington DC: The Brookings Institution.

Defense Technical Information Center(2001). The Global War on Terrorism, The First 100 Days.

Eric Creegan(2012). National Security Crime. Harvard National Security Journal 3.

Institute for Economics & Peace(2016). Global Terrorism Index.

International Centre for Counter-Terrorism(2016). Making CVE Work: A Focused Approach Based on Process Disruption. Hague.

Jeremy Shapiro & Beedicte Suzan(2013). The French Experience of counter-terrorism. The International Institute for Strategic Studies 45.

Maxfield, G. Michael and Earl R. Bobbie(2009). Research Methods for Criminal Justice and Criminology. Stamford, CT: Cengage Learning.

Michael J. Glennon(2014). "National Security and Double Government. Harvard National Security Journal 5.

ODNI(2017). Principles of Classification Management for the Intelligence Community. Leading Intelligence Integration.

Robin Simcox(2016). Present Status & Future Prospect of International Terrorism. 국가안보전략연구소·이스라엘 국제대테러연구소 공동 국제학술회의자료집 2016.

Schmid Alex P. & Albert J. Jongman(1988). Political Terrorism: A New Guide to Actors, Authors, Concepts, Data Bases, Theories, and Literature. Amsterdam: SWIDC.

Sudha Setty(2012). National Security Interest Convergence. Harvard National Security Journal 4.

Thackrah, John Richard(1987). Encyclopedia of Terrorism and Political Violence. London: Routlege and Kegan Paul.

Thomas H. Kean(2011). The 9/11 Commission Report. US Government Printing

Office.

United States Government Accountability Office(2015). Combating Terrorism: Foreign Terrorist Organization Designation Process and U.S. Agency Enforcement Actions, GAO-15-629.

U.S. Government Accountability Office(2012). Intelligence Community Personal: Strategic Approach and Training Requirements Needed to Guide Joint Duty Program, GAO-12-679.

U.S. Intelligence Community & Department of Homeland Security & Department of Justice(2017). Review of Domestic Sharing of Counterterrorism Information.

Wilkinson, Paul(1986). Terrorism and Liberal State(2nd ed.). London: Macmillan.

국제범죄

1 국제범죄의 개념 및 유형

1) 범죄의 역사와 국제화 추세

(1) 범죄의 의미와 역사

일반적으로 죄(罪, Sin)란 범죄를 포함하는 넓은 의미의 종교적, 도덕적, 실정법적인 일체의 내용을 위반하는 것이라면, 범죄(Crime)는 일정한 국가의 법질서와 관련하여 성립되는 것으로서 실정법 중에서도 형법질서를 위반하는 것을 지칭한다. 성경에서는 하나님의 일반적인 말씀을 어기는 것을 죄(罪)라고 한다. 아담이 에덴동산에서 선악과를 따먹음으로써 하나님의 말씀을 어긴 행위는 인류의 원죄이지만, 범죄행위는 아니고 하나님의 구체적인 율법, 예를 들어 '십계명'을 어기는 것을 범죄인 것으로 인식하고 있다.

십계명은 유대인들의 생활 전반에 걸쳐 종교적·의식적 규범이면서 동시에 실정법적 재판법의 성격을 지닌다. 고대사회에서도 종교적으로나 국가적으로 죄를 지으면 그에 상응하는 처벌을 받게 되며, 특히 형법질서를 위반한 경우에는 무거운 형벌(탈리오법칙; 同害報復의 원칙)에 처해졌다. 인류 최초의 성문법인 함무라비 법전(Code of Hammuribi)에는 가족법, 상행위, 채무관계, 노예제도, 상해 및 보상 등에 관해 상세하게 기록되어 있다.

중세와 근대 들어 형벌의 국가화에 따른 '죄형전단주의'를 거쳐 형벌의 법률화에 따른 '죄형법정주의'가 확립되었다. 현대에는 '형벌의 개별화'와 함께 범죄 원인을 찾아 범죄인을 재교육시키는 '범죄예방주의'로까지 발전하였다.

구약성경에서 나타나는 인류 최초의 범죄는 에덴동산에서 아담의 자녀 중 형인 카인이 동생인 아벨을 살해한 것이라고 할 수 있으며, 이후 다윗이 그의 부하 우라아를 간접적으로 살해한 것이나 북쪽 이스라엘에서 신하인 장군이 왕을 살해하고 왕위를 찬탈하는 등의 살인행위 기록이 있다.

원시공동체 사회에서는 정욕, 소유욕, 식욕 등 인간 본성에 의한 강간, 절도, 강도, 폭행, 살인 등이 나타났고, 사회 공동체가 형성되면서 간음, 사기, 인신매매 등 사회적 범죄로 발전하였다. 근대사회에 국가라는 개념이 등장하면서 각 지역 및 국가 단위별로 창조적이고 특색있는 형태의 각종 범죄들이 나타났다. 현대사회에서는 과학기술의 발달로 환경 및 재산범죄, 컴퓨터 관련 범죄들이 증가하고 있으며, 교통발달로 국가 간 문화교류 및 공동체 의식 확대에 따른 세계화 추세로 인해 범죄 또한 국제화하기 시작하였다.

(2) 범죄의 국제화 추세

현대 국제사회는 교통·통신 및 과학기술의 발달과 함께 국가 간 영역이 점차 허물어짐에 따라 이른바 국제화(Internationalization)를 넘어서 전 세계가 하나의 지구촌화(Globalization) 하는 단계에 접어들고 있다. 이처럼 국가 간 교류가 더욱 활발해 지고 이로 인해 정치·경제·사회·문화·과학 등 전반적인 측면에서 협력관계가 확대됨으로써 공동체 의식이 증진되고, 생산성 및 소득 증대와 지역 간 균형발전이 이뤄지는 등 여러 가지 측면에서 긍정적 효과를 얻고 있다. 그러나 국제화·세계화가 반드시 긍정적이지만은 않고 국가 간 소득 불균형 심화에 따른 상대적 빈곤감 증가 및 지구환경의 파괴와 같은 적지 않은 부정적 요인을 안고 있는 것도 사실이다.

이와 같은 부정적인 요인 중 하나로 범죄 현상의 국제적(International)·초국가적(Transnational) 확대를 들 수 있다. 즉, 과거와 같은 폐쇄사회와 달리 어느 한 국가에서 범죄를 저지른 후 쉽게 다른 나라로 도피할 수 있게 되었으며, 범죄의 행위지나 대상물 역시 점차 광역화·국제화하게 된 것이다. 실제로 오늘날의 범죄 양상은 사회구조의 복잡화 그리고 교통·통신 및 과학기술의 발달로 인해 더욱 광역화·조직화·전문화·대규모화 하고 있다. 세계화 현상이 누구도 피해갈 수 없는 새로운 패러다임(Paradigm)이듯이 이에 따른 범죄의 국제화 역시 받아들일 수밖에 없는 현상이다.

여기에 더해 냉전체제의 붕괴와 더불어 구 소련 및 동구권 국가와 중국 등 사회주의 국가들이 붕괴되거나 자본주의화 하면서 북한과 같은 일부 폐쇄국가를 제외하고는 국경을 넘어 전 세계적으로 대규모적인 인적·물적 교류가 이루어짐에 따라, 범죄의 국제화 확률이 더욱 높아지게 되었다. 더구나 냉전시대 공산체제 하에서는 단순한 지하범죄조직이던 '붉은 마피아'가 구 소련의 해체 이후에는 기업형 국제조직으로 탈바꿈하여 유럽·아시아를 비롯한 전 세계에서 마약·매춘·인신매매·무기밀매 등 전형적인 국제범죄로 천문학적인 돈을 거둬들이는 실정이다. 이 밖에 중국의 삼합회나 일본의 야쿠자 같은 국제범죄조직들도 세계화 추세에 따라 활동 영역을 점차 확대하면서 국제질서 안정에 부담을 주고 있다.

문제는 여기에서 그치지 않고 이와 같은 국제범죄가 과학기술의 발달 및 정보화의 진전에 따라 전 세계적으로 계속 하이테크화 하고 있다는 점이다. 첨단화된 정보통신을 통해 지구 반대편에서도 은밀히 지령을 내려 범죄를 모의하거나 실행에 옮길 수 있는데다 범행의 은폐도 더욱 용이해졌으며, 범죄조직 간 상호연대 및 분업화가 촉진되고, 여러 형태의 새로운 범죄발생 환경이 조성되고 있는 것이다. 북한과 같은 폐쇄국가와 IS·탈레반 등 테러집단은 물론 국제범죄단체 및 개개인에 이르기까지 인터넷 사용이 보편화되면서 범죄활동 공간이 무한대로 확장되었으며, 범죄수법의 모방과 전파가 가능해짐에 따라 범죄조직 또는 단체들이 자신의 타겟(Target)에 부합하는 범죄수단을 어렵지 않게 활용할 수 있는 것이 현실이다.

더 큰 문제는 과거 전통적인 국제범죄는 형체가 있는 범죄조직을 잡으면 일시적으로라도 범죄의 근절효과를 볼 수 있었지만, 하이테크화 하는 국제범죄의 경우 지구촌이 하나의 커다란 공간으로 수렴되는 세계화와 더불어 범죄집단의 점조직식 운영 또는 범죄조직과 동떨어져 있는 개개인들이 또 다른 먹잇감인 개개인을 겨냥해 사기행각을 벌인다는 점에서 피해자를 특정해 내기가 힘들고, 정작 피해자가 발생하더라도 범죄자를 추적·검거하는 데 어려움이 있다. 더구나 우리나라와 같이 대외의존도가 높은 경제구조, 체류 외국인의 증가, 정보화의 가속화 등 제반 여건으로 인해 기존의 범죄단체에 의한 전통적인 국제범죄에 더해 최근에 부상하고 있는 이른바 화이트칼라범죄(White-Collar Crime)나 하이테크범죄(Hightech Crime)의 좋은 먹이공간이 되고 있는 실정이다.

2) 국제범죄의 개념 정의

범죄의 국제화를 두고 많은 학자들과 범죄의 수사 및 정보활동 등과 관련된 기관의 종사자들 간에 학술적·법적 정의를 내리고자 노력을 해왔으나, 아직까지 그 개념을 명료하게 그리고 통일된 정의를 내리지 못하고 있는 것이 현실이다. 우선 영문 표기상 통상적으로 사용되고 있는 'International Crime'(국제범죄)과 'Transnational Crime'(초국가적 범죄)은 학술적으로 볼 때 전자는 국제법적 개념이라고 할 수 있고, 후자는 범죄학적 개념이라고 규정할 수 있다. 그러나 대부분의 국내 문헌이나 논문에서는 이를 구별하지 않고 두 가지 형태의 범죄 유형을 모두 포함한 광의의 '국제범죄'라는 용어로 혼용하고 있는 것이 일반적이다.

그러나 국제법적 관점에서의 'International Crime'(국제범죄)은 기본적으로 국제형사사법(International Criminal Justice) 체제와 밀접한 관련이 있다는 점에서 'Transnational Crime'(초국가적 범죄)과는 분명한 차이가 있다. 전통적으로 형사사법(Criminal Justice)은 국가의 고유권한이며 주권의 일부로 인식되어 왔다. 그러나 제2차 세계대전이 끝난 이후 연합국(Allied Powers)은 독일과 이탈리아 및 일본 등 추축국(Axis Powers)의 과거행위들에 대해 심판할 필요성을 갖게 되었으며, 이들 국가의 전쟁 당시 행위들을 범죄로 취급하여 주로 처벌 위주의 정책을 실시하면서 'International Crime'의 개념이 형성되기 시작하였다. 이런 관점에서 볼 때 'International Crime'은 일반적으로 집단학살이나 인권유린, 전쟁범죄와 같이 자국 내의 형사사법 체계로는 처벌이 어렵기 때문에 국제사회의 형사적 개입이 필요한 범죄로서 국제형사재판소(International Criminal Court)와 같은 국제기구를 통한 재판에 의해 기소되는 범죄를 의미한다고 할 수 있다. 또한 미국의 국제형사법 전문가인 Bassiouni (1986)는 1815년부터 1984년까지 312개의 국제조약을 분석해 형사적 특징에 따라 침략행위·고문·해적행위·전쟁범죄·항공기 납치·핵물질 절취행위 등 22개 종류의 범죄를 열거하고, 이를 'International Crime'으로 분류하였다. 일본의 波多野里望·小川方彦(1982)은 국제법이 직간접적으로 규율하는 범죄, 국제법상 처벌의 의무가 부과되는 범죄, 국제재판소에 제소하여 재판할 수 있는 범죄 등을 'International Crime'으로 정의하고 있다. UN의 국제법위원회는 'International Crime'(국제범죄)을 "국제사회의 기본적 이익 보호를 위해 불가결한 국제의무에 위반하는 국가의 위법행위로서 그 위반이 국제사회 전체에 의해 범죄로 인정되는 것"으로 정의하고 있다. 이런 관점에서 볼 때 'International Crime'(국제범죄)은 대체로 범죄의 네 가지 유형, 즉 집단학살(genocide)·인권유린범죄(crime against humanity)·전쟁범죄(war crime)·침략행위(crime of aggression)에 한정된다고 볼 수 있다.

다음으로 'Transnational Crime'(초국가적 범죄)은 엄격한 의미에서 법률적 개념이라기보다는 국경을 초월하여 행해지는 범죄를 기술하기 위한 범죄학적·사회학적 개념에서 출발하였으며, 1990년대 국제화·세계화의 진전에 따라 주로 미국의 범죄학자 및 사회학자들에 의해 본격적으로 논의가 진행되었다. 이에 앞서 1975년에 제네바에서 개최된 제5차 UN 범죄방지회의에서는 '초국가적 및 국가 차원에서 범죄의 양상 변화'(Changes in Forms and Dimensions of Criminality: Transnational and National)라는 주제를 다루면서 'Transnational Crime'을 "하나의 범죄행위가 여러 국가의 실정법을 위반하거나 또는 다른 국가에까지 영향을 끼치는 것"으로 정의하였다. 나아가 2000년에 발행된 UN 초국가적 조직범죄퇴치를 위한 이행조약(United Nation Convention Against Transnational Organized Crime and the Protocol Thereto)에서는 'Transnational Crime'의 본질을 ① 2개국 이상에서 행해진 범죄행위, ② 한 국가 내에서 일어난 범죄행위일지라도 범죄행위의 상당 부분이 다른 나라에서 준비·계획·지휘 또는 통제된 범죄행위일 경우, ③ 한 국가 내에서 행해진 범죄행위이지만 조직화된 범죄집단이 2개국 이상의 국가에서 범죄행위와 연관되어 있는 경우, ④ 한 국가에서 행해진 범죄행위지만 그 영향력이 상당 부분 타국에 미칠 경우라고 규정하였다. 포괄적으로 볼 때 'Transnational

Crime'에 대해서도 아직까지 학자들 간에 일치된 견해는 없으나 "국경을 초월하여 두 개 이상의 국가가 관련된 범죄"라는 점에는 동의하고 있는 것으로 보인다. 다만 'Transnational Crime'의 구체적인 개념 정의를 두고는 학자들 간에 견해가 다르게 나타나고 있다. Berdal & Serrano (2002)는 'Transnational Crime'과 관련해 "범죄의 개념은 쉽게 정의가 될 수 있으나 'Transnational'이라는 의미는 매우 다양하게 해석될 수 있다"고 주장하였다. 즉, 범죄라는 것은 필수적으로 국가의 개입과 금지라는 개념을 포함하는데, 'Transnational Crime'에서는 어느 국가가 개입을 하여야 하며 어느 국가가 금지를 하는 것이 타당한지에 대한 합의가 어렵기 때문에 이를 기반으로 하는 정의 또한 쉽지 않다는 것이다.

한편, 정육상(2011)은 'International Crime'(국제범죄)과 'Transnational Crime'(초국가적 범죄)에 대한 구별 없이 '국제범죄'의 개념에 대해 각 학자별 또는 수사·정보기관별로 사용 실태를 볼 때 과거 국제법 등에서 대상범죄를 구체화하는 등 그 범위를 엄격하게 이해하려는 견해에서 최근으로 올수록 국제화의 흐름에 맞춰 일반범죄일지라도 국제화된 것이면 모두 이에 해당하는 것으로 넓게 해석하는 추세라고 설명하고 있다. 그러면서 국제범죄의 개념을 범죄의 국제화라는 흐름을 반영하여 "범죄의 주체·객체·준비·행위·보호법익·결과발생의 전부 또는 일부라도 2개 이상의 주권국가와 관련되는 범죄"로 정의하였다. 이장희(1997)도 국제법학적 정의와 실무적인 정의로 구별을 시도하면서 실무적인 입장에서 '국제범죄'란 "범죄의 실행행위는 물론이고 범죄의 수사, 재판, 형의 집행 등 모든 형사사법 과정에서 사건의 전부 또는 일부가 국제적 관련성을 가지는 범죄"를 의미한다고 하였다. 실제로 우리나라의 국정원(National Intelligence Service)에서는 '국제범죄'를 "국내의 범위를 넘어서 국제사회의 법익을 침해하는 범죄로, 2개 이상의 복수 국가가 범죄행위자·피해자 또는 범죄행위 발생지역에 연계되어 나타나는 범죄"로 규정하면서, '국제범죄'의 유형으로 "전쟁, 테러를 포함하여 불법무기거래, 마약밀매, 인신매매, 화폐 및 여권 위조, 밀수, 밀입국, 금융범죄 등이 있으며, 최근 첨단 정보통신의 발달로 사이버공간에서의 범죄로까지 확장되는 추세"라고 부연 설명하고 있다.

우리나라의 국제범죄대책협의회 규정 제2조(국무총리 훈령)에서도 ‘국제범죄’를 “우리나라 국민이 국외에서 저지르거나 외국인의 국내범죄 및 우리나라 국민을 상대로 한 범죄, 국가 간 공조가 필요한 국제질서·법익침해사건”으로 규정하고 있다. 이를 보면 앞에서 설명한 국제법적 측면에서의 ‘International Crime’(국제범죄)과 범죄학적 측면에서의 ‘Transnational Crime’(초국가적 범죄)은 개념 상 차이가 있음에도 불구하고 실무영역에서는 대체로 이를 구분하지 않고 사용하고 있음을 알 수 있다. 결론적으로 볼 때 현재 우리나라에서 통상적으로 사용하는 ‘국제범죄’는 국제법적 측면에서의 ‘International Crime’과 범죄학적 측면에서의 ‘Transnational Crime’의 개념을 포괄해서 ① 그 구성요건과 소추, 처벌의 절차가 관습 국제법 또는 조약에 의하여 직접 규정되는 국제법상의 범죄, ② 조약 등 실체적인 실정 국제법에서 ‘국제법상의 범죄’(crime under international law)라고 명시된 범죄, ③ 국제법이 규정한 범죄, ④ 해적·항공기 탈취·인신매매와 같은 형법 적용에 있어서 세계주의의 대상이 되는 범죄, ⑤ 내국에서 형사소추를 하기 위하여 외국의 협력을 필요로 하는 조직범죄, ⑥ 범죄의 실행행위, 수사, 재판, 형의 집행 등 모든 형사사법 과정에서 사건의 전부 또는 일부가 ‘국제적 관련성’을 갖고 있으며 ‘조직성을 지닌 범죄’를 의미한다고 할 수 있다.

그러나 여기서 유의할 점은 통상적으로 우리나라의 안보환경 변화에 있어서 테러리즘 및 산업스파이·사이버테러와 같이 ‘신안보’ 개념에서 접근하고 있는 ‘국제범죄’의 경우 국제법적 측면에서의 ‘International Crime’(국제범죄)의 범주는 제외하고 범죄학적 측면에서의 ‘Transnational Crime’(초국가적 범죄)의 범주만을 다루고 있다는 것이다. 왜냐하면 국제법적 측면에서의 ‘International Crime’은 우리나라의 입장에서는 미국이나 유럽 등 국제질서를 주도하는 세계 중심국가와 달리 우리 국민의 일상생활이나 기업 및 사회단체, 나아가 국가의 안전을 직접적으로 위협하는 관심 대상이 아니기 때문이다. 결론적으로 볼 때 우리가 다루고 있는 ‘국제범죄’의 개념은 영문 표기상으로 국제법적 측면에서의 ‘International Crime’과 가깝지만, 실제 학술적 논의 및 업무현장에서는 범죄학적 측면에서의 ‘Transnational Crime’이라는 개념과 유사하다는 점을 알 수 있다.

이런 관점에서 볼 때 우리가 통상적으로 접근하는 '국제범죄'란 "범죄행위가 자국의 영토를 벗어나 그 영향력이 최소 2개 이상의 주권국가에 걸쳐 발생한 사건을 의미하고, 이는 범죄의 주체, 객체, 행위, 보호법익, 경과발생 등의 요소가 '2개 이상의 주권국가와 관련'이 있으며, 이 중에서도 '조직성을 지닌 범죄'로써 범죄의 예방, 범인의 검거, 소추, 처벌을 위해서 국가 상호간 협력을 필요로 하는 범죄"라고 정의할 수 있다.

3) 국제범죄의 유형 분류

'국제범죄의 유형'에 대한 논의는 국제범죄의 개념 정의만큼이나 다양하다. 학자들이나 관련된 대응기관에서 열거하고 있는 국제범죄의 유형은 대부분 국제적인 조직범죄를 그 특징으로 하고 있으며, 국가적 법익침해 범죄, 사회적 법익침해 범죄, 개인적 법익침해 범죄 등으로 다양하게 나타나고 있다. 우선 1994년 UN의 제4차 범죄동향 및 경찰행정제도에 관한 설문조사에서는 자금세탁(money laundering), 테러리즘(terrorist activities), 예술품 및 문화재 불법반출(illicit trafficking in arms), 지적재산권침해(theft of intellectual property), 무기 밀거래(illicit trafficking), 항공기 불법납치(aircraft hijacking), 해적행위(sea piracy), 영토불법점령(land hijacking), 보험사기(insurance fraud), 컴퓨터범죄(computer crime), 환경범죄(environmental crime), 인신매매(trafficking in persons), 장기밀매(trade in human body parts), 마약밀매(illicit drug trafficking), 부정수단에 의한 파산(fraudulent bankruptcy), 법적 거래행위 방해(infiltration of legal business), 공직자의 부정부패(corruption and bribery of public officials), 범죄조직에 의한 기타 불법행위(other offenses committed by organized criminal groups) 등 18개를 망라하고 있다. 그리고 인터폴(2016)은 화학·생물학·방사능·핵 및 고폭탄, 부패, 아동에 대한 범죄, 스포츠범죄, 사이버범죄, 마약, 환경범죄, 금융범죄, 총기범죄, 국외도피, 해적행위, 조직범죄, 약물범죄, 테러리즘, 인신매매, 상품불법위조, 차량범죄, 전쟁범죄, 예술품 절도를 들고 있다. 우리나라에서는 오태곤(2005)의 경우 국제조직범죄·외국인범죄·자금세탁범죄·환경범죄·사이버범죄로, 박기륜(2004)은 조직범죄·마약범죄·신용카드 사기범죄·위조통화·자금세탁·위조상품·화이트칼라범죄·컴퓨터범죄·예술품절도·테러범죄·사이버테러리즘·인신매매·장기밀매·아동에 대한 노동 및 성학대로, 이종화(2003)는 자금세탁·불법마약거래·인신매매·사이버범죄·테러리즘·위조화폐·항공기 납치·조직범죄·불법무기거래로, 이영란(2000)은 무기밀매·자금세탁·사이버범죄·밀수·조직범죄·마약관련 범죄·위조화폐·여권 위변조로 그리고 국정원(2018)은 마약·밀수·여권위변조·밀입국·인신매매·위조지폐·금융범죄로 각각 열거하고 있다.

이와 같은 국제범죄의 유형 구분은 대부분 범죄의 행위 양태를 중심으로 나열하고 있을 뿐, 체계적 기준을 제시한 유형분류는 찾아보기 어렵다. 앞에서 정의한 "범죄행위가 자국의 영토를 벗어나 그 영향력이 최소 2개 이상의 주권국가에 걸쳐 발생한 사건을 의미하고, 이는 범죄의 주체, 객체, 행위, 보호법익, 경과발생 등의 요소가 '2개 이상의 주권국가와 관련'이 있으며, '조직성을 지닌 범죄'로써 범죄의 예방, 범인의 검거, 소추, 처벌을 위해서 국가 상호간 협력을 필요로 하는 범죄"라는 국제범죄의 개념에 입각해 이를 총망라해 국제범죄의 유형을 다음과 같이 정리할 수 있을 것이다. ① 그 구성요건과 소추, 처벌의 절차가 관습 국제법 또는 조약에 의하여 직접 규정되는 국제법상의 범죄, ② 전통적인 국제범죄인 조직범죄·밀수·마약관련 범죄, ③ 반인륜적인 인신매매·장기밀매·환경범죄와 아동에 대한 노동 및 성 학대, ④ 테러와 관련성이 있는 불법무기거래·테러범죄·항공기 납치·해적행위, ⑤ 화이트칼라범죄인 통화위조·여권위변조·신용카드사기·자금세탁·상품위조·지적재산권 침해·문화예술품 위변조 및 절도와 하이테크범죄(컴퓨터범죄, 사이버범죄)로 구분할 수 있다.

21세기 정치학대사전(2016)에서는 '국제범죄'를 그 침해법익의 성질이라든가 정의·구성요건의 결정, 형사 관할의 설정에 대한 국제법의 관여·개입의 방법에 따라 몇 가지 유형으로 분류된다고 하면서, 적용되는 실체법규에 의해 '국제법상의 범죄'(국제법 기준의 국제범죄)와 '외국성을 갖는 범죄'로 구분하고 있다. 그리고 여기서 '국제법상의 범죄'는 '국제법 위반의 범죄'와 '제국의 공통이익을 해하는 범죄'로 분류된다고 설명하고 있다. 이 경우 앞에서 유형 분류한 것 중 ① 그 구성요건과 소추, 처벌의 절차가 관습 국제법 또는 조약에 의하여 직접 규정되는 국제법상의 범죄는 '국제법상의 범죄' 중 '국제법 위반의 범죄'에 해당하고, ② 전통적인 국제범죄인 조직범죄·밀수·마약관련 범죄와 ③ 반인륜적인 인신매매·장기밀매·환경범죄와 아동에 대한 노동 및 성 학대는 '외국성을 갖는 범죄'에 해당한다고 볼 수 있다. 나머지 ④ 테러와 관련성이 있는 불법무기거래·테러범죄·항공기 납치·해적행위와 ⑤ 화이트칼라범죄인 통화위조·여권위변조·신용카드사기·자금세탁·상품위조·지적재산권 침해·문화예술품 위변조 및 절도와 하이테크범죄(컴퓨터, 사이버범죄)는 '국제법상의 범죄' 중 '제국의 공통이익을 해하는 범죄'로 분류할 수 있을 것이다.

다만 앞서 국제범죄의 개념 정의에서 설명한 바 있듯이 국제법적 측면에서의 'International Crime'에 해당하는 ① 그 구성요건과 소추, 처벌의 절차가 관습 국제법 또는 조약에 의하여 직접 규정되는 '국제법 위반의 범죄'는 우리나라에서 통상적으로 사용하는 '국제범죄'의 범주에서 제외시킬 필요가 있어, 나머지 'Transnational Crime'에 해당하는 4가지 항목(외국성을 갖는 범죄+제국의 공통이익을 해하는 범죄)만이 '국제범죄의 유형'에 포함된다고 봐야 할 것이다.

여기서 테러리즘·산업스파이·사이버테러와 관련되는 범죄의 경우 넓은 의미에서 볼 때는 '국제범죄의 유형'에 포함되지만, 현재 일부 학계에서는 국가 또는 국제사회에 미치는 영향이 매우 크다는 점에서 '신안보' 개념으로 별도 분류해 연구하거나, 경찰·검찰·국정원 등 국제범죄를 직접 다루는 기관에서도 별도 조직을 두고 관리하고 있다는 점에 유의할 필요가 있다. '국가정보원법'의 경우에도 제3조 제1항에 직무 범위를 "국외정보 및 국내보안정보(대공, 대정부전복, 방첩, 대테러 및 국제범죄조직)의 수집·작성 및 배포"라고 규정하고 있음을 볼 때 테러리즘·산업스파이·사이버테러와 같은 경우 가장 좁은 의미에서 국제범죄라고 할 수 있는 '국제범죄조직 대응' 업무와 분리시켜 접근하고 있음을 알 수 있다.

결론적으로 볼 때 우리 사회 전반에서 일반적으로 통용되는 '국제범죄'의 개념으로 볼 때는 '국제법 위반의 범죄'에 해당하는 ① 그 구성요건과 소추, 처벌의 절차가 관습 국제법 또는 조약에 의하여 직접 규정되는 국제법상의 범죄를 제외하고, 나머지 모든 유형을 포함시키는 것이 타당할 것이다. 여기에는 '외국성을 갖는 범죄'에 해당하는 ② 전통적인 국제범죄인 조직범죄·밀수·마약관련 범죄, ③ 반인륜적인 인신매매·장기밀매·환경범죄와 아동에 대한 노동 및 성 학대, 그리고 '제국의 공통이익을 해하는 범죄'에 해당하는 ④ 테러와 관련성이 있는 불법무기거래·테러범죄·항공기 납치·해적행위, ⑤ 화이트칼라범죄인 통화위조·여권위변조·신용카드사기·자금세탁·상품위조·지적재산권 침해·문화예술품 위변조 및 절도와 하이테크범죄(컴퓨터, 사이버범죄)가 있다. 다만 '제국의 공통이익을 해하는 범죄' 중에서 테러리즘·산업스파이·사이버테러와 같은 경우 가장 좁은 의미의 '국제범죄조직 대응' 업무에서는 분리시켜 신안보 개념이라는 차원에서 접근해 별도로 다뤄지고 있다는 것이다.

국제범죄의 개념 정의 및 유형 분류

<table>
<tr><th colspan="3">구분</th><th>내용</th></tr>
<tr><td rowspan="5">국제범죄 = International Crime+ Transnational Crime
*넓은 의미에서의 모든 '국제범죄'</td><td colspan="2">국제법 위반의 범죄 = International Crime</td><td>① 그 구성요건과 소추, 처벌의 절차가 관습 국제법 또는 조약에 의하여 직접 규정되는 국제법상의 범죄</td></tr>
<tr><td rowspan="4">초국가적 범죄 = Transnational Crime
*우리나라에서 통상 사용하는 '국제범죄'
* 테러리즘, 산업스파이, 사이버테러는 별도로 다뤄짐</td><td rowspan="2">외국성을 갖는 범죄</td><td>② 전통적인 국제범죄인 조직범죄·밀수·마약관련 범죄</td></tr>
<tr><td>③ 반인륜적인 인신매매·장기밀매·환경범죄와 아동에 대한 노동 및 성 학대</td></tr>
<tr><td rowspan="2">제국의 공통이익을 해하는 범죄</td><td>④ 테러와 관련성이 있는 불법무기거래·테러범죄·항공기 납치·해적행위</td></tr>
<tr><td>⑤ 화이트칼라범죄인 통화위조·여권위변조·신용카드사기·자금세탁·상품위조·지적재산권 침해·문화예술품 위변조 및 절도와 하이테크범죄(컴퓨터, 사이버범죄)</td></tr>
</table>

* 국제범죄를 '국제법상의 범죄'(국제법 기준의 국제범죄)와 '외국성을 갖는 범죄'로 구분하고, 전자인 '국제법상 범죄'를 '국제법 위반의 범죄'와 '제국의 공통이익을 해하는 범죄'로 다시 분류(21세기 정치학대사전, 2016).

2 국제범죄의 활동양상 및 대응체제

1) 국제범죄의 특징과 발생원인

국제범죄는 범행동기·범죄장소·범죄양상 및 보호법적인 측면에서 일반범죄와 비교되는 다음과 같은 특성을 가지고 있다. 첫째, 국제범죄는 범죄 장소라는 측면에서 보면 2개 국가 이상에 걸쳐 범죄가 발생한다는 특성이 있다. 즉, 범죄의 결과 발생지, 범죄의 주체 및 객체의 국적 등이 여러 국가에 연계되어 있다는 점이 특징적이다. 따라서 범죄가 발생하면 범인 체포나 사법 처리 과정이 일반 범죄와는 다른 복잡한 과정을 거쳐야 한다. 둘째, 국제범죄는 대체로 합리적인 의사결정을 바탕으로 범행을 행한다는 특성이 있다. 다시 말해 국제범죄는 경제적인 동기를 추구할 뿐 아니라, 국내 폭력범죄에서 흔히 나타나는 우발성이나 살인범죄에서 주로 보이는 원한관계와 같은 요인보다는 예상위험과 예상이익을 비교하여 이익이 위험보다 높을 때 범행을 한다는 합리성을 지니고 있다. 셋째, 국제범죄에 대한 보호법익의 범위가 확대되고 있다. 과거에는 불법무기 거래, 마약 밀매 등을 통해 국가 및 사회적 법익을 침해하는 범죄가 많았으나, 최근에는 보이스피싱이나 신용카드사기 및 유명브랜드 위조 등과 같이 개인적 법익을 침해 대상으로 삼는 범죄로까지 그 종류가 늘어나고 있다. 넷째, 국제범죄는 범죄유형에 있어 대부분 조직적 형태의 범죄 행위로 나타나며, 일반 범죄보다는 폭력을 사용하는 사례가 적다는 점이 특징적이다. 즉, 국제범죄는 2개 이상 국가에서 행해진다는 점에서 독자 행동보다는 연락 및 협조망을 갖고 조직적으로 움직여야 하며, 체포를 면하기 위해 순간적으로 폭력을 행사하는 경우가 있긴 하지만, 그 자체가 범죄의 핵심을 이루는 경우가 많지 않다는 점에서 일반범죄와 차이가 있다.

이와 같은 국제범죄의 특징을 정리해 보면 다음과 같다. 첫째, 범행장소가 국내외를 불문한다. 둘째, 범죄행위자 측면에서 조직범죄와 개인범죄를 모두 포함하고 있다. 셋째, 과거에는 국가 또는 사회적 법익을 침해하는 범죄행위가 주를 이루었으나, 최근에는 개인적 법익을 침해하는 범죄가 증가하고 있다. 넷째, 국제적으로 범죄조직 간 연계가 강화되고 있다. 다섯째, 국제범죄에 대한 처벌에 있어 속지주의 원칙을 인정하여 국내법에 위임하는 간접 이행체제를 취하고 있다. 여섯째, 매매춘이 세계화되고 있다. 일곱째, 최근 테러리즘·산업스파이·사이버범죄 및 보이스피싱 등 신종 국제범죄가 증가하고 있다. 여덟째, 우리나라의 경우 조직화·지능화하는 외국인 범죄와 북한이탈주민 연계범죄가 증가하고 있다.

세계화·정보화가 계속 진전되면서 기존의 여러 가지 많은 일반범죄들이 국제범죄화 하고, 범죄 피해의 규모가 점점 커지는 등 국제범죄가 기생할 수 있는 다양한 환경요인이 발생하고 있다. 세계 각국이 국제 교류협력의 증진으로 정치·경제적 이익을 얻고자 지역 경제블록체제 가동, 비자면제 협정 체결의 확대, 여행 및 무역 자유화 조치 등을 통해 국가 간 인적·물적 교류를 증대함으로써 국제범죄의 발생 여건이 조성되고 있다. 특히 탈냉전 이후 동·서방 간의 대립 및 교류봉쇄가 무너짐으로써 전 세계가 이른바 '지구촌 한 가족'이라는 이름으로 묶여 범죄자들까지 국경을 합법적이고 자유롭게 넘나들 수 있게 되었으며, 복수 이상의 국가에 걸쳐 범행 후 신속하게 도피하거나 증거인멸을 할 수 있는 토양이 마련되었다. 또한 국제 경제활동 규모의 확대로 세계적 금융 시스템이 성장하면서 범죄자금의 이동이 쉬워지고 범죄수익을 은폐하기 위한 돈 세탁이 용이하며, 범죄조직들이 자금원을 다양하게 확보할 수 있을 뿐 아니라 범죄를 통해 얻은 이익을 안전하고 쉽게 이동시키고 보관할 수 있는 환경도 마련되었다.

이처럼 범죄의 국제화 원인은 우리 사회의 국제화와 관련이 있으며, 범죄의 국제화 비율은 우리 사회의 국제화 수준과 맞물려 있다고 할 수 있다. 첫째, 인적·물적 자원의 교류 증가와 더불어 사람들이 해외로 관광을 가거나 체류 및 이주하고 있을 뿐 아니라 해외유학 및 외국과의 교역·외교관계 등 외국과의 연관성이 확대됨에 따라 범죄조직이 범행 장소를 외국으로 정하거나 외국에 체류 또는 거주하고 있는 사람들과 공모하여 범죄를 저지르는 경향성이 높아지고, 이로 인해 범죄조직의 국제적 영향력도 확대되고 있다. 둘째, 교통·통신의 발달로 인해 범죄의 학습·예비·음모·실행 및 결과 발생의 각 단계에 있어서 광범위한 영역에 걸치게 되는 '범죄의 광역화' 현상이 발생하고 있다. 셋째, 메스커뮤니케이션의 발달과 각종 인터넷 및 이동통신 수단의 보급 확대로 국경에 관계없이 실시간 정보전달이 가능하게 됨에 따라 범죄자의 활동 공간이 무한대로 확대되었을 뿐 아니라 범죄 수단과 방법의 전파가 신속하고 용이하게 된 것도 주요 원인이다.

앞으로 국제화 시대에 국가 간 상호의존과 협력의 필요성이 증대되면서 국제범죄의 양상 또한 빠르게 변화할 것으로 전망된다. 개인의 일상생활에서부터 국가운영에 이르기까지 외국인 및 외국산 재화와 용역의 직간접적인 연계가 불가피해짐에 따라 일상생활은 물론 기업 및 사회단체, 나아가 국가와 관계되어 일어날 수 있는 범죄 또한 대부분 국제범죄화할 소지가 있다. 이 과정에서 범죄 타겟이 산업·군사기밀 등 경제적 가치가 높은 개인과 기업 그리고 국가의 중요 자산에 집중하게 되면서 범죄 피해가 대규모화하게 될 것이며, 국가안보를 위협하는 수준으로까지 발전할 가능성이 있다. 결론적으로 국제범죄는 교통·통신 및 과학기술의 발달과 함께 더욱 대규모화·조직화·전문화되고 있을 뿐 아니라 세분화되고 있는 추세임을 알 수 있다.

2) 국제범죄의 활동 양상

(1) 전 세계적 활동 양상

앞에서 언급하였듯이 냉전체제 붕괴 이후 세계화 및 정보화의 가속화와 함께 국제범죄가 날로 조직화·광역화하고 있는 가운데, 국제범죄단체들의 활동영역도 더욱 확대되고 있을 뿐 아니라 사업방식도 점차 다각화되고 있다. 1990년대 후반 동남아를 비롯해서 전 세계를 강타했던 IMF 금융위기를 극복하기 위한 국제경제 교류의 확대라는 호재를 적절히 이용하여 외환, 신용카드 유통, 채권채무 해결 등 합법을 가장한 지하경제로 사업 영역을 확대하고 있다. 특히 구 소련의 해체 이후 동구권 공산체제 하에서 단순한 지하 범죄조직이던 '붉은 마피아'가 기업형 국제조직으로 탈바꿈해 전 세계를 활동영역으로 팽창하여 세계 최대의 범죄조직으로 급성장하고 있다. 과거 홍콩을 근거지로 각국의 차이나타운을 중심으로 활동하고 있던 '삼합회'는 홍콩의 중국 반환과 중국의 개혁개방을 계기로 주요 활동 무대인 싱가포르 및 동남아 지역은 물론 일본·캐나다·호주·뉴질랜드·남아공 등에까지 진출하고 있다. 야쿠자 역시 일본에서 1992년 '폭력단대책법'[1]이 발효되면서 국내에서의 조직 활동이 위축되자 한국을 비롯해 동남아 일대로 활동영역을 확장하고 현지 폭력조직과의 연계활동을 강화하고 있다. 한편 나이지리아인들을 중심으로 한 아프리카 범죄조직들이 미국 등의 흑인 거주 지역을 중심으로 활동하는 등 소수민족을 중심으로 한 민족성 범죄조직의 활동도 두드러지고 있다.

나이지리아의 국제범죄 소굴화 배경 및 실태

나이지리아에서는 1967~1970년 내전이 벌어진 뒤 10여 년 동안 쿠데타가 수차례 일어나면서 정부에 대한 불신과 냉소주의가 확산되었고, 법 질서 자체를 경시하는 풍조가 팽배하였다. 1973~1979년 국제유가가 폭등하면서 엄청난 규모의 오일달러가 유입됐으나 국민들에게까지 부(富)가 돌아가지 않았으며, 28년간 군부통치를 거치는 과정에서 경제적 빈곤이 가중되면서 배금주의 풍토가 만연하였다.

정치적 불안과 경제난으로 신음하던 나이지리아인들은 유럽과 북미지역으로 일자리를 찾아 떠나기 시작했고, 대부분이 불법체류자였던 까닭에 각종 범죄행위에 눈을 돌리게 되었다. 이 과정에서 체류국의 범죄조직과 연계해 영향력 확대를 모색하는 한편, 모국에 남아 있던 친지와 친구 등을 적극적으로 범죄조직에 가담시키면서 생계형 가족단위 범죄조직이 우후죽순처럼 등장하였다. 이러한 사회적 배경을 바탕으로 등장한 범죄조직들은 세계적 네트워크를 가진 국제범죄조직인 '나이지리아 커넥션'으로 발전해 전 세계적으로

1) 폭력단대처법은 2007년 4월 나카사키에서 시(市) 행정에 불만을 품은 조직폭력배가 현직 시장을 권총으로 사살한 사건을 계기로 야쿠자들의 활동을 강력 억제하는 쪽으로 개정되었다. 주요 내용은 △ 복역한 조직원에게 금품을 주는 '출소축하금'이나 '공로인사' 엄금, △ 자금획득 활동에 직접 간여하지 않은 폭력단 두목 등에게도 배상책임을 부여, △ 입찰참가 요구행위 금지 등이다.

성매매 알선, 마약 밀거래, 금융사기, 인터넷사기, 신분증 위변조, 인신매매, 밀입국 등을 자행하고 있다.

나이지리아 범죄인들은 두뇌가 비상하고 범죄단체 조직원들의 교육수준도 높은 편이며, 사회 경험이 풍부하고 매너가 좋을 뿐 아니라 기본적인 법률 지식도 갖추어 범죄수익으로 호화생활을 영위하고 있다. 그들은 범죄에 대한 죄의식 없이 돈을 버는 여러 방법 중 하나라고 생각하는 데다 범죄 자체가 정치인들의 비호를 받는 당당한 비즈니스가 되다 보니 범죄 기술도 빠르게 발전하고 있는 상황이다.

이와 같은 국제범죄는 변화된 국제환경에 적응하면서 조직범죄·마약·인신매매·통화위조·자금세탁과 같은 기존의 범죄형태 외에 신종범죄가 출현하고 있으며, 범죄의 국제화에 대응하는 법과 제도의 발전을 능가하는 새로운 범죄 양상으로 변화·발전하고 있다.

첫 번째로 주목할 대상은 산업스파이(Industrial Espionage)와 관련된 범죄이다. 21세기 첨단 정보화·산업화 시대를 맞아 과거 냉전시대의 정치적·군사적 대결보다는 국가와 기업의 경쟁력이 첨단과학기술의 개발 및 활용 여부에 의해 좌우됨에 따라 첨단기술을 개발한 상대국 산업체를 대상으로 그 기술을 절취하는 범죄가 증가하고 있다. 특히 우리나라는 전자기기 및 IT분야에서 세계 최고의 기술을 보유하고 있는 기술주도국가라는 점에서 국제 산업스파이 활동의 주요 목표가 되고 있는 실정이다.

두 번째로 반인륜적·비윤리적 범죄가 국제화하고 있다. 인터넷 등을 통해 법적으로 금지된 장기 밀거래 행위를 공공연히 자행하거나 국제범죄조직에 의한 매춘·인신매매가 국경의 영역을 넘어서 광범위하게 확산되고 있는 것이다. 한편, 과거 다양한 지역에서 고립적으로 활동했던 각국의 국제범죄조직들이 교통·통신 수단의 발달, 특히 인터넷 보급의 확대에 힘입어 상호협력을 통해 분업화하는 등 연계가 강화되는 추세이다. 예를 들면, 동남아의 헤로인 생산지 또는 안데스 국가지역의 코카인 생산지에서 마약을 생산한 마약 카르텔은 미국·유럽·일본과 같은 글로벌 소비시장에서 직접 판매에 나서는 대신 현지 범죄조직들을 판매책으로 최대한 활용하고 있다. 결론적으로 세계화·정보화 시대를 맞아 개인의 일상생활에서부터 기업경영과 국가운영에 이르기까지 국제적인 인적·물적 교류가 불가피한 상황에서 생활주변에서 일어나는 범죄 또한 대부분이 국제범죄화할 것으로 예상되며, 이는 결국 국가안보를 위협하는 요인으로 작용할 전망이다.

세 번째로 부각되고 있는 대표적인 신종 국제범죄로 사이버범죄(Cyber Crime)를 들 수 있다. 컴퓨터 기술의 급속한 발달과 함께 인터넷 사용인구가 급증하면서 다양한 디지털 도구와 사이버공간을 이용한 새로운 유형의 범죄들이 폭발적으로 증가하는 추세인 것이다. 사이버범죄는 단지 사이버공간이 범죄의 수단으로 사용되는 일반적인 사이버범죄에서 정보통신망 자체를 대상으로 고도의 기술적 요소를 동원해 공격하는 해킹이나 바이러스 유포와 같은 사이버테러형 범죄에 이르기까지 광범위하게 확산되고 있다.

네 번째로는 보이스피싱(Voice Phishing)을 들 수 있다. 이는 공공기관 등을 사칭해 피해자에게 연락을 해 현금을 편취하거나 개인정보를 탈취하는 수법을 말한다. 2006년 이후 우리나라에서 발생하는 전화금융 사기는 주로 중국 등 해외에서 조선족을 고용하여 전화를 하고 국내에는 인출·이체를 위해 점조직이 활동하는 기업형 범죄 양상으로 진화하고 있다.

다섯 번째로 각종 위변조 등 하이테크범죄(High-tech Crime)의 다양화이다. 상품·예술품·문화재 등의 위조 판매는 물론 과학기술의 보편화로 인해 국제범죄조직의 첨단범죄 수법과 능력이 향상되면서 화폐류·신용카드·여권 등 특수보안기술로 제작된 보안제품을 직접 위변조해 범죄에 사용하거나 전문조직을 통해 밀매하고 있다.

한편, 과거 다양한 지역에서 고립적으로 활동했던 각국의 범죄조직들이 교통·통신 수단의 발달, 특히 인터넷 보급의 확대에 힘입어 상호협력을 통해 분업화하는 등 연계가 강화되는 추세이다. 예를 들면, 동남아의 헤로인 생산지 또는 안데스 국가지역의 코카인 생산지에서 마약을 생산한 마약 카르텔은 미국·유럽·일본과 같은 글로벌 소비시장에서 직접 판매에 나서는 대신 현지 범죄조직들을 판매책으로 최대한 활용하고 있다. 결론적으로 볼 때 세계화·정보화 시대를 맞아 개인의 일상생활에서부터 기업경영과 국가운영에 이르기까지 국제적인 인적·물적 교류가 불가피한 상황에서 생활 주변에서 일어나는 범죄 또한 대부분이 국제범죄화할 것으로 예상되며, 이는 결국 국가안보를 위협하는 요인으로 작용할 전망이다.

(2) 우리나라의 국제범죄 활동 양상

우리나라는 세계 10위의 교역량을 자랑하는 무역 중심국가로 국제교류가 활발해지면서 범죄의 국제화 역시 가속화되고 있는 실정이다. 출입국관리국 통계에 의하면 2018년 총 출입국자는 8,890만 명으로 사상 최고를 기록해 2010년에 출입국자 4,000만 명 시대에 접어든 이후 8년 만에 2배 이상 증가하였으며, 이 가운데 내국인은 5,785만 명, 외국인은 3,104만 명으로 집계되고 있다. 또한 국내 체류 외국인(단기방문 외국인 포함)은 2016년에 최초로 200만 명을 넘어선 이후 매년 그 이상의 수준을 유지(우리나라 인구의 4.2%, 1,000명당 42명이 외국인)하고 있으며, 불법체류 외국인도 2018년 7월말 현재 33만 5,000명(2017년 동기에 비해 약 10만 명 증가)에 달해 이들로 인한 불법취업 및 해상 밀입국사범과 외국인 범죄가 계속 증가하고 있다.[2] 더구나 마약밀매, 인신매매, 돈세탁, 국제사기, 위조지폐 등 이른바 '국제범죄'로 분류될 수 있는 범법행위가 지속적으로 증가하고 있는 추세이다. 여기에다 우리나라 조직폭력배들이 동남아 및 호주·남미 등의 교포 밀집지역에 진출해 현지의 자생적 폭력조직과 연계하여 폭력 및 인신매매·매춘 등 각종 불법행위를 자행하고 있는 실정이다. 한편, 북한 김정은 노동당위원장 집권 이후 일시적으로 감소하였던 국내 입국 북한이탈주민 수가 2016년 들어 증가추세로 돌아서 2018년 12월 현재 전체 북한이탈주민 수가 3만 2,476명

2) 국회 안전행정위원회 박성중 의원이 경찰청으로부터 받은 자료에 따르면, 2011년부터 2015년까지 외국인 범죄는 2011년 2만 5,915건, 2012년 2만 4,379건, 2013년 2만 6,663건, 2014년 3만 684건, 2015년 3만 8,355건으로 지속적으로 증가하였다. 이 중 폭력범과 지능범이 전체 범죄의 40% 이상을 차지하고 있으며, 강력사건인 살인·강도·강간이 500여 건이나 되는 등 흉포화 하는 추세인 것으로 나타났다.

이나 되는데, 이들이 입국 전 제3국에 체류하면서 또는 입국 이후에 국제범죄와 연계되는 사례가 적지 않게 발견되고 있다.[3]

우리나라는 야쿠자·삼합회·러시아 마피아 등 세계 3대 범죄조직이 암약하는 나라들로 둘러싸여 있는 상황에서 국제범죄단체들의 주요한 활동무대로 부상하고 있다. 일본에는 전체 야쿠자 중 72% 가량을 차지하는 야마구치구미(1만 7,300여 명), 스미요시카이(6,600여 명), 이나가와카이(4,400여 명) 등 3대 야쿠자 조직이 버티고 있는 가운데, 이들이 국내 폭력조직들과 연계하여 매춘 및 인신매매 등 불법행위를 자행하고 있다. 삼합회는 홍콩, 싱가포르, 베트남, 필리핀, 인도네시아, 말레이시아, 미국, 영국 등 전 세계적으로 무려 4,000여 개 조직에 100만여 명으로 추산되는 조직원을 거느린 것으로 알려져 있는데, 이들 역시 우리나라에까지 손을 뻗혀 중국인과 조선족의 불법밀입국, 불법취업, 인신매매 등에 개입하고 있는 상태이다.

극동 러시아에는 한인들이면 피해를 받지 않은 사람이 거의 없다고 하는 사할린 마피아, 블라디보스토크를 근거지로 하는 연해주 마피아, 중국·북한의 마약을 밀매하는 하바로프스크 마피아 등이 활동하고 있다. 러시아 마피아는 미하일 고르바초프의 개혁개방 정책을 틈타 급속히 성장, 90년대 들어 국영기업 사유화가 대대적으로 진행되자 마약·무기 암거래나 매춘 등을 넘어 기업인수로 활동영역을 넓히면서 고위관료, 경찰간부, 정치인들과 밀착해 국영기업체와 은행 및 수많은 기업들을 지배하고 있다고 한다. 러시아에서 활동하는 마피아의 조직원 및 그 하수인들의 수는 약 200여만 명으로 추산되고 있는데, 이들은 1990년대 말부터 해외 진출을 본격화하기 시작하였다. 우리나라에도 현재 동북아 최대의 러시아인 집단 거주지역인 부산에 최소한 5~6개 정도의 조직이 활동하고 있는 것으로 추정되는데, 이들이 마약 밀매와 불법체류 외국인의 밀출입국 알선은 물론 유흥업소 운영에까지 깊숙이 개입하고 있는 것으로 알려지고 있다.

---

3) 서울중앙지검 강력부는 2014년 2월부터 2016년 3월까지 중국을 통해 북한산으로 추정되는 필로폰 945g을 밀수해 판매한 혐의로 북한이탈주민 최모(53세) 등을 구속 기소하고, 이를 구입해 투약한 강모(33세, 여) 등 10명을 불구속 기소하였다.

국제범죄조직의 가장 큰 먹잇감인 마약밀매도 과거 1980년대 초반까지 일본에 반입되는 필로폰의 50~90%가 한국산일 정도로 마약수출국이었던 우리나라는 최근 들어서는 중국이나 동남아·중동 등지에서 생산되는 마약의 중간거점지로 각광받고 있을 뿐 아니라 마약 수입 및 소비국으로 부상하고 있다. 2018년 적발된 국내 마약 사범은 1만 2,613명(대마 12.2%, 마약 11.6%, 향정신성 76.2%)으로 2015년에 1만 명 선을 넘어선 이후 꾸준한 증가세를 보이고 있다. 통상 마약 청정국이라고 하면 인구 10만 명 당 마약사범이 20명 이하일 때를 말하는데, 2015년부터 30명 이상으로 올라가면서 사실상 마약 청정국의 지위를 잃게 된 것이다. 보통 검거사범의 10배 정도를 실 수요층으로 추산하는 계산방식에 따를 경우 전체 마약 수요자가 10만여 명을 상회할 것으로 분석되고 있다. 또한 국내 폭력조직과 연계된 외국 마약조직이 중국·남아공·나이지리아·미국·일본에서부터 방글라데시·대만 등에까지 널리 분포되고 있다. 특히 국내에 4,600여 명이 체류하면서 이태원에 집단거주지를 형성하고 있는 나이지리아인들 중 일부는 각종 국제사기뿐 아니라 마약밀매에도 깊이 관련되어 있는 것으로 추정된다.

3) 국제범죄에 대한 대응체제

(1) 국제사회의 국제범죄 대응체제

근대화 이후 교통 및 통신의 발달로 범행의 장소, 대상선정 및 실행과 범행 후 도주 등에 있어 국경을 초월하는 범죄의 무국경화 현상이 가속화되면서 국제사회도 국제범죄에 대처하기 위해 다각적인 노력을 경주하고 있다. 우선 국제범죄 중 몇몇 유형은 국제협약에 의해 다뤄지고 있는데, 통화위조(1929년 협약), 인신매매와 매춘부 착취(1949년 협약), 마약거래(1988년 협약), 국제해상안전(1974년 협약)과 관련한 국제협약 등이 이에 해당한다. 또한 'UN 국제범죄조직 방지협약'(UNCTOC, United Nations Convention against Transnational Organized Crime)은 'UN 부패방지협약'(UNCAC, United Nations Convention Against Corruption)과 더불어 국제범죄 척결(범죄조직원의 도피 시 국가 간 상호 협조의무 부여 등)과 관련한 가장 중요한 협약으로 2000년 11월 15일 UN총회에서 채택(우리나라는 2015년 5월 국회에서 비준안 통과)되었으며, 부속 의정서는 조직범죄단체가 주로 개입할 수 있는 범죄와 관련된 '인신매매 방지의정서', '불법이민 방지의정서', '불법총기류 규제의정서'로 구성되어 있다.

또한 국제범죄에 가담하는 자들을 추적하고 체포하는데 있어 상호간 형사법 절차 및 수사구조의 차이, 문화와 언어의 문제 등을 극복하고 범죄정보 교환, 신원 확인, 수사 공조, 범죄인 인도 등과 관련하여 각국의 사법당국 간에 협력 체제를 구축하기 위해 국제형사경찰기구(ICPO, International Crime Police Organization; 인터폴)를 설치·운영하고 있다. 인터폴(Interpol)은 가맹국의 경찰이 서로의 주권을 존중하면서 국제범죄의 신속한 해결과 방지, 진압에 협력하기 위한 목적으로 설립한 국제기구로 1914년 모나코에서 열린 국제경찰회의가 효시이며, 1923년 유럽 24개국으로 국제형사경찰위원회(ICPC, International Criminal Police Committee)가 발족되어 1956년 현재와 같은 인터폴을 설립하였다.

원래 인터폴은 비정부 간 기구로 출범하였다가 1971년 UN 경제사회이사회(ECOSOC, Economic and Social Council)로부터 정부 간 기구로 공인되었고, 1996년 10월 UN총회에서 UN의 옵서버 자격을 인정받아 운영되고 있다. 인터폴은 국제적인 형사사건의 조사, 정보와 자료의 교환, 수사협력 등의 활동을 하지만 국제법상의 협정이 아니므로 강제수사권이나 체포권은 없다.[4] 국제범죄자나 국경을 넘어 도망친 범죄자의 소재 수사, 정보 교환 등이 주된 일로서 정치·군사·종교·인종 문제 등에 관여하는 것은 엄격히 금지(헌장 제3조)되어 있다. '국제형사사법공조법'에 의하면 주로 국제범죄의 정보·자료 교환, 전과 조회, 사실 확인과 수사 등에 대해서는 인터폴을 통해 협조 요청이 가능하다. 본부 사무총국은 프랑스 리옹에 있고, 현재 194개의 회원국이 있으며, 회원국은

---

4) 인터폴은 자체 수사 인력 없이 '엑스400'이라는 통신망을 운영하는데, 이 네트워크는 프랑스 리옹의 사무총국과 전 세계 인터폴 가맹국의 중앙사무국과 연결되어 있다. 우리나라에서 해외 도피사범이 발생할 경우 이 네트워크를 통해 입국 가능성이 높은 나라의 중앙사무국에 수배 사실이 통보되면 이를 통보받은 나라의 경찰이 수배자를 찾아내 체포한 뒤 우리나라에 알려오고 신병을 인도하게 된다.

사무총국 또는 회원국 간의 연락 및 협조 요청에 주요한 창구가 되는 국가 중앙사무국을 설치·운영하고 있다. 우리나라는 1964년에 가입하였고, 1999년 서울에서 제68차 총회를 개최하기도 하였으며, 경찰 해외인력을 '치안담당 영사'라는 이름으로 7개국 13개 지역 해외공관에 상주시키고 있다. 2018년 11월 21일 제7차 총회에서 우리나라의 김종양 전 경기지방경찰청장이 신임 총재로 당선되었다.

(2) 우리나라의 국제범죄 대응체제

우리나라의 경우 대외의존도가 높고 지리적으로 세계 유명 폭력조직들의 주 활동무대와 인접해 있을 뿐 아니라 전 세계적으로 재외교포가 널리 분포해 있어 국제범죄 발생 확률이 높다는 점에서 국가 차원의 대응체제를 구축하고 있다. 먼저 국제범죄와 관련된 법 체계를 살펴보면 '국제형사사법공조법' 및 '범죄인인도법'과 '자금세탁방지 관계법률'이 있으며, 이와 별도로 주요 국가들과 '범죄인 인도조약'(미국, 호주, 중국, 일본 등 26개국) 및 '국제형사사법공조조약'(미국, 프랑스, 캐나다 등 20개국)을 각각 체결하는 등 법적·제도적 여건을 갖추고 있다. 또한 우리 정부는 2010년 총리훈령(제599호)으로 '국제범죄대책협의회' 설치 및 운영 규정[5]을 마련하고, 검찰·경찰·국정원·관세청·법무부 출입국관리사무소 등 유관기관 간 정보공유 및 업무협조를 위한 창구를 두었다. 다만 동 규정은 2010년 5월 발령하였으나 유효기간이 2016년 12월까지인 한시적 규정임에 따라 현재는 공식활동이 중단된 상태에서 필요에 따라 각 기관 간 업무협조가 이뤄지고 있다.

각 기관의 역할을 살펴보면 검찰청은 외사부(지방검찰청 및 일선지청에 하부조직 운영), 경찰청은 외사국(지방경찰청 및 일선경찰서에 하부조직 운영)에서 각기 국제범죄를 관할하면서 'UN 국제조직범죄 방지협

---

5) 광의의 국제범죄에 속하는 테러리즘의 대응과 관련해서는 '국가대테러활동지침'(대통령훈령 제292호) 및 '국민보호와 공공안전을 위한 테러방지법'(법률 제14071호, 2016.3.3. 시행)에서 별도로 관리하고 있다. 그리고 국제범죄의 전통적 범죄대상인 마약관련 범죄 대응을 위해 '마약류대책협의회 규정'(총리훈령 제582조)을 두고 있다.

약' 가입 및 '인터폴' 가맹국으로서 그리고 세계검찰청장회의 및 국제경찰장협회(IACP, International Association of Chiefs of Police) 등 국제 회의체를 통해 국제범죄에 대한 효율적 대응을 위한 협력 체제를 유지하고 있다. 또한 국내에 체류하는 외국인이 지속적으로 증가하고 외국인 범죄가 광역·조직·흉포화하는 데 따른 치안환경 변화에 대응하고자, 2012년 신설된 서울경찰청 국제범죄수사대를 필두로 각 지방경찰청 단위별로 자체 '국제범죄수사대'를 설치하고, 각종 국제범죄에 대한 직접 수사활동을 전개하고 있다. 국제범죄수사대는 마약·살인 등 강력사건을 주로 담당하는 강력팀을 비롯해 기업의 각종 정보를 빼돌려 해외로 유출시키는 범죄를 다루는 산업기밀유출수사팀, 금융관련 범죄를 취급하는 금융범죄수사팀, 외국경찰과 함께 수사를 벌이는 인터폴팀 등 국제범죄의 유형별로 팀을 운영하고 있다.

그리고 국정원은 국가정보원법(제3조 1항 직무범위)상 국내보안정보 업무의 일환으로 '대공·대정부전복' 외에 '방첩·대테러 및 국제범죄조직'과 관련한 정보의 수집·작성 및 배포 규정에 따라 각종 국제범죄 관련 최신 정보를 일선 수사기관은 물론 유관기관과 단체에 지원하여 선제적으로 대처하도록 하는 역할을 수행하는 한편, '북한과 국제범죄조직과의 커넥션' 등에도 적극 대처하고 있다. 국정원은 전화(국번 없이 111번), 홈페이지(111 신고하기) 및 모바일 홈페이지 등을 통해 국제범죄 관련 신고·상담을 받고, 다양한 매체를 통해 국제범죄 연루 피해사례와 대처방법 등 필요한 정보를 제공하고 있다.

그리고 국제범죄와 관련한 유관기관 간 정보공유 및 업무협조를 위해 '국제범죄대책협의회'(총리훈령 제549조 국제범죄대책협의회 규정에 근거) 외에 '마약류대책협의회'(총리훈령 제582조 마약류대책협의회 규정에 근거)와 테러대응센터 및 지역테러대책협의회(법률 제14071호 테러방지법 및 대통령훈령 제292호 국가대테러활동지침에 근거) 등 협의체를 운영하고 있다. 그러나 실질적으로는 경찰·검찰 및 관세청 등이 수사 업무를, 국정원은 국제범죄조직 정보의 수집과 작성 및 배포 업무를, 법무부 출입국·외국인정책본부는 내외국인의 출입국 관리 및 외국인 정책의 입안·집행 업무를 각각 수행하는 등 기관별로 업무가 나뉘어 있다.

우리나라의 국제범죄 대응조직

구분	기관별 조직 및 활동
검찰청	- 대검 외사부에서 담당(지방검찰청 및 일선지청에 하부조직 운영) - 세계검찰청장회의를 통한 국제적 협력체제 구축
경찰청	- 경찰청 외사국에서 담당(지방경찰청 및 일선경찰서에 하부조직 운영) - 각 지방경찰청 단위별로 '국제범죄 수사대' 운영 - 'UN 국제조직범죄 방지협약' 가입 및 '인터폴' 가맹국으로서, 국제경찰장협회를 통한 국제적 협력체제 구축
국정원	- 국가정보원법(제 3조 1항 직무범위)상 국내보안정보 업무의 일환으로 '방첩·대테러 및 국제범죄조직'과 관련한 정보의 수집·작성 및 배포 규정에 따라 각종 국제범죄 관련 최신 정보를 일선 수사기관은 물론 유관기관과 단체에 지원 - '북한과 국제범죄조직과의 커넥션' 등에도 적극 대처 - 국제범죄 관련 신고·상담 및 홍보활동

3 국제범죄조직과 마약 생산 · 유통

1) 국제범죄조직

(1) 국제범죄조직의 개념과 특성

국제범죄를 다루는데 있어 가장 중요한 것이 바로 일반적으로 널리 알려진 '국제조직범죄'라고 할 수 있으나, '조직범죄' 또는 '범죄조직'이 무엇인가에 대한 명확한 정의를 내리기는 매우 어려우며, 각 국가나 국제기구 및 기관마다 또는 학문적·법적으로도 각기 상이한 입장을 보이고 있다.

우선 사전적 의미의 '조직범죄'는 일반적으로 힘, 영향력, 경제적 이익을 얻으려는 여러 사람이 한 명의 지도자 또는 지도집단의 지시 하에 조직을 이루어 저지르는 계속적 범죄로서, 규모가 크고 그 피해도 사회 전체에 미치는 특성이 있는 범죄라고 정의할 수 있으며, 그러한 범죄를 저지르는 집단을 '범죄조직' 또는 '범죄단체'라고 할 수 있다.

'국제범죄'와 관련된 유사용어 정리

① 국제조직범죄(Transnational Organized Crime)

형사사법기관 및 형사학계 등에서 널리 사용되고 있는 '조직범죄'(Organized Crime)의 개념을 살펴보면 "최소한 2인 이상의 위계질서가 있는 범죄집단이 경제적 이익을 얻기 위해 행하는 범죄행위"로 정의할 수 있으며, 그런 의미에서 '국제조직범죄'는 '국제'와 '조직범죄'라는 두 용어의 합성어로 보아 '국제적인 또는 국제성을 띤 조직범죄'라고 이해할 수 있을 것이다. UN의 '국제조직범죄 방지협약'에서 대표적으로 사용하고 있다.

② 국제범죄조직(Transnational Crime Organization)

범죄조직(Crime Organization)이라는 용어는 주로 형사실무 및 언론 등에서 "범죄를 저지르는 조직 또는 범죄를 행하는 집단"이라는 의미에서 법률용어인 '범죄단체'(Crime Group)를 대체해 흔히 사용하고 있으며, '국제범죄조직'은 여기에 '국제'라는 용어를 합성해 '국제범죄를 행하는 조직 또는 집단' 정도로 인식해서 폭넓게 사용하고 있다. 국정원법상 직무범위의 국내보안정보의 내용에도 '국제범죄조직'으로 지칭되고 있다.

일반적으로 이러한 '범죄조직' 또는 '범죄단체'에 의한 조직범죄의 특성으로는 계속적인 범죄의 공모, 합법·비합법 활동을 통한 금전 및 이득의 추구, 지속적인 위계조직 유지, 무력이나 위협을 사용, 법 집행으로부터 면책하기 위하여 공무원과의 불법적 유착관계 유지 등을 들 수 있다.

'국제범죄조직' 또는 '국제범죄단체'는 이와 같은 '범죄조직'의 의미에 덧붙여 "국제범죄를 행할 목적으로 2인 이상의 사람들이 모인 지속적인 인적 결합체 또는 보다 구체적으로 "국경에 상관없이 자신들의 경제적 이익을 추구하기 위하여 주로 불법 마약거래를 비롯해 인신매매, 통화위·변조, 불법무기거래 등 활동형태의 불법적 행동을 일삼는 자들의 집단, 조직체"를 의미하고 있으며, 대체로 다음과 같은 특징을 갖고 있다.

① 비정치적·비이념적(테러집단과 차이)으로 금전과 권력의 획득을 목적으로 한다.

② 2개 이상의 영구적 지위가 있는 수직적 권력체계를 갖춘 계급적 구조를 형성한다.

③ 조직의 목표수행과 존속을 위해 폭력·매수·공갈 등 수단과 방법을 가리지 않는다.

④ 조직원의 임무와 활동영역이 전문화·분업화되어 있다.

⑤ 특정 지역·사업에 대한 독점적 지위를 유지하며 경쟁자에 대하여 무자비한 탄압을 자행한다.

⑥ 내부적으로 독특하고 엄정한 규율이 존재하며 맹목적 충성심과 조직의 배반자에게는 무자비한 복수를 가함으로써 조직을 통제한다.

주요 국제범죄조직(단체)

조직명	규모(추정치)	근거지	주요활동무대
일본 야쿠자	3대 조직 등에 4만여 명	일본	일본, 대만, 홍콩, 러시아
삼합회	4천여 개 조직에 100만여 명	홍콩	중국, 대만, 홍콩, 마카오
러시아 마피아	8천여 개 조직에 200만여 명	러시아	러시아, 미국, 일본, 유럽, 동남아
미국 마피아	25개 조직	미국	미국, 유럽, 남미, 동남아
이탈리아 마피아	4대 조직에 1만 8천여 명	이탈리아	이탈리아, 미국, 유럽
남미 마약 가르텔	1천여 개 조직에 1만 5천여 명	중남미	남미, 미국, 유럽, 러시아
아프리카 범죄조직	1만 5천여 명	나이지리아, 남아공	유럽, 아시아

* 주요활동: 마약밀매, 총기밀매, 도박장 및 유흥업소 운영, 매춘, 자금세탁, 고리대금, 인신매매, 금융사기, 밀수, 여권 위변조, 밀입국 알선.

① **마피아**: 원래 19세기의 시칠리아섬을 주름잡던 산적(반정부 비밀결사) 조직이었는데, 그 조직의 일부가 19세기 말부터 20세기 초에 미국으로 건너가서 뉴욕이나 시카고와 같은 대도시에서 범죄조직을 만들었다. 1920년대 금주법(禁酒法)으로 자금원(資金源)이 생기자 급속히 세력을 확대하였다. 1930년대에 들어서 합의제인 위원회가 조직을 운영하게 되었으며, 재원(財源)은 매춘·도박·마약·사금융(私金融) 등이지만, 노동조합 및 회사와도 손을 잡고 보호하는 명목으로 이익을 올리고 있다. 최근에는 '범죄 컹글로머리트'(복합기업)라고도 불려진다.

② **삼합회(三合會)**: 기원은 1760년대 푸젠의 장저우에서 창립되었으며, 1786년 임상문의 난 이후 청(淸)을 배격하고 명(明)을 복구하며, 부(富)를 타도하고 빈(貧)을 구제한다는 구호를 내걸고 여러 번 반란을 일으켰으며, 청나라 말기에는 쑨원의 혁명운동에도 협력하였다. 20세기 들어 역시 18세기 후반에 결성된 비밀결사조직인 가로회(哥老會)에 흡수되었다가 청나라가 몰락한 뒤 목적의식을 잃고 금품을 강탈하는 등 범죄집단으로 전락했으며, 이들이 홍콩으로 이주해 오늘날 조직범죄 단체인 삼합회의 뿌리가 되었다.

③ **야쿠자**: 헤이안 시대(794~1185년)의 바쿠도(博徒: 도박집단)로부터 시작될 정도로 오랜 역사를 가지고 있으며, 특히 메이지유신 이후 정계 및 재계와 긴밀한 관계를 형성하였다. 1960년대 전후 전성기 시절에는 5,000여 개 조직에 18만여 명(공식 조직원)의 멤버를 보유하고 있었다. 1980년대에 탄탄한 조직망을 무기로 엄청난 부를 축적했으며, 호랑이 문신, 임무 실패에 대한 속죄의 표시로 자른 손가락, 검은색 양복 등이 이들을 대표하는 스타일이다.

(2) 우리나라의 범죄조직

우리나라의 본격적인 조직범죄의 효시는 1930년대 일제 식민체제 당시 일본 상인들이 밀집한 명동 상권을 장악하고 있던 '명동패'와 조선인이 주도하던 종로상권을 장악하면서 이들과 경쟁관계에 있던 '종로패'라고 할 수 있다. 명동패의 지존은 하야시라고 알려진 한국인 선우영빈으로, 일찍이 일본으로 건너가 최대 야쿠자 조직인 현량사의 오야봉 도오야마 마쓰루의 휘하에서 성장해 귀국하여 일본군과 경찰의 비호 하에 막강한 조직력을 과시하였다.

종로패는 1934년 18세의 청년 김두한이 당시 거물인 신마적과 구마적을 연이어 때려눕히고 천하를 통일하면서 조선 주먹 판도를 하야시와 김두한의 양자대결 구도로 전환하였다. 1945년 광복 이후 우리나라 범죄조직은 소지역을 중심으로 춘추전국시대를 맞았으나, 이 중 이정재가 이끌던 동대문 사단의 경우 정치권력의 비호를 받으면서 기업형 주먹조직으로 발전하면서 활동공간을 광역화함으로써 현대적 의미의 조직폭력배로 성장하는 발판을 마련하였다.

이러한 조직폭력배는 1961년 5·16 군사정변 이후 혁명정부가 이들을 사회악으로 규정하고 이정재파, 아오마쓰파, 장영림파 등 대부분의 폭력조직원들을 사형 또는 구속시키거나 국토건설단에 끌고 가 정신개조교육을 시키면서 지리멸렬하게 되었다. 그러나 1963년 민정 이양을 계기로 폭력조직원들이 대거 석방되면서 소지역 단위별로 새로운 범죄조직들이 생겨나기 시작하였으며, 당시 이화룡이 이끌던 명동파 행동대장 출신인 '신상사'(본명: 신상현)에 의해 일시적으로 통일된 조직을 구축하였다. 이후 무교동 유흥가를 중심으로 급속히 세력을 키운 범호남파의 등장으로 양대 세력이 영역싸움을 벌이다가 1975년 범호남파가 사보이호텔에서 신년회를 열던 신상사파를 급습해 조직싸움에서 승리하면서 행동대장 중 한명인 조양은이 급부상하게 되었다. 그러나 범호남파도 실질적인 보스였던 오종철이 또 다른 행동대장이던 김태촌에 의해 칼로 난자당하는 내부분열을 겪으면서 조양은의 양은이파 외에 김태촌의 서방파, 이동재의 광주OB파라는 3대 패밀리를 형성하였으며, 이들 전국구 폭력조직 외에도 주요 도시별로 다양한 조직폭력배들이 활약하였다.

이들 폭력조직들은 1990년 노태우 정부 당시 '범죄와의 전쟁'을 겪으면서 대부분 일망타진되었으나, 잔존 세력들이 지하로 숨어들어 유흥업소 등을 중심으로 여전히 영향력을 행사하고 있는 가운데, 일부는 그동안 축적된 자본력을 바탕으로 합법을 가장한 각종 이권사업에 진출하는가 하면 국내 수사망을 피해 해외로 진출해 국제범죄에도 상당 부분 개입하고 있는 실정이다.

2) 마약 생산 및 유통

(1) 마약(痲藥, narcotic)의 실체 및 관리체제

마약은 국제범죄의 단골메뉴이며 국제범죄조직의 최대 자금원이다. 마약이란 '무감각'을 의미하는 그리스어 'narkotikos'에서 유래하였는데, 모르핀·코카인·아편 등과 그 유도체로서 미량으로 강력한 진통작용과 마취작용을 지니며, 계속 사용하면 습관성 및 탐닉성(耽溺性)과 같은 중독성이 강한 물질로서 여타 향정신성 의약품까지 포함해 마약류라는 용어로도 총칭한다.

마약류는 세계보건기구에서 ① 약물 사용에 대한 욕구가 강제적인 정도로 강하고, ② 약물의 사용량이 증가하는 경향을 보이며, ③ 금단현상이 나타나고, ④ 개인적으로 한정되지 않으며 사회에도 해를 끼치는 약물로 규정하고 있어 의료 및 연구 이외의 목적에 남용되는 위험을 방지하기 위해 그 사용을 법률로 엄격히 제한하고 있다.

우리나라는 기존의 마약법·대마관리법·향정신성의약품관리법·마약류 불법거래방지에 관한 특별법을 2000년 1월 12일 '마약류 관리에 관한 법률'로 통합하고 마약류를 마약·향정신성의약품·대마로 각각 구분해 생산, 유통, 사용을 엄격히 규제하고 있다. 여기서 '마약'은 양귀비, 아편, 코카잎과 여기서 추출되는 알카로이드를 뜻하고, '향정신성의약품'은 인간의 중추신경계에 작용해 오남용할 경우 인체에 심각한 위해(신체적·정신적 의존성)가 있다고 인정되는 것이다.

천연물질 추출 마약으로는 모르핀·헤로인·아편·코카인이 있고, 합성마약으로는 메사돈과 염산페치딘이 있으며, 메스암페타민(필로폰, 각성제)·바르비탈(신경안정제)·LSD(환각제)와 신종마약인 야바(yaba)·엑스터시(MDMA)는 향정신성의약품으로 분류하고 있다.

'대마'란 대마초(Cannabis Sativa L)와 그 수지(나뭇진)를 비롯해 이를 원료로 제조된 제품(단, 대마초의 종자·뿌리 및 성숙한 대마초의 줄기와 그 제품은 제외)으로서 대마초·해시시·해시시오일이 있다.

현재 우리나라는 국무총리실 소속으로 마약류 문제에 대한 관련기관

간 협조체제 구축 및 대책의 종합적인 협의 조정을 위해 2001년 12월 총리훈령(24호)에 의거해 범정부적인 '마약류 대책협의회'를 구성·운영하면서 공급차단 측면에서의 합법 마약류 유출방지 및 관리통제는 보건복지부 및 식품의약품안전처에서, 국내 밀반입차단·국내 공급조직 분쇄·국내 밀매조직 추적 검거 및 전문적 단속 수사는 검찰·경찰·세관에서, 수요억제 측면에서 불법 사용자 검거 및 재범 방지와 근원적 치료로 사회에 복귀할 수 있는 시스템 구축은 보건복지부·법무부·검찰·식품의약품안전처에서 각각 담당하고 있다. 일반 국민을 대상으로 확산방지 및 계몽교육은 보건복지부·교육청·식품의약품안전처·청소년보호위원회·한국마약퇴치운동본부·민간단체·언론기관에서 담당하고 있다.

또한 국제공조수사 및 정보교환, 국제마약공급조직의 국내침투 차단, UN 마약위원회 등 마약관련 국제기구와의 협력부분에 있어서는 외교부·검찰·경찰·세관·국정원에서 담당하고 있다.

한편, 국제적으로는 마약류가 특정 국가로부터 생산되어 국제적으로 유통되는 것을 방지하기 위하여, 1988년 '마약 및 향정신성물질의 불법거래 방지에 관한 유엔협약'이 체결되어 당사국 간의 마약규제에 관한 협조체제를 마련하였다.

UN 산하기관인 경제사회이사회(ECOSOC)의 마약위원회(CND)는 각국의 마약관리 기구와 협조 아래 국제적 마약규제를 총괄하며, UN의 마약통제본부(DCP)·마약범죄 사무소(ODC)·마약남용통제기금(DAC)은 국제마약통제위원회(INCB) 및 세계관세협력이사회(CCC)나 인터폴(Interpol) 등 국제기구와 협력하여 마약 사용과 관련된 국제적 정보를 수집하고, 남용방지 대책을 수립하는 역할을 수행하고 있다.

(2) 전 세계적 마약 생산·유통 실태

UN 마약범죄사무소(UNODC)는 1987년부터 불법 마약류의 유통 및 사용 근절을 위해 매년 6월 26일을 '세계마약퇴치의 날'로 지정해 관련 활동을 전개해 오면서 해마다 '국제마약통제전략보고서'(INCSR)를 발표하고 있다. '2018 마약보고서'에 따르면 2016~2017년 전 세계에서 생산된 코카인과 아편 물량이 역대 최고치를 기록하는 등 글로벌 마약 시장이 갈수록 확대되고 있는 것으로 나타났다. 또한 40대 이상 중·장년층들의 마약류 사용이 젊은 세대에 비해 빠른 속도로 증가하는 것으로 조사되었다. 특히 최근 미국에서 심각한 문제로 떠오른 '마약성 진통제' 불법 거래에 국제 테러단체들이 깊숙하게 개입된 것으로 드러났다.

생산뿐만 아니라 마약류 소비도 급증하고 있는 추세이다. 2016년 전세계 15~64세 인구 가운데 최소 한 차례 이상 마약을 투여한 인원은 2억 7,500만여 명으로 분석됐다. 이는 해당 연령대 인구수의 5.6%로, 100명 중 5명꼴로 마약을 흡입했다는 뜻이다. 가장 널리 사용된 마약은 대마초(1억 9,200만여 명)였는데, UNODC는 "2000년대 중반 이후부터 10년간 16%가 증가한 수치로, 세계 인구 증가율과 비슷하다"고 밝혔다. 특히 40대 이상에서 마약 노출이 급증하고 있다. 미국의 경우 50세 이상의 마약 흡입 경험은 1996년부터 2016년 사이에 무려 7배 증가했다. 제2차 세계대전 전후에 태어난 베이비붐 세대는 마약류 접근이 쉬웠던 청소년기를 보냈는데, 이때의 경험이 아직까지 마약에서 손을 못 떼도록 만들고 있는 것으로 추정되고 있다.

이러한 국제 마약시장의 계속적인 확대는 '불안한 국제정세'와 관계가 있다는 것이 UNODC의 분석이다. 글로벌 아편 생산기지가 된 아프가니스탄이 대표적 사례이다. 정부군과의 내전이 장기화하면서 탈레반 반군이 손쉽게 전비를 마련하기 위해 점령지에서 아편 재배를 장려하고 있기 때문이다. 게다가 세계 곳곳에서 '중독 피해'가 잇따르고 있는 아편성 진통제 '트라마돌'이나 '펜타닐', 다시 말해 의약품마저 중동 지역의 다양한 테러리스트 네트워크와 연결돼 있다고 보고서는 전했다. 런던정경대의 알렉산더 소더홀름(Alexander Soderholm) 교수는 "경제상황이 악화된 나라에서 코카인 나무나 양귀비(아편의 원료)는 농민들에겐 수익이 좋은 유일한 작물"이라며 "마약의 증가는 해당 국가에서 강력한 군사정부의 등장을 정당화하는 명분으로 악용될 수 있다"고 우려했다.

한편 북한에서도 주로 북·중 국경지역을 중심으로 비교적 광범위한 지역에서 필로폰(Methamphetamine)이 생산·소비되고 있는 것으로 보고되고 있다. 북한에서 마약 사용은 불법으로 적발 시에 장기 구금이나 혹은 사형에까지 처해질 수 있지만, 여성과 청소년을 포함한 각계각층에 널리 퍼져 있다고 한다. 흔히 얼음과자로 불리면서 약품이 부족하고 교육을 제대로 받지 못한 일부 주민들은 의약품 대용으로까지 사용하고 있다는 것이다.

북한에서 마약 유통은 대부분 독립적인 범죄조직이 맡고 있는데, 북한 당국의 직접 개입 여부를 판단하기는 어려우나, 1970년대부터 2004년까지는 당국자에 의한 마약 판매와 유통 관련 사건이 다수 적발되었다. 최근 들어 관련 사건이 없었다는 것은 실제 마약 판매와 유통에 북한 당국자들의 연루가 줄었거나 아니면 이를 숨기는 데 능숙해졌기 때문일 것으로 추정되고 있다. 통제사회의 특성상 당국의 협조 없이는 필로폰 생산 자체가 불가능하다는 점에서 주로 소규모 비밀 실험실에서 국가와는 독립적으로 생산이 이뤄지지만 당국자에게 은밀히 뇌물을 주는 형태로 진행되는 것으로 보고 있다. 북한에서 제조된 필로폰은 내부뿐만 아니라 중국 등 주변국으로까지 유출되고 있는 것으로 알려지고 있다.

(3) 각 유형별 마약 생산·유통 실태

① 아편 및 헤로인

세계적으로 아편이 대량으로 생산되는 지역은 중앙아시아 황금의 초승달 지대(Golden Crescent)와 동남아시아 황금의 삼각지대(Golden Triangle)라고 일컬어지는 지역이다. 2016년 전 세계에서 생산된 아편은 10,500톤 정도로 이 중 아프가니스탄이 9,000톤으로 86%를 차지하고 있다. 이렇게 생산된 아편류가 아프가니스탄에서 이란을 경유하여 서유럽으로, 파키스탄을 경유하여 아프리카·아시아·중동으로, 중앙아시아를 경유하여 러시아 지역으로 유입되고 있는 것으로 추정된다. 우리나라는 1970년대 초에는 아편류에 속하는 헤로인이 매년 적지 않은 양이 압수되고 상당한 사용자가 있었으나, 최근 들어서는 남용 사례가 거의 적발된 적이 없는 상태이다.

② 코카인

2016년 전 세계에서 생산된 코카인은 1,410톤 정도로 추정된다. 코카인의 원료인 코카나무의 주요 재배지는 콜롬비아·페루·볼리비아 등 중미지역인데, 이 중 콜롬비아(전 세계의 61% 생산)가 대표적인 경작지로 꼽히고 있다. 콜롬비아 산(産) 코카인이 멕시코를 거쳐 북미지역으로 유입되어 소비되거나 브라질 등 서인도 지역을 경유해 서아프리카 지역을 거쳐 유럽으로 밀수입되어 유통되고 있는 것이다. 미국·캐나다와 멕시코·브라질 등 미주지역에서는 코카인이 가장 널리 남용되는 마약류 중 하나로 특히 크렉 형태가 주로 사용된다. 우리나라는 2001년부터 2003년까지는 매년 2명씩 검거되다 2004년을 기점으로 6~7명으로 늘어났지만, 최근 들어서는 코카인 사범이 적발 또는 압수된 사실이 없는 상태이다. 그러나 2005년 이후부터 한국인들이 국제 코카인 밀매조직에 고용되어 운반책으로 밀거래에 가담하는 사례가 빈발하고 있다.

③ 암페타민류

중추신경을 자극하는 물질인 암페타민류 각성제(메스암페타민, 암페타민, 엑스터시)는 유럽·북미·동아시아 및 동남아시아 지역의 60개국 이상에서 밀조되고 있는 것으로 추산되고 있다. 대부분 주요 소비시장 지역과 가까운 곳에서 생산되는 특성 때문에 다른 마약류에 비하여 국제적 유통망을 통한 원거리 밀거래는 적은 편이다. UN 통계자료에 따르면 메스암페타민(필로폰)은 중국·미얀마·필리핀·태국을 공급처로 주변 동아시아 또는 동남아시아권 국가로 밀매되고, 엑스터시와 그 외 암페타민류는 네덜란드와 벨기에 등지에서 주변 국가로 유입되고 있는 것으로 추정된다. 우리나라는 1980년대까지 주요 메스암페타민 밀조 국가로서 전 세계 생산량의 상당부분을 차지하기까지 하였으나, 1990년대 들어 정부의 강력한 단속으로 밀조 조직이 거의 와해됨으로써 1990년대 후반부터는 외국산 메스암페타민이 밀반입되어 유통되고 있다.

④ 대마

대마는 가장 널리 사용(2016년 전 세계 1억 9,200만여 명)되는 마약으로서 세계 172개국 약 20~64만 헥타르에서 생산되는 것으로 파악된다. 이는 양귀비 또는 코카나무 경작지에 비해 압도적으로 넓은 수치이다. 중남미 지역에서 생산되는 대마초는 미국과 캐나다 등지로 유입되고, 아프리카 지역에서 생산되는 대마는 유럽으로 유입되고 있다. 모로코에서 생산된 해시시(마리화나)는 스페인을 통해 유럽으로, 파키스탄·아프가니스탄 등지에서 생산된 해시시는 발칸지역을 통해 유럽 각국으로 유입된다. 우리나라 대마사범은 그동안 증가와 감소세를 반복하다가 2002년을 정점으로 감소하기 시작하였으나, 2007년부터 체류 외국 및 외국 조기유학 내국인이 늘어남에 따라 점차 증가 추세이다.

4 화이트칼라 및 하이테크범죄

1) 화이트칼라범죄의 기본개념

과거 전통적인 국제범죄가 주로 마피아, 야쿠자, 삼합회와 같은 국제범죄조직의 마약밀매나 인신매매, 아동학대, 장기밀매 등 반인륜적 범죄가 주류를 이루었다면, 최근에는 초고도 정보화 사회에 발맞춰 통화 위조, 신용카드 사기, 돈 세탁, 상품 위조, 예술품 절도 및 불법유통, 보이스피싱, 이메일 사기 등과 같은 이른바 화이트칼라범죄, 나아가 과학기술의 발전과 정보화의 진전에 따른 하이테크범죄로 진화·발전하는 양상을 보이고 있다. 이는 앞으로 진행될 4차 산업혁명[6]에 따라 범죄가 더욱 하이테크화할 가능성이 있음을 의미한다.

먼저 화이트칼라범죄라는 말은 1939년 미국의 범죄학자 서덜랜드(Sutherland)가 부유한 사람과 권력있는 사람들의 범죄활동을 설명하기 위해 처음 사용하였다. 그는 화이트칼라범죄를 높은 사회적 지위를 가지고 존경받고 있는 사람이 자신의 직업과정에서 범하는 범죄로 정의하

6) 인공지능, 사물인터넷, 빅데이터, 모바일 등 첨단 정보통신기술이 경제·사회 전반에 융합되어 혁신적인 변화가 나타나는 차세대 산업혁명을 의미한다.

였다.7) 즉, 사회적으로 상위계층에 있는 자가 직업상의 지위나 권한, 특기를 이용하여 부당한 이익을 얻는 행위로서 위조상품사기, 신용카드사기, 통화위조사기, 해상무역사기, 주식조작사기, 대출사기, 컴퓨터사기 등을 지칭하는 것이다. 오늘날에는 주로 사기성 경제범죄와 동일하게 취급되고 있다. 금융범죄, 기업범죄, 환경범죄, 공무원범죄 등이 대표적인 화이트칼라범죄라고 할 수 있으며, 최근 들어 범죄 활동을 목적으로 하여 기업과 국가를 이용하는 개인 범죄행위인 조세범죄, 신용카드범죄 또는 정부나 기업에서 자신의 지위를 이용한 횡령범죄 등도 이에 속한다. 화이트칼라범죄자들은 보통 계획적이고 교묘한 방법으로 범죄를 행하며, 자신의 위치나 권력을 남용하여 자신의 욕심을 채우려 한다. 피해 정도가 상당하고 해악성이 크지만, 피해 방식이 간접적이어서 반드시 형법상 범죄로서 취급되지 않는다. 가해자도 살인·강도 등 일반 범죄를 범하는 것과 같은 죄의식을 느끼지 않는 경우가 많다.

미국의 사법행정과 법 집행에 관한 대통령위원회는 화이트칼라범죄의 경제적 손실이 일반재산범죄의 피해보다 27배에서 42배에 이를 것으로 추정하고 있다. 정보화사회 도래와 함께 정보통신 기술이 발달하면서 컴퓨터를 이용한 횡령 등으로 화이트칼라범죄가 하이테크화함에 따라 단일 사건일지라도 그 피해 규모가 더욱 증대되고 있는 실정이다. 또한 화이트칼라범죄는 일반 재산범죄와 달리 한 개인이 일생동안 축적한 전 재산을 사취할 수 있다. 화이트칼라범죄의 영향 중 경제적 손실보다 더 중요한 폐해는 예측할 수 없는 사회적 손실 또는 비용이라고 할 수 있다. 그중 대표적인 것은 우리 사회의 윤리적 근간을 붕괴시켜 믿을만한 사람을 믿지 못하고 특권 계층은 항상 부패하고 부정직한 사람으로 판단하게 한다는 점이다. 특히 화이트칼라범죄의 증대는 하류계층의 강·절도 등 노상범죄 동기를 자극시키고, 나아가 사회 전반에 부도덕성을

7) 'White Collar'라는 용어는 GM(General Motor) 사장의 저서인 'An autobiography of a white collar worker'에서 처음 사용된 것으로 알려지고 있다. 'White Collar Crime'이라는 용어는 서들랜드(Sutherland)가 1939년 미국 사회학협회에 제출한 보고서에 이어 1940년 'White Collar Criminality'라는 제목의 논문을 발표하면서 보편화되기 시작하였다.

만연시킴으로써 법의식을 둔감하게 해 무규범의 사회를 조장할 우려가 있다. 가장 심각한 것은 사회적 지위가 높은 사람이 범행을 저지름으로써 일반대중이나 청소년들에게 정직하기를 강요할 수 없게 되고, 오히려 일탈할 있는 동기와 빌미를 제공한다는 것이다.

2) 유형별 화이트칼라범죄와 대응실태

앞에서 설명한 바와 같이 화이트칼라범죄는 사회적으로 상위계층에 있는 자가 직업상의 지위나 권한, 특기를 이용하여 부당한 이익을 얻는 행위로서 위조상품사기, 신용카드사기, 통화위조사기, 해상무역사기, 주식조작사기, 대출사기, 컴퓨터사기 등을 지칭하는 것으로서 오늘날에는 주로 사기성 경제범죄와 동일하게 취급되는 범죄를 말한다. 이와 같은 화이트칼라범죄 중 국제범죄와의 연관성이 높은 것으로는 금융범죄를 들 수 있다. 금융범죄 중에서도 자금세탁이 가장 대표적인 화이트칼라 국제범죄라고 할 수 있기 때문에 별도로 분리해 살펴볼 필요가 있다. 즉, 자금세탁이 모든 금융범죄가 아니지만 금융범죄에는 자금세탁이 포함된다고 할 수 있다. 다음으로 관심을 가져야 할 것으로는 각종 위조범죄가 있는데, 이 중에서 통화위조·신용카드 및 상품권 위조와 같은 경우 넓은 의미에서 사기성 경제범죄이긴 하지만 금융범죄로 분류하기에는 무리가 있다. 이외에도 신분증이나 여권 위조가 있으며, 특허권 등 지적재산권과 결부되어 있는 상표나 디자인 그리고 예술품, 음악CD, 소프트웨어 등의 위조도 있다. 이밖에 화이트칼라범죄에는 사기성 경제범죄로 분류하기에는 다소 애매한 예술품·문화재 절도 및 밀거래와 같은 각종 절도범죄를 포함시킬 필요가 있다. 따라서 이를 ① 금융범죄, ② 자금세탁, ③ 위조범죄, ④ 절도범죄로 유형화해 살펴보기로 한다.

(1) 금융범죄

화이트칼라범죄(White-Collar Crime)에서 가장 많은 부분을 차지하는 것이 금융범죄(Financial Crime)이다. 현재 학술적으로 보이스피싱, 환치기, 자금세탁, 투자사기 등 금융시장 경제 질서를 위협하는 개별 범죄행위에 대해서는 다양한 개념 정의 시도가 있었던 반면, 금융범죄의 경우 이에 대한 명확한 개념 정의가 어려운 실정이다. 이는 화이트칼라범죄 또는 금융범죄가 현대사회에서 급격히 성장하고 있는 범죄영역이라는 점에는 모두가 공감하고 있으나, 이를 보고하는 시스템이 국가마다 상이하고 경우에 따라 금융기관이나 금융회사가 금융범죄 사건을 내부적으로 처리하여 정부 당국에 제대로 보고하지 않는 점 등에 기인한다. 이에 따라 주로 금융남용(Financial Abuse), 경제범죄(Economic Crime), 재정범죄(Fiscal Offence) 등이 혼용되어 사용되는 상태이다.

여기서 국제 금융범죄의 경우 대체로 'Transnational Crime'의 국제범죄 유형에 해당하는 것으로서 '국제범죄의 성격을 갖고 있는 금융범죄' 또는 '금융범죄의 성격을 갖고 있는 국제범죄'라는 점에서 "금융기관과 관련이 있는 금전적 손실을 유발시키는 비폭력적 범죄로서 그 영향력이 최소 2개국 이상에 미치는 범죄"라는 정의가 가능하다.

금융범죄 유형의 영역 구분

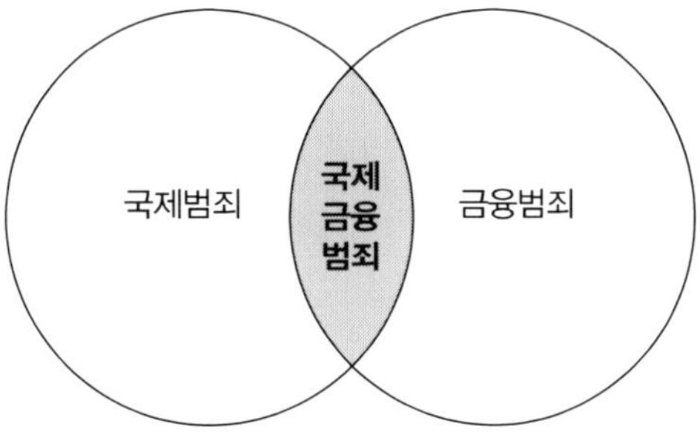

* 출처: 김연수(2012).

그동안 다양한 국제기구와 각국 사법기관 및 금융감독기관에서 시도하고 있는 금융범죄에 대한 개념 정의를 살펴보면 다음과 같다. UN의 마약범죄사무소(UNODC, United Nations Office on Drugs and Crime)는 2005년 태국 방콕에서 개최된 제11차 UN 범죄예방 및 형사사법회의(The Eleventh United Nations Congress on Crime Prevention and Criminal Justice)에서 경제 및 금융범죄의 개념을 "금융손실로 귀착되는 모든 비폭력적 범죄(any non-violent crime that results in a financial loss)"라고 비교적 구체적으로 정의하고 있다. 영국의 금융서비스·시장법 2000 (Financial Services and Markets Act 2000) section 6에 따르면 금융범죄에 대해 ① 사기 또는 부정(fraud or dishonesty), ② 금융시장에서의 부정행위 또는 금융시장 관련 정보의 부정사용(misconduct in, or misuse of information relating to, a financial market), ③ 범죄수익의 처리(handling the proceeds of crime)와 관련된 것으로 규정하고 있다. 인터폴은 금융범죄에 대한 명확한 개념 규정 없이 주로 관심을 갖는 금융범죄 유형으로 지불카드관련범죄(계좌허위발급, 예금횡령, 분실 및 도난카드사용, 카드위조, 카드부정사기), 자금세탁 관련범죄, 통화 및 유가증권 위조관련범죄, 사기관련범죄(이메일사기, 복권사기, 선불금사기 = 일명 419사기 또는 나이지리아사기, 보험사기, 조세포탈, 역외투자사기, 피라미드사기) 등을 제시하고 있다. 미국의 FBI는 금융범죄를 물리력이나 폭력의 위협 등 폭력적 수단에 의존하지 않고 기망·은폐·신뢰위반 등을 특징으로 하는 것으로서 "국내 및 국제 금융시장 내에서 또는 금융시장을 대상으로 발생한 사기, 절도 또는 횡령과 관련한 문제들(matters relating to fraud, theft, or embezzlement occurring within or against the national and international financial community)"에 대해 수사한다고 명시하고 있다.

학자들 간에도 금융범죄의 개념에 대해 다양한 정의가 있으나, Boorman & Ingves(2001)가 제시한 ① "금전상의 손실을 유발시키는 모든 불법 활동"과 ② "금전상의 손실을 유발시키는 비폭력적 범죄", ③ "금융기관과 관련이 있는 금전적 손실을 유발시키는 비폭력적 범죄" 중 마지막 ③이 가장 협의의 개념으로 타당한 것으로 평가하고 있다. '국제(초국가적) 금융범죄'의 경우 대체로 "국제범죄의 성격을 갖고 있는 금융범죄" 또는 "금융범죄의 성격을 갖고 있는 국제범죄"라는 점에서 "금융기관과 관련이 있는 금전적 손실을 유발시키는 비폭력적 범죄로서, 그 영향력이 최소 2개국 이상에 미치는 범죄"라는 개념 정의가 가능하다. 금융범죄가 매우 포괄적인 범죄 유형을 담고 있는 만큼 국제적인 성격을 갖는 국제금융범죄의 유형을 정리하기도 매우 어려운 일이다. 우선, 금융기관을 중심으로 보는 관점에서 ① 금융기관이 피해자(객체)가 되는 금융정보 허위공시, 횡령, 카드사기, 유가증권사기, 보험사기, 연금사기 등을 들 수 있고, ② 금융기관이 가해자(주체)가 되는 사기성 금융상품 판매, 자기거래, 고객의 자금 횡령 등이 있으며, ③ 금융기관이 범죄의 수단(매개체)으로 이용되는 자금세탁 등으로 분류할 수 있다.

다음으로, 금융감독제도를 중심으로 보는 관점에서 금융시장을 크게 은행/비은행, 증권회사, 보험회사 등으로 구분해 이와 관련된 은행범죄, 비은행(서민금융)범죄, 금융투자범죄, 보험범죄 등으로 분류할 수 있다. 미국의 범죄학자인 Gottschalk(2010)는 국제 금융범죄를 크게 사기, 절도, 조작, 부패로 구분하고, 각각의 범주에 하위유형의 금융범죄를 분류하였는데, ① 사기범죄(Fraud Crime)로 선불금사기, 은행(사칭)사기, 수표사기, 클릭사기, 소비자사기, 신용카드사기, 횡령, 헤지펀드사기, ID사기, 모기지사기, 직업사기, 국가교부금사기 등을 제시, ② 절도범죄(Theft Crime)로 예술품 절도, 현금 절도, ID 도용, 지적재산 절도, 재고품 절도를 포괄하며, ③ 조작범죄(Manipulation Crime)로 은행파산, 입찰조작, 부당경쟁, 컴퓨터범죄, 통화위조, 사이버범죄, 금품강요, 유령직원, 송장 부풀리기, 자금세탁, 탈세 등을 포함, ④ 부패범죄(Corruption Crime)로 뇌물, 리베이트, 조직적 부패, 사회적 부패를 제시할 수 있다. 미국 FBI는 국제 금융범죄로 ① 기업의 회계부정이나 허위거래사실 공시 또는 사기적 불법 계약거래 등을 내용으로 하는 기업사기, ② 증권시장과 보험시장에서 발생하는 증권 및 상품사기, ③ 특정 금융 영역에서 발생하는 모기지사기, ④ 보이스피싱이나 이메일사기 등 새로운 영역의 사기를 포함한 마케팅사기, ⑤ 금융기관 또는 금융기관 종사자가 범죄자가 되는 금융기관사기, ⑥ 전통적 금융범죄 수법인 금융기관 도산 및 자산몰수/자금세탁을 제시하고 있다.

이상과 같은 주요 학자 및 관련기관의 분류방법을 참고해 우리 실정에 맞게 금융범죄 유형을 정리해 보면 다음과 같다. ① 금융기관대상범죄: 금융정보 허위공시, 횡령, 카드사기, 유가증권사기, 연금사기 등, ② 금융기관 내 범죄: 사기성 금융상품 판매, 자기거래, 고객의 자금 횡령 등, ③ 증권범죄: 불공정거래인 내부자거래, 시세조종, 부정거래, 허위공시, 각종 보고의무 위반 등과 주식가장납입행위, 횡령, 배임, 분식회계 등 포함, ④ 보험범죄: 부당·불법 보험 청구 등 보험사기, ⑤ 보이스피싱: 보호형, 보상제공 또는 환급 빙자형, 수사기관 사칭형, 신용카드 연체도용 빙자형, 협박 또는 공갈형, 의무부과형, 가족 또는 친지 위장형 등, ⑥ 투자사기: 나이지리아 선급금사기, 폰지사기, 펌프덤프 책략, 집단투자사기(뮤추얼펀드, 기획부동산 등), 프라임은행사기 등, ⑦ 외환범죄(환치기): 중국의 페이치엔, 홍콩의 후이콴, 인도·파키스탄·방글라데시 등 남부아시아의 훈디, 아랍에미리트 등 중동지역의 하왈라, 필리핀의 파달라, 태국의 페이콴, 미국·멕시코·콜롬비아 등의 페소거래시장 등, ⑧ 자금세탁: 비즈니스구조 내에 은닉, 적법한 비즈니스 악용, 신분위장·문서위조 및 대체인물 사용, 국가 간 상이한 제도 이용 등을 들 수 있다. 다만 이를 범죄발생 비율에 따라 크게 나눠보면 금융범죄에서 가장 많은 부분을 차지하는 자금세탁과 나머지 금융범죄에 포함되는 각종 위조범죄 및 절도범죄로 분류할 수 있을 것이다.

금융범죄와 위조 및 절도 범죄 유형의 영역 구분

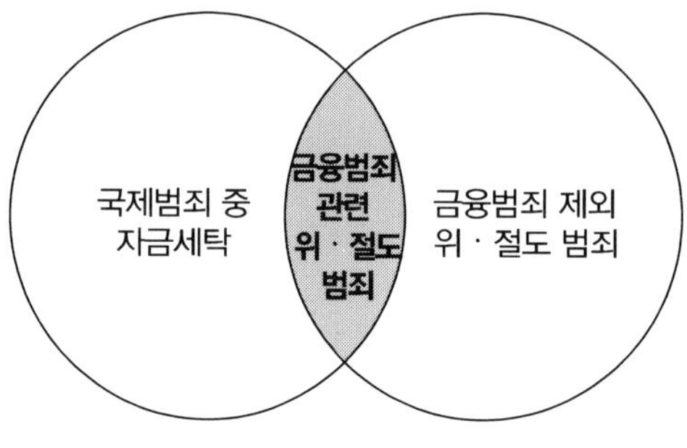

* 출처: 채성준(2018).

(2) 자금세탁

자금세탁이란 자금의 위법한 출처를 숨겨 적법한 것처럼 위장하는 과정 또는 범죄활동으로, 조성된 자금을 금융기관 등을 통하여 합법적인 자금으로 전환하는 행위로 수입의 존재, 불법적 출처 및 위법한 사용을 은닉하고 그 수입을 합법적인 것으로 위장하는 일련의 과정을 말한다. '자금세탁'(Money Laundering)이라는 용어는 1920년대 미국에서 알 카포네와 같은 조직범죄자들이 도박이나 불법 주류 판매를 통해 얻은 수입금을 주로 세탁소를 이용하여 합법적 소득인 것처럼 가장한데서 유래하였다고 한다.[8] 이후 이 용어가 법집행기관의 실무자나 학계에서만 비공식적으로 사용되다가 1986년 미국에서 자금세탁통제법(Money Laundering Control Act)이 제정되면서 공식용어로 등장하였고, 그 후 UN·FATF·EU 등 국제기구와 영국·독일·프랑스·일본 등 주요 국가에서 법률 용어로 채택하여 사용하고 있다.

자금세탁에 대한 보다 구체적인 개념은 각국의 법령이나 학자들의 연구목적에 따라 다양하게 정의되고 있다. 자금세탁방지를 위한 국제적 협력기구인 FATF(Financial Action Task Force)[9]에서는 자금세탁을 재산이 범죄행위로부터 발생하였다는 사실을 인지한 상태에서 재산을 획득·소유 또는 사용하는 행위, 재산의 출처·소재·권리 등을 은닉·위장하는 행위, 범죄자에 대한 협조를 목적으로 재산을 전환 또는 이전시키는 행위로 정의하고 있다. 우리나라의 경우 "불법재산의 취득·처분 사실을 가장하거나 그 재산을 은닉하는 행위 및 외국환거래 등을 이용한 탈세목적으로 재산의 취득·처분 사실을 가장하거나 그 재산을 은닉하는 행위"로 규정(특정금융거래보고법 제2조 제4호 및 범죄수익규제법 제3조 참조)하고 있다.

---

8) 당시 세탁소가 현금거래가 많다는 점을 이용하여 자신들의 영향력 하에 있는 이탈리아인들이 운영하는 세탁소(Laundery)의 합법적인 수입으로 가장한 것이라고 한다.

9) FATF는 1989년 파리에서 열린 G7 정상회의 이후 자금세탁 방지를 위한 국제협력 및 각국의 관련제도 이행상황평가 등을 목적으로 설립되었다. 자금세탁 방지에 필요한 법적·금융적 조치사항 및 국제협력 방안 등을 담은 'FATF 40개 권고사항'은 자금세탁 방지 분야의 국제적 기준으로서 1990년 마약자금 억제를 목적으로 처음 제정되었다. 1996년부터 마약 자금뿐 아니라 중요범죄로 그 범위가 확대되어 현재 약 130여개 국가에서 자금세탁 방지의 기준으로서 법적 구속력은 없으나, FATF 회원국의 이행 약속 및 자금세탁 방지 비협조국가 지정 등을 통하여 사실상의 구속력을 발휘하고 있다. FATF에 가입하기 위해서는 40개 권고사항을 3년 내에 이행하고, 그 이행상황에 대하여 상호평가를 약속해야 한다. 우리나라는 2006년 8월 FATF 준회원(Observer) 자격을 얻은 이후 다각적인 노력을 기울인 결과, 2009년 10월 정회원 가입이 확정되었다.

자금세탁의 대상이 되는 것으로는 마약거래·밀수·카지노 도박·밀입국 관련·탈세 등과 관련 자금을 들 수 있는데, 국제적 통계에 따르면 자금세탁범죄의 각각 43%와 26%가 범죄조직의 마약거래나 사기를 위해 자행되고 있다고 할 정도로 국제범죄와 관련이 깊다. 자금세탁은 마약·매춘·고리대금업 등 불법적 행위로 확보한 거대한 자금을 합법적인 양 위장해 경제 질서를 교란시키고, 불법 수입의 전제가 되는 범죄행위를 방조함으로써 사회 전체의 부패화 원인으로 작용한다. 1970년대 이후 주요 선진국을 중심으로 시작된 자유 무역화, 금융 자유화, 자본 자유화 경향이 1980년대 이후 가속화되고 정보통신기술 발달과 함께 전 세계로 파급되면서 경제 규모가 급팽창하게 되었다. 이후 세계금융시장이 통합되고 세계경제의 통합화가 빠르게 진행되면서 마약거래나 무역사기 및 탈세 등으로 조성된 불법자금이 국제적으로 세탁되었으며, 1990년대 이후에는 테러조직의 자금원으로까지 활용되기 시작하였다.

자금세탁에는 현금거래를 이용한 자금세탁, 은행계좌를 이용한 자금세탁, 투자관련 거래를 이용한 자금세탁, 국제활동에 의한 자금세탁, 금융기관 직원 및 대리인이 연루된 자금세탁 등이 있다. 최근 들어 인터넷 덕분에 이메일 구좌 등을 사용하여 장소 선택의 어려움 없이 익명으로 손쉽고 안전하게 불법자금을 세탁·은닉하고 있다. 인터넷상의 가상상점(Virtual Shop)의 증가는 가상거래를 가능하게 만들고 있으며, 여기서 자금 세탁자들은 가상상품을 구입해 범죄에 대한 탐지활동을 교묘하게 따돌릴 뿐 아니라 자신들의 이익을 정당한 것처럼 포장하고 있다. 자금세탁에서 가장 관심있게 떠오르는 분야는 온라인 도박으로 탈세자금 은닉처인 회사들에 의해 운영되고 있는 온라인 카지노들은 도박자들에게 지불수단으로 온라인상의 도박장소를 제공함으로써 거래의 통제와 혐의를 피할 수 있도록 도와주고 있다. 또한 사이버 자금 세탁자들은 가상의 승리나 우승 영수증의 사용 또는 비도덕적인 게임운영을 통해 이익을 취하고 있다.

자금세탁에 대한 대응은 국제적으로 '자금세탁방지 금융대책기구'(FATF, Financial Action Task Force on Money Laundering)라는 OECD 산하 국제기구가 1989년 발족되어 활동(우리나라는 2009년 10월 14일

정회원으로 가입)하고 있다. 한편 인터폴에서는 2001년 9월 전문화된 범죄들에 대한 수사능력의 향상, 각국 기구들과의 파트너십 고양, 특정 범죄 분야에 대한 대응방안 조정 및 개발, 전문범죄와 관련된 정보교환 등을 목적으로 재정·하이테크범죄국(Financial & Hightech Crime)을 설치·운영하고 있다. 이밖에도 UN 마약범죄사무소(UNODC)와 전 세계적인 기구들의 자금세탁 방지 등 경제범죄 방지를 위한 프로그램을 활용하고 있다. 그리고 IMLIN(Interpol Money Laundering Network)은 국제적 자금세탁 방지 데이터베이스로서 전 세계의 자금세탁 관련 법·규제에 대한 분석과 국가 간의 접촉 등에 대한 정보를 제공해 주고 있다.

미국에서는 자국 내에 위치한 은행에서만 적용시키는 금융비밀보호법(Banking Secret Act)과 해외에서 영업하는 미국 법인의 자회사 및 그 임직원에게도 적용되는 자금세탁방지법(Money Laundering Control Act)을 제정해 자금세탁을 범죄로 규정하고 수상한 거래(suspicious transaction)에 대해서는 관계당국에 신고하도록 하고 있다. 이 법을 위반한 경우 개인은 최고 20년까지의 징역, 금융기관은 미화 2억 9천만 달러까지의 벌금을 부과할 수 있다.

서구국가에서는 마약·무기 등의 밀매자금 등이 주로 세탁 대상이 되는 반면에, 우리나라와 같은 경우 정치자금이나 대형 경제·금융범죄 사건과 관련해서 수수된 뇌물자금의 세탁이 대부분이다. 우리나라는 2001년 9월 자금세탁방지와 관련된 법을 제정하였는데, 특정금융거래정보의 보고 및 이용에 관한 법률(약칭: 특정금융거래보고법)과 범죄수익은닉의 규제 및 처벌 등에 관한 법률(약칭: 범죄수익규제법) 등 2종류가 그것이다. 특정금융거래보고법에 의해 2001년 11월 '금융정보분석원'(FIU)이 신설되었으며, 특정 범죄의 자금세탁과 관련된 혐의거래 또는 외환거래를 이용한 탈세목적의 혐의거래로서 원화 2,000만 원, 외화 1만 달러 이상인 경우 금융기관 등이 금융정보분석원장에게 의무적으로 보고하도록 하는 '혐의거래보고제도'를 채택하고 있다. 범죄수익규제법은 조직범죄, 거액경제범죄, 부패범죄 등 36종의 특정 범죄로부터 얻은 범죄수익의 은닉·가장행위(자금세탁행위)를 5년 이하 징역 또는 3,000만 원 이하 벌금으로 처벌할 수 있도록 하고, 범죄수익 또는 범죄수익에서 유래한 재산 등은 몰수·추징이 가능하도록 규정하고 있다.

(3) 위조범죄

위조범죄는 과거에는 통화위조가 대부분으로 현재 전 세계에서 유통되는 위조달러의 43%가 콜롬비아에서 제조되고 있다. 콜롬비아 반군들은 마약재배·유통 및 납치 외에도 미국 달러를 위조하여 유통시키고 있는 것이다. 2002년부터는 유로화도 위조 대상이 되고 있다. 남미국가 중 엘살바도르·과테말라·아르헨티나·에콰도로 등은 자국의 화폐가 시장가치를 상실하였기 때문에 경제기반을 안정시키기 위한 수단으로 미국달러를 공식적으로 유통시키고 있다. 이로 인해 엄청난 규모의 위조달러가 유통되고 있는데, 세계적으로 유통되는 미국달러의 5,000분의 1(현재 전체 유통 중인 5조 달러 중 1억 달러)이 위조지폐라는 얘기가 있다.

인터폴은 1929년 제네바협정에 의거 위조통화에 대한 책임을 지면서 매년 '통화 및 여행서류 위조방지에 관한 회의'를 개최하여 위조방지 및 위조통화 식별법에 대한 공동 대응방안을 마련하고 있다. 그리고 각 회원국 및 각국 금융기관으로부터 통보되는 자료를 데이터베이스화해 이를 회원국에서 요청할 경우 제공하고 있다. 특히 유로화를 사용하는 EU 12개 국가는 위조 유로화 및 검거된 위조범에 대한 모든 정보를 사무국에 제공하도록 하고, 위조통화 단속과 관련 있는 각국 법집행기관 및 국가중앙은행 관계자, 사기업 대표자들로 구성된 실무자들을 대표적 통화의 제작 과정에 직접 참여시켜 위조통화의 식별요령을 숙지하도록 한다. 또한 중앙은행 등과 협조하여 전 회원국에서 유통되고 있는 각국 통화의 위조여부 식별법에 대한 책자를 발간하여 전 회원국에 배포하고 있다.

우리나라에서 통화위조범죄는 위조 또는 변조한 통화(형법 제207조 1항 내지 3항에 기재된 통화)를 행사하거나 행사할 목적으로 수입 또는 수출함으로써 성립하는 범죄(형법 제207조 4항)를 말한다. '행사'란 위조 또는 변조된 통화의 점유 또는 처분권을 타인에게 이전하여 통화로서 유통될 수 있게 하는 것을 말한다. 통화를 유통시킬 것을 요하므로 단순히 자기의 신용능력을 보이기 위하여 위조통화를 제시하는 것만으로는 행사에 해당하지 않는다. '수입'이란 외국에서 국내로 반입하는 것을 말하며, '수출'은 국내에서 국외로 반출하는 것이다. 본죄의 미수범은 처벌한다(형법 제212조).

위조범죄에는 통화 외에도 상품권을 비롯하여 신용카드나 신분증 및 여권 위조가 있으며, 특허권 등 지적재산권과 결부되어 있는 상표나 디자인 그리고 예술품, 음악CD, 소프트웨어 등의 위조도 있다.

상품권은 발행인인 상인이 그 소지인에 대하여 상품의 일정량을 급여하겠다는 뜻을 기재한 일람출급(一覽出給 : 그 제시가 있으면 곧 상품을 인도하는 방식)의 무기명식(無記名式 : 그 표면에 상품을 인도받을 사람을 기재하지 않는 방식) 유가증권으로서 통화와 유사한 기능을 지니고 있다. 즉, 상품권은 상품과 교환할 수 있는 정해진 액수의 무기명채권으로서 증권의 앞면에 기재된 금액의 범위 안에서 발행점이 취급하는 모든 상품을 구입할 수 있다. 상품권은 고객으로부터 미리 현금을 받고 후일에 상품을 인도한다는 조건으로 발행하는 유가증권(Securities)이지만, 무기명이라는 점에서 당해 증권을 누가 소지하느냐에 대해서는 제한을 두지 않는 것이 원칙이다. 기업회계기준서(Financial Accounting Standards)에서는 상품권의 발행과 관련된 수익은 상품권을 회수한 시점, 즉 재화를 인도하거나 판매한 시점에서 인식하고, 상품권을 판매한 때에는 선수금으로 처리한다. 이와 같은 상품권은 주로 선물용으로 쓰이며, 백화점·제화점 등에서 많이 발행한다. 최근에는 도서상품권과 인터넷을 통한 온라인상품권의 보급도 활발하다.

신용카드란 신용카드업자가 발행하여 가맹점에서 물품의 구입 또는 용역의 제공을 받거나 기획재정부령이 정하는 사항을 결제할 수 있는 증표로서, 신용카드업자에는 외국에서 영업하는 자가 포함되어 있다. 화폐경제가 발달함에 따라 점점 더 편리한 지불수단을 추구하게 되었고, 그에 따라서 다양한 종류의 신용카드(Credit Card)와 각종 체크카드(Check Card)들이 활용되고 있다. 현금 대신 신용카드를 이용하여 일상에 필요한 재화나 서비스를 구입하고, 한 달에 한 번 결제일자에 카드대금을 한꺼번에 지불할 수도 있고 대금을 분할 납부할 수도 있다. 신용카드는 현금이 없어도 필요한 상품을 구입할 수 있을 뿐 아니라 불편한 잔돈 발생을 막고 거래 기록을 쉽게 남길 수 있다는 점에서 매우 편리한 지불 수단이다. 특히 차변카드(Debit Card Activity; 우리의 마이너스 카드와 유사) 이용이 증가하고 전자공학을 이용한 각종 지불보증 카드가 계속 출연하고 있다. 이로 인해 훔친 신분증을 도용하여 신용카드를 발급받거나 아예 신용카드를 훔쳐서 상품을 구매하거나 신용카드를 위변조해 현금을 확보하는 범죄가 많이 발생하고 있다. 세계적으로 위조 신용카드 사용에 따른 피해가 해마다 수백만 달러에 달한다는 통계도 있다.

인터폴은 위조카드 방지를 위해 1999년 American Express, Europay International, Discover Card, Visa International, Master Card International 등 세계 주요카드사와 협정을 맺고 5가지의 분류시스템(앞면, 뒷면, 등록상표, 홀로그램, 서명판)에 의해 분류한 인식번호(CIN, Card Identification Number)를 위조카드에 일일이 부여하여 이를 근거로 새로이 발견되는 위조카드가 기존의 CIN과 동일한지 여부를 검색함으로써 두 사건의 연계여부, 새로이 발견된 위조카드와 관련된 용의자 및 범죄 조직을 확인할 수 있도록 하는 데이터베이스 시스템을 구축해 인터폴 보안웹사이트에서 각국의 법집행자들이 공유할 수 있도록 하고 있다. 또한 앞으로 신분증과 운전면허증, 각종 증명서들이 신용카드 하나만으로 통합될 시대에 대비하여 각국 및 민간회사·단체들과 협력체제를 강화하고 있다.

우리나라는 2002년 3월 30일 공포한 여신금융업법에 따라 타국에서 발급받은 카드도 국내에서 발행한 신용카드와 마찬가지로 강취 등으로 취득한 신용·직불카드 판매 또는 사용행위와 위·변조 신용카드의 취득 및 위·변조의 예비·음모까지 처벌(당초에는 사기, 사문서 위조로만 처벌) 할 수 있다. 국내 가맹점에서 외국신용카드를 사용할 경우 국내외 전산망을 통해 마스터·비자 등 카드전문회사를 거쳐 외국 발급사로부터 승인을 받아 제품을 판매한 국내 카드사로부터 대금결재를 받고, 국내 카드회사는 해당 카드전문회사에 대금을 청구하여 결제를 받는다. 문제는 확인되기까지 보통 2~3일 정도가 소요되는데, 신용카드 위조범죄자들은 이러한 맹점을 이용해 금요일에 입국해 주말에 위조카드로 고가물품을 구매한 후 월요일이나 화요일에 출국하는 방식을 동원한다. 이들은 입국 전에 국내 면세점 및 백화점 위치를 파악하여 4~6명씩 동시다발적으로 범행을 하고 있으며, 우리 경찰의 인터폴과 공조 수사에 대비하여 위조여권을 신분확인용으로 제시하는 경우도 있다.

한편, 지적재산권(Intellectual Property Right)이란 특허권, 실용신안권, 상표권, 디자인권을 총칭하는 개념으로 개개의 권리는 특허법, 실용신안법, 상표법, 디자인보호법, 저작권법, 부정경쟁방지 및 영업비밀보호에 관한 법률, 민법, 상법 등에 의하여 규율되고 보호된다. 우리나라 헌법은 제22조 제2항에 "저작자·발명가·과학기술자와 예술가의 권리는 법률로써 보호한다"고 규정함으로써 지적재산권 보호의 근거를 마련하였고, 이에 근거하여 지적재산권법이 제정되었다.

국제사회 역시 위조 상품(Counterfeit Product)의 근절 등 지적재산권 보호를 위해 국내 및 국제적 수준의 상호협력 집행과 구조적 협조체제 구축을 위한 실무그룹 회의를 운영하고 있다. 이 회의에는 세계지적재산권기구(WIPO)[10], 국제세관기구(WCC), 국제제약안전기구(PSI), 지적재산권보호를 위한 연합(CIPR), 국제속기사연합(IFPI), 동영상연합(MPA), 세계반위조단체(GACG), React 서비스(영국) 회사, 유럽연합(EU)의 대표자들과 캐나다 왕립 경찰기마대(Royal Canada Mounted Police), 아일랜드·북아일랜드·미국·핀란드 세관 같은 법 집행 담당 공무원들도 참석한다.

(4) 예술품·문화재 절도 및 밀거래

예술품이나 문화재 절도는 국제범죄에 있어 마약거래, 총기밀수, 돈세

---

10) WIPO는 1886년 저작권 문제를 위한 베른조약, 1883년 산업재산권 문제를 위한 파리조약이 각각 발효됨에 따라 이 두 조약을 관리하고 사무기구 문제를 처리하기 위하여 1967년 스톡홀름에서 체결하고, 1970년에 발효한 세계지적재산권기구 설립조약에 따라 설립한 기구이다. 1974년 UN 전문기구가 되었으며 정책결정기관인 총회를 3년마다 개최한다. 본부는 스위스 제네바(주네브)에 있으며, 현재 회원국은 191개국으로 우리나라는 1979년에 가입하였다.

탁에 이어 네 번째 규모에 해당하는 엄청난 사업으로, 그 규모가 대체로 1.5~6천만 달러(2.3조~9조 원)에 달하는 것으로 추정되고 있다. 예술품·문화재 절도는 대개 전문 절도범에 의해 행해지며, 범죄 이후 공소시효 기간(한국은 7년) 동안에는 절취한 것을 세상에 잘 내놓지 않거나 은밀하게 거래하기 때문에 검거가 어렵다. 다만 예술품 및 문화재도 일류 작품과 이류 작품 사이에는 다소 간의 차이가 있는데, 대체로 이류 작품은 도난당한지 얼마 되지 않아 공개시장을 통해 유통되는 경우가 많지만, 일류 작품의 경우 그 행방을 쉽게 가늠하기조차 어렵다. 특히 어떤 특별한 수집가의 주문에 의해서이거나 전문 절도조직에 의해 도난당한 것이라면 그 행방을 도무지 알 수가 없는 경우가 보통이다. 심지어 전체 회수율이 5%에도 미치지 못한다는 통계도 있다.

현재 세계에서 가장 많은 고가의 예술품이나 문화재를 소장하고 있는 나라는 미국과 프랑스, 일본 등 제국주의 경험을 가지고 있고 자본력이 풍부한 선진국들이다. 대신 가장 큰 피해 국가는 그리스, 이탈리아, 이집트, 이라크 등으로 인류문명이 최초로 시작되었거나, 고대에 화려한 문명의 꽃을 피운 나라들이다. 이러한 예술품 및 문화재 절도와 약탈범죄에는 보통 세 부류의 집단이 개입되어 있다. 첫째, 그것이 불법인지 모르고 오로지 돈을 위해서 물건을 수집하는 개인 수집가(Collector), 둘째 개인 수집가들로부터 물건을 사들여 유명 갤러리나 골동품 메니아들에게 많은 돈을 받고 팔아넘기는 중개상(Dealer), 셋째 이들을 종합적으로 관리하는 전문 밀매조직의 통제자(Controller)가 있다. 특히 이들 범죄집단들이 예술품이나 문화재를 절취·밀거래해 마련하는 자금이 마약, 무기밀매와 함께 3대 주요 수입원이 되고 있으며, 그중에서도 가장 힘 안들이고 돈을 벌 수 있는 최고의 고부가가치 사업으로 인식되고 있다. 그리고 경우에 따라서는 마약, 테러리즘, 자금세탁 등과 연계되어 있기도 하다.

인터폴은 예술품 및 문화재 도난 방지를 위해 일반 예술품 도난수배(General Stolen Property Notices)에서 예술품 도난수배서(Stolen Works of Art Notice)를 분리하여 다루고, 매년 12개의 주요 예술품 수배서(Twelve Most Wanted Works of Notices)를 발부한다. 이와 별도로 각국 또는 사설 등록센터와 연계된 데이터베이스를 구축하는 한편, 재산범죄 전담반(The Group of Offences Against Property)을 가동하는 등 범죄 근절을 위해 노력하고 있다.

3) 하이테크범죄의 개념과 대응실태

(1) 하이테크범죄의 개념 및 유형

하이테크범죄란 일반적으로 컴퓨터해킹, 컴퓨터바이러스, 폰프리킹(Phone Phreaking), 암호해독, 도청, 홈뱅킹사기, 인터넷 홈페이지 훼손, 인터넷을 통한 불량정보 유통, 음란물 유통, 도박사이트 운영, 매춘 알선, 판매사기, 명예훼손, 스토킹, 성희롱, 마약밀매, 통신방해 등을 말한다. 최근 등장하고 있는 비트코인 등 가상화폐와 관련된 범죄도 여기에 포함된다고 볼 수 있다. 경우에 따라 컴퓨터범죄, 사이버범죄, 인터넷범죄라고 지칭되기도 한다. 이와 같은 하이테크범죄는 특성상 법 집행 당국의 관할권이 제대로 미치지 못하는 상태에서 초국가적으로 범죄가 행해지거나 용이하게 국경을 넘어서 활동을 하고 있는 경우가 많다. 많은 국민들에게 순식간에 영향을 주기 쉬우며, 범죄의 증거 또한 감쪽같이 변경시키거나 파괴하기 쉬울 뿐 아니라 어느 특정 국가보다는 세계 여기저기에 흩어져 있을 가능성이 높다.

사회의 정보화 또는 컴퓨터화란 말이 나오고 있을 정도로, 컴퓨터는 기업활동은 물론 시민생활과 여러 분야에서 중요한 역할을 수행하고 있으며, 앞으로 이러한 경향은 더욱더 커질 전망이다. 이런 측면에서 볼 때 일단 화이트칼라범죄가 과학기술 발달과 정보화의 진전에 따라 하이테크화하고 있는 것으로 판단되지만, 범죄조직에 의한 전통적인 국제범죄들도 하이테크적 수단을 이용하고 있어 화이트칼라범죄와의 영역이 점차 불분명해지고 있음을 알 수 있다. 다시 말해 자금세탁을 비롯한 금융·경제범죄와 각종 위조범죄, 절도범죄와 같은 화이트칼라범죄에 인터넷이나 기타 신기술이 이용되고 있음은 물론이고, 마약, 인신매매, 아동착취 등과 같은 반인륜적 범죄에도 정보통신 기술이 접목되어 국경을 넘나드는 범죄의 접촉이 이뤄지고 있어, 범죄조직에 의한 전통적인 국제범죄와 화이트칼라 및 하이테크범죄의 구분 자체가 어려워지고 있다. 다만 분명한 것은 모든 국제범죄가 점차 하이테크화 하고 있으며, 앞으로 첨단 과학기술과 정보통신의 발달 그리고 4차 산업혁명의 진전에 따라 그 정도가 더욱 심화될 것으로 예상된다는 점이다.

하이테크범죄 중 가장 대표적인 컴퓨터범죄는 인터넷과 같은 정보통신망으로 연결된 컴퓨터시스템이나 이들을 매개로 한 사이버공간을 이용하여 공공복리를 저해하고, 건전한 사이버 문화에 해를 끼치는 행위를 말한다. 컴퓨터를 통한 반사회적 침해 행위로는 데이터의 부정조작(부정입력·개찬 등), 데이터의 부정입수(정보를 몰래 보거나 그 매체를 훔치는 행위 등), 컴퓨터의 무단사용, 컴퓨터(하드웨어·소프트웨어)의 파괴 등 여러 형태가 있으며, 앞으로도 정보통신의 발달에 따라 새로운 침해가 예상된다. 다만 컴퓨터범죄에 대한 명확한 정의를 내리기는 쉽지 않다. 컴퓨터와 통신회선을 접속한 정보통신 시스템에 관련된 것은 보통 '네트워크범죄'로 특정하기도 한다. 또한 전자계산기 손괴(損壞) 등과 같이 컴퓨터가 존재하지 않으면 있을 수 없는 범죄, 전자게시판상의 사기광고를 통한 판매대금 편취 등과 같이 컴퓨터가 없더라도 유사범죄가 가능한 것, 범죄라고까지는 할 수 없는 부정행위까지 포함시킬 것인가 등에 대해서는 아직까지 의견이 분분하다. 다만 이러한 컴퓨터범죄가 어떤 형태로든지 컴퓨터를 수단으로 하는 범죄, 구체적으로 고도화되고 있는 정보통신적 수단에 의한 범죄라는 점은 분명하다.

이와 같은 컴퓨터범죄는 통신범죄 또는 사이버범죄·인터넷범죄로 지칭되기도 하며, 그 범행 목적에 따라 사이버테러형 범죄와 일반 사이버범죄로 나뉜다. 사이버테러형 범죄는 해킹, 컴퓨터바이러스와 같은 유형의 범죄이고, 일반 사이버범죄는 사이버 명예 훼손과 전자상거래 사기, 개인 정보 침해, 불법 사이트 개설, 디지털 저작권 침해 등을 말한다. 또 회사의 비즈니스 개발전략이나 신제품 정보, 계약 관련 서류 등을 빼내 경쟁사에 제공하는 것 역시 사이버범죄의 한 유형이다. OECD에서는 컴퓨터범죄를 "데이터의 자동 처리와 전송이 필요한 불법적·비윤리적이며, 권한 없는 비정상적인 행위"라고 규정하고 있다. 미국 법무부는 사이버범죄를 컴퓨터 침해, 패스워드 불법거래, 저작권 침해, 비밀정보 유출, 인터넷 사기, 인터넷상에서의 폭발물 또는 무기 등의 불법 거래 등 12가지로 분류하기도 한다.

컴퓨터범죄의 범주에 들어가는 범죄행위로는 대체로 컴퓨터해킹, 개인정보 침해, 컴퓨터바이러스, 폰프리킹(Phone Phreaking), 암호해독, 도청, 홈뱅킹 사기, 인터넷 홈페이지 훼손, 인터넷을 통한 불량정보 유통, 음란물 유통, 도박 등 불법사이트 운영, 디지털 저작권 침해, 매춘 알선, 전자상거래 사기, 명예훼손 및 모욕, 스토킹, 성희롱, 마약밀매, 통신방해 등을 들 수 있다. 컴퓨터범죄에는 절도·사기·기물파손 등의 재산범(財産犯)과 업무방해죄·문서위조죄 등 일반적인 법률로 충분히 대처할 수 있는 것도 많다. 그러나 일반적인 법률로는 충분히 커버할 수 없는 부분과 법정형(法定刑)이 너무 가볍다고 생각되는 경우도 부정할 수 없다. 그래서 미국이나 영국 등에서는 컴퓨터에 관한 반사회적 행위 가운데 일정한 유형적 행위에 한하여 이것을 처벌하기 위한 특별입법을 정하고 있다.

우리나라에서는 컴퓨터범죄를 대체로 ① 보통 금전적인 이익을 얻을 목적으로 데이터를 고의적으로 틀리게 표시하거나 변경(변조)하는 행위, ② 부당하거나 불법적인 이득을 얻기 위하여 고의적으로 행하는 컴퓨터를 이용한 기만행위로 구분하고 있다. 경찰청에서는 이를 '정보통신망 침해 범죄', '정보통신망 이용 범죄', '불법 콘텐츠 범죄'로 나누고 있다. 형법(제347조의 2, 컴퓨터 등 사용사기죄)상으로는 컴퓨터 등 정보처리장치에 허위의 정보 또는 부정한 명령을 입력하거나 권한 없이 정보를 입력·변경하여 정보처리를 하게 함으로써 재산상의 이익을 취득하는 것을 말한다. 컴퓨터 등 정보처리장치에 허위 정보 또는 부정한 명령을 입력하거나 권한 없이 정보를 입력·변경하여 정보처리를 하게 함으로써 재산상의 이익을 취득하거나 제3자로 하여금 취득하게 한 자는 10년 이하의 징역 또는 2천만 원 이하의 벌금에 처하도록 규정되어 있다.

컴퓨터범죄는 형체가 없는 허구의 공간인 사이버공간에서 이뤄지다보니 정보흐름 통제의 어려움, 비대면성, 익명성, 전문성과 기술성, 시간적·공간적 무제약성, 빠른 전파성과 천문학적 재산피해, 희박한 죄의식, 발견과 증명 및 입증 곤란 등의 특성이 나타난다. 범죄 단속에 있어서도 비접촉성, 전문 인력의 부족 그리고 증거수집의 어려움 등 때문에 수사가 쉽지 않다. 사이버공간에서 이뤄지는 범죄이다 보니 정보 발신자의 특정이 어렵고, 전자 정보의 증거 인멸 및 수정이 간단하며, 일반 범죄와 달리 빠른 시간 안에 불특정 다수에게 많은 악영향을 미친다. 이와 같은 컴퓨터범죄의 특징은 다음과 같이 구체적으로 구분할 수 있다.

① 범죄행위의 측면: 게임이나 단순한 유희, 지적 모험심의 추구, 정치적 목적이나 산업경쟁, 개인적인 보복, 경제적 이익의 취득 등이다.

② 범죄행위자 측면: 행위자의 연령이 낮고, 죄의식이 희박하다. 컴퓨터 전문가나 조직 내부인이 많으며, 초범이 많고, 익명성을 과시한다.

③ 범죄발생의 측면: 범죄가 반복될 가능성이 높다. 발각이 어렵고 고의 입증이 곤란하다.

(2) 하이테크범죄에 대한 대응실태

하이테크범죄(컴퓨터범죄)는 국내·외에서 동시에 발생할 수 있다는 특성을 갖고 있는데, 이에 대처하기 위해 국가 간 법 제도의 상이성을 초월한 국제적인 형사 사법의 규칙도 필요하다. 게다가 컴퓨터를 이용한 국제사기에 대해 관련 정보를 수집 및 분석하는 인터폴 역시 나름대로 정보 수집에 많은 어려움을 느끼고 있다. 왜냐하면 각 회원국 중앙은행(NCB, National Central Bank)들이 관련 피해사례를 신속히 보고하는 경우가 드물기 때문이다. 컴퓨터범죄의 속성상 사기 피해를 입은 은행 등 금융기관들과 대기업들이 자신들의 관련 피해사례를 솔직히 밝히기를 꺼려하다 보니 현황 파악이 어려운 것이다. 여러 가지 통계에 의하면 컴퓨터 사기범죄의 신고율은 약 15% 정도로 추산되고 있다.

이러한 피해에 대비하기 위해 각국은 전문프로그램을 만들거나 수사요원의 전문화, 관련기관의 창설 등을 통해 적극적으로 대처하고 있다. 인터폴도 IT실무위원회를 통하여 '컴퓨터범죄 안내책자'를 발간한데 이어 컴퓨터범죄 수사전문가를 위한 'Computer and Crime'이라는 컴퓨터범죄 전문서적을 발간하였으며, 2000년 12월 개최된 '제4차 IT범죄 국제회의'에서는 CD 버전으로 된 개정 안내서를 배포하였다. 현재 IT범죄

실무개발과 IT범죄의 전략적 취급표 작성의 추진을 계획하고 있으며, 각국의 IT범죄 수사관들이 갱신된 자료와 정보에 손쉽게 접근할 수 있도록 인터폴 웹사이트에 IT범죄 자료실 구축을 준비하고 있다. 또한 각 지역별로 IT범죄 회의 개최를 통하여 각국의 수사기법 공유 및 정보교환을 위해 노력하고 있다.

국제사회가 특히 하이테크형 범죄에 대해 본격적으로 관심을 갖게 된 것은 1997년 G8 국가 간에 하이테크범죄 및 컴퓨터관련 범죄에 관한 행동계획에 합의하면서부터였다. 이 행동계획은 1998년에 G8정상회담(버밍검 서미트)에서 승인되어 미국 법무부가 주도하고, 세계 16개국(G8 국가 포함)이 클라우드, 빅하이테크범죄에 대한 국제 공조수사 체제를 강화하기 위해 가입한 국제수사협조망인 '국제하이테크범죄에 대한 365일 24시간 수사협조체제(네트워크)' 수립의 기반이 되었다. 이어서 1998년 12월에 G8 법무·내무장관 화상회의를 통해 행동계획에 대한 재확인을 거쳐, 1999년 10월 19부터 20일 양일간 러시아 모스크바에서 국제범죄 및 하이테크범죄에 대한 대책을 논의하기 위한 G8 법무·내무장관회의가 개최되어 커뮤니케(선언문)를 발표하였다. 총 14장으로 구성된 선언문에는 국제 하이테크형 범죄에 대한 정의 규정과 함께 범죄방지를 위한 실천방안을 담고 있다.

우리나라는 '국제하이테크범죄 24시간 수사협조체제'에 2000년 12월에 가입하고, 검찰청에 컴퓨터범죄(사이버범죄)에 대한 수사 및 지휘를 담당하는 인터넷범죄수사센터를 발족시켰다. 하지만 2009년 발생한 7·7 디도스 대란에 이어 농협전산망 마비, 한수원(韓水原) 정보유출 등 공공전산망 침해사건을 비롯한 사이버상의 범죄행위 등 컴퓨터범죄가 날로 지능화·고도화되고, 사회적으로 심각한 위협이 됨에 따라 이와 관련하여 전문적인 대응시스템 구축의 필요성이 대두되었다. 이에 검찰청은 기존 중앙수사부 첨단범죄수사과 산하의 인터넷범죄수사센터와 디지털수사담당관실 내에서 사이버수사 지원 업무를 맡아오던 사이버통제팀을 통합하여 2011년 11월 1일 관련 수사전담기구로 대검 사이버범죄수사단을 출범시켰다. 사이버범죄수사단은 ① 주요 사이버범죄 발생 시 관계기관 간 유기적 대응체제 구축, ② 일선 검찰청의 사이버범죄수사 종합 지원, ③ 국경을 넘나드는 사이버범죄 차단을 위한 신속한 국제공조, ④ 전문 수사인력 양성과 수사기법의 연구개발 등 과학수사 인프라 구축을 위한 업무를 수행한다. 경찰청에서는 수사국 산하에 사이버테러 대응센터를 운용하면서 각 지방경찰청 소속으로 수사과 산하에 사이버수사대를 설치하고 있으며, 일선 경찰서의 경우 수사과(형사과) 산하에 사이버 수사팀을 개별적으로 운용하고 있다. 그리고 국정원 산하의 국가사이버 안전센터에서는 검찰·경찰·국방부·과학기술정보통신부 등 관계기관들과의 공조활동을 통해 국제 및 국가적·사회적으로 위협이 되고 있는 컴퓨터범죄(사이버범죄)에 대해 대응하고 있으며, 국제 공조에도 힘쓰고 있다.

우리나라의 컴퓨터범죄(사이버범죄) 대응조직

구분	기관별 조직 및 활동
검찰청	- 대검 사이버범죄수사단(첨단범죄수사과 산하의 인터넷범죄수사센터와 디지털수사담당관실 내 사이버통제팀 통합) 운영
경찰청	- 경찰청 수사국 산하 사이버테러대응센터 운영 - 지방경찰청 소속으로 사이버수사대와 일선경찰서 사이버범죄 수사팀 운영
국정원	- 국가사이버안전센터 운영(검찰·경찰·국방부·과학기술정보통신부 등 관계기관과 공조체제 구축)

5 국제해양범죄

1) 국제해양범죄의 개념과 추세

국제범죄가 범죄의 주체, 객체, 행위, 보호법익, 결과발생 등의 요소가 2개국 이상 관련이 있는 범죄이며, 범죄의 예방, 범인의 검거, 소추, 처벌을 위해 국가 간 협력을 필요로 하는 범죄라고 할 때, 국제해양범죄는 장소적으로 '해상'에서 발생하거나 발생 가능성 있는 국제범죄라고 정의할 수 있다. 국제해양범죄라는 개념은 1994년 유엔해양법협약의 발효와 함께 200해리 배타적경제수역(EEZ)을 설정하고 외국어선에 대한 조업규제를 강화함에 따라 해양경찰의 업무영역이 확장되고 역할이 제고되면서 등장하게 되었다. 배타적경제수역은 영해 기선으로부터 200해리에 이르는 수역 중 영해를 제외한 수역으로, 우리나라는 일본·중국과 배타적경제수역이 겹치기 때문에 어업협정을 체결하여 겹치는 수역을 공동으로 관리하고 있다. 이전에도 해상을 통한 밀수, 밀출·입국 사건 등이 지속적으로 발생하였으나, 당시는 국제범죄 업무자체가 미분화 상태에서 체계적·과학적·전문적 관점에서 국제해양 범죄 업무를 다루지 않았으며, 사건 자체를 해양경찰의 소관업무로 보기보다는 일반적인 경찰의 업무로 취급하여 처리되었다.

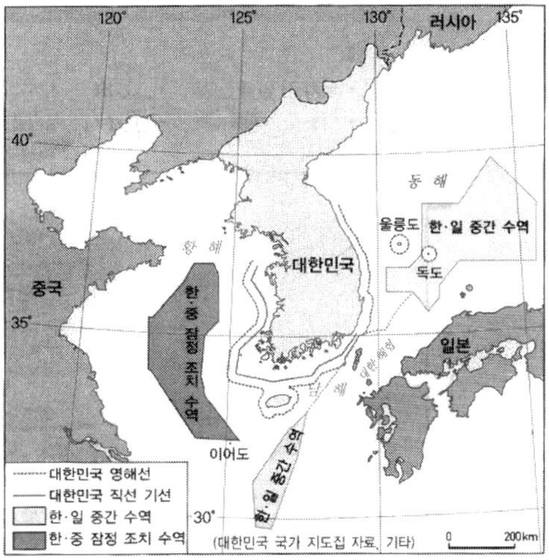

한·중·일 어업 수역도

우리나라의 영해 및 경제수역

이후 1992년 8월 24일 중국과의 국교가 정상화되면서 중국어선의 불법조업이 극성을 부리고 밀입국 사건이 증가하기 시작하였으며, 특히 2000년대 들어 범죄 규모가 대형화 하고 수법이 다양해 지면서국제해양범죄가 해양경찰의 중요한 업무로 대두되었다. 국제해양범죄는 국제범죄로서 구분되는 외국인 범죄를 크게 일반형법범과 특별형법범으로 구분한다고 할 때 살인·강절도 등 일반형법범보다는 해양오염방지법, 출입국관리법, 외국어선 불법조업, 기타 등의 위반사범으로 분류되는 특별형법범 쪽이 압도적으로 큰 비중을 차지하며, 특별형법범 가운데도 출입국관리법상 밀입국사범과 출입국사범의 비중이 매우 크고, 최근에는 불법조업 외국어선의 위반사례가 급증하고 있는 추세이다.

해양경찰청

우리나라 해양경찰청은 1953년 12월 14일 내무부 치안국 소속 해양경찰대로 창설된 이후 1991년 7월 경찰청 소속 해양경찰청으로 확대 개편되었다가, 1996년 8월 8일 해양수산부 외청으로 독립해 2005년 7월 차관급 외청으로 승격되었다. 2014년 정부조직 개편 시 신설된 국민안전처의 해양경비안전본부로 흡수·통합되었다가, 2017년 7월 국민안전처가 행정안전부로 흡수·통합되면서 다시 해양수산부 소속의 해양경찰청으로 독립하였다.

주요 업무는 국토 면적의 4.5배에 달하는 우리나라 해상에서 해상수색 및 구조활동 등의 경비 구난, 해상교통 안전관리, 해상범죄의 예방 및 단속 등의 해상치안, 해양오염 감시활동 및 오염사고 예방 등의 해양환경보전, 해상 오염물질 유출의 예방과 방제활동 등의 해양오염방제, 해상 밀입국 단속 등 국제해상범죄에 대응하기 위한 국제교류협력 등이다.

2) 국제해양범죄의 특성

국제해양범죄에는 국제범죄가 띠고 있는 국제성, 조직성, 강력성, 복잡·다양성의 특성이 반영되어 있으며, 여기에 해양이라는 특수성과 한반도의 지정학적 특성이 추가되어 독특한 범죄양태를 구성하고 있다는 점에서 ① 광역성, ② 수단성, ③ 파급효과성, ④ 진행성, ⑤ 수요의 민감성이라는 특성을 갖고 있다.

(1) 광역성

국제해양범죄에는 해양의 특수성으로서 광역성이 반영되어 있다. 해양은 매우 넓고 광활하며 정체되어 있지 않고 부단히 유동적이다. 기상변화에 따라 바람과 파도의 변화가 무상하며 조류의 흐름에 따라 지속적으로 움직이고 있다. 해양에서 범행 발생 시에 현장에 도착하는 시간이 지연되거나 현장을 발견하는데 시간이 오래 걸릴 수 있으며, 현장 자체도 원래 그대로 보존한다는 것이 거의 불가능하다고 할 수 있다. 따라서 국제해양범죄는 범죄첩보가 사전에 입수되지 않는다면 검거 및 체포하기가 용이하지 않으며, 이러한 자연적 제약으로 수색·발견·초동조치 등 대응이 지연될 수밖에 없다는 한계가 있다.

(2) 수단성

해양은 육지와 많은 면에서 다르지만 특히 인간이 해상에서 정주하지 않는다는 것만으로도 큰 차이가 있다. 인간이 해양을 이용하려면 반드시 수단으로 선박을 이용해야만 하며, 선박 등의 사용을 전제하지 않는 해양 이용은 거의 불가능하다. 해양에서 자행되는 범행 모두 선박이라는 교통수단을 사용하는 가운데 발생하고 있다. 예컨대, 밀입국, 밀수 등도 모두 선박을 이용하여 이루어지고 있다. 국제해양범죄자들이 선박을 선호하는 이유는 선박이 갖고 있는 비용의 저렴함과 대규모의 운반능력 그리고 기상특보 시 해안선 경비의 허술한 상태를 이용하고자 하는 범죄자의 심리가 반영되어 있다.

(3) 파급 효과성

선박은 대량 수송수단이므로 단일 사건이 대형으로 발전할 수 있는 특징이 있다. 이처럼 해양범죄는 육상의 범죄와 달리 사건의 건수는 적으나 선박의 수송능력을 감안할 때, 그 파급효과는 전국적으로 영향력을 미치게 된다. 이들 밀출·입국 사범을 한 척의 선박으로 다수의 밀입국자가 불법입국하게 되면, 불법체류자들이 전국적으로 확산되고 밀입국사범은 결국 또 다른 밀출국사범을 양산하게 되어 있다. 즉, 하나의 범죄가 양적으로 확대될 뿐 아니라, 지속적으로 연계되어 범죄가 확산되는 상황을 만들어내므로 예방이 무엇보다 중요하다.

(4) 진행성

해양에서의 범죄는 범죄행위가 종결되지 못하고 진행되는 과정에 있는 것이 대부분이다. 해양 전체는 인간이 정주하는 공간이 아니기 때문에 수단적으로 진행하는 과정에 불과할 뿐 실질적으로 범죄가 완성되는 것은 아니다. 물론 예외적으로 해상살인사건이나 해상강도사건 등은 선상에서 범죄행위가 완성된 사건이지만, 밀입국사건·밀수 등은 선상에서 범행 자체가 완성되는 과정에 있다고 볼 수 있다. 예컨대, 출입국관리법(제99조 미수범 등)에서 규정한 '밀입국 예비 음모죄'는 이러한 특성을 반영한 규정이라고 할 수 있다. 또한 해양은 육지와 달라 주권이 미치는 범위도 해역별로 각각 다르기 때문에 국내법이 미치는 범위도 다를 수밖에 없다. 일단 접속수역에 들어와야 출입국관리법이나 관세법 적용이 가능하게 된다. 영해와 접속수역을 제외한 공해상에서 적용될 수 있는 국내법은 EEZ, 대륙붕 관련 법령 이외 적용 가능한 법령이 거의 없다. 그러므로 이러한 국제해양범죄는 범행 진행 과정상 범행을 차단할 수 있는 중간 위치에 해당한다고 할 수 있다. 이 때문에 국제해양범죄는 사전 예방이 무엇보다 중요하다.

(5) 수요의 민감성

해양경찰청이 전담하고 있는 국제해양범죄는 그 종류가 많지 않아 주요 업무는 밀출·입국, 밀수, 외국어선 불법조업, 해양오염, 마약 등 비교적 특정한 업무에 한정되어 있다. 그러나 국제범죄가 국제정세의 변화에 민감하게 반응한다는 특성이 있는 것과 마찬가지로 국제해양범죄 역시 인접국가와의 외교관계에 따라 수요가 크게 변화한다는 특성이 있다.

3) 국제해양범죄의 유형

국제해양범죄의 유형은 우선 범죄에 대한 의율 법률을 중심으로 볼 때 크게 출입국관리법, 배타적경제수역법, 관세법·밀항단속법 등 4가지 주요 법률 위반범죄로 분류할 수 있다. 한편 해양경찰청에서는 범죄행위의 주체 및 내용 등을 포괄해 ① 외국인 범죄, ② 해상 밀입국사범, ③ 해상 밀수사범, ④ 외국어선 불법조업, ⑤ 우리어선 외국피랍 등으로 구분하고 있다.

(1) 외국인 범죄

해상에서의 외국인범죄 유형은 일반형법범과 특별법범으로 나뉘고, 이중 특별법범은 해양수산관련 법령 중심으로 해양오염방지법, 출입국관리법, 관세법, 밀항단속법, 배타적경제수역법, 영해 및 접속수역법 등의 위반사범으로 세분화된다.

(2) 해상 밀입국사범

해상 밀입국은 중국 조선족이 절대 다수를 차지하고 있는데, 중국 현지 조직과 국내 조직이 연계하여 모집책, 운송선박 알선책, 해·육상 운송책 등으로 임무를 상호 분담하는 등 조직적으로 이뤄지고 있으며, 운송 수단에 있어서 종전의 어선 위주에서 탈피하여 화물선, 컨테이너선 등으로 다양화되는 추세이다.

(3) 해상 밀수사범

밀수는 세관을 거치지 아니하고 몰래 물건을 사들여 오거나 내다 파는 행위로서, 해상을 통한 밀수는 건수는 작으나 선박의 수송능력이 육상의 어떠한 수송수단보다 월등히 규모가 크므로, 이로 인해 국민경제에 미치는 악영향은 매우 심각하다.

(4) 외국어선 불법조업

불법조업은 외국선박이 국내법 또는 국제법의 규정에 따라 어로행위가 금지된 국내수역 및 영해, 어업자원보호수역, 배타적 경제수역을 침범해 어업을 하는 것으로서, 수산업법 제62조에 의하면 "부적법 또는 위법하게 행하는 어업, 즉 적법요건을 결여하여 처벌의 대상이 되는 어업"을 말하며, 서해안에서 중국어선의 불법조업이 가장 극심하다.

(5) 우리어선 외국피랍

1990년대 후반부터 연안 어족자원 고갈과 한·일, 한·중 어업협정 발효에 따른 어획 부진으로 우리나라 일부 어선들이 다획을 목적으로 일본·중국 수역을 침범하여 불법 조업하다가 구속·벌금 납부 등 사법처리를 당하고 있다. 최근에는 소말리아 등 먼 나라 해역에서 해적들에 의한 우리 국적 원양어선이나 화물선 등의 피랍 사건도 많이 발생하고 있다.

강 욱·전용태(2016). 초국가적 범죄조직의 국내침투 전망과 대응방안: 사회구성주의 이론을 중심으로. 한국경찰행정학회보 18(1).

강 욱·홍정민(2014). 전환기의 정의(Transnational Justice)의 개념과 적용: 보스니아(구 유고) 사례를 중심으로. 한국범죄학 8(1).

경찰청(2015). 경찰정보통계.

김병준(2001). 국제범죄의 실태와 대책: 한국·일본·중국·러시아 등 동북아 4개국을 중심으로. 한국공안행정학회보 11.

김연수(2012). 초국가적 금융범죄의 정의와 유형. 한국공안행정학회보 21(4).

김평식(2018). 한국의 위조통화범죄와 대응방안. 한국범죄정보연구 4(1).

김한일(2012). 국제해양범죄의 실태 및 대응력 제고 방안 연구: 해양경찰청을 중심으로. 원광대학교 행정대학원 석사학위논문.

김혜선(2015). 국제범죄와 다국적 범죄의 개념 구분에 관한 고찰. 한국경찰연구 14(3).

문규석(2003). 인터폴을 통한 국제경찰협력의 실효적 이행방안에 관한 연구. 치안논총 19.

문규석(2010). 국제전화 금융 사기범에 대한 공권력 행사 방안. 국제법학회논총 55(1).

박기륜(2004). **국제범죄론**. 서울: 비전캐릭터.

박보라(2013). 초국가적 범죄에 대한 동북아 국가 간 경찰활동 협력체계 개선방안. 사회과학논총 28(2).

박일선(2001). 자금세탁행위의 국제화·범죄화에 따른 대응방안 연구. 가톨릭대학교 국제대학원 석사학위논문.

박주상·박동균(2010). 국제해양범죄에 대한 해양경찰의 효율적 대응방안. 한국치안행정논집 7(3).

박중현(2018). 효율적인 사이버범죄 국제 공조를 위한 집중 수사 국가 제도 도입 효과 연구: 이메일 무역사기 사건을 중심으로. 연세대학교 정보대학원 석사학위논문.

백기봉(2013). 동아태 지역에서의 초국가적 조직범죄 척결을 위한 국제협력방안. 서울국제법연구 20(1).

백영준(2009). 마피아들의 '동아시아공동체' 비전통적 안전보장문제로서의 월경범죄. A View of Russian Mafiya 6.

성기주(2015). 국제해양범죄의 관할권에 관한 법적 연구. 인하대학교 대학원 박사학위논문.

신성식(2013). 국제 금융범죄의 종류 및 수법에 관한 연구. 한국테러학회보 6(3).

안병한(2009). 부정경쟁방지법상의 지적재산권 보호의 문제. 지적재산권 32.
오세윤·송혜진(2014). 초국가적 범죄의 대응강화를 위한 인터폴의 효율적 활용 방안에 관한 연구. 한국재난정보학회 논문집 10(4).
오태곤(2005). 국제범죄 대응을 위한 국제형사경찰기구의 강화방안. 법학연구 18.
윤해성(2013). 보이스피싱 사기범죄의 국제적 동향과 법제도적 방향 모색. 형사정책 25(2).
이만종(2012). 초국가적 범죄에 대한 인간안보적 접근과 대응. 한국테러학회보 5(2).
이영란(2000). 한국의 국제범죄 실태와 대책: 국제공조 필요성의 관점에서. 형사정책 12(2).
이장희(1997). 국제범죄 수사역량 강화방안. 치안연구소 연구보고서.
이종화(2003). 국제범죄의 개념과 현황. 경찰법연구 1(1).
이종화(2004). 국제성 범죄 증가의 환경요인분석과 사례. 경찰법연구 2(1).
이훈규·신의기(195). 범죄인인도제도. 한국형사정책연구원 연구총서 1.
정 완(2000). 국제조직범죄 및 하이테크범죄 대책을 위한 G8 장관회의. 형사정책연구소식 57.
정 웅(2012). 국제금융거래에서의 자금세탁 위험과 제도적 대응방향. 무역보험연구 13(1).
정육상(2011). 국제범죄의 새로운 양상과 그 대응방안. 한국범죄심리연구 7(1).
정육상(2014). 국제범죄환경의 변화에 따른 보안·수사기관의 능력 제고방안. 한국공안행정학회보 55.
정재준(2013). 국제 사이버범죄에 대한 대응방안: 부다페스트(Budapest)조약 10년의 성과와 반성. 형사법의 신동향 39.
조선호(2010). 범죄수사의 국제협력에 관한 연구: 국외도피 범죄자 조사 및 송환을 중심으로. 경찰학논총 5(1).
조성길(2009). 국제자금세탁방지기구의 이해: 국제기구의 역할의 효율성 제고 및 우리나라 자금세탁방지제도의 발전방향. 고려대학교 법무대학원 석사학위논문.
채성준(2015). 정보환경 변화에 따른 국가정보기관의 역할정립 방안. 한국공안행학회보 24(1).
채성준(2016). 국제범죄의 개념 정립 및 효율적 대응방안 연구. 국가정보연구 9(2).
채성준(2018). 사이버 공간에서의 안보위협 대응체제 구축방안. 공공정책과 국정관리 12(2).
채성준(2018). 국제범죄의 하이테크화 실태 및 효율적 대응방안. 국제범죄대응정책 연구논총 14.

최진웅(2002). 돈세탁의 국제적 추세 및 규제방안에 관한 연구. 한양대학교 대학원 석사학위논문.

황문규(2011). 초국가적 범죄의 개념과 우리나라 경찰의 대응 방향. 경찰학연구 11(4).

한종만·김용욱·김정훈·이영형(2009). 러시아 조직범죄집단과 한국의 형사정책적 대응방안. 한국형사정책연구원 연구총서 12.

허성욱(2008). 국제 전화금융사기 범죄에 관한 연구. 창원대학교 대학원 석사학위논문.

波多野里望·小川方彦(1982). 國際法講義. 有斐各.

Balzacq, T.(2008). The Policy Tools of Securitization: Information Exchange, EU Foreign and Interior Policies. JCMS: Journal of Common Market Studies 46(1).

Bassiouni, M. Cherif(1986). Characteristics of International Criminal Law Conventions, in M, Cherif Bassiouni(ed). International Criminal Law, Vol. I(crimes). New York: Transnational Publishers, Inc.

Beare, M. E.(2003). Critical reflections on transnational organized crime, money laundering and corruption. University of Toronto Press.

Berdal, M. R., & Serrano, M.(Eds.)(2002). Transnational organized crime and international security: business as usual. Lynne Rienner Publishers.

Brouwer, E.(2008). Digital borders and real rights: effective remedies for third-country nationals in the Schengen Information System. Brill.

Clark, R. S.(1998). Countering transnational and international crime: Defining the agenda. Hume Papers on Public 6(1/2).

Mueller, G. O.(2001). Transnational crime: Definitions and concepts. In P. Williams & D. Vlassis(eds.), Combating transnational crime: Concepts, activities and responses(13-21). London: Frank Cass.

Shelley, L.(1995). Transnational organized crime: an imminent threat to the nation-state?. Journal of international affairs 48(2).

United Nations(2000). United Nations convention against transnational organized crime and the protocols thereto. United Nations Office on Drugs and Crime, New York, NY: United Nations.

산업스파이

Chapter 04

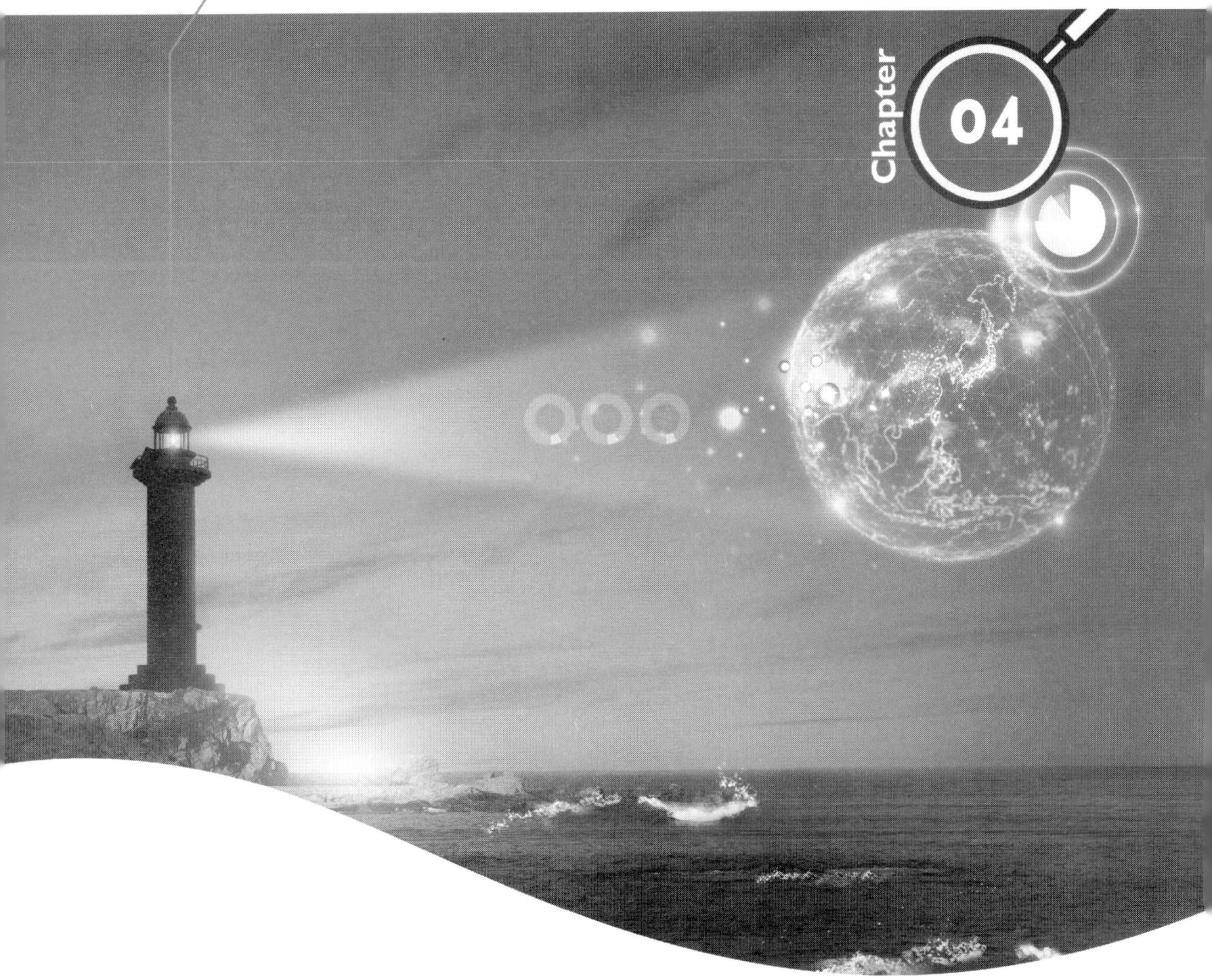

1 산업스파이의 개념과 발생원인

1) 산업스파이의 개념 정의

오늘날 국제사회는 교통·통신 및 과학기술의 발달과 함께 국가 간 영역이 점차 허물어짐에 따라 이른바 국제화(Internalization)를 넘어서 전 세계가 하나의 지구촌(Globalization)으로 변모하는 단계에 접어들고 있다. 또한 국제적 경제환경은 기술의 경쟁력이 기업과 국가의 경쟁력을 좌우하는 시대적 흐름이 형성되고 있는데, 이와 같은 기술은 다른 생산요소에 비해 개발이 쉽지 않은 반면에 무형의 정보라는 점 때문에 유출이 쉬운 특징이 있다.

이에 따라 타 기업이나 국가의 산업기술을 내부적으로 입수하여 유출시키는 이른바 산업스파이 활동이 횡행하고 있다. 특정한 기술을 보유한 기업의 특허나 설계도가 유출되어 해당 기업에 유무형의 막대한 피해를 입히는 사건들이 반복되면서, 산업스파이 문제가 사회적 이슈로 부각되거나 국제적 분쟁으로까지 확대되기도 한다.

이처럼 일정한 이익을 취할 목적으로 타사, 즉 이해가 상반되는 국내외 경쟁기업의 영업기밀이나 제품개발정보, 기타 산업 관련 기술 등 이익이 되는 기밀정보를 은밀하게 입수하여 고의적으로 유출·교란시키는 공작을 전문으로 하거나, 최신 산업기술을 불법적으로 빼내서 해당조직(기업)에 손실을 입히는 사람을 흔히 산업스파이라 하며, 이와 같은 행위를 대체로 산업스파이 활동이라고 한다.

모든 기업은 시장정보·상품정보 등 통상적인 정보의 수집활동을 수행하고 있는데, 그중에서도 가장 흥미를 끄는 것이 경쟁회사에 관한 정보이다. 특히 기술개발은 두뇌·자금·시간이 소요되는 부분이기 때문에 각 기업들이 불법적인 산업스파이 활동을 통해서라도 입수하고자 하는 것이다.

산업스파이에 대한 통일된 정의는 아직까지 이루어지지 못했으며, 이를 정의하는 국가기관이나 학자에 따라 그 의미가 조금씩 다르게 정의되고 있다. 또한 그 용어에 있어서도 다양하게 규정되고 있다. 전통적으로 스파이(spy)라 함은 적의 군사적 기밀을 획득하는 수단이나 방법을 가리키는 것으로써 그 기원은 군대에 바탕을 두고 있다. 원래 스파이 행위를 뜻하는 영어 'espionage'의 어원은 '멀리 본다' 또는 '숨겨져 있는 것을 목격 또는 발견한다'라는 의미의 고대 프랑스어인 'espier'가 변화한 것으로 알려져 있다. 한자 문화권에서는 첩자(諜者) 또는 간자(間者)라고 하였는데, 우리나라에서는 스파이 활동이라는 말과 동의어인 간첩(間諜) 활동에서 따온 '간첩'이라는 용어를 흔히 사용해 왔다. 냉전시대에 이 개념은 국가 간에 외교·군사에 관한 정보를 한 나라의 정부요원이 비밀리에 정탐·수집하는 행위나 행위를 하는 자를 가리키는 것이었다. 사전적으로는 "한 국가나 단체의 비밀이나 상황을 몰래 알아내어 경쟁 또는 대립 관계에 있는 국가나 단체에 제공하는 사람"으로 정의된다.

이러한 스파이 활동은 제2차 세계대전 이후인 1945년부터 40여 년 동안 동서 양극의 냉전시대에 미국의 CIA(Central Intelligence Agency, 중앙정보국)와 구 소련의 KGB(Komitet Gosudarstvennoy Bezopasnosti, 국가보안위원회) 간에 벌어진 스파이전이 대표적이라고 할 수 있다. 당시 세계는 자유민주 진영의 맹주인 미국과 공산 진영의 맹주인 소련이 분할하여 양측 동맹국 간에 갈등·긴장·경쟁·대립 상태가 이어지는 냉전 상태가 지속되었다. 이와 같은 냉전시대에는 한국전쟁과 베트남전쟁 같은 국지적인 충돌은 있었으나, 주축국가인 미·소 간의 직접적인 충돌사례는 없었다. 대신 양 진영은 첩보전, 선전전, 군사동맹, 재래식 군대의 전략적 배치, 핵무기 개발, 군비경쟁, 대리 전(Proxy War) 그리고 우주진출과 같은 기술개발 양상을 보이면서 상호 간의 사상적인 이념(이데올로기) 대립이 군사와 정치, 경제, 사회, 문화, 과학 등 모든 면에서 세계를 반분하였던 상황으로 전개되었다.

그러나 탈냉전시대 이후로 안보환경은 많이 바뀌었다. 1980년대 중반 고르바초프의 이른바 페레스트로이카가 등장해 소련 연방이 해체되고 1989년 베를린 장벽 붕괴를 시발로 사회주의 블록이 해체되면서, 이념 대립에 의한 미·소 양극의 냉전체제가 종언을 고하고, 냉전 후 시대(Post-Cold War Era) 또는 탈냉전 시대가 도래하면서 다극화된 새로운 세계질서가 구축되었다. 탈냉전 시대의 가장 큰 특징은 컴퓨터를 기반으로 하는 인터넷과 휴대전화 등 신문물에 의한 세계화·정보화이며, 세계 각국이 이념보다는 경제적 힘과 그 경제적 힘의 바탕이 되는 첨단기술을 가지고 싸우는 형국에 돌입한 것이다.

현재의 국제환경 하에서 안보는 "군사·비군사를 불문하고 국내외로부터 기인하는 각종 위협으로부터 국가가 보유하고 추구하는 제반 가치를 보전하는 것"이라고 정의할 수 있다. 이에 따라 안보를 국가 및 그 구성원의 총체적 안위보장으로 파악하고 대처하는 총체적 접근법이 등장하게 되었다. 그리고 이에 의해 새롭게 등장한 안보개념이 바로 포괄적 안보(Comprehensive Security)이다. 포괄적 안보는 국내외로부터 기인하는 각종 위협으로부터 국가가 보유하고 추구하는 제반 가치를 보전하는 것이라고 정의할 수 있으며, 전통적인 정치·군사 분야에 더하여 비정치적·비군사적 사안까지도 고려하여 안보를 파악하려는 시각이다. 이러한 시각은 안보의 고려 영역을 경제·사회·문화·환경·과학기술 등 국가 간 관계의 기초를 이루는 다양한 분야로 확대하여 이들과 안보와의 불가분성을 강조하고 있다.

농경사회에서는 토지가 자원으로 여기에서 생산되는 식량이 가장 중요한 가치로 평가되었고, 산업사회는 자본이 가장 중요한 자원으로 이를 활용하여 공장을 짓고 원부자재를 구입하여 생산한 제품 또는 상품이 거래의 중요한 가치척도가 되었다. 오늘날 전 세계는 정보의 생산과 활용도에 따라 국가의 발전에 결정적인 영향을 미치게 된다. 더구나 냉전체제가 붕괴되어 더 이상 미국과 소련, 자본주의와 공산주의의 대결이 무의미하게 되었다. 이제는 국제적 경제패권주의에 의하여 군사·외교·정치적 정보에 못지않게 첨단기술을 개발한 산업체를 상대로 산업기밀을 수집·탐지하는 산업스파이 문제가 국가적으로 매우 중요하게 부각되었다. 냉전 당시에는 국방·외교·정치상의 비밀이 중요한 스파이 행위의 대상이었고, 이에 대하여는 주로 국가 차원에서의 스파이전쟁에 의하여 진행되었지만, 냉전 이후 경제전쟁 시대의 스파이 활동은 오히려 산업체의 경제적·기술적 정보수집에 집중되고 있는 것이다.

이처럼 냉전체제가 무너진 이후에 비정상적인 방법으로 경쟁국가의 첨단산업 기술을 습득하기 위해 벌어지고 있는 스파이전은 총성이 없는 전쟁의 한 유형으로 볼 수 있다. 첨단기술을 보호하는 것 자체가 국가안보에 있어서 매우 중요한 요소로 간주되고 있기 때문이다. 이러한 시대적 흐름 속에서 일반적으로 각국이 산업스파이를 활용하는 이유를 살펴보면 다음과 같다. 첫째, 국가 또는 기업이 전략적으로 육성하고자 하는 특정 분야의 기술을 개발하기 위하여 소요되는 시간과 재정지출을 줄일 수 있다는 점이다. 둘째, 특정 기술을 개발하였다고 하여도 대량생산을 위한 생산기술의 습득이 매우 중요하다는 점이다. 셋째, 국가 경제력의 증진은 군사력의 향상뿐만 아니라 국가안보를 강화하게 한다는 점이다. 넷째, 천문학적인 규모의 국제입찰에서 낙찰을 받아 국제시장에서 성공할 가능성을 증대하기 위함이다. 다섯째, 냉전시대에 활용하던 스파이 활동을 유지하기 위해서 각국이 산업스파이로 활용하고자 하려는 것이다.

이처럼 세계 각국이 산업스파이를 활용하는 이유가 매우 다양한 만큼 산업스파이라는 용어와 개념 역시 다양하게 정의되고 있다. 일반적으로 산업스파이의 정의가 무엇인지 명확하게 규정되어 있지는 않지만, 다음과 같이 정의할 수 있다.

첫째, 산업이 아니라 경제라는 좀 더 포괄적인 용어를 사용하여 정의한 경우이다. 즉, 경제스파이(Economic Espionage)는 특정 국가의 경제적 경쟁력을 제고하기 위한 목적으로 정보수집이 행하여지며, 국가가 이를 지시하거나 지원 또는 조정하는 정보수집 활동을 말한다. 반면에 산업스파이(Industrial Espionage)는 시장경제에 있어서 경쟁적 우위를 점하기 위하여 행해지는 정보 활동으로서 산업체나 개인기업의 지원 또는 협조로 이루어지는 정보수집 활동을 말한다. 경제스파이와 산업스파이의 주된 차이점은 파견자가 누구이냐에 따라서 국가가 파견하면 경제스파이이고, 기업이 파견하면 산업스파이라는 견해이다.

둘째, 경제스파이와 산업스파이를 동의어적인 관점에서 접근하는 경우이다. 즉, 경제적 목적으로 산업기밀 등을 비밀리에 입수하기 위하여 상대국의 기업회사를 대상으로 스파이 활동이 전개될 때 통상 산업스파이 또는 경제스파이라고 한다. 이러한 관점에서 볼 때 산업스파이란 상대국의 기업이나 회사가 소유하고 있는 물품의 제조방법, 판매방법, 기타 산업상이나 영업상의 유용한 기술 및 경영정보 등 산업체의 업무에 관한 비밀, 줄여서는 영업비밀을 부정하게 입수 또는 정탐하는 일체의 행위를 지칭한다고 할 수 있다.

셋째, 절취 행위를 중심으로 정의하는 경우이다. 즉, 절취자, 산업스파이가 그 행위로 인하여 자국 정부나 자기를 고용한 기업의 이익을 초래할 것이라는 사정을 알고서 경제적 가치가 있는 정보를 절취하는 행위를 자행하는 사람이다. 산업스파이가 절취하고자 하는 대상을 재산권으로 본다는 측면으로 이해할 수 있다.

이상과 같이 산업스파이의 용어와 개념은 파견주체나 절취행위 등에 따라 다양하게 정의되고 있음을 알 수 있다. 예를 들어, 산업스파이는 일차적으로 국가안보의 목적보다는 상업적 목적에서 수행되는 스파이 활동이다. 그러나 그것이 국가의 안보와 전혀 무관한 것은 아니다. 왜냐하면 산업스파이로 인하여 중요한 산업기반이 타격을 입을 경우 국가의 성장 동력 또한 파괴될 수 있기 때문이다. 이 때문에 미국·독일·일본 등 주요 선진국들은 산업스파이의 문제를 국가안보 차원에서 다루고 있다. 결론적으로 볼 때 산업스파이란 파견주체가 누구인지와는 상관없이 경제적 목적으로 상대국의 기업이나 회사가 소유하고 있는 물품의 제조방법, 판매방법, 기타 산업상이나 영업상 유용한 기술 또는 경영정보 등 산업체의 업무에 관한 비밀, 줄여서는 영업비밀이나 산업기밀 등을 불법적으로 입수하거나 정탐하는 일체의 행위 또는 이러한 행위를 자행하는 사람으로 정의할 수 있을 것이다.

산업스파이에 관한 다양한 정의

연도	출처	정의
1997	Winkler	국내 또는 세계 시장의 치열한 경쟁에서 우위를 차지하기 위해 경쟁상대 기업들에 관한 정보와 자료를 수집하는 일련의 과정을 의미한다.
2004	사법 연수원	물품의 제조 방법이나 판매 방법 기타 영업 활동에 유용한 기술이나 경영정보 등 산업체의 업무에 관한 비밀을 부정하게 입수하거나 누설하는 일체의 행위를 의미한다.

연도	출처	정의
2006	콜린스 코빌드 영영사전	산업분야의 첩보를 수집하는 활동을 하는 자를 지칭하는데, 여기서 스파이(Spy)는 어떤 국가 또는 조직을 위해 정치·군사·산업분야 등의 비밀첩보(Secret Information)를 찾아내는 직업을 가진 자, 즉 간첩 또는 첩자를 의미하고, 스파이 활동(Spying)은 스파이에 의한 정보수집 활동을 의미한다.
2006	민수홍·이민식	국내 또는 세계 시장의 치열한 경쟁에서 우위를 차지하기 위해 경쟁상대 기업들에 관한 정보와 자료를 수집하는 일련의 과정을 의미한다.

* 출처: 주용걸(2010).

2) 산업스파이의 발생원인

(1) 사회경제적 요인

① 경제규모의 증대

경제규모가 커지면 산업관련 범죄도 늘어나게 마련이다. 산업화가 되지 않아 농업 등 1차 산업에 머물러 있는 국가에서 산업범죄는 별 의미가 없는 것이다. 산업화가 이루어지고 경제규모가 커질 때 산업기밀 유출을 비롯하여 산업범죄 역시 증가하게 된다. 우리나라의 2018년 국내총생산(GDP)은 11조 6,932억 달러에 달해 세계 12위로 집계되었다. 1980년 638억 달러에 비하면 183배가 늘어난 규모이다. 특히 산업기밀 유출의 주된 대상이 되는 IT산업은 매년 고성장을 통해 GDP 대비 차지하는 비중이 12%를 초과하고 있다. 이렇게 경제규모가 커지다보니 산업기밀 유출의 규모도 확대되고 있다. 실제로 우리나라에서는 반도체·자동차 등 주력산업을 중심으로 매년 20건 이상의 산업기밀 해외 유출 및 유출시도 사례가 적발되고 있다. 이처럼 경제규모가 커지면서 산업관련 범죄의 규모 또한 증가하는 부작용을 낳고 있는 것이다.

산업부문의 다양화 역시 산업관련 범죄를 증가시키는 요인이 된다. 새로운 형태의 업종이 생겨나면 규제 및 관련 법규가 제대로 시행되지 못하는 허점을 노려 신종범죄가 발생하기 때문이다. 금융업의 경우에는 새로운 파생상품이 다양하게 판매되면서 이를 이용한 범죄 또한 늘어나고 있는 추세라고 할 수 있다. 금융감독원이 2018년 국감에서 밝힌 최근 5년간 은행의 유형별 금융사고 현황자료에 따르면 모두 154건의 금융사고가 발생한 가운데 피해액은 4,685억 원으로 집계되었다. 이는 평균 30억 원 규모의 금융사고가 열흘에 한 번씩 발생한 셈이다. 규모가 작고 리스크 관리가 상대적으로 부실한 농협과 신협, 수협, 산림조합 등 상호금융조합과 같은 경우에는 금융사고 빈도가 더 높은 것으로 나타났다. 산업부문이 복잡화될수록 단속과 통제의 빈틈을 범죄로 연결시키는 행위가 발생하게 되는 것이다.

② 기술의 향상

은행 강도가 발생하는 이유는 은행에 현금이 많기 때문이다. 범죄에는 동기를 유발할 만한 유인이 필요하다. 산업기밀 유출과 같은 산업범죄 역시 마찬가지다. 빼돌려 팔아넘기려면 대상이 되는 기술이나 기밀이 상품성이 높아야 한다. 다시 말해 첨단성과 상품성을 갖춰야 하는 것이다. 부품 조립 수준에 불과하던 1960년대와 1970년대에는 팔아넘길만한 기술을 보유하지 못했다. 그러나 1980년대 이후 반도체 산업을 비롯한 전자산업과 정보통신산업이 급성장하면서 관련 기술 수준 역시 높아졌다. 세계 최고 수준의 기술력을 갖춘 업체들이 계속 증가하고 있는 것이다. 2018년 10월 발표된 세계경제포럼(WEF, World Economic Forum)의 국가경쟁력 평가에 따르면 우리나라의 종합순위는 광케이블 및 초고속 인터넷 등 ICT 보급(1위), 물가 및 공공부채의 지속가능성 등 거시경제 안정성(1위)에 힘입어 평가대상 140개국 중 15위(미국·싱가포르·독일이 각각 1위, 2위, 3위)를 차지해 선진국 수준에 도달한 것으로 평가되고 있다.

우리나라는 IT 강국이라는 소리에 걸맞게 반도체와 디스플레이 기술은 물론이고 선박건조와 배터리를 비롯하여 타이어 등 다양한 분야에서 세계 최고의 기술들을 보유하고 있다. 이러한 최고의 기술의 경우 천문학적인 경제 가치를 갖고 있기 때문에 외국 업체는 물론이고, 국내 업체의 높은 관심과 함께 기술 확보를 위해 갖가지 방법을 동원하게 되며, 일부에서는 해당 기술보유 기업의 관련 직원을 매수하거나 산업스파이를 이용하는 등의 불법적인 행위까지 서슴지 않는 것이다.

③ **배금주의의 심화**

시장자본주의는 현대 경제의 바탕이 되는 중심 이념이다. 산업혁명 이후 세계경제가 비약적인 성장을 지속해 온 원동력이 시장자본주의에 있다고 해도 과언이 아니다. 더욱이 1980년대 말 이후 동구 사회주의가 몰락하면서 시장자본주의의 위력은 확실하게 검증되었다. 중국, 북한, 쿠바를 비롯한 몇몇 사회주의 국가가 남아 있지만 개혁개방 이후 사실상 시장경제체제를 도입한 중국을 제외하고는 빈곤과 쇠락을 면치 못하고 있다.

하지만 시장자본주의에는 뚜렷한 명암이 공존한다. 철저한 경쟁체제를 통해 경제성장에는 큰 기여를 하였지만, 지나친 경쟁과 '돈이면 다 된다'는 배금주의를 확산시키는 부작용을 낳고 있기 때문이다. 수단과 방법을 가리지 않고 눈앞의 이익만을 좇는 배금주의의 확산은 산업범죄를 증가시키는 주요한 요인이 되고 있다. 직업 소명의식과 윤리의 중요성은 항상 강조되지만 '현실을 모르는 교과서적인 얘기'로 치부되기 쉽다.

산업기밀 유출을 포함하여 기업 직원들의 횡령이나 배임 등은 모두 금전적 욕구가 윤리와 심지어 현행법까지 무시하면서 발생하는 사례들이다. 예를 들면, 자신들이 근무했던 벤처기업이 한국과학기술연구원(KIST)과 함께 수년에 걸쳐 국가연구비 200억 원을 들여 개발한 나노기술을 러시아에 버젓이 특허출원하고, 중국의 경쟁업체에 거액을 받고 넘기려다 체포된 사례를 비롯해 모 중공업의 담수·발전 설비 핵심기술을 다른 경쟁업체로 빼돌린 뒤 그 업체 계열사의 사장과 상무로 재취업하였다가 적발되어 구속된 사례 등 산업기밀 유출과 관련된 사례들은 거의 모두가 금전적 욕심 때문이다.

기업의 횡령, 배임, 사기 관련 사례들은 열거할 수 없을 만큼 많지만 모두를 아우르는 공통 요인은 '돈'이다. 지난 2009년 발생한 모 건설회사 자금담당 P부장의 횡령 사건은 직원들의 도덕적 해이와 기업의 산업보안이 얼마나 허술하고 얼마나 심각한 결과를 초래하는지를 여실하게 보여주는 사례이다. 우선 회사의 횡령 피해액이 1,898억 원이나 된다. P부장은 2001년 경마로 큰 손실을 본 후 회사공금을 빼돌리기로 마음을 먹고 회사의 허술한 보안시스템을 악용해 거액을 횡령하였다. P부장이 이렇게 횡령한 거액을 주식투자 손실에 150억 원, 경마에 200억 원, 사설 카지노에 350억 원, 강원랜드 카지노에 190억 원, 포커도박에 50억 원 등 총 940억 원을 물 쓰듯이 썼다. 이러한 손실이 단순히 매출 감소가 아니라 순손실임을 감안한다면 이 회사가 이 손실을 매우기 위해서는 1조 원 이상의 매출을 더 올려야 한다는 계산이 나온다. 산업보안의 필요성과 중요성을 다시 한 번 더 일깨워주는 사례가 아닐 수 없다.

고도성장과 새로운 산업 등장 등 산업주기 단축은 물론 투기성 자본 활동에 따른 '부의 축적'이 단기간에 가능해 지면서 빈부격차가 커지고 '한탕주의' 또한 팽배해졌다는 점도 산업범죄를 부추기는 요인이 되고 있다. 부동산 가격은 이미 한없이 올라 일반 근로자가 정상적으로 적금을 붓고 돈을 모으는 방식으로는 집 구입도 쉽지 않은 형편이다. 반면에 새로운 업종 개발이나 금융파생상품 투자 등으로 거액의 소득을 올리는 계층이 생겨나면서 소득격차 확대에 따른 위화감이 가중되고 있다. 이 때문에 손쉽게 거액을 챙길 수 있는 방법을 찾게 되고, 일확천금의 '한탕주의'가 결국 산업기밀 유출 등 산업스파이 범죄를 낳는 요인이 되고 있다.

(2) 범죄학적 요인

① 합리적 선택이론(Rational Choice Theory)

합리적 선택이론은 행위가 손해(Costs)와 이익(Benefits)을 합리적으로 평가한 결과라는 가정을 함으로써 고전학파의 전통을 따르는 이론이다. 이 이론은 일반적으로 사람들이 법 위반과 법 준수의 양쪽 모두에 대해 이익과 손해를 비교하는 방법에 초점을 두고 있다. 합리적 선택이론은 범죄자의 합리적이고 환경에 적응적인 측면을 강조한 이론으로, 기회가 제한되고 이익이 줄어들며 손실이 증가할 때 범죄는 감소하게 된다고 한다. 합리적 선택이론에 따르면 주어진 행위범죄를 저지를 가능성은 법 준수로 인한 손해와 보상에 비해 법 위반으로 인한 처벌의 잠재적 고통과 보상이 주는 잠재적 쾌락에 달려있다고 보았다. 산업스파이는 법을 준수할 때의 이익보다 법 위반으로 얻을 수 있는 경제적 보상이 크기 때문에 범행을 저지르게 되는 것이다. 산업기술 유출 실태조사에서 산업기술이 유출되는 원인에 '개인적 이익추구'가 높은 비중을 차지하는 것도 이와 같은 이유에서이다.

② 억제이론(Deterrence Theory)

억제이론은 사회통제 중 사법기관의 처벌에 주목하여 그것에 의해 범죄가 설명될 수 있다고 본다. 억제이론은 범죄의 원인을 처벌의 여부와 강약에 주목하고 처벌이 있거나 강화되면 범죄를 하지 않을 것이고, 반대로 처벌과 통제가 느슨해진다면 범죄의 발생 가능성은 높을 것이라 주장한다. 산업보안 관련 잠재적 범법자들은 그들의 동료나 상사에 의해서 직간접적으로 산업스파이 범죄를 범하도록 압력을 받고 있으나, 정부나 일반시민들은 산업스파이 범죄를 강력하게 비난하거나 강력한 법집행을 시행하지 않기 때문에 범죄로 나아가는데 용이하게 작용한다는 주장이다. 실제로 기업정보 유출 실태조사에 따르면 산업기밀 유출에 대한 보안 관리체계의 허술, 법적·제도적 장치의 미흡 등이 큰 원인이 되었음을 알 수 있다.

③ 차별접촉이론(Differential Association Theory)

서덜랜드(Sutherland)는 범죄행위란 개인적 특성이나 사회경제적 특성에서 비롯되는 것이 아니라 어떤 문화나 환경에 놓인 개인에게 영향을 주는 학습과정의 결과라고 주장한다. 범죄를 유발하는 기술이나 동기는 친범죄적 가치와 태도·정의·범죄행위의 다른 형태와 접촉한 결과로써 학습된 것으로 본다. 산업스파이 범죄도 기업의 잠재적 범법자들 또는 이미 그와 관련된 범죄를 저지른 그들의 전·현직 동료나 상사에 의해서 직간접적으로 산업스파이 범죄를 범하도록 동질감을 느끼는 집단 내에서 학습되는데, 이때 범죄행위의 학습은 때로는 복잡하고 때로는 간단한 범죄기술의 학습을 포함한다. 그리고 범죄자는 자신들의 불법행위에 대해 어떻게 적절하게 방어하고 합리화하여 핑계를 대며 뉘우치는 것처럼 보이는가 하는 대응법까지 배우게 되는 것이다.

④ 중화이론(Neutralization Theory)

사이크스(Sykes)와 맛짜(Matza)의 중화이론은 대부분의 비행자와 범죄자들이 관습적인 가치와 태도를 견지하지만, 그들은 이들 가치를 중화해 합리화·정당화시키는 기술을 배워서 비합리적 행위와 관습적 행위 사이를 왔다 갔다 표류(drift)한다고 주장한다. 비행자나 범죄자들이 사이크스와 맛짜가 말하는 이른바 '중화의 기술'을 이용하여 자신의 범죄를 합리화·정당화함으로써 자신의 범죄행위에 정당성을 강구하게 된다는 것이다. 다음에서 사이크스와 맛짜의 책임 부정, 손상 부정, 피해자 부정, 비난자 비난, 충성심 요구 등 중화의 기술을 구체적으로 살펴보기로 한다.

첫째, 책임 부정은 자신이 저지른 행위는 자신의 의지로는 어쩔 수 없는 강압적인 힘이나 소질 성향·심리적 이상·생리학적 결함에 의하여 발생된 것이므로, 자신에게는 아무런 책임이 없다고 주장하는 것이다.

둘째, 손상 부정은 자기 자신의 행위가 위법이긴 하지만 실제로는 아무런 피해를 발생시키지 않았으므로 반도덕적일 수 없다고 주장하는 것이다. 예를 들어, 기업에서 핵심기술을 경쟁기업에 유출시켰다 하더라도 핵심기술이 근본적으로 사라지는 것이 아니므로, 실제로는 누구에게도 큰 피해가 발생하지는 않았다고 합리화하는 것을 말한다.

셋째, 피해자 부정은 자신의 행위로 인하여 피해가 발생한 것은 시인하지만, 마땅히 제재를 받아야할 사람에게 행해진 것으로 반도덕적일 수 없다고 주장하는 것이다. 즉, 회사의 연구원이 회사의 영업비밀을 유출했을 경우 회사가 연구원이나 근로자 또는 고객을 착취하기 때문에 마땅히 응징을 받아야 하고, 손실을 입어도 괜찮다고 합리화시키는 것을 말한다.

넷째, 비난자 비난은 알고 보면 자신의 행위를 반도덕적 위법행위로 간주하여 제재를 가하는 경찰·검찰·법원 등의 사람들이 더 추악하고 타락해 있다고 주장하는 것이다. 자신이 연구·개발한 회사의 영업비밀을 유출하는 것보다 이를 처벌하려는 경찰이나 사법기관의 종사자들이 평소 자신보다 더 많은 비리와 범죄를 저지른다고 생각하고 범죄를 합리화·정당화시키는 것을 말한다. 또한 비난자에 대한 비난에 있어 또 다른 합리화는 다른 기업이나 회사원들도 다 법을 어기기 때문에 자신들의 행위도 그리 나쁘지 않다고 정당화하는 것을 말한다. 모든 사람이 다 세금을 포탈하고 모든 사람이 다 뇌물을 주고받기 때문에 안하는 사람들이 바보라고 합리화하여 자신의 행위를 정당화시키게 된다.

다섯째, 충성심 요구는 자신의 행위가 옳지 않지만 회사동료나 상관 등의 친밀한 관계에 대한 충성심이나 의리에서 범죄를 저질렀으므로 자신의 범죄가 정당화될 수 있다고 주장하는 것이다. 실제로 보고되고 있는 산업스파이 사건을 보면 주로 대학의 선후배나 회사동료 등 비교적 친근 집단에 의해 이루어지고 있다.

2 산업스파이의 특징 및 범죄유형

1) 산업스파이의 특징

산업스파이 활동의 특징들을 살펴보면 ① 피해액이 막대하다, ② 내부인이 연루된 경우가 많다, ③ 적발이 매우 어렵다는 점 등을 들 수 있다. 그리고 산업스파이 범죄를 일반범죄와 구별하여 볼 때 다음과 같은 특징이 있다.

첫째, 산업스파이는 각국의 국내법상 허용되지 않는 방법을 동원하여 정보를 습득한다는 측면에서 고의에 의한 범죄행위이다. 반면에 일반범죄는 고의와 과실에 의해서 행하여진다.

둘째, 그 고의도 보복·원한 관계의 청산·충동으로 자행되는 일반범죄와는 달리 오로지 첨단기술정보를 절취하여 경제적 이익을 달성하기 위한 목적으로 행하여진다.

셋째, 산업스파이의 목적물의 소유주는 국가·기업 또는 사인이 될 수 있다. 또 그 목적물은 절취된 이후에 경제적 가치로 환산하기 위하여 생산과 판매라는 일련의 과정이 필요하다. 즉, 목적물이 생산기술·생산방법·설계도 등이므로, 금전적으로 환산되기 위해서는 투자·생산이라는 일련의 과정이 필요한 것이다. 반면에 일반범죄는 일반적으로 범죄자들의 목적물의 소유주는 주로 개인과 기업이다. 그 목적물도 금전 또는 금전적 가치가 있는 장물이 대부분이고, 투자와 생산이라는 일련의 과정은 필요가 없다.

넷째, 그 목적물의 경제적 가치가 얼마라고 간단히 대답할 수 있는 성질의 것이 아니다. 목적물에 따라서 수천억 원의 가치로 환산될 수 있고, 그 기술의 내용에 따라서 크게 차이가 날 수도 있다. 그러나 일반범죄의 목적물은 대부분 쉽게 금전적 가치로 환산할 수 있는 것들이다.

다섯째, 목적물이 어떠한 형태로 있느냐라는 측면에서 볼 때 설계도·컴퓨터에 입력된 프로그램 및 첨단기술을 개발한 사람의 머리에 기억될 수 있다는 점에서 주로 무형적인 형태로 존재한다. 반면에 일반범죄의 대상은 지폐·지갑·신용카드 및 타인이 소유 또는 점유하는 재물로써 대부분 유형적인 형태로 존재한다.

여섯째, 산업스파이 행위는 첨단산업기술을 개발하였거나 개발할 능력이 있는 사람을 스카우트하는 것도 가능하다는 점에서 특정 분야의 전문가이어야 한다. 반면에 일반범죄는 누구나 자행할 수 있는 특징이 있다.

일곱째, 산업스파이는 007과 같이 고도의 훈련을 받은 사람 또는 해당 기업 내부에서 근무하는 사람을 매수해서 행해질 수 있다는 점에서 항상 은밀하게 또는 은밀한 방법으로 행해질 수 있는 특징을 갖고 있다. 반면에 일반범죄는 은밀하게 행해지는 경우가 많지만 공개적인 경우도 있다.

여덟째, 신분적인 측면에서 볼 때 산업스파이는 외교관 또는 비밀리에 파견한 국가요원이 행할 수 있다. 반면에 일반범죄는 범죄단체에서 특정한 범죄행위를 자행할 목적으로 다른 나라로 파견한다 하더라도 모두 일반 사인의 신분이다.

일반범죄와 산업스파이 비교

구 분	일반범죄	산업스파이
정신적 요소	고의 및 과실	고의
주된 목적	보복, 원한관계 청산, 충동, 경제적 이익	경제적 이익
목적물의 소유주	국가, 기업 및 개인이지만 주로 개인과 기업	국가, 기업 및 사인이지만 주로 기업과 국가
목적물의 형태	금전적으로 쉽게 환산할 수 있는 장물이고 그 장물의 판매가 필요함	생산기술, 생산방법, 설계도가 금전적으로 환산되기 위해서는 투자·생산이라는 일련의 과정이 필요함
목적물의 가치	쉽게 금전적 가치로 환산할 수 있는 것	기술의 내용에 따라서 그 경제적 가치가 현격하게 다름
목적물의 존재형태	주로 유형적 형태로 존재함	유·무형적 형태로 존재함
주체	누구나 될 수 있음	특정 분야의 전문가
방법	공개 또는 은밀하게 행하여짐	항상 은밀한 방법으로 행하여짐
신분	일반 사인의 신분	외교관의 신분으로도 가능

* 출처: 문규석(2005).

2) 산업스파이 범죄의 유형

산업스파이 행위와 산업기밀 유출 유형은 ① 외부인과 결탁하여 기밀서류를 빼돌리는 행위, ② 경제적 목적 하에 내부인이 제품개발 정보를 빼내 파는 행위, ③ 회사 내의 각종 정보를 경쟁사에 제공하는 행위, ④ 사이버스파이 행위, ⑤ 보안의식이 희박한 종사자의 부주의로 인한 유출, ⑥ 회사에 불만을 가진 자에 의한 정보 유출, ⑦ 협력업체, 파견연구원, 외국 대사관 직원에 의한 스파이 행위 등이 있다.

산업스파이 활동의 구체적인 방법을 살펴보면 다음과 같다.

첫째는 상대회사의 공식 보도자료와 간행물, 상대회사의 제품분석, 상대회사의 직원이 발설한 내용 및 보고서 등 공개되어 있는 자료에서 산업 기밀을 수집·정리하거나 상대회사의 최근 동향에 관한 정보 수집을 하는 방법이다. 이는 합법적으로 취급되기 때문에 가장 일반적으로 사용된다.

둘째는 인적 자원 유출에 의한 방법이다. 특정 정보의 입수를 위해 해당 회사의 사원을 스카우트하거나 퇴직한 연구 인력을 포섭하는 방법이 있다. 경쟁회사의 인력 스카우트는 불법적인 행위가 아니지만 도의적인 문제를 야기할 소지가 있으며, 그 회사에서 기존 회사의 정보를 이용하여 이익이 되는 행위를 할 경우 불법이라고 할 수 있다.

셋째는 경쟁회사에 잠입하여 불법적으로 기밀 정보를 매수·협박 또는 본인이 직접 기밀서류를 복사·절취·강탈 그리고 도청이나 샘플·우편물을 절취하는 등의 방법이 있다. 이와 같은 불법 활동은 상대회사가 기밀이 누설된 일을 눈치채지 못하게 하는 데 가장 역점을 둔다. 따라서 절취보다는 복사를, 협박보다는 매수를 앞세워 더욱 음성화하고 있다. 이는 상대방의 정보 누설에 대한 대책 강구를 막기 위한 것이지만, 한편으로는 기업의 이미지 손상을 우려하기 때문이기도 하다.

산업스파이라 하면 종래에는 다른 나라의 비밀 정보기관들에 의한 산업기밀 정보 취득을 의미하는 경우가 많았다. 당시의 스파이들은 유괴, 납치, 고문, 살해, 도청 등과 같은 불법적인 행위를 자행하였다. 이러한 전통적인 방법들이 지금도 일부 정보기관들에 의해 여전히 사용되고 있기는 하지만, 이와 같은 고전적이고 물리적인 정보취득 방법을 사용할 필요성은 근래의 정보통신기술의 발달로 현저히 감소하였다. 오늘날에는 대부분의 비밀 영업정보를 불법적 수단을 사용하지 않고 얼마든지 취득할 수 있기 때문에 '물리적' 정보취득 방법이 감소하고 있는 것이다. 또한 스파이 활동의 주체도 크게 변화하여 최근에는 외국정부나 비밀 정보기관들에 의한 스파이 활동은 크게 감소하였으며, 산업스파이의 절대 다수가 서로 경쟁관계에 있는 민간기업체들에 의해 자행되고 있는 추세이다.

Parad(1997)는 산업스파이 기법들을 무려 79종으로 정리하였으며, Nodoushani(2002)의 연구에서는 산업스파이의 다양한 형태로서 크게 7가지로 분류하고 있다. 다만 Parad(1997)의 분류는 산업스파이의 기법들이 서로 유사하거나 중첩되는 경우가 많고, Nodoushani(2002)의 분류는 최근에 많이 발생하고 있는 산업스파이의 유형을 소개하고 있지 않다는 한계점이 있다. 이에 따라 민수홍·이민식(2006)이 비교적 빈번히 발생하고 중대한 것으로 인식되고 있는 것으로 분류한 14가지의 유형을 살펴보면 아래와 같다.

(1) 스카우트(Hiring Away)

경쟁회사의 기밀정보를 취득하는 가장 간단한 방법은 경쟁회사의 핵심직원이나 컨설턴트 등을 스카우트하는 방법이다. 경쟁사의 직원을 영구히 채용하거나 아니면 자문위원 등의 명목으로 일시적으로 스카우트하여 필요한 정보를 획득할 수 있다. 우리나라의 경우 과거 현대자동차에서 기획실장을 거친 고위급 퇴직임원이 중국 토종 자동차메이커에 스카우트되어 우리나라 자동차의 핵심기술이 중국에 유출될 위험에 처한 사건이 있었다. 한국 자동차를 맹렬히 추격 중인 중국차 메이커들은 현대자동차 출신 고위임원뿐만 아니라 부장·차장급의 핵심기술인력 영입에도 적극적이다. 스카우트는 두뇌·기술·정보·노동력의 주체가 되는 인간을 통째로 얻을 수 있으며, 나아가 정보 입수의 효과에다가 상대경쟁업체에는 인력손실까지 주게 되므로 대단히 치명적인 손해를 끼치게 된다. 이러한 부당스카우트에 대한 규제는 헌법 제5조의 직업선택의 자유와 맞물려 있어 그 규제가 쉬운 것은 아니다.

(2) 기업내부자의 매수(Buying up insider of the company)

상대기업의 경비체계나 보안상태가 엄중하여 외부에서 영업비밀을 입수하기에 상당한 위험이 수반되거나 그 회사의 정보가 일회로는 불충분하고 계속적으로 필요한 경우 흔히 상대기업의 내부인사를 매수하는 방법을 사용한다. 목표로 선정되는 내부자는 허영·도박·알코올중독·여자관계 등 윤리적인 결함이 있거나 회사에 대한 불만이 많은 등 무엇인가 취약점을 가지고 있어 매수에 넘어가기 쉬운 상황에 있는 것이 보통이다. 우리나라의 경우 삼성전자 선임연구원이 스마트폰·슬림폰 등 최신 휴대폰 제조기술을 카자흐스탄의 유력 정보통신회사와 합작회사 설립을 통해 유출하려다 적발된 사건이 이러한 예라고 할 수 있다.

(3) 무단침입(Unlawful Entry)

무단침입은 서류·시청각자료를 절취·복사하거나 도청장치를 설치할 목적으로 사무실·제한구역·전자장비실·회사공장 등을 허가 없이 침입하는 것을 말한다. 거주지·투숙호텔 등에 대한 무단침입은 해외출장지 정부·제3국 정보기관 또는 외국기업 등을 대상으로 이루어지며 종종 호텔직원이나 종업원들의 협조를 얻기도 한다. 또한 몇몇 외국기업은 정보수집 대상기업의 컴퓨터망에 침투할 수 있는 해킹장비를 보유하고 있어 무단침입을 용이하게 수행하기도 한다. 무단침입의 증거로는, 첫째 누군가가 노트북 컴퓨터를 사용한 흔적이 있거나 손상된 경우이다. 둘째, 포장이 개봉되었거나 다시 봉한 흔적이 있는 경우이다. 셋째, 여행용가방의 자물쇠가 없어졌거나 강제로 열려고 시도한 흔적이 있는 경우로써 이에 해당할 경우 무단침입을 의심해 볼 필요가 있다.

(4) 전통적인 절도(Old-Fashioned Theft)

산업스파이 유형 중에서 절도는 기본적·전통적인 방법으로서 필요한 정보가 담긴 서류물건 등을 직접 절취하는 방법이다. 회사 내의 사무실이나 공장에서 필요한 물건을 절취하거나 길거리에서 단순 소매치기로 위장하여 정보를 얻는다. 회사 사무실의 경우 컴퓨터나 디스크가 분실되었다고 해도 대부분의 경우 신고가 되지 않고, 신고가 되더라도 단순 침입절도로 간주되다 보니 컴퓨터가 아니라 컴퓨터 안에 저장된 정보가 표적일 가능성은 고려되지 않기 십상이다.

(5) 위장침투(Infiltration)

전문적인 자격을 갖춘 산업스파이가 상대기업의 영업비밀을 입수하기 위하여 회사의 임시 또는 정식직원으로 위장 침투하는 방법이다. 산업스파이가 노리는 정보는 그 기업의 핵심적인 노하우가 보통이지만 장기

간에 걸쳐 경영의 일상적인 흐름을 수집하여 체계적으로 분석하고 보고하기도 한다. 선진국의 경우 이와 같은 산업스파이의 위장침투가 빈번히 일어나고 있는데, 이를 차단하기 위해서는 사설탐정(Private Investigator)이 필요하다. 사설탐정은 그 회사의 직원 또는 구성원으로 위장하여 사건들에 대한 발견과 보고를 하고 회사의 영업비밀을 보호하는 역할을 수행한다.

(6) 컴퓨터 접속 또는 해킹(Computer Hook-up)

컴퓨터 해킹을 통하여 경쟁사의 영업비밀이나 기업비밀을 취득하는 방법은, 특히 최근에 인터넷의 발달로 훨씬 용이해졌다. 전화회선으로 컴퓨터의 단말기 등에 접속하는 기법 또는 컴퓨터 해킹은 경쟁사의 귀중한 데이터베이스를 간단히 약탈하거나 파괴하는 것을 가능하게 한다. 한 전직사원이 개인용 컴퓨터를 이용하여 자신이 다니던 회사직원들의 패스워드를 도용, 그 회사의 컴퓨터시스템에 침입하여 생산품 관련 자료와 고객목록을 불법 취득하고, 그것을 동일한 상품을 대폭 할인된 가격에서 출하하기 위한 용도로 사용한 사례도 있다.

(7) 인터넷(Internet)

1990년대 초 인터넷의 상용화는 월드와이드웹(worldwide web)을 통해 놀라울 만한 성장을 이룩하였다. 인터넷은 비용이 거의 들지 않고 속도가 빠르며 대개 합법적이기 때문에 오늘날 가장 각광받고 있는 정보수집 도구 중의 하나이다. 산업스파이는 인터넷으로 경쟁업체의 홈페이지에 접속하여 새로운 상품의 특성과 출시일이나 인수합병 소식 등 필요한 정보를 구할 수 있다. 그러나 보다 비밀스러운 정보를 입수하기 위해서는 인터넷을 통한 해킹 등 불법행위를 수행하게 된다. 우리나라의 경우 인터넷이 대중화되면서 이메일이나 인터넷파일 관리시스템인 웹하드를 이용한 기술유출 사례도 발견되고 있다. 2007년에 발생한 현대·기아차의 기술유출 사건도 현직 직원이 이메일을 이용하여 산업기밀을 유출하려다 적발된 것이다. 인터넷을 통한 산업기밀 유출이 산업스파이가 주로 사용하는 행위 유형이기 때문에 이에 대한 보안시스템의 구축이 필요하다.

(8) 방문(Visiting)

표적으로 삼은 기업을 탐방하는 과정에서 보고 만지고 샘플링 하는 등의 방법으로 산업정보를 취득하는 것을 말한다. 예컨대, 경쟁항공사의 항공기 제조 시설을 탐방하는 과정에서 부품의 재질을 파악하기 위해 접착력이 있는 신발을 신고서 공장바닥에 있는 먼지나 부스러기를 수집하는 경우가 이에 해당하는 사례이다.

(9) 전송자료의 가로채기(Interception of Data Transmission)

암호화하지 않은 사업상, 기술상의 정보를 전화·팩스·컴퓨터·위성중계 등을 통하여 전송할 경우 이러한 정보를 중간에서 가로채는 것을 말한다. 이러한 전송자료의 가로채기에는 인공위성과 해킹 등 고도의 컴퓨터기술이 동원된다. 즉, 감시 컴퓨터가 경쟁사의 통화전송 기록을 모니터링하다가 특정한 단어나 문자가 감지되면 자동으로 전체 대화 내용이나 전송 내용을 녹음·기록할 수 있다.

(10) 정보브로커(Information Broker)

정보브로커들은 각종 정보를 다양한 방법과 채널을 통하여 수집·분리하고 이용 가능한 유용한 자료로 포장하여 필요한 수요자에게 판매를 한다. 때에 따라서는 유명인사를 로비스트나 컨설턴트로 고용해 이들의 인맥을 이용하여 필요한 정보를 얻기도 한다. 또한 정보브로커들은 일상적으로 컴퓨터 데이터베이스들을 검색하고 정부기관이나 기업체 임직원들을 만나고 도서관이나 기타 정보원들을 통해 현안문제에 대한 정보를 수집한다. 특히 최근에는 화학, 전자공학, 마케팅 등 특정 분야로 전문화된 정보브로커도 활동하고 있다고 한다. 산업스파이는 이러한 정보브로커에게 비용을 지불함으로써 손쉽게 원하는 정보를 얻을 수 있다.

(11) 휴대전화 도·감청(Public Airways)

휴대전화 도청이 기술적으로 어려움에도 불구하고 최근에는 이동통신 PDA와 같은 개인통신장비에 대한 비합법적 인도·감청행위가 점차 증가하고 있다. 과거 국정감사에서 어떤 국회의원은 복제휴대폰을 통한 도·감청이 가능하며, 이동통신 3개사 중 1개사만이 도청이 안 된다고 주장하기도 하였다. 이에 대해 정부당국은 제조공정을 모르면 휴대폰의 복제는 거의 불가능하며 복제 휴대폰 활용이 사실상 어렵다고 주장하였으나, 부호분할 다중접속(CDMA) 도청도 복제휴대폰만으로 간단히 이루어지는 것으로 실험결과 밝혀졌다.

(12) 자료의 촬영·녹음·도청(Photo/Video/Audio Recording, Eavesdropping)

음성의 도청 또는 전문화된 기술적 장치를 이용하여 영업비밀을 비밀리에 입수하는 것은 산업스파이의 중요한 수단 중에 하나이다. 핸드폰·시계·볼펜·담배·라이터·책·안경테 등으로 위장한 소형 카메라나 녹음기로 원하는 문서·물건·사람·장치·작업 등을 촬영하거나 녹음하여 원하는 정보를 얻는다. 또한 산업스파이는 오디오나 비디오 그리고 기타 전자 장비를 이용하여 기술적으로 도청을 한다. 극소형 카메라나 라디오 송신기 등은 전화나 실내외의 전자단자에 설치할 수 있고, 심지어 플라스틱 못으로 위장하여 가구나 벽에도 장착할 수도 있으며, 경우에 따라 교통감시·보행자감시 카메라 등을 사용하기도 한다.

(13) 항공촬영(Aerial Photography)

인공위성이나 민간항공기에 장착된 고성능 카메라를 이용하여 경쟁사의 공장이나 시설을 촬영하여 원하는 정보를 수집하는 방법이다. 예를 들면, 비밀리에 고용된 한 사진작가가 뒤퐁(DuPont) 사가 건립하고 있는 공장시설을 항공 촬영하였는데, 이 공장은 메탄올을 생산하기 위한 시설이었다. 메탄올의 제작방법은 대단히 비밀스러운 것이나, 공장의 기본구조를 알아냄으로써 전문가들은 그 제작방법을 알아낼 수 있을 것이다.

(14) 평가(Evaluation)

정교한 볼베어링 제조기술을 취득하고자 하는 한 회사(A)가 또 다른 새 회사(B)를 만들어 표적으로 삼은 회사의 제조기술을 위장 구매하게 하는 경우를 예로 들 수 있다. 이때 상품 샘플, 설계 명세서, 원료공급자 및 고객목록, 제조장비, 핵심직원들의 이름, 영업 및 마케팅 계획, 광고주·인쇄업자·운송업자의 이름, 상품포장 및 기타영업자료 등을 그 회사의 영업평가를 위해 일시적으로 취득할 수 있으며, 이것들을 복사한다. A회사는 '평가'에 공식적으로 참여한 것이 아니기 때문에 그 의도를 알아채지 못한 제조회사는 무심코 귀중한 정보를 경쟁회사(A)에 넘겨주는 결과를 초래하게 된다.

3 산업스파이 방지이론 및 국제사회의 대응체제

1) 산업스파이 방지대책의 이론적 방향

(1) 억제론적 대책

산업기밀 유출을 막기 위해서는 무엇보다도 처벌의 확실성을 강화하는 것이 필요하다. 다시 말해 산업기밀을 빼돌리려면 반드시 적발되어 처벌을 받는다는 공식이 수립되어야 한다. 이를 위해서는 무엇보다 수사능력을 강화해야 한다. 수사 인력의 전문성이 확보되어야 할 것이며, 산업기밀 유출범죄에 대한 정보수집 능력 또한 강화되어야 한다. 산업체 및 외국 정보수사기관과의 적절한 공조체제 확립 또한 필요하다.

인권침해 소지로 인한 논란의 여지가 있지만, 거짓말탐지기를 활용한 범죄의 억제효과를 높이는 것도 고려해 볼 필요가 있다. 보안성이 매우 요구되는 부문을 대상으로 정기적으로 거짓말탐지기를 통한 조사를 할 경우 기밀유출 방지 효과가 상당할 것으로 판단된다. 막상 기밀유출을 적발하는 효과보다 거짓말탐지기 조사를 통해 기밀유출 사실이 들통 날 수 있다는 두려움에 아예 유출시도를 하지 못하게 하는 억제효과가 훨씬 크기 때문이다. 실제로 미국의 경우 이러한 거짓말탐지기를 이용한 보안대책의 마련으로 상당한 효과를 보고 있으며, 당사자의 사전 동의를 포함한 관련 법규 마련을 통해 충분한 인권보호 장치를 마련한다면 산업기밀 유출방지에 적지 않은 기여를 할 수 있다고 본다.

처벌의 엄중성 강화도 중요한 억제론적 대책 가운데 하나라고 할 수 있다. 화이트칼라범죄의 특성상 피해사실의 객관적 규명이 어려운 점 등을 고려해 법원의 관대한 처분이 내려질 경우, 산업기밀 유출의 심각성을 인식시키는 데 문제점으로 작용할 수 있다. 단순한 형량 강화뿐만 아니라 보석, 집행유예, 가석방 및 사면의 최소화가 동시에 이뤄질 때 처벌의 엄중성이 확보될 수 있으며 방지효과를 낼 수 있다. 아울러 산업기밀 유출범죄에 대해 형사사법 공조노력을 통해 신속한 재판과 함께 처벌내용의 홍보를 강화하는 것도 필요하다. 신속한 처벌과 처벌내용의 홍보 확대는 국민들로 하여금 산업기밀 유출범죄에 대한 경각심을 일깨워주는 한편, 잠재적인 유출범죄자에 대한 억제효과를 갖게 할 수 있기 때문이다. 결국 산업기밀 유출범죄에 대한 억제론적 대책의 핵심은 산업기밀을 빼내 생길 수 있는 이익을 최소화하고 확실한 처벌을 비롯해 비용을 극대화하는 것이라고 할 수 있다.

(2) 발달론적 대책

성장발달 과정의 차이에서 개인적인 범죄성의 차이가 발생한다는 점을 감안할 때, 산업기밀 유출방지를 위해서는 잠재적인 산업기밀유출 범죄자를 선별해 관리하는 것이 필요하다. 입사 전 이력 및 신원조회를 보다 강화해 아예 문제의 소지가 있는 직원을 선발하지 않는 것은 물론 모든 직원을 대상으로 프로파일링(Profiling)을 통한 위험성 확인 작업 또한 적극적으로 고려해야 한다.

또한 잠재적 유출범의 범행동기 감소를 위한 각종 교육 및 프로그램의 지속 실시가 요구된다. 보안교육의 경우 대부분의 직원들이 지루해하고 관심을 갖지 않지만, 지속적으로 실시한다면 잠재의식 속에 기술

유출의 심각성 및 보안의 필요성이 자리 잡게 하는 심리적 효과가 있을 수 있다. 보안조사(Security Survey) 역시 보안 취약성을 점검하는 한편, 보안의 필요성을 인식시키고 경각심을 갖게 하는 이중의 효과를 갖는다.

물론 이와 같은 '채찍' 방책만으로는 완벽한 기밀유출 방지를 기대할 수 없다. 대부분의 산업기밀유출 범죄가 내부 직원에 의해 발생한다는 점을 고려할 때, 회사에 대한 자긍심과 충성심을 고취할 수 있는 각종 프로그램을 실시하는 것이 좋다. 후생복지의 강화는 물론이고 기술개발에 대한 충분한 반대급부의 부여 등 기밀유출의 빌미를 사전에 차단하는 '당근' 방책 또한 필요하다.

(3) 상황론적 대책

상황론적 대책이란 범죄의 기회를 감소시키는 대책을 말한다. 단순히 이론적인 측면에서 설명하자면, 범죄의 대상이 되는 산업기밀에 대한 근접성과 노출을 줄이고 보안성을 높이는 것이 관건이다. 즉, 범죄대상인 산업기밀에 대한 감시와 통제를 강화해 산업기밀유출의 매력과 보상을 감소시키는 노력이 필요한 것이다.

이를 위해 무엇보다도 범죄 대상의 보안강화(Target Hardening)가 요구된다. 비밀번호 및 ID 카드와 생채인식 보안장치 등을 활용한 출입통제 시스템 구축은 물론이고 비금속 물질까지 검색할 수 있는 첨단 검색장비의 설치 또한 필요하다. 아울러 CCTV와 각종 센서를 연계한 감시 시스템의 구축과 함께 각종 이동저장장치의 폐쇄와 복사기 관리 및 자리 이탈 시에 업무관련 문서를 깨끗이 치우는 클린데스크(Clean Desk) 정책도 강구되어야 한다. 또한 자연 감시를 포함한 각종 감시 및 통제 기능이 효과적으로 운영될 수 있도록 환경설계를 통한 범죄예방 전략의 활용도 적극 검토되어야 할 것이다.

1971년 범죄학자인 제프리(Ray Jeffrey)가 처음 '환경설계를 통한 범죄예방'(CPTED, Crime Prevention Through Environmental Design)이란 용어를 사용하고, 이어 건축학자인 뉴먼(Oscar Newman)이 1972년 '방어공간'(Defensible Space)을 출간하면서 공공건물에서의 설계가 범죄에 미치는 영향을 강조하고, 실제 건축 프로젝트에 적용하면서 CPTED가 본격적으로 관심을 끌게 되었다.

방어공간이란 물리적 환경설계를 통해 주민을 범죄로부터 보호하는 공간을 의미한다. 환경설계를 통한 방어공간의 확보는 영역성(Territoriality)과 감시성(Surveillance), 이미지(Image) 그리고 전이환경(Milieu)을 핵심으로 확보하고, 시설물 배치와 적절한 공간 설계를 통해 자연감시가 이뤄질 수 있도록 함으로써 범죄 기회를 줄이는 것이 가능하다는 주장이다. 아울러 주거공간에 대한 소유감과 책임감이 증가할수록 범죄예방 효과가 커진다는 것이 방어공간이론의 주요한 주장이다. 이와 같은 CPTED는 범죄의 기회를 감소시켜 범죄예방 효과를 갖는다는 점에서 상황적 범죄예방(Situational Crime Prevention)과 밀접한 관련이 있다.

2) 산업스파이 방지관련 국제조약

(1) 파리협약

파리협약(Paris Convention for the Protection of Industrial Property)은 1883년 3월 20일 파리에서 서명된 산업재산권에 관한 최초의 기본적인 국제조약으로 세계지적재산권기구(WIPO, World Intellectual Property Organization)[1]에서 관장하고 있다. 파리협약은 체결 이후 1901년 브뤼셀, 1911년 워싱턴, 1925년 헤이그, 1934년 런던, 1958년 리스본, 1967년 스톡홀름에서 6차례에 걸친 개정이 이루어졌다. 협약은 특허 등의 출원이나 등록 등에 있어 동맹국의 국민을 내국민과 같이 동등하게 대우한다는 내외국민 평등의 원칙, 한 나라에 출원을 한 후 일정 기간 내에 타 가맹국에 출원을 하는 경우 출원일자를 최초에 출원한 일자로 소급적용

---

1) WIPO는 특허권 등 산업재산권의 국제조약인 파리협약과 저작권의 2대 조약의 하나인 베른 협약의 사무국을 겸하고, 무체 재산(無體財産)의 중심이 되는 지적재산권에 관한 국제조약의 제정을 추진하는 기구이다. 1967년 7월 14일 스톡홀름에서 이 기구 설립에 관한 협약이 채택되고, 1970년 4월 26일 효력을 발효하게 됨으로써 정식 발족되었으며, 1974년 12월 17일 UN 전문기구가 되었다. 본부는 스위스의 제네바에 있으며, 회원국은 현재 191개국이다. 우리나라는 1973년부터 참관자로 참석하다가 1980년 5월 4일 정식으로 가입하였다.

하는 우선권 주장의 원칙, 제국(諸國)에서 보호를 받으려면 각국마다 출원을 하여 권리를 얻어야 하고, 여러 나라에서 부여된 권리를 병행하여 다른 나라에서의 권리에 영향을 미치지 아니한다는 특허 독립의 원칙을 기본 원칙으로 내세우고 있다. 특허, 상표, 산업디자인 등에 대한 보호를 제공하며, 그 적용범위는 지리적 표시, 원산지명 등을 포함한 광범위한 산업재산권에 이르고 있다. 기술유출 행위를 직접적으로 규제하는 규정을 두고 있지는 않으나, 동 협약 제10조의 2[2]에서 "정직한 산업 또는 상업적 관행에 어긋나는 여하한 경쟁행위"를 규정하고 있는 바 산업기술의 유출행위를 이러한 부당경쟁 행위로 보아 규제할 수 있는 여지가 있다.

(2) WTO/TRIPs 협정

1993년 우루과이라운드협상 결과로 채택된 WTO/TRIPs 협정(Agreement on Trade-Related Aspects of Intellectual Property Rights, 무역관련 지적재산권 협정)은 제39조에서 미공개 정보의 보호(Protection Of Undisclosed Information)를 규정하고 있다. WTO/TRIPs 협정에 이러한 규정이 포함된 것은 미국·일본과 같은 선진국들의 강력한 주장의 결과라고 할 수 있다. 즉, 미국은 유럽·일본 등에 대해서 비공개 정보에 대한 보호를 법규로 제정할 것을 강력하게 요청해 1988년에 '지적재산권에 관한 GATT 협정의 기본적 윤곽'을 채택하였으며, 그 해 10월 다시 WTO/TRIPs 협상그룹에 다자간 규범을 정립하여 기술정보를 보호하여야 한다는 내용의 제의를 하였다. 그러나 이와 같은 규정을 WTO/TRIPs 협정에 포함시킬지 여부와 그 보호의 범위와 정도에 대한 미국·일본 등 선진국과 인도·페루·브라질 등 개발도상국 간에 의견 차이가 매우 컸다. 선진국들은 영업비밀을 지적재산권의 일부로 간주해 포괄적으로 보호하고자 하였으나, 개발도상국들은 이를 부정하였다. 이에 따라 WTO/TRIPs 협정상 영업비밀, 즉 비공개 정보에 대한 보호조항은 합의 과정에서 지적재

2) Paris Convention for the Protection of Industrial Property Article 10 bis: Unfair Competition.

산의 보호와 부정경쟁 방지의 절충적 성격을 띠게 되었다.

WTO/TRIPs 협정상의 관련내용을 살펴보면 제7절 '비공개 정보의 보호'(Protection of Undisclosed Information)라는 표제 하에 제39조에서 이에 대한 보호의 내용을 규정하고 있다. 이 규정은 비공개 정보가 지적재산권의 일종이라기보다는 산업재산권에 관한 파리협약 제10조의 2에서 말하는 제자(諸者)의 부당경쟁으로 말미암은 기술정보에 대한 침해를 방지해야 한다는 의미를 갖고 있다. 즉, 공공적 영역에 있지 않고 소유자가 비밀유지를 위한 합리적 절차를 취하기 시작한 상업적 가치를 가지는 정보가 소유자의 동의 없이 건전한 상업적 관행에 반하는 방법으로 타인에게 공개되거나 또는 타인에 의해서 취득되거나 이용되는 것을 금지할 수 있도록 하고 있다. WTO/TRIPs 협정 제39조 제2항은 "자연인 및 법인은 합법적으로 자신의 통제 하에 있는 정보가 동의 없이 건전한 상업적 관행에 반하는 방법으로 타인에게 공개되거나 타인에 의해 획득 또는 사용되는 것을 금지할 수 있는 가능성을 가진다. 단 그와 같은 정보는 ① 업계의 사람들에게 일반적으로 알려져 있지 않고 또는 쉽게 접근할 수 없다는 의미에서 비밀일 것, ② 상업적 가치를 가질 것, ③ 동 정보를 적법하게 통제하고 있는 자에 의해서 동 정보를 비밀로 유지하기 위해 적절한 조치가 취해지고 있어야 한다"고 규정하고 있다. 여기서 '건전한 상업적 관행에 반하는 방법'이라 함은 최소한 계약위반, 신뢰위반 또는 위반을 유도하는 것을 말하며, 부정하게 취득한 정보임을 알았거나 중대한 과실로 알지 못한 자들이 비공개 정보를 취득하는 것을 포함한다.

나아가 WTO/TRIPs 협정은 제39조 제3항에서 "회원국은 신규 화학물질을 이용한 의약품 또는 농약품의 판매를 허가하는 조건으로 작성에 상당한 노력이 소요된 비공개 실험 결과 또는 기타 자료의 제출을 요구하는 경우 이러한 자료를 불공정한 상업적 사용으로부터 보호한다. 또한 회원국은 대중을 보호하기 위해 필요한 경우 이외에 또는 불공정한 상업적 사용으로부터 동 자료의 보호를 보장하기 위한 조치가 취하여지지 않을 경우에는 이러한 자료가 공개되는 것으로부터 보호한다"고 하여 정부에 제출된 특정한 정보를 보호할 회원국의 의무를 규정하고 있다. 다만 WTO/TRIPs 협정에서는 비공개 정보의 보호 원칙과 보호 대상만을 규정하고 있으며, 보호의 방법이나 절차 등에 대해서는 협정 제1조에서 회원국의 법제도나 관행 하에서 협정을 이행하는 방법을 재량에 맡기고 있다.

(3) NAFTA

1994년 발족한 NAFTA(North American Free Trade Agreements, 북미자유무역협정)는 '트레이드 시크리트'(Trade Secret)를 명시적으로 규정하고 있는 최초의 지역 무역협정이다. 역내 보호무역주의적 성격을 지니고 있는 NAFTA는 회원국의 트레이드 시크리트에 대한 특별한 보호와 함께 이 트레이드 시크리트가 비밀로 존재하는 한 영구히 보호를 받을 수 있음을 규정하고 있다. 또한 회원국에 대해 제품 승인을 위해 정부에 제출된 비밀 데이터가 공개되지 않도록 할 것을 요구하고 있는데, 이는 제품에 관한 보고서나 행정적 기록이 경제스파이에 의한 기술유출의 통로가 되어 왔기 때문이다. 다만 트레이드 시크리트라도 그 취득자가 도용이라는 사실을 인지하였거나 중대한 과실로 알지 못한 경우에만 위법한 것으로 인정되어, 이 경우에만 피해자가 구제를 받을 수 있다는 한계를 지니고 있다.

3) 주요국의 산업스파이 대응체제

과거 냉전체제 당시 군사정보 위주에서 탈냉전 이후 각국의 경제력을 뒷받침하는 산업기술이나 경제상황에 대한 정보 획득이 국가정보의 중요한 과제로 대두됨에 따라 산업스파이에 대한 대응이 국가 방첩활동의 전면에 부상하기 시작하였다. 산업스파이 방지, 즉 산업보안은 국가 또는 공공기관 뿐만 아니라 국내기업, 대학·연구소 등이 국가적 차원에서 보유하고 있는 각종 산업기술 및 정보 자산을 부당한 침해로부터 보호해 국가의 경쟁력을 유지·강화하는 데 그 목적이 있다. 산업스파이의 활동은 적대국은 물론 우방국 간에도 치열하게 전개되고 있다는 점이 특징적이라고 할 수 있는데, 현재 세계 각국은 산업기술 보호를 위한 법적·제도적 장치를 마련하는 등 국가방첩 활동의 중요한 영역으로 다루고 있다.

산업스파이의 활동을 원천적으로 방지하기 위해서는 다음과 같은 대책이 제시되고 있다. 첫째, 개별 기업 차원에서 핵심기밀 보호를 경영의 원칙으로 삼고, 개발 착수 직후부터 기술 유출을 방비하는 대책이 필요하다. 둘째, 핵심기술의 유출이 주로 핵심 연구 인력의 이직으로 인하여 발생하는 만큼, 연구 인력에 대하여 처우를 개선하여야 한다. 셋째, 기업의 정보수집 및 산업보안 능력을 극대화하기 위하여 정부 및 관련 기관과 긴밀히 협력하여야 한다. 각국에서 수행하고 있는 산업보안체계를 살펴보면 다음과 같다.

(1) 미국

미국의 산업보안은 연방정부 차원에서 Top-down 방식으로 다루어지고 있다. 산업보안과 관련된 정책은 '국가안전보장회의'를 통해 기획·결정되고, 여기서 결정되는 사항을 기반으로 업무가 수행되는데, 크게 국방부, 재무부, 상무부로 그 역할이 나누어져 있다.

먼저 국방부는 대통령이 국방부장관에게 '국가 산업보안 프로그램'에 관련된 정책의 집행 책임을 위임하고, 이를 기반으로 국가 산업보안 프로그램 운영 매뉴얼을 작성해 구체적인 업무의 기준을 설정한다.

재무부는 행정명령(Executive Order) 11858호에 따라 설립되는 외국인투자에 관한 위원회를 운영한다. 구성원은 위원장인 재무부장관 외에 국토안보부장관, 상무부장관, 국방부장관, 국무부장관, 법무부장관, 산업자원부장관, 노동부장관, 중앙정보국장 그리고 대통령이 적절하다고 판단될 경우 지명하는 다른 행정부처의 장들이 포함된다. 재무부장관은 위원회의 위원 또는 주무기관이나 위원회의 대리기관의 위원을 임명하여 '각각의 특정 거래에 관한 문제와 모든 경감 합의의 협상문제 그리고 국가안보 보호를 위해 필요한 요건에 관한 업무' 및 '완료된 거래의 감독에 관련한 문제와 외국인투자와 국가안보법(제3절)[3]에 규정된 제반

3) 미국의 외국인투자와 국가안보법(FINSA, Foreign Investment and National Security

합의와 요건들의 이행을 보장하는 문제'를 처리한다.

미국의 수출관리규정은 상무부가 관리 감독하지만 국무부, 재무부 등 여러 정부부처에 분할되어 있으며, 일부 품목이나 대상국이 부처 간에 중복되는 경우도 있다. 상무부의 산업안보국(BIS, Bureau of Industry & Security)에서는 미국의 상품·기술·소프트웨어의 수출 및 재수출을 규제하고 있다. 일반석으로 재수출하고사 하는 품목은 상무부의 소관이지만, 특정 분야의 품목은 다른 행정기관에서도 관계하고 있다. 또한 각 부처는 각각 별도의 규제 목적을 가지고 별도의 법령에 의한 규제를 하고 있는데, 이럴 경우 기관들 간에 허가 분담 범위를 정해 사전에 수출업계에 공표하고 있다. 국무부 방위무역관리국(DDTC, Directorate of Defence Trade Control)에서는 무기 관련 품목 규제를 담당하고 있다. 다만 여기서 상무부가 취급하는 물품과 중복되는 경우에는 상무부에 이관하도록 하고 있다. 재무부의 해외자산관리국(OFAC, Office of Foreign Asset Control)은 외교정책 및 국가 안보상의 목적을 달성하기 위하여 특정국에 대한 경제 및 무역제재를 시행하고 있다. 금수조치의 경우 전면 금수에서 부분금수까지 상대국에 따라 다르며, 이에 따른 금수규칙이 정해져 있다. 이때 다른 기관이 담당하는 품목이 중복될 수 있는데, 이럴 경우에는 재무부의 금수정책이 우선한다.

미국의 산업스파이 대응 기관으로는 국가방첩실(ONCIX, Office of National Counter Intelligence Executive)과 FBI, CIA가 있으며, 경제스파이 처벌법(Economic Espionage Act)을 근거로 외국정부 또는 기업의 영업비밀 침해행위를 단속하고 있다. 경제스파이 처벌법은 연방 차원에서 영업비밀을 형사적 보호차원에서 다룬 법률로 1996년에 제정되었는데, 여기에서는 영업비밀 침해행위 또는 영업비밀에 대한 부정행위에 대한 처벌의 대상을 '외국을 위한 경제스파이 행위'(Economic Espionage)와

Act)은 외국인에 의한 경영권 획득이나 합병 시 미국의 국가안전보장에 영향을 줄 수 있다고 판단될 경우 중단 등의 조치를 취할 수 있도록 하는 법률로, 1988년에 제정된 'Exson-Florio' 조항으로부터 발전된 형태로 총 12절로 구성되어 있다. 이 중 제3절은 '미국에서의 외국인 투자에 관한 위원회의 법률적 성립'에 관한 내용이다.

'개인을 위한 영업비밀침해 행위'(Theft of Trade Secret)로 구분해 다루고 있다.

(2) 일본

일본의 산업보안은 미국과 마찬가지로 정부 차원에서 Top-down 방식의 추진체계를 갖추고 있다. 산업보안과 관련된 정책은 총리를 의장으로 하는 '지적재산전략본부'가 컨트롤타워 역할을 맡고 있는데, 여기에는 경제산업성을 비롯하여 관방성 등 관련 부처의 정부관료와 민간전문가 11명이 참여하고 있으며, 여기에서 '지적재산추진계획'을 수립하고 이를 정부부처가 수행한다. 이때 그 역할을 어느 한 기관이 독점적으로 맡고 있는 것이 아니라 여러 기관이 유기적으로 협업하는 형식을 취하고 있다.

먼저 경제산업성은 정부 차원의 기술유출 문제에 대한 대응을 수행하고 있으며, 산업보안과 관련된 인식을 확산시키고 기업에 가이드라인을 제공하는 데 주력하고 있다. 즉, 민·관이 함께 참여하여 지켜야 할 가이드라인을 체계적으로 제시하여 기업들이 스스로 준수하게끔 하고 있는 것이다. 경제산업성의 경제산업정책국에 속한 지적재산정책실에서는 '기술정보 등의 적정한 관리방안 등에 관한 연구회', '산업경쟁력과 지적재산을 생각하는 연구회'를 운영하면서 '부정경쟁방지법', '기술보호 관련 지침', '영업비밀관리지침'과 같은 법률과 지침을 선정한다. 또한 경제산업성 산하의 산업보안감독부의 경우 사업자가 자주적으로 산업보안을 지킬 수 있도록 현장검사, 감독지도 등을 실시하고 있다. 또한 경제산업성이 산업보안을 포함한 지적재산전략을 담당하고 있는 가운데 총무성을 비롯한 법무성, 재무성, 외무성 등 지적재산전략회의에 참여하는 여타 부처들은 경제산업성과 유기적으로 연계하여 산업보안 업무를 수행하거나, 직접적으로 관련된 분야에 있어서는 단독으로 업무를 수행하게 된다.

일본의 경제방첩과 관련된 기관은 일본의 정보기관 중 하나인 내각관방에 속한 내각정보조사실에 설치된 경제방첩을 담당하는 카운터 인텔리전스 센터(Counter-Intelligence Center)이다. 일본은 2006년 '카운터 인텔리전스 추진회의'를 설치한데 이어 2007년에는 내각정보조사실에서 '카운터 인텔리전스 기능강화 관련 기본방침'을 수립하여 정보보호에 대한 정부기관 공통의 기준을 책정하였다. 그리고 정보를 관리하는 요원들의 자격을 강화하기 위해 비밀취급자 적용성 확인제도, 비밀보전 연수제도 등을 도입한다는 방침을 밝혔다. 비밀취급자 적용성 확인제도란 특정 비밀을 취급할 신뢰성이 확인된 자에게 특정 비밀을 관리하게 하는 제도이며, 비밀보전연수제도란 비밀취급자들에 대해 그에 필요한 지식과 기능 등을 습득시키기 위한 정기적 연수를 실시하게 하는 제도이다. 또한 기본 방침은 카운터 인텔리전스 기능을 수행하기 위한 중추기관으로서 내각정보조사실에 카운터 인텔리전스 센터를 설치할 것을 아울러 규정하였다. 이를 근거로 2008년 내각정보조사실에 카운터 인텔리전스 센터를 두게 되었고, 이를 통해 경제방첩 기능을 강화하게 된 것이다.

(3) 독일

독일은 1909년 '부정경쟁방지법'을 제정하는 등 비교적 일찍부터 산업기술 보호를 위해 관련 법령 및 제도를 지속적으로 정비해 왔다. 그리고 기업들은 산업기밀 보호의 주체로서 자체 보안부서 및 전담직원을 두고 기술보호·안전 등 기업 보안활동을 수행하면서 주(州) 산업보안협회를 매개로 정부기관과의 정보교류 등 긴밀한 민·관 협력관계를 유지하고 있다. 각 주별로 운영되고 있는 산업보안협회는 기업과 정부기관 간에 긴밀한 협력관계를 유지하도록 하는 역할을 하고 있으며, 내무부 등 관계부처는 보안부서를 설립하여 기업체들에 대한 지도감독 및 실태조사를 수행하는 등 산업기술 보호활동을 지원하고 있다. 1993년에는 중앙 경제단체들과 9개의 주(州) 산업보안협회를 회원으로 하는 '연방산업보안협회'를 구성하여 산업보안 관련 경제계의 입장을 연방정부에 전달하여 정책에 반영하도록 하는 등 협력관계를 강화하고 있다.

독일은 연방 체제에 입각해 기술보호 활동은 주 정부 차원에서 이루어지고, 연방정부 차원에서는 국가안보와 관련하여 중요하다고 판단되는 사안에만 개입하는 것이 일반적이다. 다만 연방정부 차원에서 산업보안활동을 적극적으로 추진하는 기관으로는 정보·수사기관인 연방헌법보호청(BfV)이 있다. 여기서는 방첩활동 차원에서 독일 내에서 활동하는 외국 산업스파이를 감시하면서 산업기술 보호활동을 수행하고 있다. 연방헌법보호청은 연방법에 의해서 설립된 기관이지만 지방 분권화된 연방국가의 특성상 16개의 각 주(州)에 독자적인 헌법보호기관(Landesamt für Verfassungsschutz)을 설치하거나 헌법보호 직무를 주(州) 내무부의 한 부서에서 담당하도록 하고 있다. 산업스파이 대응활동과 관련해서는 각 주(州)의 헌법보호청 담당관이 산업보안 관련 세미나 및 보안포럼에 참여하여 최근 산업보안 동향에 대한 브리핑을 실시하고, 기술유출에 대한 경각심 제고 및 실무지식 전파를 위한 교육을 실시하거나 책자를 배포하는 등의 업무를 수행하고 있다.

1991년에 설립된 연방정보기술보안청(BSI)은 IT보안에 관한 모든 사무를 관장하는 독립적·중립적 기관으로서, 정보통신기술의 안전과 관련된 업무를 수행하고 있다. 연방정보기술보안청의 직무는 '연방정보기술보안청 설치에 관한 법률'(BSI-Errichtungsgesetz) 제3항에 구체적으로 규정되어 있는데, 정보기술 적용 시 보안위험의 조사, IT 시스템 보안의 심사 및 평가를 위한 기준과 절차, 도구개발, IT보안의 평가 및 심사, IT 보안시스템 및 구성요소의 허가, IT 보안관할기관의 지원, 경찰이나 형사소추기관·헌법보호기관의 지원, IT 보안기술의 제조업자·운영자·적용자에 대한 자문 등이다. 특히 연방정보기술보안청은 독자적인 정보기술보안 부서를 운영하지 못하는 중소기업들에 대한 자문을 통해 산업기술유출 방지에 있어 중요한 역할을 맡고 있다.

연방수사청에서는 공안부(Abteilung ST: Polizeilicher Staatsschutz)에서 산업기술보호와 관련된 사무를 맡고 있다. 연방수사청은 수사경찰조직으로서 정보기관과는 달리 정보수집이나 방첩의 업무가 아닌 구체적 위험발생 이후 단계에서의 범죄발생 제지 내지 범죄발생 이후의 형사소추를 위한 범죄수사 업무를 수행한다. 산업기술유출 행위는 독일형법에서 규정하고 있는 법률용어가 아니라 일반적인 사회적 현상을 의미하는 것이기 때문에 원칙적으로 연방수사청의 개입은 범죄구성 요건의 충족을 전제로 한다. 외국의 정보기관이 개입하게 되는 경제스파이 범죄에는 독일형법 제99조가 적용되고, 기업 간의 불법적인 산업기술유출 행위인 이른바 경쟁스파이 행위는 수사기관의 개입이 가능하나, 범죄의 성격상 특별한 공적 이익이 존재하는 경우를 제외하고는 친고죄로서 신고가 있는 경우에 본격적인 수사가 진행된다. 독일의 형사소추 사무도 분권화된 연방제도에 따라 원칙적으로 각 주에서 담당하게 되므로, 국익에 관련된 경제스파이 행위를 제외한 사적 경쟁스파이 범죄행위에 대해서는 연방수사청이 아닌 각 주의 경찰수사기관이 개입한다.

(4) 중국

중국은 1978년 개혁개방정책을 실시한 이후 사회주의 시장경제 건설을 내세워 외국의 신기술을 도입하고 경제발전을 뒷받침하기 위해 많은 법률을 제정 또는 개정하여 왔다. 영업비밀 형태의 산업기술보호를 위한 법률로는 중화인민공화국 반부정당경쟁법 외에 행정법규인 상업비밀 침해행위에 관한 규정(1995년), 산업스파이 적발 등을 규정하고 있는 국가안전법(1993), 첨단기술이나 국가기밀이 인터넷을 통해 유출되는 것을 방지하기 위한 인터넷 관련 기밀보호법(2000년) 그리고 형법의 상업비밀 침해죄(제219조), 민법통칙, 계약법, 회사법, 노동법 등이 있다. 또한 '기술수출입관리조례'를 제정(2002년)하여 수출대상이 되는 기술을 수출자유기술·수출제한기술·수출금지기술로 구분하고, 기술을 수출하고자 할 경우에는 '국가과학기술위원회'의 허가를 받도록 하는 등 해외로의 기술유출을 통제하고 있다.

중국의 '반부정당경쟁법'은 영업비밀의 정의, 침해유형, 민사책임에 대하여 비교적 간단하게 규정하고 있다. 이 법에서 영업비밀이란 "공중이 모르고, 권리자에게 경제적 이익을 가져다주며, 실용성을 구비하고, 그 권리자가 비밀조치를 취한 기술정보와 경영정보를 말한다(동법 제10조)"고 규정하고 있다. 즉, 반부정당경쟁법은 영업비밀의 요건으로 일반에 공개되지 않고, 권리자에게 경제적 이익이 있으며, 권리자가 비밀

조치를 취한 기술 및 경영상의 정보로 규정하고 있는 것이다. 영업비밀에 대한 침해행위에는 절도, 기망, 협박, 기타 부정한 수단으로 권리자의 영업비밀을 취득하거나, 부정한 수단으로 취득한 영업비밀을 폭로하거나 사용 또는 타인에게 사용을 허락하는 행위 등이 포함된다.

민사적 구제는 침해행위로 인하여 침해자가 얻은 이익을 배상액으로 인정하도록 하였다. 행정적으로는 '상업비밀 침해행위에 관한 규정'에 따라 감독기관인 '공상행정관리기관'에 조사를 신청할 수 있고, 위법행위가 있을 경우 반드시 위법행위 중지명령을 내리도록 규정하고 있다. 형사적 처벌은 형법 제219조에 의해 이뤄지는데, 반부정당경쟁법의 영업비밀 침해행위는 형법 제219조의 영업비밀 침해행위와 일치한다. 영업비밀 침해행위가 권리자에게 중대한 손실을 초래한 경우 3년 이상 7년 이하의 징역과 벌금에 처하도록 규정하고 있다.

국가안전부는 국가안전법 등에 따라 산업기밀유출 행위를 국가안전을 위해하는 행위로 간주하여 관계자를 색출해 중형으로 처벌하고 있고, 정보통신 관리부처는 '인터넷 관련 기밀보호법'에 의거하여 첨단기술이 유출되지 않도록 인터넷 검열을 강화하고 있으며, 국무원 상무부는 수출제한 및 금지대상 기술에 대한 심사를 엄격하게 실시하고 있다.

4 우리나라의 산업스파이 추세와 대응 법제

1) 우리나라의 산업스파이 추세와 유형

국가경쟁력의 원천은 역사적·시대적 환경에 따라 다르게 변화되어 왔다. 오늘날 정보화·세계화하는 시대적 요구에 가장 부합하는 경쟁력의 원천은 국가의 핵심기술이다. 현재 산업선진국에서 발생하는 첨단산업기밀 유출의 많은 부분이 산업화의 후발주자인 중국에 의해 전방위적으로 이뤄지고 있는 것으로 의심받으면서 주변국과의 갈등이 깊어지고 있다. 중국의 산업기밀 탈취 수법을 보면 유학생이나 연구원을 동원한 첨단기술 습득, 정부 소속의 산업스파이에 의한 첨단산업체 기술인력 스카우트, 기업을 통째로 인수·합병해 핵심기술과 특허 확보, 중국기업 직원이 경쟁기업 협력사에 위장 취업해 핵심기술에 접근, 경쟁기업에 참여한 외국인 연구원 계약만료 시 접촉·회유해 기술입수, 국제 전시회에 출품된 첨단제품에 접근해 전시담당 직원 회유와 해킹 시도 등 다양하다. 미국 법무부가 2011년부터 2018년까지 7년간 산업비밀을 훔치려 한 혐의로 기소한 산업스파이 사건의 90%에 중국이 개입한 것으로 확인되었다. 우리나라 역시 한국형사정책연구원에서 2016년 2월 발표한 연구보고서에 따르면 2010부터 2014년 간 발생한 산업기술 해외유출 범죄는 63건인데, 이 중 중국으로 유출된 사례가 34건(54%)으로 절반 이상이나 차지하였다.

우리나라에서 산업스파이는 IT 산업, 반도체, 정보통신 등 소위 첨단산업분야에서 주로 발생하고 있다. 그러나 최근에는 산업스파이의 주요 표적이 정밀기계, 자동차, 생명공학 등 여러 분야로 확대되고 있다. 정부가 2019년 1월 3일 총리 주관 국정현안점검회의에서 공개한 자료에 따르면 2013년부터 2018년까지 6년 동안 산업기밀 해외유출 범죄에 의한 피해가 전기·전자·기계 등 분야에서 무려 156건(유기발광다이오드·자동차엔진변속기 등 국가핵심기술 25건 포함)에 피해 액수만 해도 연평균 50조 원에 이르는 것으로 추산되고 있다. 기술유출은 대기업은 물론이고 보안역량 수준[4]이 낮은 중소기업(전체의 67%)에서 특히 많이 발생하고 있다. 그러나 산업스파이 행위가 은밀하게 이루어지는 특징으로 보아 적발되지 않은 사건을 포함하면 통계에 나온 수치보다 훨씬 더 많을 것으로 추정된다.

우리나라에서 이뤄지는 기술유출은 기업 내부자인 전·현직 직원에 의한 생계형이 대부분이다. 산업통상자원부와 국정원이 분석한 자료에 따르면 2012년부터 2017년 8월까지 적발한 산업기술 유출 사건(국정원 해외유출적발 157건, 경찰청 기술유출사범검거 641건) 중 전·현직 직원 등 내부자에 의한 유출이 80%(전직 53%, 현직 27%, 협력업체 7% 등)에

4) 우리나라의 보안역량 수준에 우수한 업종은 우주(100%), 철강(80%) 등이고, 위험한 업종은 조선(28.6%), 생명공학(25%) 등으로 나타났다.

달하는 것으로 나타났다. 이들은 보통 목표물인 기술정보를 내장한 저장장치와 이를 입수할 수 있는 인적 네트워크를 보유하고 있으며, 내부통제 및 보안구조의 허점 등에 대해서도 잘 알고 있어 기술유출을 용이하게 할 수 있다. 한때 사회적 이슈로 떠올랐던 현대·기아차나 와이브로 기술유출 사건 역시 현직 직원이 핵심기술을 회사 내 컴퓨터에서 빼내 이메일로 퇴직 직원에게 전달하고, 퇴직 직원은 현직 직원의 도움으로 생산현장에 들어가 정보를 입수하는 형식으로 이뤄졌다. IMF 사태 이후 평생직장이라는 인식이 점차 사라지고 애사심 또한 약해짐으로써 인력 유동성을 부추기고 있으며, 전·현직 직원에 대한 관리의 부재로 인해 핵심기술 유출의 최대 통로가 되고 있다. 협력·용역업체에 의한 기술유출 사례도 많아 이들에 대한 보안관리의 필요성도 증대되고 있다.

기술유출 유형은 연구원 매수 방법이 가장 흔하며, 그밖에 공동연구, 위장합작, 불법수출, 해킹 등 다양한 방법들이 동원된다. 연구원 매수는 주로 고액연봉 제시나 해외근무 조건의 스카우트 형식으로 이루어진다. 기업 차원의 공동연구와 위장합작을 통한 기술유출은 해외업체들이 국내 핵심연구원에게 접근하여 합작법인 설립 시 경영권을 주겠다고 유혹하거나 경영컨설팅이라는 명분으로 관련 기술 절취 후 영업목적으로 절취기술을 재활용하는 식으로 이뤄지고 있다. 기술유출 동기로는 개인영리·금전유혹(78%)이 절대 다수를 차지하고 있으나, 경우에 따라 인사·처우불만(13%), 비리연루, 신분불안 등이 동기가 되기도 한다.

이와 같은 우리나라 산업기술 유출사건의 특징을 보면 기술유출 피해가 특정 기업에 한정되지 않고 국가경제에 막대한 손실을 초래한다는 점, 기술개발에 참여한 자가 특별한 죄의식 없이 기술유출을 시도하는 경우가 많다는 점, 기술유출이 이메일·USB 등의 전자장치를 이용하거나 원본은 그대로 두고 복사물로 유출되는 경우가 많아 유출사실을 인지하는 것이 쉽지 않다는 점 그리고 기술유출의 범죄증거를 확보하거나 추적하는 것이 용이하지 않다는 점 등이 있다.

한편, 세계 주요국들이 기술보호를 강화하는 추세인 가운데, 우리나라의 기술보호 체계는 기술탈취형 M&A 시도에 취약할 뿐만 아니라 유출 피해의 심각성에 비해 처벌이 관대하다는 지적이 지속적으로 제기되어 왔다. 이에 따라 정부는 2019년 1월 3일 개최된 국정현안점검회의에서 산업통상자원부, 법무부, 특허청 등 관계부처 합동으로 4대 분야, 20개 과제의 산업기술유출 대책을 제시하였다.

현재 국가핵심기술 보호를 위해 국내기업이 국가핵심기술을 수출하는 경우에 국가R&D를 지원받아 개발한 기술이면 사전 승인을 받도록 하고 있으며, 자체 개발한 경우는 사전 신고하도록 하고 있다. 반면에 외국기업이 국가핵심기술을 보유한 국내기업을 인수·합병할 때에는 국가R&D 지원을 받았을 경우에만 사전 신고하도록 하고 있을 뿐 자체 개발한 기술을 보유한 경우에는 신고 의무가 없는 상황이다. 이를 보완하기 위해 해외 인수·합병의 경우 기술수출과 동일하게 국가R&D 지원을 받은 경우 사전 승인을 받도록 하고, 자체 개발한 경우에는 사전 신고하도록 산업기술보호법을 개정하기로 하였다.

또한 산업통상자원부 외에 다른 부처 및 공공기관이 업무수행 중 취득한 국가핵심기술에 대해서 비밀유지 의무를 부과하고, 정보공개의 제한적 요건을 설정하는 한편, 정보공개 심의 시 산업통상자원부와 협의토록 할 방침이다. 아울러 현행 국가핵심기술[5]을 AI, 신소재 등 신규업종으로 확대·지정하고, 영업비밀 범죄 구성요건을 완화해 기술보호 범위를 넓히며, 국가핵심기술을 포함한 중요 산업기술을 보유한 기업을 대상으로 보안컨설팅 등을 확대하기로 하였다. 현재 일반 산업기술 유출과 동일한 처벌기준을 적용받는 국가핵심기술의 해외유출에 대해서도 최소 형량을 설정하고, 영업비밀의 해외유출 또한 처벌기준을 강화할 방침이다. 그리고 산업기술유출과 영업비밀유출 시 징벌적 손해배상제도를 도입해 최대 3배까지 배상하게 하며, 산업기술 및 영업비밀 해외유출 범죄로 얻은 수익과 수익에서 증식된 재산까지 환수할 수 있도록 범죄수익은닉규제법도 개정하기로 하였다.

---

5) 2018년 1월 15일 개정 고시한 국가핵심기술은 64개(반도체 7, 디스플레이 2, 전기전자 1, 자동차·철도 9, 철강 7, 조선 7, 원자력 5, 정보통신 10, 우주 4, 생명공학 3, 기계 6, 로봇 3)이다.

2) 우리나라의 산업스파이 방지 법률

(1) 산업스파이 범죄 방지 법률

과학기술화된 사회에서 경제규모의 양적·질적 확대는 자연스럽게 산업보안의 성장을 낳는다. 국민소득이 증가하고 그 산업의 본질적 속성이 변화하면서 산업보안 관련 법률들도 지속적으로 생겨났다. 우리나라는 1961년 부정경쟁방지법이 제정되었고, 1976년에는 경비업법이 그리고 1986년에는 정보통신망이용촉진 및 정보보호 등에 관한 법률, 2006년에는 산업기술유출방지 및 보호에 관한 법률이 제정되었다. 이후 2011년에는 지식재산기본법이 제정되었다.

① 부정경쟁방지 및 영업비밀보호에 관한 법률(부정경쟁방지법)

1961년 12월 제정된 부정경쟁방지법은 지적재산권 및 영업비밀 보호를 위한 가장 핵심적인 법률로서, 영업비밀이란 "공공연히 알려져 있지 아니하고(비공지성), 독립된 경제적 가치를 가지며(경제성), 상당한 노력에 의하여 비밀로 유지된(비밀관리성) 생산방법, 판매방법, 영업활동에 유용한 기술상 또는 경영상의 정보"를 말한다. 부정경쟁방지법 제18조 제1항은 부정한 이익을 얻거나 영업비밀 보유자에게 손해를 입힐 목적으로 그 영업비밀을 외국에서 사용하거나 외국에서 사용될 것임을 알면서 취득·사용 또는 제3자에게 누설하는 행위를 처벌한다. 따라서 외국정부 및 단체, 외국인 등이 국내 영업비밀을 부정하게 취득 또는 누설 등 산업스파이 활동을 할 경우 이 규정에 근거하여 처벌이 가능하다.

우리나라의 영업비밀제도는 1986년 시작된 WTO/TRIPs 협상과 그 맥락을 같이한다. 당시 WTO/TRIPs에 영업비밀이 포함될 것이 확실해지자 정부는 한편으로는 과학기술의 발전을 위한 외국 선진기술의 도입을 유도하고, 다른 한편으로는 국제통상 마찰을 줄이기 위해 1991년 12월 31일 부정경쟁방지법의 개정을 통하여 최초로 영업비밀을 보호하기 시작하였으며, 이후 1998년에는 명칭을 부정경쟁방지 및 영업비밀보호에 관한 법률로 변경하였다. 이후 2004년과 2007년 대대적인 수정을 통해 영업비밀보호를 대폭 강화하였다.

이러한 부정경쟁방지법은 영업비밀 침해 행위를 부정경쟁 차원에서 접근해 규제한다. 영업비밀의 침해행위를 부정경쟁행위의 유형으로 보고, 영업비밀의 불법적인 유출로 인하여 경쟁상의 우위를 잃어버린 피해자를 구제하여 건전한 거래질서를 유지하려는 것이다.[6] 이러한 부정경쟁방지법은 민사적 구제와 형사적 처벌의 모습을 함께 담고 있다.

우선 민사적 구제의 모습을 살펴보도록 한다. 부정경쟁방지법은 영업비밀 침해행위에 대한 민사적 구제수단으로서, 침해금지·예방청구권, 손해배상청구권, 신용회복청구권 등을 규정하고 있다. 침해금지·예방청구권은 영업비밀이 침해되었거나 또는 침해할 우려가 있는 경우에 행사할 수 있다(동법 제10조 제1항).[7] 침해가 될 우려가 있다는 의미는 단순히 침해될 가능성만으로는 부족하고, 침해될 것이 확실히 예상되는 개연성을 의미한다. 즉, 주관적 침해가능성이 아니라 사회 통념상 객관적으로 판단이 가능해야 하는데, 이는 영업상의 이익을 의미한다. 그리고 그 침해에 대한 입증은 청구권자가 지고 있다. 영업비밀은 비밀이 유지되는 동안에만 경제적 가치를 가지기 때문에 영업비밀보호제도의 핵심은 바로 그 침해행위에 대한 금지 또는 예방에 있다고 할 수 있고, 이 점에서 침해금지 및 예방청구권은 가장 유효한 수단이다.[8] 그리고 이러

6) 부정경쟁방지법에 관한 법률 제1조가 정하는 목적을 살펴보면 이 법은 국내에 널리 알려진 타인의 상표·상호 등을 부정하게 사용하는 등의 부정경쟁 행위와 타인의 영업비밀을 침해하는 행위를 방지하여 건전한 거래질서를 유지함을 목적으로 한다.

7) 제10조(영업비밀 침해행위에 대한 금지청구권 등) ① 영업비밀의 보유자는 영업비밀 침해행위를 하거나 하려는 자에 대하여 그 행위에 의하여 영업상의 이익이 침해되거나 침해될 우려가 있는 경우에는 법원에 그 행위의 금지 또는 예방을 청구할 수 있다.

8) 대법원 선고 2003.7.16. 2002 마 4380 결정: 금지청구권의 근로자가 전직한 회사에서 영업비밀과 관련된 업무에 종사하는 것을 금지하지 않고서는 회사의 영업비밀을 보호할 수 없다고 본다. 이러한 경우 구체적인 전직 금지 약정이 없다고 하더라도 부정경쟁방지법 제10조 제1항에 의한 침해행위 금지 또는 예방 및 이를 위하여 필요한 조치로서 전직한 근로자의 관련 업무 종사를 금지할 수 있다고 판시하고 있다.

한 침해 청구를 할 경우에는 침해행위를 조성한 물건의 폐기, 침해행위에 제공된 설비의 제거, 기타 침해행위의 금지 또는 예방을 위하여 필요한 조치를 함께 청구할 수 있다. 그리고 부정경쟁방지법은 손해배상 청구도 가능하게 하였다. 고의 또는 과실에 의한 영업비밀 침해행위로 영업상의 손해를 받은 자는 손해배상을 청구할 수 있다(동법 제11조). 손해배상청구권을 행사하기 위해서는 행위자의 고의 또는 과실, 위법한 영업비밀의 침해행위, 침해행위로 인한 손해의 발생, 침해행위와 손해발생과의 인과관계가 있어야 한다. 그러나 손해액 산정 등의 한계점으로 인해 2007년과 2011년 손해액 산정과 관련한 구체적 내용을 부칙으로 신설·보완하였다.[9]

이러한 민사적 구제방법 이외에도 형사적 처벌 규정도 함께 두고 있다. 독일이나 일본의 부정경쟁방지법의 경우 초기에 민사적 구제만을 규정하였다가 이후 형사적 규제를 추가한 것과 달리 우리나라는 1991년 개정 당시부터 형사적 처벌규정을 함께 갖고 있었다. 형사적 처벌 내용을 살펴보면 다음과 같다. 먼저 누구든지 부정한 이익을 얻거나 영업비밀 보유자에게 손해를 입힐 목적으로 그 영업비밀을 취득·사용하거나 제3자에게 누설한 자는 5년 이하의 징역 또는 5천만 원 이하의 벌금에 처한다. 다만 벌금형에 처하는 경우 위반행위로 인한 재산상 이득액의 10배에 해당하는 금액이 5천만 원을 초과하면 그 재산상 이득액의 2배 이상 10배 이하의 벌금에 처하고 있다. 그리고 이러한 행위를 외국에서

9) 제14조 2(손해액의 추정 등) ① 부정경쟁행위 제2조의 2 제1항이나 제2항을 위반한 행위 또는 영업비밀 침해행위로 영업상의 이익을 침해당한 자가 제5조 또는 제11조에 따른 손해배상을 청구하는 경우 영업상의 이익을 침해한 자가 부정경쟁행위 제2조 2의 제1항이나 제1항을 위반한 행위 또는 영업비밀 침해행위를 하게 한 물건을 양도하였을 때에는 제1호의 수량에 제1호의 단위 수량당 이익액을 곱한 금액을 영업상의 이익을 침해당한 자의 손해액으로 할 수 있다. 이 경우 손해액은 영업상의 이익을 침해당한 자가 생산할 수 있었던 물건의 수량에서 실제 판매한 물건의 수량을 뺀 수량에 단위 수량당 이익액을 곱한 금액을 한도로 한다. 다만 영업상의 이익을 침해당한 자가 부정경쟁행위 제3조의 2 제1항이나 제2항을 위반한 행위 또는 영업비밀 침해행위 외의 사유로 판매할 수 없었던 사정이 있는 경우에는 그 부정경쟁행위 제2조의 2 제1항이나 제2항을 위반한 행위 또는 영업비밀 침해행위 외의 사유로 판매할 수 없었던 수량에 따른 금액을 빼야 한다.

사용하거나 외국에서 사용될 것임을 알고 취득·사용 또는 제3자에게 누설한 자는 10년 이하의 징역 또는 1억 원 이하의 벌금에 처한다. 다만 벌금형에 처하는 경우 위반행위로 인한 재산상 이득액의 10배에 해당하는 금액이 1억 원을 초과하면 그 재산상 이득액의 2배 이상 10배 이하의 벌금에 처하도록 규정하고 있다.

그러나 부정경쟁방지법의 이러한 벌칙규정은 모호하다는 비판을 받고 있다. 재산상의 이득액을 기준으로 벌금액을 산정하도록 하고 있는데, 실제 기술유출로 인한 이득액을 산정하기는 매우 어렵다. 재산상의 이득을 산정하는 기준과 방법이 구체적이지 못한 까닭에 그 잠재적 가치가 수조 원에 이른다고 주장하는 경우에는 벌금형을 선택할 수도 없다. 또한 법인에 대한 처벌을 가능하게 하는 법임에도 불구하고 이득액 산출의 난해한 문제는 법인의 처벌을 거의 불가능하게 한다는 지적도 있다. 이러한 상황을 반영하듯 실제 부정경쟁방지법으로 형사 처분을 받은 사건들의 판결문에도 그 손해액과 이득액을 기술한 판결문은 거의 없다. 더 나아가 미수범에 대한 처벌을 가능하게 하고 있음에도 불구하고 유출이 재산상의 이득과 직접적인 연결고리를 갖지 못할 경우에는 처벌이 경미해지거나 어렵다는 문제도 함께 갖는다. 결국 부정경쟁방지법 속의 형사적 규제는 미수, 예비·음모죄 처벌조항을 가지고 있음에도 불구하고, 유출이 현실화되고 상용화되지 않았을 경우에 실질적인 처벌기준으로서 적극적으로 작동하기에는 한계를 갖는다.

② 산업기술유출 방지 및 보호에 관한 법률(산업기술보호법)

산업기술보호법은 국내산업의 경쟁력을 강화하고 국가안보와 국민경제의 발전에 기여하고 국가핵심기술의 해외이전 통제를 위해 2006년 10월 제정되었다. 당시 의원입법 형식으로 제정하고, 산업통상자원부와 국정원이 주도하였다. 민간기업의 기술이라 해도 국가핵심기술을 수출 및 인수 합병할 경우 승인을 받거나 신고하도록 규정하여 국가안보 등에 중대한 악영향을 미칠 경우에는 국가가 직접 관여할 수 있는 장치를 마련하였다. 산업기술은 제품 또는 용역의 개발·생산·보급 및 사용에 필요한 제반 방법 내지 기술상의 정보 중에서 관계중앙행정기관의 장이 소관 분야의 산업경쟁력 제고 등을 위하여 법령이 지정 또는 고시·공고하는 기술이다. 국가핵심기술은 산업기술에 해당하면서 해외로 유출될 경우 국가안보 및 국민경제 발전에 중대한 악영향을 줄 우려가 있을 것(우려성), 통상산업부장관이 산업기술보호위원회 심의를 거쳐 지정한 것(지정성), 관련 제품의 시장 점유율 및 기술 확산과의 조화를 고려하여 최소한의 범위에서 선정할 것(최소 선정성), 기술적·경제적 가치가 높을 것(가치성), 성장 잠재력이 높을 것(성장 잠재성) 등을 지정 요건으로 한다. 이 법은 행위주체에 제한 없이 누구든지 산업기술유출 및 침해 행위를 금지하고, 위반한 경우에 처벌하며, 산업기술을 외국에서 사용되게 할 목적으로 부정 취득하는 행위, 부정한 방법으로 승인을 얻어 국가핵심기술을 수출하는 행위 등을 처벌한다. 따라서 중요 산업기밀의 누설 등 행위를 국가기밀의 개념 속에 포함시킨다면, 외국정부 및 단체 또는 외국인이 국내 산업기술 또는 국가핵심기술 등을 부정취득하거나 수출하는 경우 이 법에 근거하여 처벌할 수 있을 것이다.

산업기술보호법이 제정되기 이전 산업보안 관련 사건에 대해 주로 적용되었던 법률은 앞서 기술한 부정경쟁방지법이다. 그러나 부정경쟁방지법의 경우 민간기업의 영업비밀 침해에만 적용되고 형사적 제재가 사후 처벌적 방식으로 규율되는 까닭에 산업기술 보호를 목적으로 한 사전예방 중심의 새로운 법률제정을 요구하는 목소리가 커져갔다. 또한 당시 기술개발촉진법 등 다른 법률들도 존재하고는 있었지만, 산업기술 보호만을 위한 법령이 아니었기에 법적·제도적 기반이 미흡하였다는 비판이 있었다.

산업기술보호법은 이러한 배경 속에서 제정되었다. 산업기술보호법의 목적은 국내 핵심기술 보호 및 산업기술의 부정한 유출을 방지하고, 산업기술을 보호함으로써 국내산업의 경쟁력을 강화하며, 국가의 안전과 국민경제의 안정을 보장하기 위한 것이다. 이렇듯 산업기술보호법이 마련되면서 산업보안 관련 법제는 기존의 부정경쟁방지법과 산업기술보호법이라는 이원적 체계가 되었다. 이전에 시행 중이던 부정경쟁방지법이 침해 이후 피해기업 구제 및 침해자 처벌에 초점이 맞추어 있다 보니 산업 보안기술의 사전적 유출 방지를 위한 제도 구축에 미흡했다는 비판이 있었기 때문에 새로 제정된 산업기술보호법은 이러한 보안의식을 확산하고, 산업기술을 보호할 수 있는 제도적 장치까지도 규율하는 모습을 하고 있다.

이를 구체적으로 살펴보면 ① 산업기술의 유출방지 및 보호에 관한 정책 수립, ② 국가핵심기술의 보호조치 및 수출 관리, ③ 산업기술보호협회의 설립, 산업기술보호교육, 산업보안기술의 개발지원 등 산업기술 보호의 기반 구축, ④ 산업기술 분쟁조정제도, ⑤ 산업기술 유출 및 침해 행위에 대한 벌칙 등을 규율하고 있다. 그중에서 산업기술 침해행위에 대한 형사적 처벌내용을 살펴보면 다음과 같다.

먼저, 산업기술을 외국에서 사용하거나 사용하게 될 목적으로 부정하게 취득하는 행위 또는 그 취득한 산업기술을 사용하거나 공개하는 행위를 한 자에게는 15년 이하의 징역 또는 15억 원 이하의 벌금에 처하나, 그 행위가 국내에서 행해졌을 경우에는 7년 이하의 징역 또는 7억 원 이하의 벌금에 처해진다.[10] 그리고 위의 행위가 개입된 사실을 중대한 과실로 알지 못하고 그 산업기술을 취득·사용 및 공개하거나 산업기술을 취득한 후에 그 산업기술을 사용하거나 공개하는 행위를 한 행위도 처벌하고 있다. 이 경우에는 3년 이하의 징역 또는 3억 원 이하의 벌금이 가능하다.[11] 산업기술보호법은 미수범과 예비·음모도 처벌하며 징역형과 벌금형을 함께 병과하도록 하였다. 또한 법인 또는 개인의 대리인, 사용인, 그 밖의 종업원이 그 법인 또는 개인의 업무에 관해서도 책임을 묻도록 하는 양벌규정을 두고 있다.

국내 산업기술보호와 관련하여 판례가 많지 않은 까닭에 그 해석에 관한 논의도 활발히 이뤄지지는 못하였지만, 그동안 선고된 판례에서 법원의 입장을 살펴보면 다음과 같다. 법원에서 논의된 사안들은 국내기술과 국외 기술 구분에 관한 내용, 부정한 취득 그리고 부정한 방법에 대한 내용으로 정리된다. 부산지방법원에 의해 2011년 1월 13일 선고된

10) 제36조 제1항과 제2항의 내용을 보면 과거 처벌기준은 국외 유출인 경우 최대 10년 징역 혹은 10억 원 이하 벌금, 국내일 경우 최대 징역 5년 혹은 5억 이하 벌금이었으나, 2016년 3월 29일 개정을 통해 법정형이 상향조정되었다.

11) 제36조 제1항과 제2항의 내용이다.

'2009노108 판결'은 기술의 국내, 국외 여부에 대하여 산업기술보호법이 보호하고 있는 기술은 국내기술에 한정되지 않는다고 밝히고 있다. 그 판결 내용을 보면 다음과 같다.

"산업기술보호법은 국내 산업의 경쟁력을 강화하고 국가의 안전보장과 국민경제에 이바지하는 것을 목적으로 하고 있다. 또한 위 법은 산업기술을 정의함에 있어 관계 중앙행정기관의 장이 지정 또는 고시, 공고하는 기술 중 제2조 제1항 각목의 어느 하나에 해당하는 기술을 산업기술에 해당한다고 규정하고 있으면서 그중 가목만이 '국내에서 개발된 독창적인 기술'일 것을 그 요건으로 하고 있을 뿐 달리 당해 기술이 국내에서 개발되어야 한다는 것을 정하고 있지 않고, 단지 기술의 수준이나 가치, 파급효과가 일정한 정도에 이를 것을 요구하고 있을 뿐이다. 또한 기술개발에 있어 국경의 의미가 유명무실해진 현대사회에서는 당해 기술이 개발된 장소 또는 투입된 인력의 국적을 가지고 당해 기술이 국내 기술에 해당하는지 판단하는 것은 쉽지 않을 뿐만 아니라, 그와 같은 방식으로 정의된 국내 기술만을 보호하는 것은 위와 같은 산업기술보호법의 제정목적과 규정형식에 부합하는 것이라고 볼 수 없다. 따라서 산업기술보호법의 해석상 우리나라의 개인, 기업 또는 기관이 기술개발에 참여 또는 투자하였는지 여부와 그 정도, 당해 기술이 국내산업의 경쟁력에 미치는 영향 등을 종합적으로 고려하여, 산업기술보호법 제2조 제1항 각목 중 어느 하나의 요건을 충족하여 국내 산업경쟁력 강화에 이바지할 수 있는 기술에 해당하는 것이 산업기술보호법에서 보호하는 산업기술에 해당한다고 해석하는 것이 상당하다."

그 다음으로 부정한 취득에 대한 논의인데, 산업기술보호법 제14조는 "누구든지" 다음 각 호의 어느 하나에 해당하는 행위를 하여서는 아니 된다고 규정하고 있으면서, 제1호는 "절취, 기망, 협박 그 밖의 부정한 방법으로 대상기관의 산업기술을 취득하는 행위 또는 그 취득한 산업기술을 사용하거나 공개하는 행위", 제2호는 "같은 법 제34조의 규정 또는 대상기관과의 계약에 따라 산업기술에 대한 비밀유지 의무가 있는 자가 그 산업기술을 절취, 기망, 협박, 그 밖의 부정한 방법으로 유출하는 행위 또는 그 유출한 산업기술을 사용하거나 공개하거나 제3자가 사용하게 하는 행위"를 각각 정하고 있다. 이와 같이 산업기술보호법 제14조 제2호는 제1호와 달리 단순히 산업기술을 '취득'하는 행위는 처벌의 대상에서 제외하는 대신 산업기술을 '유출'하는 행위를 처벌하고 있는데, 이는 제2호의 '비밀유지의무가 있는 자'는 당해 산업기술을 직무 혹은 계약에 따라 적법한 경로로 취득할 수 있는 경우 제1호의 부정한 취득 행위가 문제될 수 없어 이를 유출하는 행위만을 처벌하도록 규정한 것일 뿐이다. 따라서 누구든지 산업기술의 부정한 취득행위를 한 사람은 모두 제1호의 처벌대상이 될 수 있으므로 비록 직무 혹은 계약에 따라 제2호의 "비밀유지 의무가 있는 자"에 해당하거나 해당하였던 자라 하더라도 위 법 제34조의 규정 또는 대상기관과의 계약에 따른 적법한 절차가 아닌 "절취, 기망, 협박 그 밖의 부정한 방법"으로 산업기술을 부당하게 취득한 경우에는 제1호의 처벌대상이 된다고 밝히고 있다.

마지막으로 부정한 방법은 상당히 넓게 취급하고 있음을 알 수 있는데, 부정한 방법이라 함은 절취, 기망, 협박 등 형법상의 범죄를 구성하는 행위뿐만 아니라 비밀유지 의무의 위반 또는 그 위반의 유인 등 산업기술보호법의 목적에 비추어 위에 열거된 행위에 준하는 선량한 풍속 기타 사회질서에 반하는 일체의 행위나 수단을 모두 포함하여 해석하고 있다.

부정경쟁방지법과 산업기술보호법의 차이점

구분	부정경쟁방지법 (영업비밀침해행위)	산업기술보호법	비고
입법목적	(제1조) 타인의 영업비밀 침해행위 방지 및 건전한 거래 유지	(제1조) 국내산업 경쟁력 강화 및 국가안전보장과 국민경제 발전 기여	
보호법익	사익	공익+사익	
보호객체	영업비밀	산업기술 (국가핵심기술)	
침해태양	(제2조) 부정한 수단에 의한 영업비밀 침해행위(6종)와 영업비밀의 취득 사용 공개 및 중과실 행위	(제14조) 부정한 방법에 의한 산업기술 유출 및 침해행위(6종)와 산업기술 취득 사용 공개 및 중과실 행위	

구분	부정경쟁방지법 (영업비밀침해행위)	산업기술보호법	비고
민사구제	(제10조) 금지청구권 (제11조) 손해배상청구권 (제12조) 신용회복청구권		
목적범	(제18조) 부정한 이익을 얻거나 기업에 손해를 가할 목적	(제36조) 외국에서 사용하거나 사용되게 할 목적	
형량	(제18조) 징역 10년 이하 벌금 2~5배(국외가중) 징역 5년 이하 벌금 2~10배(국내)	(제36조) 징역 15년 이하 벌금 15억 이상(국외가중) 징역 7년 이하 벌금 7억 이하(국내)	양벌규정(산업기술 보호법 38조, 부정경쟁 방지법 19조)

* 출처: 도중진(2012).

③ 방위산업기술보호법(방산기술보호법)

방산기술보호법은 방위산업기술을 체계적으로 보호하고 관련기관을 지원함으로써, 국가의 안전을 보장하고 방위산업기술의 보호와 관련된 국제조약 등의 의무를 이행하여 국가신뢰도를 제고하는 것을 목적으로 2015년 12월 29일 제정(법률 제13632호)되어 2017년 11월 28일 개정(법률 제15052호)되었다.

여기서 '방위산업기술'이란 방위산업과 관련한 국방과학기술 중 국가안보 등을 위하여 보호되어야 하는 기술로서, 방위사업청장이 지정하고 고시한 것을 말한다. '방위사업보호 대상 기관'으로는 방위산업기술을 보유하거나 방위산업기술과 관련된 연구개발사업을 수행하고 있는 국방과학연구소, 방위사업청·각군·국방기술품질원·방위산업체 및 전문연구기관, 그 밖에 기업·연구기관·전문기관 및 대학 등이 해당된다. '방위산업기술 보호체계'란 대상기관이 방위산업기술을 보호하기 위하여 대통령령으로 정하는 ① 보호대상기술의 식별 및 관리 체계, ② 인원통제 및 시설보호 체계, ③ 정보보호체계를 말한다. 한편, 방위사업청장은 방위산업기술의 보호에 관한 종합계획을 5년마다 수립·시행하여야 하며, 이를 심의하기 위해 국방부장관 소속으로 방위산업기술보호위원회를 두어야 한다.

기타 방위산업기술의 지정·변경 및 해제 등(제7조), 연구개발사업 수행 시 방위산업기술의 보호(제8조), 방위산업기술의 수출 및 국내이전 시 보호(제9조), 방위산업기술의 유출 및 침해 금지(제10조), 방위산업기술의 유출 및 침해 신고 등(제11조), 방위산업기술 보호를 위한 실태조사(제12조), 방위산업기술 보호체계의 구축·운영 등(제13조), 방위산업기술 보호를 위한 지원(제14조), 국제협력(제15조), 방위산업기술 보호에 관한 교육(제16조)과 관련한 사항을 규정하고 있다.

(2) 산업스파이 방지를 위한 기타 법률

산업스파이 방지를 위한 법규는 앞에서 살펴본 부정경쟁방지법과 산업기술보호법 및 방위산업기술보호법뿐만 아니라 형법, 정보통신망이용촉진 및 정보보호에 관한 법률, 통신비밀보호법, 대외무역법, 기술발전촉진법 등 여러 법규가 있다.

산업기술 유출 규제에 관한 국내 기타법률

법명	관련규정	보호대상	법적규제	주요내용 및 한계
형법	절도죄 (제29조), 횡령죄 (제56조), 배임죄 (제56조), 비밀누설죄 (제16조), 주거침입죄 (제19조)		- 절도죄 6년 이하의 징역 또는 1천만 원 이하의 벌금 - 횡령죄·배임죄 10년 이하의 징역 또는 3천만 원 이하의 벌금 - 비밀누설죄·주거 침입죄 3년 이하의 징역 또는 500만 원 이하 벌금	공소시효가 길고 형량이 중함. 그러나 기술유출 행위 자체에 대한 규제가 아닌 유출과정 중의 행위에 대한 처벌규정임. 산업기술의 무체성으로 인하여 성립요건의 재해석이 필요함.
정보 통신망 이용촉진 및 정보보호 등에 관한 법률	정보통신망 침해행위 (제8조)	개인정보	정보통신망 침입행위 3년 이하의 징역 또는 3천만 원 이하의 벌금 미수범 양벌규정 적용. 정보통신망 악성프로그램 유포 및 훼손 타인의 비밀침해·도용 또는 누설한 자 5년 이하의 징역 또는 5천만 원 이하의 벌금 양벌규정 적용	정보통신망을 이용한 기술유출 행위에만 적용 가능함. 국외 기술유출과 관련하여 필요 조치만 강구토록 함. 법의 적용대상이 개인 정보의 보호에 있는 바 기술유출에 대한 직접적인 보호법령이라 할 수 없음.

법명	관련규정	보호대상	법적규제	주요내용 및 한계
통신비밀 보호법	통신 및 대화 비밀의 보호 (제3조), 타인 대화 비밀 침해 금지(제4조)	통신비밀	통신 및 대화비밀의 검열 감청 녹음 청취 시 또는 지득한 내용을 공개·누설한 경우 10년 이하의 징역과 5년 이하의 자격정지	컴퓨터 도청·감청 등 최근 증가하는 기술 유출 행위에 대해 적용 가능함. 그러나 적용대상의 한계가 있음.

* 출처: 홍영서(2007).

3) 우리나라의 산업스파이 대응 시스템

(1) 공공부문과 민간부문의 대응 시스템

공공부문과 민간부문의 대응체계도

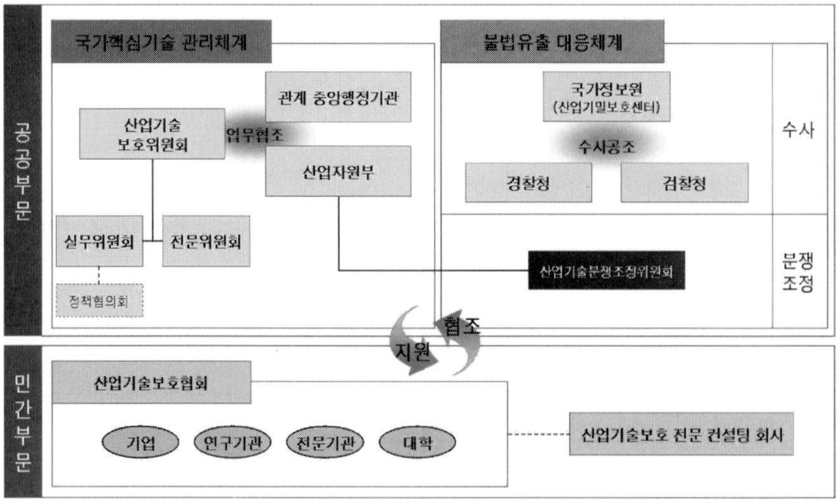

* 출처: 국가정보원 첨단산업기술보호동향.

① **산업기술보호위원회**

산업기술보호법 제7조는 산업기술의 유출방지 및 보호에 관한 사항을 심의하기 위한 산업기술보호위원회의 설치 및 운영에 관한 사항을 규정하고 있다. 위원회는 국무총리 소속기관으로서 위원장 1인을 포함한 25인 이내의 위원으로 구성하되 위원의 임기는 2년으로 한다. 산업기술보호위원회는 첫째 산업기술의 유출방지 및 보호에 관한 정책, 둘째 보호지침의 제정·수정 및 보완에 관한 사항, 셋째 국가핵심기술의 지정·변경 또는 해제에 대한 사항, 넷째 국가핵심기술의 수출 등에 관한 사항 등을 심의한다. 또한 이해관계인 및 대상기관의 의견 진술기회 부여 및 의견을 청취하고 개선 권고할 수 있다.

② 산업기술보호 실무위원회

실무위원회는 위원장인 산업통상자원부차관을 포함한 30명 이내의 위원으로 구성하는데, 위원의 임기는 2년으로 한다. 실무위원회는 위원회에 상정한 안건을 사전에 검토·조정하고 위원회가 위임한 사항을 처리하는 산업기술의 유출방지 및 보호와 관련된 주요정책과제의 사전협의와 조정을 위하여 산하에 정책협의회를 둔다.

③ 산업기술보호 전문위원회

전문위원회는 전기전자, 정보통신, 산업기계, 정밀화학, 생명공학 등 11개 분야로 구분하여 설치되고 위원장 1명을 포함한 10명 이내의 위원으로 구성하며, 위원의 임기는 2년으로 한다. 각 전문위원회는 위원회의 심의와 실무위원회의 사전검토·조정을 위하여 전문적인 검토가 필요하다고 인정하여 위원회가 위임한 사항을 처리한다.

④ 산업기술보호 정책협의회

정책협의회는 산업기술의 유출방지 및 보호와 관련된 주요정책과제의 사전협의와 조정을 위하여 실무위원회에 설치한다.

국가핵심기술보호 체계도

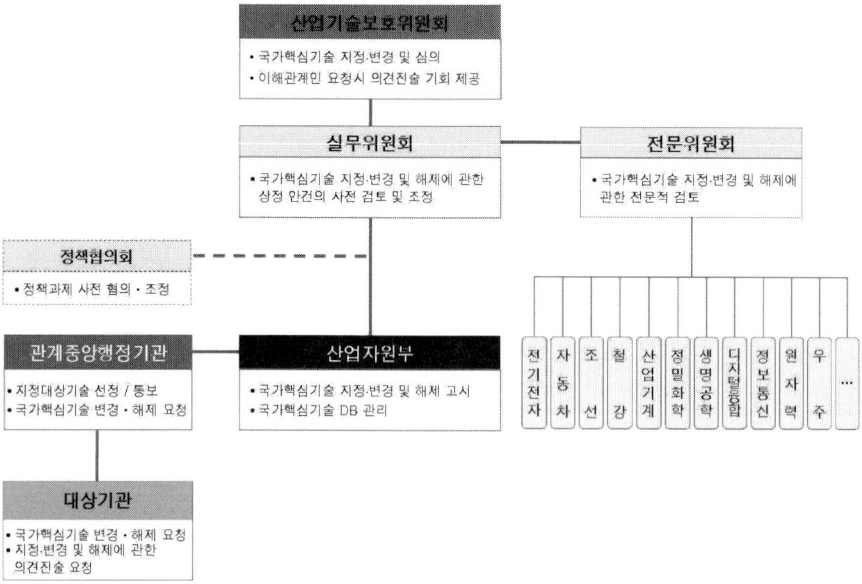

* 출처: 국가정보원 첨단산업기술보호동향.

(2) 산업스파이 범죄발생 시 대응체계

국가핵심기술 및 국가연구개발사업으로 개발한 사업기술을 보유한 대상기관이 기술유출 및 침해행위가 발생할 우려가 있거나 발생한 때에는 산업통상자원부장관 및 정보수사기관의 장에게 그 사실을 신고해야 한다.

① 정보수사기관, 검찰, 경찰

검찰에서는 대검찰청 첨단범죄수사과와 수원지검의 첨단범죄수사부 및 기타 각 지검의 형사부에서 기술유출 범죄수사를 담당하고 있다. 대검찰청 첨단범죄수사과에서 전국지검의 기술유출사건 등 첨단범죄수사를 총괄지휘하고 있으며, 기술유출범죄수사를 지원하는 전담조직으로 2007년 2월에 첨단범죄수사과 소속의 기술유출방지수사지원센터를 설치하였다. 한편 경찰에서는 경찰청 외사국 외사수사과를 중심으로 전국 지방경찰청 및 일선경찰서 외사과 등에서 기술유출 사건을 담당하고 있다. 경찰청 외사수사과에 전문수사팀을 운영하면서 주요산업 기술유출 사범을 수사하고 있다. 일부 지방경찰청에서는 산업보안전담팀을 운영하기도 한다.

② 산업기술분쟁조정위원회

산업기술의 유출에 대한 분쟁을 신속하게 조정하기 위하여 위원장 1인을 포함한 15인 이내의 위원으로 구성한다. 위원장은 위원 중에서 산업통상자원부장관이 임명하고 위원의 임기는 3년이며 연임할 수 있다. 분쟁의 조정을 효율적으로 수행하기 위하여 조정위원회에 5인 이내의 위원으로 구성되는 조정부를 두되, 그중 1인은 변호사 자격이 있는 자로 한다. 조정위원회는 분쟁조정을 위하여 필요한 자료를 분쟁 당사자에게 요청할 수 있다. 또한 필요하다고 인정하는 경우에는 분쟁당사자 또는 참고인으로 하여금 조정위원회에 출석하게 하여 그 의견을 들을 수 있다. 의견진술을 청취할 경우 비공개로 하여야 하며, 제출된 자료 및 청취된 의견에 대해서는 비밀을 유지하여야 한다.

③ 형사적 제재수단

산업기술보호법과 부정경쟁방지법이 정한 규정에 따라 영업비밀 및 산업기술을 침해한 행위를 한 경우에는 징역과 벌금이 부과된다. 기업의 영업비밀을 침해한 경우에는 부정경쟁방지법 제8조에 의해 5년 이하의 징역 또는 그 재산상 이득액의 2배 이상 10배 이하의 벌금, 외국에서 사용하거나 외국에서 사용될 것임을 알았다면 10년 이하의 징역에 처한다. 산업기술을 침해한 경우에는 산업기술보호법 제6조에 의해 5년 이하의 징역 또는 5억 원 이하의 벌금, 외국에서 사용 또는 사용할 목적인 경우에는 7년 이하의 징역 또는 7억 원 이하의 벌금에 처한다.

산업기술침해 대응체계도

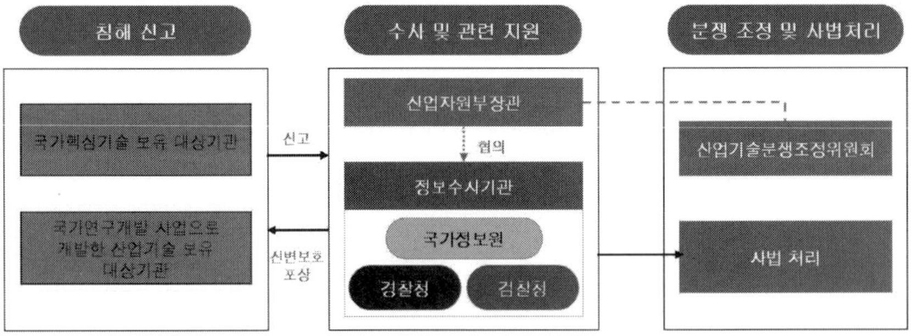

* 출처: 국가정보원 첨단산업기술보호동향.

(3) 산업기술 보호정책 추진기구의 역할 구분

우리나라는 현재 국정원이 '국부유출 차단'이라는 국가안보적 차원에서 기업의 핵심기술 유출을 대비한 활동, 즉 산업보안활동을 주도적으로 벌이고 있는데, 산업스파이의 활동을 원천적으로 방지하기 위해서는 다음과 같은 대책이 제시되고 있다. 첫째, 개별 기업 차원에서 핵심기밀 보호를 경영의 원칙으로 삼고, 개발 착수 직후부터 기술 유출을 방비하는 대책이 필요하다. 둘째, 핵심기술의 유출이 주로 핵심 연구인력의 이직으로 인하여 발생하는 만큼, 연구인력에 대하여 처우를 개선하여야 한다. 셋째, 기업의 정보수집 및 산업보안 능력을 극대화하기 위하여 정부 및 관련기관과 긴밀히 협력하여야 한다.

우리나라 산업보안의 제도와 정책은 "산업기술의 부정한 유출을 방지하고, 산업기술을 보호함으로써 국내산업의 경쟁력을 강화하고 국가의 안전보장과 국민경제에 이바지함을 목적으로 한다"고 규정하고 있는 '산업기술보호법'을 중심으로 수립·추진되고 있으며, 이에 따른 정책추진을 공공부문과 민간부문으로 구분하여 고찰하면 다음과 같다.

공공부분의 산업보안관리체제는 산업기술관리 부문과 불법유출대응 부문으로 나눌 수 있다. ① 산업기술 부문에 있어서는 산업기술보호위원회를 중심으로 산업통상자원부와 관계 중앙행정기관이 업무협조를 하면서 산업기술보호 종합계획·시행계획·보호지침 등의 각종 정책을 수립·

집행하고 있다. 산업기술보호위원회는 실무위원회와 전문위원회 그리고 정책협의회의 지원을 받으면서 산업기술보호 종합계획을 수립하고 국가핵심기술을 지정·변경하며, 국가핵심기술 수출 및 관련 해외인수·합병 등을 심의한다. ② 불법유출대응 부문에 있어서는 국정원 산업기밀보호센터[12], 각 지방경찰청의 산업기술보호수사대, 수원지검의 첨단범죄수사부 및 기타 각 지검의 형사부가 상호 수사공조체제를 이루어 산업기술유출에 대응하고 산업기술분쟁조정위원회가 기술유출과 관련한 분쟁을 조정한다. 민간부문에 있어서는 산업기술보호협회가 기업·연구기관·전문기관·대학 등과 협조하여 산업기술보호 실태조사·정책개발·산업보안교육 및 전문인력 양성 등의 역할을 담당하고, 산업기술보호 컨설팅회사 등이 기업의 기술보호를 위한 자문 역할을 수행하고 있다. 산업기술을 보유한 기업은 특별히 산업기술 보호조치를 취할 의무는 없지만, 산업통상자원부장관은 '산업기술보호지침'을 제정하여 기업에서 활용할 수 있도록 제공할 의무가 있으며, 국가핵심기술을 보유한 기업은 기술유출이 발생하지 않도록 대통령령이 정하는 바에 따라 정부지원을 받은 국가핵심기술 매각·수출 시 정부의 승인이 필요하고 정부지원을 받지 않았더라도 국가핵심기술로 지정된 경우 기업의 해외 인수·합병 시 관련 사항을 신고할 의무가 있다.

산업기술 보호정책의 추진기구 및 주요역할

추진기구	주요역할	구성원
산업기술보호 위원회	산업기술의 유출방지 및 보호에 관한 사항 심의	국무총리 위원장, 관계중앙 행정기관의 장, 민간위원 등
실무위원회	보호위원회에 상정할 안건의 사전검토·조정	산업자원부차관 위원장, 관계행정기관의 고위공무원, 소속 공무원, 민간위원 등
정책협의회	주요 정책과제의 사전협의·조정	산업기밀보호센터의 장, 관계 행정기관의 과·팀장

12) 국정원은 국내 첨단기술의 유출이 국가 경쟁력과 직결되는 문제로 대두되면서 2003년 10월 '산업기밀보호센터'를 설립하고 산업스파이 적발 및 기술보호 활동을 수행하고 있다.

추진기구	주요역할	구성원
산업기술보호 전문위원회	보호실무위원회의 심의안건의 사전 전문적 검토	관계행정기관의 4급 상당 공무원, 민간위원 등
산업기술분쟁 조정위원회	산업기술의 유출에 대한 분쟁의 신속한 조정	4급 상당의 공무원, 민간위원(교수, 판·검사 등) 등

국가정보원(2004). 산업스파이식별요령.
국가정보원(2009). 첨단산업기밀보호동향.
공선명(2017). 산업보안 관련 법률 및 판례에 관한 연구. 한국산업보안연구 7(1).
김경찬 외(2016). 중국 관련 영업비밀침해 범죄의 실태와 그 대응방안에 관한 연구. 한국형사정책연구원 연구보고서.
김병구(1998). 한국과 미국의 영업비밀 보호제도 비교연구. 고려대학교 대학원 석사학위논문.
김상원 외 역(2008). **범죄학**(Larry. J. Siegel 저). 서울: 영출판사.
김용선(1996). **특허정보**. 서울: 특허청.
김 훈(2005). 산업스파이의 영업비밀 침해행위에 대한 형사법적 보호에 관한 연구: 한국과 중국의 영업비밀 보호제도를 중심으로. 전남대학교 대학원 석사학위논문.
도중진(2012). 산업기밀유출범죄와 양형의 실효적 개선방안. 아주법학 6(1).
류병운(2004). 경제스파이(economic espionage)로부터 영업비밀(tradesecret)의 법적 보호. 외법논집 7.
문규석(2005). 국제법상 산업스파이에 관한 연구. 성균관법학 7(3), 2005.
민수홍·이민식(2006). 외국의 신종범죄 발생현황과 대책. 치안논집 2, 2006.
박영준(2014). 일본 아베정부의 국가정보체제 강화와 한국에의 정책적 시사점. 국가정보연구 7(2).
박철현 외(2008). **현대사회와 범죄**. 서울: 청목출판사.
법원도서관(1995). 조약집제 3권 상, 재판자료 제9집.
사법연수원(1999). **신종범죄론**. 서울: 사법연수원.
산업자원부(2000). 산업기술의 유출방지 및 보호에 관한 기본계획안.
손승우(2017). **지적재산권법의 이해**. 서울: 동방문화사.
윤선희(2005). **지적재산권법 제정판**. 서울: 세창출판사.
윤은기(1993). **기업정보전쟁**. 서울: 유나이티드컨설팅그룹.
이성룡(2004). 영업비밀의 침해행위와 구제방안에 관한 고찰: 개정 부정경쟁방지법을 중심으로. 경희대학교 대학원 석사학위논문.
이윤호(2001). **현대사회와 범죄의 이해**. 서울: 삼경문화사.
이재민(2014). 한국 산업보안 정책 추진 현황과 발전방안. 용인대학교 대학원 박사학위논문.
이창무(2010). **CPTED: 범죄학과 건축학의 통섭적 결합**. 서울: 커뮤니티 안전과 환경설계.
이창무(2015). 산업기술보호정책의 법제화 과정 분석: 역사적 신제도주의 관점. 정책분석학회보 29(4).
장상희 역(2007). **일탈과 범죄사회학**(A. E. Liska & S. F. Messner 저). 서울: 경문사.
전 웅(2015). **현대국가정보학**. 서울: 박영사.
정덕영·정병수(2007). 산업스파이 현황과 대응방안. 한국콘텐츠학회논문지 7(11).
정병수(2007). 산업스파이의 실태분석 및 대응방안에 관한 연구. 동국대학교대학원 석사학위논문.
조병인·정진수·정완·탁희성(2000). 사이버범죄에 관한 연구. 한국형사정책연구원.
주용걸(2010). 산업스파이 범죄 대응의 문제점과 개선 방안. 동의대학교 대학원 석사학위논문.
조용순·홍영서(2006). 산업기술유출 규제에 관한 법적 고찰. 산업재산권 21.
한국산업보안연구학회(2012). **산업보안학**. 서울: 박영사.
한상훈(2000). 산업스파이에 대한 형사법적 대응방안. 한국형사정책연구원.

Anne M. Piehl(1998). Economic, Work, and Crime, In Michael Tonry(ed), The Handbook of Crime and Punish. New York: The Oxford University Press.
Ashley Keith(2001). The Private Investigator's, Handbook. Sydney: Southwood Press Pty Ltd.
Daniel J. Morris, Lawrence P. Ettkin, Marilyn M. Helms(2000). Issues in the illegal transference of US information technologies. Information Management & Computer Security 88(4).
David Matza(1964). Delinquency and Drift. New York: Wiley.
E. I. Dupont de Nemours & Co. v. Christopher, 431 F. 2d 1012, 166 U. S. P. Q. 421, 970, cert. denied, 400 U. S. 1024.
Gresham Sykes & David Matza(1957). Techniques of Neutralization: A Theory of Delinquency. American Sociological Review 22.
Hedieh Nasheri(2005). Economic Espionage and Industrial Spying. United Kingdom: Cambridge University Press.
Karen Sepura(1998). Economic Espionage: The Front Line of a New World Economic War. Syracuse Journal of International Law and Commerce 26(Fall).
Katherine Barr, Melissa Beiting and Amy Grzesinski(2003). Intellectual Property Crimes. American Criminal law Review 40(Spring).

Nodoushanoi(2002). Industrial espionage: The dark side of the Digital Age. Global Competitiveness 12(2).

Omid Nodoushaniand Patricia A. Nodoushani(2002). Industrial espionage: The dark side of the digitalage. Competitiveness Review 12(2).

Parad Boris(1997). Commercial Espionage: 79 Ways Competitors Can Get Any Business Secrets in Any Country. Global Connection, Inc.

사이버테러

Chapter 05

1 사이버테러의 개념과 특성 및 유형

1) 사이버공간의 개념과 특수성

인터넷이 전 세계적으로 보급되어 있는 지금, 개인이나 기업은 물론 공공기관에 이르기까지 거의 모든 컴퓨터가 네트워크 시스템으로 연결되어 있는데, 이러한 전자적 공간을 통상 사이버공간이라고 지칭한다. '사이버'(Cyber)란 용어는 원래 그리스어 Kyber(조타장치)에서 유래하였으며, '사이버공간'(Cyber Space)이란 용어는 1980년에 발표된 윌리엄 깁슨(W. Gibson)의 공상과학 소설 '뉴로멘서'(Neuromance)에서 처음 사용되었다. 이후 컴퓨터 네트워크를 통해 형성된 세계로서의 정보화 사회를 상징하며, 물질적인 실체와 떨어진 가상공간을 의미하게 되었다. 이밖에도 '사이버'란 용어는 사이버범죄, 사이버테러, 사이버공격, 사이버전쟁 등과 같이 접두어로 사용되면서, 인터넷망(網), 온라인(online)망을 의미하는 용어로 사용되고 있다. 다만 국가사이버안전관리규정(대통령훈령 제00267호)에서는 이를 '정보통신망'[1]이라는 용어로 대체해 사용하고 있다.

사이버공간의 의미

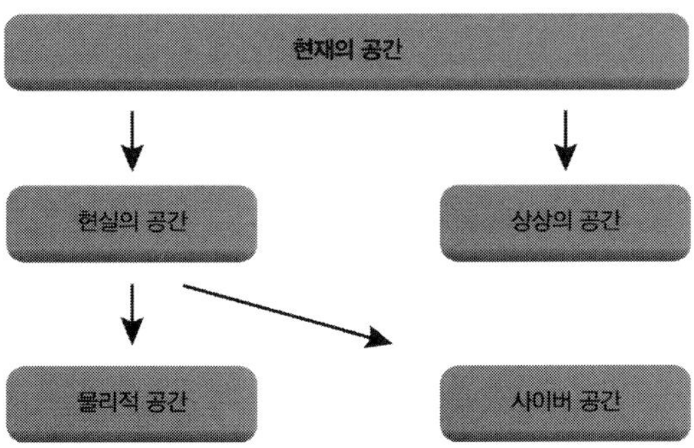

* 출처: 김인중(2013).

[1] 정보통신망이란 전기통신기본법 제2조 제3호의 규정에 의한 전기통신설비를 활용하거나 전기통신설비와 컴퓨터 및 컴퓨터의 이용기술을 활용하여 정보를 수집·가공·저장·검색·송신 또는 수신하는 정보통신체제를 말한다.

오늘날 산업 전반은 물론 항공·철도·전력·가스·행정 서비스 등 다양한 정보시스템에서 인터넷이 전자금융거래, 전자상거래, 가상화폐거래 등 사회·경제활동의 기본인프라로 정착되고, 언제 어디서나 정보통신 기기를 손쉽게 사용할 수 있는 유비쿼터스(Ubiquitous)[2] 환경이 현실화되면서 사용범위가 지속적으로 확장되는 추세이다. 트위터, 싸이월드, 페이스북, 카카오톡 등과 같은 웹[3]상에서 이용자들이 인적 네트워크를 형성하는 SNS(Social Network System)도 보편화되고 있다. 사물인터넷(loT), 클라우드 컴퓨팅, 스마트플랫폼, 빅데이터 등 새로운 정보통신기술의 발전과 활동은 우리의 삶을 풍요롭게 하는 기반이며, 사이버공간은 제5의 영토로 21세기 인적 소통과 경제적 번영의 공간이 될 것으로 전망된다. 그러나 사이버공간에 대한 의존도가 높아질수록 이에 대한 침해사고 발생 시에 우리의 삶에 직접적인 위해를 가하게 되며, 이와 같은 위해가 단지 개인이나 기업·단체에 한정되는 것이 아니라 국가를 상대로 하는 공격 형태로까지 확장된다는 점이 문제이다.

사이버공간은 사이버영역에서 이뤄지는 활동공간이라는 점에서 ① 활용의 편리성, ② 정보확산의 신속성, ③ 대상의 광범위성, ④ 통신의 쌍방향성, ⑤ 경비의 저렴성, ⑥ 정보의 축적성, ⑦ 정보의 보안 유지성, ⑧ 정보보안의 취약성, ⑨ 정보원(情報源)의 익명성(Anonymity)과 같은 특수성이 있다. 실제로 정보화사회의 진전과 함께 이에 대한 역기능도 다양해져 이전에 존재하지 않았던 지능화된 신종 해킹(Hacking) 및 각종 사이버범죄(Cyber Crime)와 사이버테러(Cyber Terror) 등이 계속 진화하고 있다. 이로 인해 개인과 기업·단체에 막대한 피해를 주고 있을 뿐 아니라 공공·정부기관은 물론 국가기반시설·군사시스템을 상대로 하는 사이버공격(Cyber Attack)이 발생하면서 그 피해 및 파급효과가 점증하고 있는 실정이다.

2) 물과 공기와 같이 시공을 초월하여 언제 어디서나 존재한다는 라틴어에서 유래하였다.

3) 월드 와이드 웹(world wide web), 즉 정보검색에 있어서 기존의 텍스트(언어복합체)만 제공하던 것과 달리 그림·동영상·소리 등에까지 지원하는 서비스체제를 말한다.

이른바 4차 산업혁명과 더불어 정보통신기술이 급속도로 발전하고 새로운 정보통신 서비스가 등장할 때마다 그에 따른 보안 문제의 해결이 중요한 과제로 부상하고 있다. 스마트폰·AI·로봇·드론·IP카메라·홈오토·자율주행차 등 전자기기 발달 및 사물인터넷(IoT) 확산에 따라 정보통신 기기를 중심으로 했던 정보보호는 우리 주변의 모든 사물로 확대되는 추세이다. 최근에는 랜섬웨어와 같은 악성 프로그램으로 컴퓨터의 작동이 중단되게 만든 뒤 재가동을 조건으로 금품을 요구하거나, 컴퓨터 등에 정보 형태로 남아 실물 없이 사이버상으로만 거래되는 가상화폐의 블록체인을 뚫고 계좌정보를 탈취하는 등 신종 금융피해 사고도 늘어나고 있다. 이로 인한 피해 발생 시 그 형태가 단순히 금전적 피해에 그치지 않고 개인의 신체 또는 생명은 물론 기업의 존립 및 국가안보까지 위협할 수 있으며, 빅테이터와 같은 경우 정보유출의 규모와 피해 정도가 상상을 초월할 것으로 예상된다.

사이버공간의 영역

거버넌스 영역		
시스템 영역	콘텐츠/ 어플리케이션 영역	사람/사회 영역

* 출처: 김경곤·김기남·장은경(2015).

경찰청이 발표한 사이버범죄 실태를 보면 2018년에 14만 9,604건으로 여전히 높은 상태이며, 이 중 인터넷사기가 11만 2,000건으로 대부분(74.9%)이고, 이밖에 명예훼손·모욕(10.6%), 사이버금융범죄(3.8%) 등의 순인 것으로 집계되고 있다. 특히 증가율이 가장 높은 사이버범죄로는 피싱(금융기관 등으로부터 개인정보를 불법적으로 알아내 이를 이용하는 사기수법)이 전년 대비 무려 262.9%(1,978건) 증가하였으며, 다음으로 사이버음란물(44.9%), 사이버명예훼손·모욕(19.3%) 등의 순서를 보이고 있다. 앞으로 사이버상 위협은 △ 소셜네트워크서비스(SNS)를 이용한 메신저 피싱의 증가세 지속, △ 공급망 공격(소프트웨어 제작 단계를 해킹해 악성코드를 감염시키는 방법)의 지능화, △ 사물인터넷(IoT)

에 대한 사이버공격 급증, △ 스피어피싱(특정 회사나 개인을 대상으로 하는 피싱)과 같은 피싱메일의 진화 등 네 가지 양상으로 이뤄질 것으로 전망되고 있다.

연도별 사이버범죄 발생 현황

연도	2011	2012	2013	2014	2015	2016	2017	2018
발생건수	116,961	108,223	155,366	110,109	144,679	153,075	131,734	149,604

* 출처: 경찰청 사이버범죄통계.

2) 사이버테러 및 사이버안보의 개념 정의

(1) 사이버테러의 기본개념

사전적 의미에서 테러(Terror)란 "특정 목적을 가진 개인 또는 단체가 살인, 납치, 유괴, 저격, 약탈 등 다양한 방법의 폭력을 행사하여 사회적 공포상태를 일으키는 행위"를 지칭한다. 테러의 유형으로는 "사상적, 정치적 목적달성을 위한 테러와 뚜렷한 목적 없이 불특정 다수와 무고한 시민까지 공격하는 맹목적인 테러"로 구분된다. '사이버테러'(Cyber Terror)란 "사이버상에서 개인, 기업체, 더 나아가 국가의 전산망을 교란 또는 마비시키고 저장된 정보자료를 절취, 훼손 또는 왜곡시킴으로써 사회경제적 피해는 물론 국가안보까지 위협하는 일체의 공격행위"를 말한다. 실제로 실행하는 내용은 불법접속과 똑같지만, 개인적 신념이나 특정한 이념 또는 정치적인 의도 등이 개입되어 있는 경우의 불법접속을 사이버테러라고 보면 된다.

사이버테러도 전통적인 테러와 마찬가지로 크게 2가지로 구분할 수 있다. 하나는 특정 서버에 목표를 정해놓고, 그 서버만을 대상으로 불법접속을 하는 것이다. 주로 공격 목표가 된 기업 등에 대한 원한이 그 동기가 되는 경우가 많다. 다른 하나는 공격 목표가 되는 서버를 정하지 않고, 수많은 서버에 시큐리티 홀(Security Hole), 즉 소프트웨어의 설계 미스 등으로 생긴 시스템의 약점을 악용하여 데이터를 무차별적으로 보내는 것이다. 주로 사회 전체를 혼란에 빠뜨리기 위한 목적으로 실행된다. 다만 전통적인 테러는 이념적·정치적 목적이 테러리즘을 판단할 수 있는 중요한 구성요건이지만, 사이버테러의 경우 이보다는 피해 범위와 정도에 관점을 둔다는 데 차이가 있다. 또한 전통적 테러는 일정한 물리적 공간에서 총기·폭탄 등을 활용하여 건물·시설·교통수단 파괴 및 인구를 살상하는 방식으로 전개되는데 반해, 사이버테러는 컴퓨터와 네트워크로 구성된 사이버공간에서 컴퓨터바이러스, 해킹, 전자우편폭탄, 고출력 전자파 공격, 논리폭탄 등 전자적 무기를 활용하여 기업이나 국가의 정보시스템을 마비 또는 교란시키는 데 중점을 둔다. 전통적인 테러는 피아구분이 있는 가운데 사전모의 및 공격준비 과정에서 어느 정도 징후포착이 가능하고 한정된 특정 범위에서 피해를 일으키기 때문에 피해규모 확인이 용이하나, 사이버테러는 은밀한 사이버공간에서 생각과 이념이 같으면 직접적인 접촉 없이도 담합해 공격할 수 있기 때문에 공격주체나 특징 확인이 곤란하고, 피해 사실조차 모르는 경우가 허다하다는 점도 특징적이다. 사이버테러는 특별한 공간이 정해져 있는 것도 아니고 통신망이 설치된 곳이면 지구촌 어디에나 무한정의 공격이 가능하며, 최소한의 노력과 투자로 효과를 극대화 할 수 있다. 이른바 선전포고도 총성도 전선도 따로 없는 새로운 유형의 테러행위이다.

특히 국가적 차원에서 발생한 사이버테러의 경우 미사일이나 핵무기 또는 생화학무기 등에 의한 대량살상 이상으로 엄청난 피해를 야기하게 된다. 정보화 시대를 맞아 국방과 같은 전통적인 군사적 목적 이외에 정보통신시스템, 전력·가스·석유 등의 에너지시스템, 금융시스템, 육상·해상·항공 교통을 관리하는 운송시스템, 급수체계, 전자정부, 응급서비스 등을 포함하는 공공·정부서비스와 같이 국가 기능 유지를 위해 모든 영역에 걸쳐 광범위하게 정보통신 네트워크가 구축되어 있다. 이에 따라 군 지휘통신망의 두절로 인한 군 작전 수행 불능, 원자력발전소 통제시스템의 오작동으로 인한 방사능 유출, 가스제어시스템의 마비로 인한 가스폭발 사고, 교통관리시스템의 오류로 인한 대규모 자동차·열차 사고, 항공관제시스템 마비로 인한 항공기 사고 등 국가안보적인 측면에서의 심각한 위협 발생이 우려된다.

사이버공격 유형별 공격대상

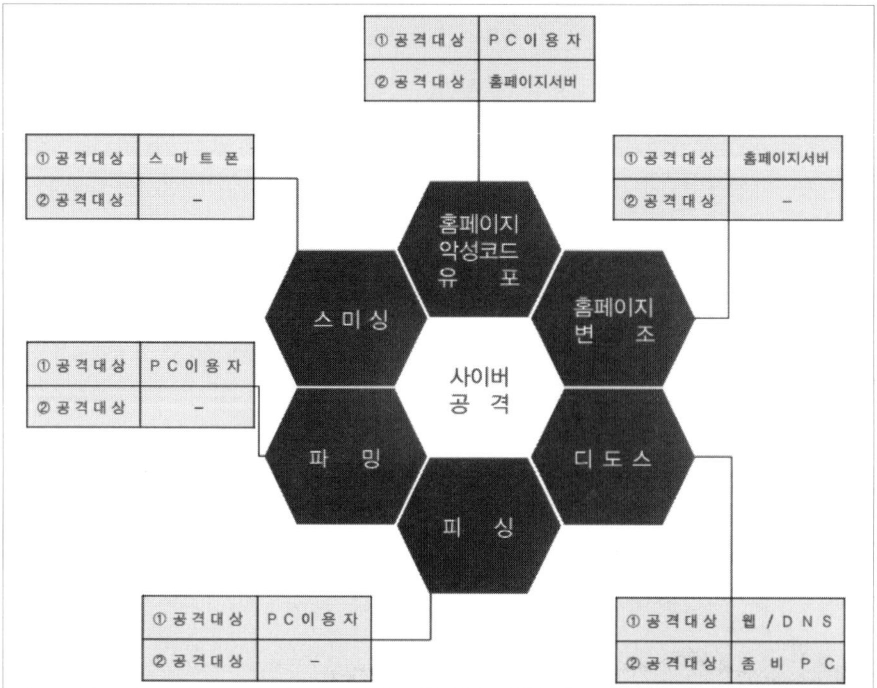

* 출처: 유학용·유동영(2014).

(2) 사이버보안과 사이버안보의 개념 차이 검토

사이버테러 중 사이버안보 위해 활동이란 사이버공간 내에서 전자적 침해수단을 활용해 특정 국가의 안보를 위해 또는 위태롭게 하거나 국익을 손상시키는 제반 활동을 의미한다. 사이버안보(Cyber Security)라는 용어는 앞에서 설명한 사이버공간(Cyber Space)이나 사이버테러(Cyber Terror)라는 용어와 마찬가지로 사이버(Cyber)라는 접두어에 안전보장의 약자인 안보를 붙인 것이다. 다시 말해 인터넷 보급 확산과 더불어 사이버라는 용어가 등장하면서 이에 대한 국가적 보호방책으로 사이버안보라는 용어가 만들어졌다고 보면 된다. 다만 안보라는 용어가 영어 씨큐리티(Security)에서 유래한 것으로서 안보 이외에도 보안, 보호, 안전 등과 같은 용어로 번역되어 사용되고 있음에 유의할 필요가 있다. 사이버 보호방책과 관련해 가장 많이 통용되고 있는 것이 '보안'과 '안보'로서

같은 영어인 씨큐리티(Security)가 상황이나 경우에 따라 달리 번역되고 있음을 살펴봐야 한다는 것이다. 즉, 사이버 씨큐리티(Cyber Security)가 '사이버보안' 또는 '사이버안보'로 같이 번역되어 혼용되고 있다. 일본에서는 아예 일본어(한자어)로 번역하지 않고 일본식 발음대로 씨큐리티(セキュリティ)를 그대로 사용하고 있기도 하다.

먼저 원어 그대로의 사이버 씨큐리티(Cyber Security)의 사전적 의미를 살펴보면 "전자데이터의 범죄적 사용 또는 비인가 사용으로부터 보호받는 상태나 이를 달성하기 위한 조치"로 정의되고 있다. 다만 이를 국가안보적 차원에서 접근할 때 미국의 국가안보 대통령령(54)과 국토안보부 대통령령(23)에서는 "가용성, 무결성, 인증, 기밀성 그리고 부인방지 보장을 위한 정보를 내장하고 있는 컴퓨터, 전자통신시스템, 전자통신서비스, 유선통신 및 전자통신 등을 손상으로부터 예방, 보호 및 복원하는 것"이라고 규정하고 있다. 또한 Karl Fredrick Rausche & Valery Yaschenko(2011)는 "의도적이거나 의도하지 않은 위협에 저항하고 대응하고 복구할 수 있는 사이버공간의 속성"이라고 정의하고 있다.

우리나라에서는 '사이버보안'을 사전적 의미에서 "사이버환경에서 네트워크를 통해 연결된 조직이나 사용자 자산을 보호하기 위해 사용되는 기술적 수단, 보안정책, 개념, 보안 안전장치, 가이드라인, 위기관리방법, 보안행동, 교육훈련, 모범사례, 보안보증, 보안기술들의 집합"이라고 정의하고 있다. '사이버안보'라는 용어는 대체로 2003년 '1·25 인터넷대란', 2009년 '7·7 디도스사건', 2013년 '6·25 사이버공격' 등 사이버테러가 범람하면서 "국가 차원에서 컴퓨터와 인터넷상의 안전을 보장하는 것이라는 의미에서 생겨난 개념으로서, 암호·인증·인식·감시·탐지 체계가 핵심인 것"으로 정의되고 있다.

주요 사이버테러 발생 현황

연도	2009	2011	2012	2013	2014	2016
사건명	7·7디도스	3·4디도스/ 농협 해킹	중앙일보 해킹	3·20 테러/ 6·25 테러	한수원 정보유출	청와대사칭 이메일

연도	2009	2011	2012	2013	2014	2016
공격준비	4개월	각 7개월	3개월	9개월	3개월	7개월
공격방법	서비스중단	시스템파괴	시스템파괴	시스템파괴	기밀유출	기밀유출
피해기관	36개	40개/1개	1개	6개/69개	1개 이상	3개 이상

* 출처: 채성준(2018).

이런 점에서 볼 때 영어인 사이버 씨큐리티(Cyber Security)가 우리나라에서는 사이버보안 또는 사이버안보로 각각 번역되어 혼용되는 가운데 '사이버안보'가 '사이버보안'보다 좀 더 좁은 의미로 사용됨을 알 수 있다. 다시 말해 사이버상에서 이뤄지는 모든 보호방책, 컴퓨터 등의 디바이스, 통신, 사이버공간을 보호하는 것을 '사이버보안'이라고 한다면, 그중에서 국가 안보적 측면에서 접근해야 하는 경우에는 '사이버안보'라는 용어로 사용되고 있다고 보면 될 것이다. 즉, 단순한 컴퓨터나 네트워크상의 정보유출 또는 침해를 방지하기 위한 대책이나 방안을 사이버보안이라고 한다면, 이 중에서 국가안보적 차원에서 안보위협과 관련한 침해사고 방지 및 예방대책, 국가사이버전략에 해당하는 것이라면 사이버안보라는 용어를 사용하는 것이 바람직할 것이다. 이는 인터넷 발전단계로 볼 때 초기에는 사이버 공격수단이 단순히 컴퓨터바이러스에 의한 데이터 파괴나 해킹에 의한 자료절취 등에 국한되었으나, 오늘날에는 사이버테러, 사이버공격, 사이버전쟁 등으로 영역이 점차 확대되면서 '국가사이버안보전략'(National Cyber Security Strategy)의 일환으로 접근할 수밖에 없는 배경과 연관이 있다고 할 수 있다.

이와 같은 측면에서 김인중(2013)은 '사이버안보'를 "사이버공간에서의 안보활동이며, 외부로부터 사이버공격으로 국가사이버공간을 보호하고 국가기관의 기능을 유지하기 위한 사이버방어 업무와 정보수집 및 공세적 대응활동"이라고 규정하고 있다. 유동열(2012)의 경우에는 범위를 더욱 좁혀서 "북한 및 종북세력 등 안보위해세력이 사이버공간을 활용하여 대한민국의 국가안보를 위협하거나 위태롭게 하는 제반활동"을 사이버안보 위해 활동이라고 개념규정하고 있기도 하다. 이는 남북이 대치하고 있는 우리나라의 안보상황에서 주적인 북한과 더불어 종북세력 등 안보위해세력이 사이버공간을 활용하여 자행하고 있는 제반 사이버안보 위해 활동에 대한 국가안보 차원의 대응이 필요함을 의미한다. 이런 관점에서 본다면 '사이버안보'에는 일반적인 '사이버보안'과 달리 북한 및 종북세력에 의한 사이버간첩교신과 사이버심리공작 등에 대한 대응까지 추가해야 한다는 점에서 단순히 '사이버보안'의 개념보다 좁은 의미로 사용되고 있다고 규정하기에는 무리가 있다. 물론 대한민국의 국가안보와 국익을 위협하는 모든 사이버테러 또는 사이버공격에 대해 국가적 차원에서 대응하는 것은 당연하다. 그러나 우리나라 안보에 있어 가장 실질적으로 위협적인 존재는 북한 및 종북세력이라는 점에서 '사이버안보'는 "북한 및 종북세력 등 안보위해세력이 사이버공간을 활용하여 대한민국의 국가안보를 위협하거나 위태롭게 하는 제반활동에 대한 대응"이라는 유동열(2012)의 개념규정이 가장 타당하다.

사이버보안과 사이버안보의 개념 구분

사이버보안	사이버안보
컴퓨터 네트워크상의 정보유출 또는 침해를 방지하기 위한 제반 대책이나 방책	① '사이버보안' 중에서 국가안보적 차원에서 안보위협과 관련한 침해사고 방지 및 예방대책, 국가 사이버전략에 해당하는 것 ② 북한을 비롯한 국내외 불순세력들에 의한 '사이버간첩교신'과 '사이버심리공작' ③ 테러리스트, 국제범죄자, 산업스파이 등 새로운 안보위협 세력들의 사이버공간에서의 범죄행위 ④ 주변국이나 우방국의 사이버안보 침해활동

* 출처: 채성준(2018).

한편, 국정원(사이버안전센터)에서는 사이버테러를 국가안보 또는 국익에 큰 피해를 유발할 우려가 있는 안보위해 공격으로 규정하고, 이를 국가기밀 공격, 반국가단체 공격, 통신기반시설 공격, 국가핵심기술 공격 등으로 분류하고 있다.

사이버안보위해 공격의 유형

유형	내용
국가기밀에 속하는 문서·자재·시설·지역 등을 대상으로 한 공격	국가정보원법 제3조 및 보안업무규정에 따른 국가기밀에 속하는 문서·자재·시설·지역 및 이를 관리하는 인원을 대상으로 한 사이버공격
반국가단체, 국제범죄조직 및 테러단체에 의한 공격	국가보안법 제2조에 따른 반국가단체, 국가정보원법 제3조에 따른 국제범죄조직·테러단체에 의해 자행되는 사이버공격
주요 통신기반시설을 대상으로 한 공격	정보통신기반보호법 제7조 제2항에 따른 국가안전보장 관련 주요 정보통신기반시설 및 이를 관리하는 인원을 대상으로 한 사이버공격
국가핵심기술을 대상으로 한 공격	산업기술의 유출방지 및 보호에 관한 법률 제9조에 따른 국가핵심기술 및 이를 취급하는 인원을 대상으로 한 사이버 공격

* 출처: 윤해성 외(2010).

3) 사이버테러의 특수성과 유형

(1) 사이버테러의 특수성

현실세계에서의 행동이 아닌 사이버스페이스상에서 발생되는 사이버테러는 전 세계에 그물망처럼 연결된 인터넷망을 통해 빛의 속도로 전개되며, 소요 시간도 그동안 있었던 일반적인 테러와는 달리 수분 이내에 끝나면서도 피해 규모에 있어서 일반의 상상을 초월하게 된다. 특히 에너지, 정보통신, 교통수송, 금융, 보건·의료, 원자력 등과 같은 국가기반체계에 사이버테러가 가해질 경우 그 기능이 마비되어 인명과 재산 및 국가경제에 심각한 영향을 주는 등 국가안보에 심각한 위협으로 나타날 수도 있다. 이러한 사이버테러의 특성으로 다음과 같은 점을 들 수 있다.

① 테러수행 비용의 저렴성

사이버테러를 수행하는 데는 많은 비용과 국가적 지원이 없어도 정보체계에 대한 지식만으로 사이버기술과 무기를 연구개발할 수 있고, 네트워크를 통해 접근만 할 수 있으면 개발된 사이버무기를 사용하여 공격할 수 있다. 또한 정보체계들은 상호의존성이 높기 때문에 어느 하나의 정보체계 마비는 전체적으로 막대한 피해를 입히게 된다.

② 광역성 및 다양성

일반적으로 사이버테러는 테러리스트가 목표로 정한 공격지점에 직접 접속하여 공격하는 것이 아니라 네트워크가 연결된 곳이라면 세계 어느 곳이든 공격을 감행할 수가 있다. 특히 네트워크망에 대한 보안시스템이 잘 완비되고 국민들의 보안의식이 높은 선진국보다는 보안시스템이 취약한 지역·국가에서부터 출발하여 여러 단계를 거친 다음 목표하는 전산망에 접근하여 필요한 정보를 빼가는 우회적인 방법을 선택하는 것이 일반적이다.

③ 최소의 인원으로 최대의 피해가능성

컴퓨터 네트워크를 이용하여 적의 정보통신망에 침투하기 위한 최소한의 기술자만 있으면 사이버테러는 가능하다. 물리적인 테러가 대규모 혹은 소규모라도 다수의 인원을 필요로 하는 것에 비해 목표 대상에 따라 필요 인원이 증가할 수는 있겠지만, 사이버테러를 위한 인원은 다른 어떤 물리적인 테러를 수행하기 위한 인원에 비해 적다. 하지만 이러한 경우에도 타격대상이 되는 정보통신 시스템을 파괴·마비시키는 것에 따른 경제적·사회적 파급효과는 정보통신기반시설이 더욱 선진화되고 의존도가 높은 국가일수록 비례하여 커진다. 또한 사이버테러 행위는 반복 가능성, 영속성의 속성이 있으므로 한 번의 범죄행위는 그 규모나 피해가 작을지라도 계속적으로 자동적인 프로그램의 실행, 확산을 통해 피해액이 계속 증가할 가능성이 높다.

④ 증거의 은닉성과 비가시성

사이버테러는 지리적, 물리적 공간에서의 범죄행위와 달리 사이버공간의 특수성을 활용하여 수사기관의 추적을 따돌리고 증거를 변조하거나 삭제하고 있어 발각과 입증이 곤란하고 증거가 인멸될 가능성이 높다. 이에 따라 최근 들어서는 원본과 복사본 구별이 어렵고 수사가 곤란한 디지털증거에 법적 증거능력을 갖게 하는 방법인 컴퓨터 포렌식

(Computer Forensics)이 크게 발전하고 있다. 수사 및 법적인 관점에서 디지털 자료는 눈에 보이지 않는 비가시성에 바탕을 두고 잠재성과 다양성·대량성 등의 특징을 가지고 있어 사법처리를 위한 증거자료를 확보하는 것에 특별한 방법과 절차를 요구하고 있기 때문이다. 범죄의 혐의가 있을 때 범죄사실과 증거를 수사해야 하는 것은 컴퓨터 관련 범죄에서도 다른 범죄나 마찬가지이나, 컴퓨터와 관련된 증거를 수집함에 있어서는 데이터 프로그램 그 자체로는 유기물이 아니기 때문에 형사소송법상 압수수색의 대상에 해당하는지 여부와 같은 전통적 범죄수사에서의 증거수집과 다른 절차상의 새로운 문제가 야기된다.

전통적인 테러와 사이버테러와의 차이점

① 전통적인 테러리즘은 이념적, 정치적 목적이 테러리즘을 판단할 수 있는 중요한 구성요건이지만, 사이버테러의 경우 이보다는 피해범위와 정도에 관점을 둔다.

② 전통적 테러가 일정한 물리적 공간에서 총기, 폭탄 등을 활용하여 건물, 시설, 교통수단 파괴 및 인구를 살상하는 방식으로 전개되는데 반해, 사이버테러는 컴퓨터와 네트워크로 구성된 사이버공간에서 컴퓨터바이러스, 해킹, 전자우편 폭탄, 고출력 전자파 공격, 논리폭탄 등 전자적 무기를 활용하여 국가의 정보 시스템을 마비 또는 교란시키는 데 중점을 둔다.

③ 전통적인 테러는 피아구분이 있는 가운데 사전모의 및 공격준비 과정에서 어느 정도 징후포착이 가능하고, 한정된 특정 범위에서 피해를 일으키기 때문에 피해 규모 확인이 용이하나, 사이버테러는 은밀한 사이버공간에서 이념과 생각이 같으면 직접접촉 없이도 담합해 공격할 수 있기 때문에 공격 주체나 특징 확인이 곤란하고 피해사실조차 모르는 경우가 허다하다.

④ 특히 사이버테러는 특별한 공간이 정해져 있는 것도 아니고 통신망이 설치된 곳이면 지구촌 어디에나 무한정의 공격이 가능하며, 최소한의 노력과 투자로 효과를 극대화할 수 있다.

사이버공격 유전자 지도

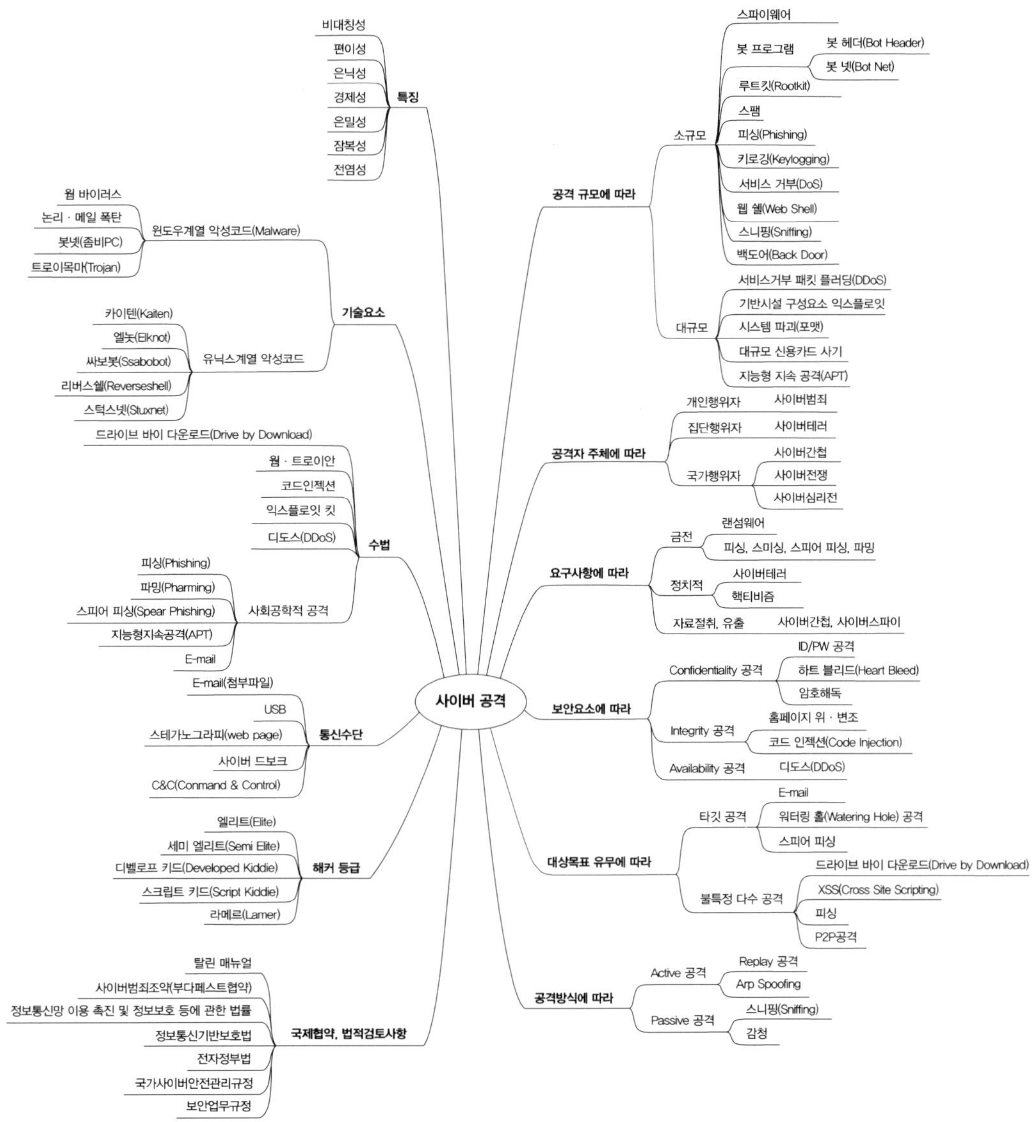

* 출처: 손수원(2017).

(2) 사이버테러의 유형 분류

사이버테러에 대한 유형은 사이버테러를 발생시키는 주체에 의해 분류하는 방법, 사이버테러의 대상에 따라 분류하는 방법, 사이버테러의 공격 방법 및 수단에 따라 분류하는 방법과 같이 다양하게 적용된다.

① 주체와 대상에 따른 유형

사이버테러는 주체에 따라 개인에 대한 테러, 집단에 대한 테러, 국가존립 기반에 대한 테러로 구분할 수 있으며, 이에 따라 목적과 대상에 차이가 있다.

사이버테러의 주체와 대상에 따른 분류

구분	개인적 침해위협	조직적 침해위협	국가적 침해위협
주체	해커 컴퓨터 범죄자	산업스파이 테러리스트 조직화된 범죄집단	국가정보기관 사이버전사
목적	금전획득 영웅심 발휘 명성획득	범죄조직의 이익달성 정치적 목적달성 사회·경제적 혼란야기	국가기능 마비 국가방위능력 마비
대상	민간사설망 공중통신망 개인용 컴퓨터	기업망 금융, 항공, 교통 등의 정보 통신망	국방, 외교, 공안망 등

* 출처: 국가정보보호백서(2006).

② 공격 방법 및 수단에 따른 유형

사이버공격은 다양한 형태로 나타나고 있는데, 그 유형을 살펴보면 컴퓨터시스템에 취약점을 이용하여 불법적으로 접근한 후 자료의 유출, 위·변조 및 삭제, 시스템장애 및 마비 등을 유발시키는 해커, 시스템에 오작동을 일으키거나 파일을 손상시키면서 전 세계적으로 확산되는 바이러스 유포 등 다양한 방법들이 진화하고 있다.

사이버테러의 공격방법에 따른 분류

구분	개인적 침해위협	조직적 침해위협	국가적 침해위협
공격방법	컴퓨터바이러스, 해킹 메일폭탄 홈페이지 변조 패스워드 유출 개인 신분위장 트로이 목마 등 서비스 공격	개인적 공격방법 포함 유무선 도청 정보통신망 스니퍼 통신망 교환시스템 동작마 비 공격	개인적 공격방법 포함 첨단도청 및 암호해독 전자공격무기 고에너지 전파무기 전자기파 폭탄 기타, 치핑, 초미세형 로봇/전자적 미생물

* 출처: 국가정보보호백서(2006).

한편 사이버테러를 위해 동원되는 공격 수단은 크게 컴퓨터 소프트웨어에 대한 공격과 컴퓨터 하드웨어에 대한 공격이라는 두 가지 유형으로 분류할 수 있다. 우선 컴퓨터 하드웨어가 가진 약점을 노리는 대표적 방법으로는 TEMPEST(누설전자파)나 EMF(전자기 호환) 및 EMI(전자기 간섭) 등이 있는데, 이는 주로 컴퓨터시스템이 내는 전자파를 수집해 컴퓨터가 수행하는 작업의 내용을 유출해 내거나 전자파를 일으켜 컴퓨터 작업을 방해하는 방법이다. 이밖에 통신교란 형태의 전파방해(Electronic Jamming), 시스템하드웨어 설계 시 사전 특정 코드를 삽입시켜 시스템 공격 시 활용하는 형태의 치핑(Chipping)이 있다.

컴퓨터 소프트웨어가 가진 취약점을 공격하는 유형으로는 컴퓨터와 통신 관련 지식을 가진 해커(Haker)가 전산망에 침투해 자료를 절취하거나 컴퓨터바이러스 삽입 또는 데이터베이스를 파괴시키는 행위인 해킹(Hacking)이 가장 일반적이다. 컴퓨터바이러스(Computer Virus)는 "사용자 몰래 스스로 복제하여 다른 프로그램을 감염시키고 결과적으로 정상적인 프로그램이나 데이터파일 등을 파괴하는 악성 프로그램"을 의미한다. 또한 컴퓨터바이러스와 유사한 종류로 컴퓨터시스템에 일시적으로 오류가 발생하도록 시스템코드를 바꾸는 논리폭탄(Logic Bomb), 시스템 내부를 설계할 때부터 프로그램에 실수나 고의로 장치된 침입로인 트랩도어(Track Door, Back Door) 그리고 시스템 관리자 권한을 취득할 목적으로 작성한 불법 프로그램인 트로이 목마(Trojam House), 정보통신망에 전송되는 중요 정보를 획득할 목적으로 작성한 불법프로그램인 스니퍼(Sniffer) 등이 있다.

특히 컴퓨터바이러스 중 가장 강력한 파괴력을 지닌 무기로는 공격목표 지점에 정확하게 도달해 적국의 기간 통신망과 같은 중요전산망을 파괴하거나 교란시키는 객체이동가상무기(AWMC, Autonomous House)가 있다. 그 외에도 네트워크 또는 전산시스템에 과도한 부하를 유발하여 정상적인 정보통신서비스를 중단시키거나 성능을 떨어지게 하는 행위인 서비스거부(Denial of Service)가 있는데, 이에 해당하는 전형적 수법이며 널리 사용되는 분산 서비스거부(d-Dos, Distributed Denial of Service)는 공격자가 인터넷으로 원격조종이 가능한 컴퓨터들을 수백 또는 수천 대 규모로 미리 확보한 후에 특정 기관에 동시에 접속하도록 명령하여 대상기관의 정보통신 서비스를 마비시킨다.

사이버테러의 주요 공격 수단

컴퓨터 하드웨어에 대한 공격

구분	내용
TEMPEST (누설전자파)	컴퓨터나 통신기기를 사용할 때 누설되는 전자파를 제3자가 수신함으로써 정보가 유출
EMF (전자기 호환)	컴퓨터나 통신기기를 사용할 때 전자파를 호환시켜 컴퓨터 작업을 방해
EMI (전자기 간섭)	컴퓨터나 통신기기를 사용할 때 전자파를 간섭시켜 컴퓨터 작업을 방해
전파방해 (Electronic Jamming)	초고주파 에너지를 방사함으로써 특정 주파수나 전파의 사용을 방해하는 형태 또는 허위 정보를 전송하도록 하는 기만 형태의 전파를 송신하는 것으로서 적의 감지를 방해하는 기술에서 은밀한 기만과 유인 기술로 발전
치핑(Chipping)	시스템하드웨어 설계 시 사전 특정 코드를 삽입시켜 시스템 공격 시 활용

컴퓨터 소프트웨어에 대한 공격

구분	내용
해킹(Hacking)	정보시스템의 취약성을 이용하거나 기존에 알려진 공격방법을 활용하여 접근을 허가받지 않은 정보시스템에 불법으로 침투하거나, 허가되지 않은 권한을 불법으로 갖고 접근해 시스템에 유해한 영향을 끼치거나 자료 등을 절취하는 행위
컴퓨터바이러스 (Computer Virus)	컴퓨터를 동작시키는 운용 체제나 소프트웨어에 몰래 들어가서 자기 자신을 시스템이나 사용자의 프로그램 및 데이터 파일에 복제하고, 그것들을 파괴 또는 제한을 가하는 프로그램
랜섬웨어 (ransomware)	사용자 컴퓨터시스템에 침투하여 중요 파일에 대한 접근을 차단하고 금품(ransom)을 요구하는 악성 프로그램으로서 몸값을 뜻하는 ransome과 제품을 뜻하는 ware의 합성어
논리폭탄 (Logic Bomb)	보통의 프로그램에 오류를 발생시키는 프로그램 루틴을 무단으로 삽입하여, 특정한 조건의 발생이나 특정한 데이터의 입력을 기폭제로 컴퓨터에 부정한 행위를 실행시키는 것으로서 주로 이메일 폭탄, 전자우편 폭탄, 컴퓨터바이러스 등과 같이 인터넷 등 컴퓨터 통신망을 이용한 범죄나 사이버테러의 수법으로 사용

구분	내용
트랩도어 (Track Door, Back Door)	시스템 보안이 제거된 비밀통로로서 서비스 기술자나 유지보수 프로그램 작성자의 액세스 편의를 위해 시스템 설계자가 고의로 만들어 놓은 시스템의 보안 구멍으로 최종 단계에서 삭제되지 않고 남아 있으면 컴퓨터 범죄에 악용
트로이목마 (Trojam House)	컴퓨터에 마치 유용한 프로그램인 것처럼 위장하여 사용자들로 하여금 거부감 없이 설치를 유도하는 악성 코드(malware)
인터넷 웜 (Internet worm)	시스템 과부하를 목적으로 이메일의 첨부파일 등으로 자신을 복제
스파이웨어 (spyware)	공개 프로그램, 셰어웨어, 평가판 등의 무료 프로그램에 탑재되어 정보를 유출시키는 기능이 있는 프로그램
스니퍼(Sniffer)	네트워크 트래픽을 감시하고 분석하는 프로그램으로 트래픽 데이터를 분석해 패킷에 잠입하여 정보를 가로채는 대표적인 크래킹 기술
객체이동가상무기 (Autonomous House, AWMC)	컴퓨터바이러스 중 공격목표 지점에 정확하게 도달해 적국의 기간통신망과 같은 중요전산망을 파괴하거나 교란시키는 가장 강력한 파괴력을 지닌 무기
폭탄메일 (Mail Bomb)	메일서브가 감당할 수 없는 시간 동안 대량의 테이터를 일시에 보내 장애가 발생하도록 하거나 메일 내부에 메일 수신자의 컴퓨터에 과부하를 일으킬 수 있는 실행코드 등을 넣어 송출
서비스거부(Denial of Service)	네트워크 또는 전산시스템에 과도한 부하를 유발하여 정상적인 정보통신서비스를 중단시키거나 성능을 떨어지게 하는 행위
분산 서비스거부 (d-Dos, Distributed Denial of Service)	공격자가 인터넷으로 원격조종이 가능한 컴퓨터들을 수백 또는 수천 대 규모로 미리 확보한 후에 특정 기관에 동시에 접속하도록 명령하여 대상기관의 정보통신 서비스를 마비시키는 행위

2 국제적 사이버 경쟁 및 사이버 안보환경

1) 국제적 사이버 주도권 경쟁

세계적으로 미국과 중국은 인터넷을 둘러싸고 치열하게 경쟁하고 있는데, 미국의 구글, 페이스북, 아마존 등에 맞서 중국은 바이두, 알리바바, 텐센트 등을 키우고 있는가 하면 미국의 인터넷 주도에 대항해 그레이트 파이어월을 만드는 등 사이버상에서 신냉전이 전개되고 있는 상황이다. 사이버 신냉전과 같은 인터넷을 둘러싼 거버넌스 논쟁은 미국의 인터넷 주도에 대해 중국이 인터넷을 차세대 핵심 요소로 키우면서 시작되어 현재는 미국과 중국 간 인터넷을 둘러싼 갈등으로까지 비화하고 있다.

현재 중국은 IT산업의 후발주자이면서도 IT시장이 고속 성장세에 있으며, 응용 분야의 확대로 당분간 확장세가 지속될 전망이다. 관련 산업의 동반성장은 물론 우수인력이 자발적으로 유입되고 정부의 지속적인 지원과 자발적인 민간투자의 확대 등 생태계가 빠르게 조성 중이다. 인공지능, 빅데이터, 클라우드, 사물인터넷 등의 4차 산업혁명 관련 신산업의 성장세가 눈에 띄는 가운데 집적회로, 핸드폰 칩, MEMS 등의 반도체산업도 급성장 중이다. 2018년 3월 베이징과 4월 난징에서 개최된 IT시장연회와 반도체시장연회 자료에 따르면, 중국의 인공지능시장은 2017년 약 709억 위안(약 12조 원) 규모였으며, 2020년에는 약 두 배 이상 증가한 1,632억 위안에 이를 전망이다. 빅데이터시장 역시 2017년 224억 위안(약 3조 8,000억 원)에서 2020년 550억 위안으로 두 배 이상 급성장할 전망이다. 클라우드컴퓨팅과 클라우드서비스시장은 2017년 3,562억 위안(약 60조 5,000억 원)에서 2020년 7,787억 위안으로 성장할 전망이다. 사물인터넷은 2017년 2,400억 위안(약 40조 8,000억 원)에서 2020년 4,400억 위안으로 성장이 예상된다. 특히 전 세계적인 반도체산업의 고속성장에도 반도체 제품의 품귀현상이 지속되는 가운데 중국정부는 투자기금을 조성하여 우수기업의 인수합병 방법을 통한 빠른 catch-up 전략을 활용해 반도체의 자급률 제고를 위한 투자를 확대하는 중이다. 집적회로시장은 2017년 5,427억 위안(약 92조 원) 규모에서 2020년 9,220억 위안 규모로 성장이 예상된다. 모바일 칩의 경우 스마트폰의 수요 둔화에 따라 성장세가 다소 낮아질 전망이나, 2017년 기준으로 시장 규모는 3,410억 위안(약 58조 원)이고 2020년에는 4,026억 위안에 이를 전망이다. 그 외에 에너지 저감장치는 산업의 규모가 매우 크면서도 빠르게 성장 중이다. 2017년 1조 7,000억 위안(약 289조 원)에서 2020년 3조 3,300억 위안으로 두 배가량 성장할 전망이다.

이러한 상황에서 미국과 중국의 사이버공간에서의 주도권 장악을 위한 경쟁은 단순한 경제의 대결을 넘어서 보안·안보로까지 확장되고 있는 가운데, 국가의 인터넷 규제 정도에 대해서는 상이한 입장이 충돌하고 있는 상황이다. 현재 각국 정부는 인터넷 접근, 개인정보보호, 불법 유해정보 차단, 저작권 보호 등에서 다양한 방식으로 규제책을 쓰고 있다. 여기에서 항상 중요한 가치로 적용되는 것은 인터넷의 자유로서 이는 개인의 표현의 자유와 언론의 자유가 보장되는 것과 마찬가지로 인터넷 공간에서도 표현의 자유가 보장되어야 한다는 입장이다.

반면에 중국과 같은 경우 이와 반대되는 입장을 보이고 있는데, 인터넷 확산 초기부터 엄격한 검열 체제를 구축하면서 인민의 알 권리 못지않게 정부의 감독 권리를 중시하는 '인터넷 국가 주권'을 주장해 왔다. 특히 정권 전복이나 민족 갈등, 폭력 등에 관련된 정보들이 국가와 사회의 안정, 인민의 이익에 관계된 것이기 때문에 정부의 관여와 개입이 필요하다고 보는 입장을 견지하고 있다. 중국의 사이버보안 강화 정책인 네트워크 안전법(일명 사이버보안법)의 '국외이전' 관련 조항이 유예기간을 거쳐 2019년 1월부터 시행되고 있는데, 이에 따르면 중국 내에서 개인정보를 다루는 외국 기업들은 데이터 서버를 중국으로 이전해야 한다고 규정되어 있다.

그레이트 파이어월의 개념

중국은 자국의 인터넷 산업을 발전시키면서 다른 한편으로 해외 인터넷에 대해서는 보호 장벽을 쌓고 있는데, 여기에서 나온 개념이 '그레이트 파이어월'(Great Firewall)로서 중국의 인터넷 보안, 통제, 검열 등을 총칭한다.

그레이트 파이어월은 '인터넷 만리장성'으로도 불리면서 IP 주소나 키워드를 기반으로 해서 접속 가능한 웹사이트를 제한하고 특정한 내용을 담은 게시물을 삭제하며, 일반적인 웹페이지뿐만 아니라 메일, 게임, 문자메시지 등까지 광범위하게 검열한다.

그레이트 파이어월은 특히 중국 정부가 본토에서 페이스북, 트위터, 구글 등을 차단하면서 널리 알려졌다. 2010년 구글의 중국시장 철수 결정이 중국에 의한 구글 해킹이 밝혀진 후에 일어난 점을 비춰볼 때 미국과 중국 간의 무역 전쟁이 사실상 사이버전쟁으로까지 비화하고 있음을 입증하고 있다.

2) 국제 사이버안보 환경

인터넷을 통해 상대국 또는 적대국을 공격하는 이른바 사이버전쟁이 국가 간 전면전으로 확대된 것은 2007년이었다. 일명 '에스토니아 기간전산망 마비 사건'으로 불리는 이 사건은 러시아를 기반으로 한 대규모 분산서비스거부(디도스) 공격이 에스토니아 은행과 중앙부처, 총리실과 의회에 무차별적으로 가해졌고, 에스토니아 전체 인터넷이 2주간 마비되는 국가 혼란이 빚어졌다. 정보화시대를 맞아 사이버공간이 신냉전 체제의 새로운 전쟁터로 급부상하고 있는 것이다.

현재 미국과 같은 경우 해외, 특히 중국이나 북한 등 적대국의 해커들이 정부나 기업 사이트뿐만 아니라 전력망이나 금융망 등의 인프라를 공격 대상으로 삼고 있다고 보고, 국가안위 및 국익수호뿐 아니라 자유로운 인터넷 환경 유지를 위해서도 사이버안보를 정부의 주요한 어젠다로 삼아야 한다는 입장이다.

다만 사이버상에서 벌어지는 전쟁은 좀처럼 외부로 드러나지 않아 이를 자제하자는 합의나 협정이 쉽지 않다는 특징이 있다. 이러한 사이버 공격의 방어를 위해 일본이 지난 2000년 말 바이러스와 해킹 기술을 독자적으로 개발하기 위한 사이버부대를 창설한 것을 비롯해 러시아, 영국, 프랑스, 이스라엘, 북한, 리비아, 쿠바 등 20여 개가 넘는 나라들이 사이버전을 대비한 부대를 운영 중인 것으로 알려져 있다. 우리나라도 2009년 7·7 디도스(DDos) 공격사건을 계기로 2010년 1월 1일 국군 사이버사령부를 창설(2018년 8월 사이버작전사령부로 명칭 변경)하였다. 각 국가별 사이버부대의 규모는 극비이지만 중국이 세계 최대인 약 40만 명 정도의 사이버병력을 보유하고 있으며, 미국이 18만 명 정도를 보유하고 있는 것으로 추정된다.

2013년 미국의 중앙정보국(CIA)과 국가안보국(NSA)에서 일했던 컴퓨터 기술자인 에드워드 스노든(Edward Snowden)이 미국이 인터넷을 중심으로 외국의 여러 영역을 사찰하였다고 폭로한 이후 개인정보보호뿐만 아니라 국가의 정보보호가 더욱 중요한 의제로 떠오르면서 국가의 관여 필요성에 대한 요구가 증대되고 있는 추세이다. 2017년 3월 위키

리크스가 폭로한 미국 중앙정보국(CIA) 사이버정보센터 문서에 따르면 테러 방지라는 명목 하에 전 세계를 상대로 도청과 감시 시스템을 가동했는데, 윈도우와 같은 컴퓨터 운영체제(OS)와 스마트폰, 태블릿PC, 심지어 스마트 TV까지 동원해 개인의 사생활뿐만 아니라 독일 앙겔라 메르켈 총리 등 국가 수장의 휴대전화까지 도청했다고 한다. 이제 감시와 도청은 사이버전쟁에서 가장 기초적인 '전술'이라는 사실은 의심할 여지가 없다.

3) 각국의 사이버안보전략 수립 추세

사이버안보는 국가안보의 포괄적 개념 확대에 따라 최근에 등장하였으며, 국가, 기업, 개인의 모든 활동이 사이버공간에서 이루어짐에 따라 갈수록 국가안보의 핵심 이슈로 부상하고 있다. 미국은 사이버공간을 창시한 나라답게 사이버공간에서의 안보위협을 일찍 인식하고 사이버안보전략 수립 등 이 분야에서 세계를 선도하고 있다. 2003년 미국이 발표한 '국가사이버공간안보전략'(NSSC, National Security Strategy for Cyberspace)은 세계 최초의 사이버안보전략이다. 이어 2005년에는 독일(National Plan for Information Infrastructure Protection), 2006년에는 스웨덴(Strategy to improve Internet security in Sweden), 2008년에는 에스토니아(Cyber Security Strategy)가 각각 사이버안보전략을 발표하였다. 이와 같은 사이버안보전략의 상위전략은 국가안보전략이다. 대부분의 국가는 국가안보전략에서 사이버안보 분야를 언급하고, 여기서 언급된 부분을 사이버안보전략에서 구체화하는 등 이원화 체계로 운영하고 있다.[4]

최근 몇 년 사이 사이버위협의 심각성이 급증함에 따라 국제사회에서는 국가 차원에서 앞다퉈 사이버안보전략을 수립·발표하고 있다. 현재 국가사이버안보전략을 마련하여 추진하고 있는 국가는 최소 35개국 이

---

4) 일본은 2013년 발표한 국가안전보장전략(国家安全保障戦略)에서 국가안보상의 전략적 접근 중 하나로서 사이버안보의 강화를 제시하였으며, 국가안전보장전략과 동시에 발표된 '방위계획대강'(平成26年度以降に係る防衛計画の大綱)은 각종 사태에 대한 실효성 있는 억지 및 대처 중 하나로서 사이버공간에서의 대응을 제시하였다.

상에 이르고 있다.

이렇게 각국이 사이버안보전략을 수립하고 있지만 여기에는 몇 가지 어려움이 따른다. 첫째, '사이버'라는 용어 자체가 가진 추상성으로 인해 사이버공간의 경계가 모호하다 보니 사이버안보전략의 대상 및 범위를 확정하기가 어렵다. 둘째, 똑같은 이유로 안보 개념에 대한 불확실성으로 안보의 범위와 주체에 대해 다양한 견해가 존재함에 따라 안보위협 요인의 기준 설정이 필요하다. 셋째, 사이버위협 자체가 갖고 있는 복합성과 다양성으로 인해 안보대상을 확정하기가 쉽지 않다는 점이다.

세계 각국의 사이버안보 전략

국가	전략명	연도
나미비아	인터넷에 공개되지 않음	2014
남아공	Cyber Security Policy of South Africa	2010
네덜란드	The National Cyber Security Strategy	2013
노르웨이	National Strategy for Information Security	2012
뉴질랜드	New Zealand's Cyber Security Strategy	2015
독일	Cyber Security Strategy for Germany	2011
러시아	The Information Security Doctrine of the Russian Federation	2016
루마니아	Cyber Security Strategy in Romania	2011
룩셈부르크	National Strategy on Cyber Security	2011
르완다	NCSS	2014
리투아니아	Programme for the development of electronic information security	2011
몬테그로네	인터넷에 공개되지 않음	2013
미국	International Strategy for Cyberspace	2011
벨기에	Belgian Cyber Security Strategy	2014
스위스	National Strategy for Switzerland's protection against cyber risks	2012
스페인	The National Security Strategy	2013
슬로바키아	National Strategy for Information Security in the Slovak Republic	2008
싱가폴	Third National Cyber Security Masterplan	2013
아일랜드	Cyber Security Strategy	2015
에스토니아	Cyber Security Strategy	2008

국가	전략명	연도
영국	National Cyber Security 2016 to 2021	2016
오스트리아	Austrian Cyber Security Strategy	2013
우간다	인터넷에 공개되지 않음	2013
인도	National Cyber Security Strategy	2013
일본	Cyber Security Strategy	2015
중국	The National Cyberspace Security Strategy	2016
체코공화국	Cyber Security Strategy of Czech Republic	2011
캐나다	Canada's Cyber Security Strategy	2010
케냐	인터넷에 공개되지 않음	2013
터키	National Cybersecurity Strategy and 2013-2014 Action Plan	2013
폴란드	Cyberspace Protection Policy of the Republic of Poland	2013
프랑스	Information systems Defence and Security	2011
핀란드	Finland's Cyber Security Strategy	2013
한국	National Cyber Security Masterplan(비공개)	2011
헝가리	Natonal Cyber Security Strategy	2013
호주	Cyber Security Strategy	2011

* 출처: 손수원(2017)에서 재인용.

한편 미국, 일본, 중국, 러시아 등 한반도 주변 4강의 사이버안보전략을 살펴보면 미국은 자국의 가치 중심으로 세계 선도를 표방하고, 중국과 러시아는 미국 중심의 전략에 대항하여 주권 보호와 국제적 이니셔티브 확보가 주관심이며, 일본은 'IoT(사물인터넷)'시대를 언급하면서 사이버보안을 통해 '경제적 이익' 추구를 중시하고 있다. 특히 이 중에서 일본과 중국은 최근 각각 사이버안보법을 신설하고 새로운 국가사이버안보전략을 수립·공표하는 등 사이버안보 분야에 대한 관심을 높이고 있다.

한반도 주변 4강의 사이버안보전략 특이점

국가	내용
미국	• 전 세계에서 글로벌네트워크를 통해 국경을 넘나들며 자유롭게 유통되며, 지식·아이디어를 논의하고 전문기술을 공유하는 사이버공간의 미래 제시 • 사이버공간에도 기존 관례적인 국제법 적용 언급 - 특정 공격행위에 대하여 자위권 발동 가능 • 사이버공간을 육·해·공·우주에 이은 제5의 전장으로 인식 • 국제 사이버공간에 대한 주도권(이니셔티브) 선점
일본	• 2020년 도쿄올림픽과 장애인올림픽 성공적 개최 뒷받침 • 경제 환경조성에 중점 • 2021년 도래할 정보통신기술 환경 언급 - 연결융합사회, IoT, 자율주행차 • 미국과 사이버동맹·협력 강조
중국	• 사이버공간을 국가발전의 중요한 기회인 동시에 경제·문화·사회·국방·안보와 국민의 권리·이익에 대한 심각한 위협과 도전으로 인식 • 사이버 주권 수호를 강조 • 시진핑 국가주석이 주창한 ‘사이버강국’ 건설을 목표로 함 • 국제 협력 분야로 ‘일대일로’를 건설, 정보 실크로드 구축
러시아	• 사이버 주권 강조 • 사이버공간에서 미국 주도의 이니셔티브에 대항 • 전략목표를 분야별로 구분하고, 주요 방안 제시 - 국방, 국가·공공안보, 경제, 과학·기술·교육 • ‘사이버’라는 용어 대신 ‘정보’라는 용어를 사용

* 출처: 손수원(2017).

3 우리나라 사이버안보의 현실 및 대응실태

1) 우리나라 사이버안보 환경 진단

우리나라는 전체 인구의 90.3%가 인터넷을 사용하고 있는데다, 광케이블 인터넷 가입자수와 인터넷 연결속도에서 세계 1위를 차지하고 있다. 2018년 12월 현재 6,200만 명이 넘는 이동통신 가입자 중 대다수(전체 인구의 90.6%)가 인터넷과 연결이 가능한 스마트폰을 사용하고 있다. 2018년 10월 발표된 세계경제포럼(WEF, World Economic Forum)의 국가경쟁력 평가 결과에 따르면 광케이블 및 초고속 인터넷 등 우리나라의 ICT 보급이 세계 최고 수준(1위, 전체 국가경쟁력은 140개국 중 15위)인 것으로 평가되었다. 전체적인 사이버인프라 수준에서는 국제전기통신연합(ITU) 평가 디지털기회지수(DOI, Digital Opportunity Index) 및 정보통신기술(ICT, Information and Communication Technology) 발전지수, UN 평가 전자정부지수 등에서 세계 최고 수준이다. 세부 지표별로도 포천지(紙) 선정 인터넷 속도, OECD 선정 청소년 디지털 읽기 능력 및 모바일 브로드밴드 보급률, 일본 총무성의 IT 국가경쟁력 지수, 기타 가정에서의 인터넷 접속 가구 비율 및 인구 10명당 무선 브로드밴드 가입자 등 ICT 관련 국제지수에 있어 모두 세계 최고 수준의 ICT 인프라 및 기술 보유국이다.

국제정보화 지수별 우리나라 순위

(단위: 위/개국)

[작성기관] 지수 명		우리나라 순위 (조사 대상 국가 수)									
		2007	2008	2009	2010	2011	2012	2013	2014	2015	2016
[ITU] ICT 발전지수	국가별 ICT에 대한 접근성, 이용도, 활용 역량을 종합 평가	-	-	2 (159)	1 (159)	1 (152)	1 (155)	1 (157)	2 (166)	1 (167)	1 (175)
[UN] 전자정부 발전지수	국가별 ICT 주도의 발전을 위하여 전자정부를 이용하는 역량과 의지	-	6 (192)	-	1 (192)	-	1 (193)	-	1 (193)	-	3 (193)
[UN] 온라인 참여지수	국가별 온라인을 통한 시민의 공공정책 의사결정에 참여할 수 있는 수준	-	2 (192)	-	1 (192)	-	1 (193)	-	1 (193)	-	4 (193)
[WEF] 네트워크 준비지수	국가별 경제발전 및 경쟁력 제고를 위해 ICT를 활용하는 정도 측정	19 (122)	9 (127)	11 (134)	15 (133)	10 (138)	12 (142)	11 (144)	10 (148)	12 (143)	13 (139)

※ ICT발전지수: ITU, Measuring the information Society(2016).

※ 전자정부발전지수/온라인참여지수(격년제 발표) : UN, United Nations E-Government Survey(2016).

※ 네트워크준비지수: WEF, The Global Information Technology Report(2016).

* 출처: 국가정보보호백서(2017).

이처럼 우리나라는 세계 최고 수준의 사이버인프라가 구축되어 있을 뿐 아니라 국내외적으로 완전한 개방성을 지니고 있기 때문에 그만큼 공격성에도 취약한 것이 현실이어서 새로운 안보위해 요인이 되고 있다. 더구나 우리의 주적이며 사이버안보 위해의 주체인 북한의 경우 사이버인프라가 극히 열악하고 대외적으로 거의 완벽에 가까운 폐쇄성을 유지하고 있다. 안보를 위협하는 주체는 있으나 이를 무력화하거나 보복하기 위해 공격할 대상이 없는 형국이다. 무엇보다 오프라인 상에서의 안보위해 활동보다는 온라인상에서의 활동이 익명성이 보장된다는 측면에서 안전할 뿐 아니라 일반적인 군사적 수단에 비해 비용은 적게 드는 대신 파급효과는 크다는 점에서 비용 대비 효과면에서 매우 유리하다. 북한으로서는 사이버공간에서의 공격이 우리나라와의 국력이나 경제적 격차 문제 해결을 위한 비대칭 전력으로서 '저비용 고효율'의 안보파괴 수단이라는 점에서 선호하고 있는 것이다. 북한 및 북한을 추종하는 세력들이 정보의 바다로 불리는 인터넷, 즉 사이버공간을 그들이 추구하는 대남전략을 달성하기 위한 효율적 수단으로 활용하기 위해 많은 노력과 투자를 하고 있는 것은 이 때문이다.

2) 북한의 사이버 안보위해 활동양상

사이버 안보위해 활동이란 사이버공간 내에서 전자적 침해수단을 활용해 특정 국가의 안보를 위해 또는 위태롭게 하거나 국익을 손상시키는 제반 활동을 의미한다. 대한민국의 국가안보와 국익을 위협하는 모든 사이버위해 활동에 대해 사이버보안 차원에서 적절하게 대응하는 것은 당연하나, 특히 북한과 북한 추종세력에 의한 사이버공격에 대해서는 철저한 방어는 물론 반격 수단 동원 등 국가안보적 측면에서 접근하는 것이 타당하다.

현재 북한과 국내외 종북세력들은 우리나라를 대상으로 한 사이버테러(사이버공격, 사이버전쟁)를 비롯해 사이버간첩교신과 사이버심리공작 등 다양한 안보위해 활동을 전개하고 있다. 여기서 사이버간첩교신은 사이버를 통한 사이버드보크 개발 및 설치를 비롯해 간첩지령 하달과 대북보고 등 간첩교신 수단으로 활용함을 말한다. 사이버심리공작은 단순한 사이버테러가 아니라 사이버공간을 활용하여 국민들의 여론, 감정, 태도, 행동 등을 북한 및 북한추종세력의 활동목표에 유리하게 작용하도록 심리적인 영향력을 행사하는 일종의 '영향공작'(Influencial Operation)이며, 실질적인 내용면에서는 대남 선전선동전술이다. 국가안보적 측면에서는 단순한 사이버테러보다 이러한 사이버간첩교신과 사이버심리공작이 더 위협적이라고 할 수 있다.

북한은 현재 대남적화 전략의 일환으로 국가적 차원에서 다양한 사이버공격을 실행하고 있다. 심지어는 미국·일본 등 전 세계를 대상으로 각종 사이버범죄 행위와 사이버테러를 자행하고 있다. 이를 위해 사이버요원의 양성, 연구·기술 및 실행전략 개발, 사이버공작 등이 체계적으로 이뤄져 사이버테러에 있어, 세계적 수준이다. 국제사회에서는 군과 당 산하에서 해킹 및 디도스 공격 등을 담당하는 사이버전담부서에 7,000명 이상의 정예요원이 활동하고 있어, 미국 CIA에 버금가는 수준인 것으로 평가하고 있다. 이와 같은 사이버안보 위해 활동이 대부분 중국, 일본, 동남아, 유럽 등 해외서버를 통한 우회공작을 실행함으로써 원천적으로 추적을 어렵게 하고 있으며, 특히 사이버심리공작인 대남 선전선동 활동은 국내외 종북단체를 전위대로 활용하고 있다.

북한과 주요국의 사이버능력 비교평가

국가	공격	네트워크 의존도	방어	종합점수
미국	8	2	1	11
러시아	7	5	4	16
중국	5	4	6	15
이란	4	5	3	12
북한	2	9	7	18

* 출처: Richard A. Clarke and Robert K. Knake(2010).

실제로 북한은 2009년 한국과 미국의 주요기관 23개 사이트에 대한 7·7 D-dos 공격, 2011년 3월 3일~3월 5일 간 국내 40여 개 공공망에 대한 D-dos 공격, 2011년 4월 12일 농협 전산망 악성코드 감염에 의한 마비 사태 유발, 2012년 6월 9일 중앙일보 전산망 침해, 2013년 3월 20일 주요 언론사와 금융기관 전산망 동시다발공격, 2013년 6월 25일 청와대 및 주요기관 D-dos 공격, 2014년 12월 한수원 자료 해킹, 2016년 1월 13일~1월 14일 간 청와대 사칭 이메일 발송 등 다양한 도발을 감행해 왔다. 문제는 이처럼 겉으로 드러난 것은 빙산의 일각에 불과하고 현재도 도발이 지속적으로 진행되고 있다는 점이다.

주요 사이버테러 사례 분석

구분	공격유형	공격대상	피해규모(피해액)
7.7 DDoS(2009)	DDoS	국내외 47개 주요 기관 웹서버	11만대 감염 PC 1,460대 파괴 (363~544억원)
군 '작계 5027' 유출 (2009)	USB감염	군 인터넷망	작계 발췌 교육용 PPT 자료 유출
3.4 DDoS(2011)	DDoS	국내 40개 기관 웹서버	10만여 대 감염 PC 750대 파괴
농협 해킹(2011)	APT	내부 전산망 서버	서버 273대 파괴 (197억원)
3.20 사이버 테러 (2013)	APT	방송·금융 6개사 PC/서버	PC/서버 48,800대 파괴 (8,672억원)
6.25 사이버공격 (2013)	APT/DDoS	국내 정부기관, 언론사 등 20개 기관 PC/서버	PC/서버 155대 파괴
한수원 해킹 (2014)	APT/심리전	한수원 및 협력사 PC	PC 5대 파괴 문건 84건 공개
국방망 (2016.8~12)	취약점 공격	군 인터넷망, 국방망	인터넷용 PC 2500여대, 인트라넷용 PC 700여 대 감염
정부 주요인사 스마트폰 해킹 (2016.2~3)	스미싱	주요 인사 수십명의 스마트폰	전화번호, 문자메시지, 통화내용 유출

* 출처: 손수원(2017).

북한의 대남 사이버안보 위해 활동의 궁극적 목적은 대남적화전략과 직접 연계되어 있으며, 모든 사이버공작은 역시 대남전략의 일환으로 전개되고 있다. 북한의 대남전략이란 북한정권의 목표인 '전 한반도 주체사상화와 적화통일'을 달성하기 위해 전개하는 모든 실천적 행동방식과 법칙을 의미한다. 북한대남전략 지침은 1964년 2월 27일 당 중앙위 제4기 8차 전원회의에서 채택한 '전 조선 혁명을 위한 3대혁명역량', 즉 ① 북한 내부의 사회주의 혁명역량 강화, ② 남한사회 내부의 혁명역량 강화, ③ 국제사회주의 혁명역량 강화에 기초하고 있다. 북한에서는 대남전략을 '남조선혁명전략'이라 칭하고, 대남 공작부서에서는 '대남사업'이라고 통칭하는데, 일반적으로 생각하는 통상적인 간첩침투공작, 스파이공작, 대남테러, 납치행위 및 무력군사도발 등만이 아니라 남북대화, 남북교류, 경제협력사업, 재외국민 포섭이용공작, 사이버테러 등 모든 분야에서의 전략적 행위가 포함된다.

북한이 사이버공간에 관심을 갖게 된 것은 1991년 발발한 걸프전에서 미국이 주도한 연합군의 승리가 결정적 계기였다고 한다. 이때부터 현대전쟁에서 전자전이 가지는 의의와 중요성을 심각히 인식하고 총참모부에서는 지휘자동화국을 그리고 각 군단들에는 전자연구소를 신설한 것으로 알려지고 있다. 이후 2003년 제2차 이라크전쟁 등을 계기로 인터넷과 초고속 통신망의 군사적 이용이 전쟁수행에 미치는 중요성에 입각해 군사대학에 최첨단 정보기술을 갖춘 지능형 정보전사 양성과정을 신설하고, 각급부대 군사지휘관들에게도 첨단정보 기술교육을 실시하는 등 군사정보기술 역량 강화에 주력해 왔다. 또한 사회에서 배출된 나이 어린 과학영재들과 모란봉대학·지휘자동화대학(일명 미림대학) 출신들로 조직된 전문 사이버전 부대를 창설하는 등 각종 상황에서의 정보전을 효과적으로 추진할 수 있는 전투능력 구비에 총력을 경주하고 있다.

북한은 1948년 북조선 정권 수립 이후 주로 노동당(대외연락부, 작전부, 통일전선부, 35호실 등)과 군의 정찰국에서 대남사업 및 정보활동을 담당해 오다가, 2009년 2월 국방위원회 산하에 정찰총국을 신설하고 당과 군에 흩어져 있던 대남 정보·공작기구들을 통폐합하는 개편을 단행하였다. 정찰총국 산하에 작전국(구 당 작전부), 정찰국(구 인민군 총참모부 정찰국), 해외정보국(구 당 35호실)을 배치하고 당 대외연락부는 225국으로 변경해 내각 소속으로 위장하는 한편 당 통일전선부는 축소 유지하였다. 최근에는 국가안전보위부와 인민군 보위사령부도 자체적으로 대남 공작부서를 운영하고 있다. 이들 대남 정보·공작기구들은 대남 적화전략의 일환으로 각기 사이버공작 전담부서들을 설치·운영 중이다. 북한의 사이버전담기구들은 대체로 ① 사이버공작 요원 양성, ② 사이버공작 연구, ③ 사이버공작 실행으로 역할을 분담하고 있다.

사이버공작 요원 양성 실태를 보면 소학교부터 과학영재를 선발해 집중교육을 시킨 후 우수학생을 IT전문대학인 김일성종합대 컴퓨터과학대학, 김책공업대 내 정보기술대학, 평양컴퓨터기술대학, 함흥컴퓨터기술대학 등에 보내고, 다시 정예학생들을 선발해 사이버공작 전문양성기관인 김일성군사대학, 인민군 총참모부 소속 지휘자동화대학(일명 미림대학, 현재 김일 정치군사대학), 정찰총국 산하 모란봉대학 등에서 사이버전사를 양성하고 있다. 사이버공작 연구는 이들 IT전문대학 및 사이버공작 전문양성기관 함께 국방과학 정보연구소 등에서 사이버전을 전문적으로 연구하고 있다. 대표적인 사이버공작 실행기구로는 국방위원회 직속 정찰총국(정찰국 110연구소, 작전국 414연락소와 128연락소, 해외정보국 기초자료 조사실), 조선인민군 총참모부(총참무부 지휘자동국 31소·32소·56소와 적공국 204소), 당 통일전선부(작전처), 225국(구 당 대외연락부) 등이 있다. 정찰총국 내 사이버관련 각 부서에서는 국가공공망에 대한 디도스 공격 등 사이버테러 실행과 전담요원 해외 파견 및 해외거점을 통한 사이버테러 지원 그리고 사이버간첩교신과 우리나라 각 영역에 대한 전략정보 수집 등을 전담하고 있다. 특히 중국의 흑룡강성, 산동성, 요령성 및 북경 등 해외에 사이버전담 기지를 구축하고, 대남 사이버테러를 지속적으로 실행하고 있다. 조선인민군총참모부의 사이버전담 부서는 우리 군을 대상으로 정보 수집을 위한 해킹, 역정보 및 허위정보 전파 등 사이버심리공작 전개, 지휘통신체계 교란 및 무력화 등 사이버전을 전문적으로 담당하고 있다. 225국은 자체 사이버전담 부서를 운영하면서 사이버를 통한 사이버드보크 개발 및 설치를 비롯해 간첩지령 하달 및 대북보고 등 간첩교신 수단으로 활용하고 있다.

북한의 사이버전략 구상 및 규모

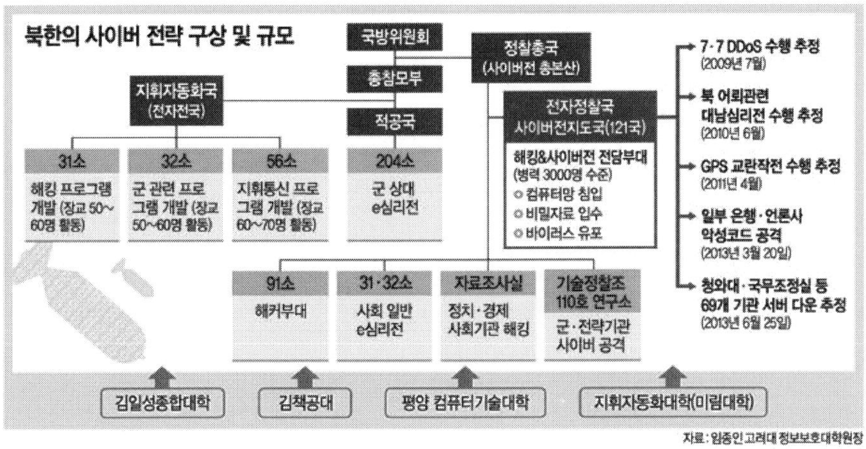

* 출처: 손수원(2017)에서 재인용.

한편 당 통일전선부 작전처에서는 반제민족민주전선(반제민전)의 웹사이트인 '구국전선'과 조평통의 웹사이트인 '우리민족끼리' 등 전 세계 20개국에 서버를 둔 160여 개의 친북사이트 등을 통해 국내 종북세력과 연대하여 대남 사이버심리공작을 전개하고 있으며, 트위터·유튜브·페이스북 등의 북한 보유 SNS 계정 1,000여 개를 활용한 심리공작을 병행하고 있다. 국내 종북좌파세력들은 사이버공간을 통해 초기에는 온라인 및 오프라인 투쟁을 위해 각종 투쟁구호나 친북 선전선동 내용을 알리는 등 심리공작 차원의 통일전선을 구축하였으나, 최근에는 포탈사이트 내에 특정 카페나 블로그를 개설해 회원을 모집하고 북한체제 찬양 및 남남갈등을 조장하는 등 광범위한 통일전선을 형성하는 유형으로 진화하고 있다. 대표적으로 '사이버민족방위사령부'(약칭: 사방사)나 '세계물흙길연대', '통일파랑새', '자주민보' 등 100여 개 이상의 종북 카페들이 개설되어 김일성 3대 찬양 등 북한 주장에 동조하는 글과 동영상을 게시하고, 사이버공간 여기저기에 퍼나르기를 하다가 사법당국에 의해 폐쇄 조치되면 변형된 사이트를 지속 운영하면서 '알까기'를 거듭하고 있는 실정이다.

3) 우리나라의 사이버안보법제 및 사이버테러 대응체제

(1) 사이버안보관련 법제현황

우리나라는 정보화 사회 초기 단계인 1980년대부터 추진해온 국가정보화사업과 함께 이에 따른 역기능이 대두되면서 정보보호를 목적으로 한 법·제도 정비가 본격적으로 시작되었다. 1986년 전산망보급확장과 이용촉진에 관한 법률 제정, 1995년 정보화촉진기본법 제정, 1995년 형법에 관련규정 신설, 1999년 전자서명법 제정 및 전산망보급확장과 이용촉진에 관한 법률의 정보통신망이용촉진 등에 관한 법률로의 전면 개정 등이 이뤄졌다. 2000년대 고도정보화사회 진입 단계로 접어들어 정보통신시스템에 대한 국가·사회의 의존도가 심화되면서 정보보호 관련 법제의 재정비 필요성이 대두되었다. 이에 따라 2001년에 정보통신기반보호법 제정 및 형법 관련규정 보완, 2003년 1·25 인터넷 대란 계기 정보통신망이용촉진 등에 관한 법률의 정보통신망이용촉진 및 정보보호 등에 관한 법률(정보통신망법)로의 대폭 개정, 2005년 대통령훈령인 국가사이버안전관리규정 제정, 2007년 종래의 전자정부 구현을 위한 업무 등의 전자화 촉진에 관한 법률의 전자정부법으로의 전면 개정 등이 이뤄졌다. 2000년대 후반에는 정보자원의 지식화 및 정보의 공동이용 활성화를 통하여 국가경쟁력을 제고하고 삶의 질을 향상시키는 이른바 21세기 지식정보화 사회 구현이 정보화 정책의 중요한 방향으로 인식되기 시작하였다. 2009년 정보화촉진기본법의 국가정보화기본법으로의 전면 개정 및 정보통신산업진흥법 제정, 2010년 국방정보화 기반조성 및 국방자원관리에 관한 법률 제정과 전자정부법 전면개정, 2011년 개인정보보호법 제정, 2012년 정보통신망이용촉진 및 정보보호 등에 관한 법률(정보통신방법) 대폭개정, 2013년 개인정보보호법 개정 및 국가사이버안전관리규정 개정, 2014년 전자금융거래법이 개정되었다.

① **국가사이버안전관리규정:** 대통령훈령(제316호)으로 국가사이버안전에 관한 조직체계 및 운영에 대한 사항을 규정하고 사이버안전업무를 수행하는 기관 간의 협력을 강화함으로써 국가안보를 위협하는 사이버공격으로부터 국가정보통신망을 보호함을 목적으로 한다.

② **정보통신망법:** 정보통신망 이용을 촉진하고 정보통신 서비스를 이용하는 자의 개인 정보를 보호함과 아울러 정보통신망을 건전하고 안전하게 이용할 수 있는 환경을 조성하여 국민 생활 향상과 공공복리 증진에 이바지함을 목적으로 한다.

③ **정보통신기반법:** 전자적 침해행위로부터 주요정보통신기반시설의 보호에 관한 대책을 수립·시행하는 데 목적이 있다.

④ **통신비밀보호법:** 통신 및 대화의 비밀과 자유에 대한 제한은 그 대상을 한정하고 엄격한 법적 절차를 거치도록 함으로써 통신비밀을 보호하고 통신의 자유를 신장하는 데 목적이 있다.

⑤ **전자정부법:** 행정업무의 전자적 처리를 위한 기본원칙 등을 규정함으로써 전자정부의 구현을 위한 사업을 촉진시키고, 행정기관의 생산성·투명성 및 민주성을 높여 지식정보화 시대의 국민의 삶의 질을 향상시키는 것을 목적으로 한다.

⑥ **전자서명법:** 전자문서에 날인한 전자서명이 사용인감이나 서명과 같은 효력을 발휘할 수 있도록 규정하고 있다.

⑦ **산업기술보호법:** 산업기술의 부정한 유출을 방지하고 산업기술을 보호함으로써 국내산업의 경쟁력을 강화하고, 국가의 안전보장과 국민경제의 발전에 이바지함을 목적으로 한다.

사이버안보 관련 기능별 법령 현황

① **국가기밀보호:** 군사기밀보호법, 보안업무규정, 군형법 등
② **중요 정보의 국외유출방지:** 산업기술의 유출방지 및 보호에 관한 법률, 기술의 이전 및 사업화 촉진에 관한 법률, 민·군겸용기술 사업 촉진법, 부정경쟁방지 및 영업비밀보호에 관한 법률 등
③ **전자서명 및 인증:** 전자서명법, 전자정부법 등
④ **정보통신망과 정보시스템의 보호추진:** 국가정보화기본법, 정보통신기반보호법, 정보통신망 이용촉진 및 정보보호 등에 관한 법률, 전자정부법, 전자문서 및 전자상거래 기본법, 국가사이버안전관리규정 등
⑤ **침해행위의 처벌:** 정보통신기반보호법, 정보통신 이용촉진 및 정보보호 등에 관한 법률, 전자무역촉진에 관한 법률, 형법 등
⑥ **개인정보보호:** 개인정보보호법, 정보통신망 이용촉진 및 정보보호 등에 관한 법률, 신용정보의 이용 및 보호에 관한 법률 등

(2) 사이버테러 대응체제

공공부문 사이버안보 추진체계는 국가사이버안전관리규정에 의해 구성되고 있다. 사이버안보와 관련한 정책 및 관리는 국정원장이 관계중앙행정기관의 장과 협의하여 총괄 조정하며, 국정원장 산하에 국가사이버안전전략회의, 국가사이버안전대책회의를 두고 국가사이버안전센터를 설치·운영하고 있다. 중앙행정기관(지방자치단체, 공공기관)의 장은 소관 분야의 사이버안전 대책을 수립·시행하고, 사이버안전 위협을 초래하는 정보 입수 시에 국가안보실장과 국정원장에 통보하도록 되어 있다. 국정원장은 제공받은 정보에 대해 대응조치 강구 후 결과를 해당기관에 통지하고, 사이버공격 탐지 시에는 경보를 발령하며, 심각 수준의 경우는 국가안보실장과 협의 후 발령한다. 사이버공격으로 인한 사고 발생 또는 징후 발견 시 중앙행정기관의 장은 피해 최소화 조치를 취하고 국가안보실장과 국정원장에게 공격받은 사실을 통보한다. 국정원장은 사고의 원인 분석을 위한 조사를 실시하고 피해 심각 시 사이버위기대책본부를 구성하며, 피해 상황 및 대책본부의 대응 실태를 국가안보

실장을 통해 대통령에게 보고한다. 정보통신기반시설에 대한 사이버안보 추진체계는 정보통신기반법에 의해 구성된다. 정보통신기반위원회는 주요정보통신기반보호시설의 보호에 관한 사항을 심의한다. 위원장은 국무조정실장, 위원은 대통령령이 정하는 중앙행정기관의 차관급 공무원 및 위원장이 위촉하는 자로 구성된다. 중앙행정기관은 전자적 침해행위로부터 보호가 필요하다고 인정되는 시설을 주요통신기반보호시설로 지정하고, 과학기술정보통신부장관과 국정원장은 필요하다고 판단되는 시설에 대하여 중앙행정기관에 주요통신기반시설 지정을 권고한다. 17개 금융기관, 한전, 가스공사, 우정사업본부, 코레일, KT, SKT 등 150여 개 기관이 포함되어 있다. 과학기술정보통신부장관과 국정원장은 주요통신기반시설 보호대책 및 보호계획의 수립지침을 관계 중앙행정기관의 장에게 통보하고, 이의 이행여부를 확인한다. 시설 관리기관은 소관시설의 취약점을 분석·평가(전문기관에 위탁 가능)하며, 결과에 따라 보호대책을 수립·시행하고, 관계 중앙행정기관의 장에게 제출한다. 시설관리기관은 침해사고 발생 시에 관계 행정기관 등에 그 사실을 통지하고 복구 및 보호 조치에 필요한 지원을 요청한다.

사이버안보 위협 관련 정보공유 체계도

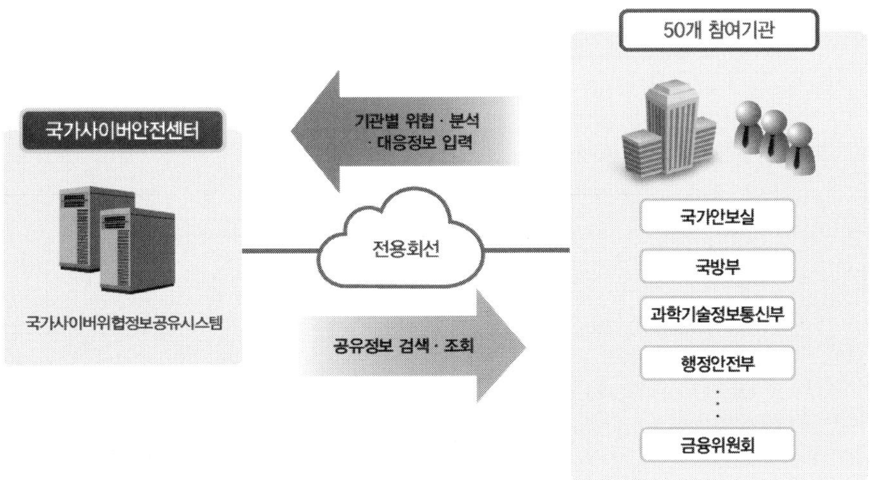

* 출처: 국가정보보호백서(2018).

한편 국방 분야의 정보보호활동은 국방부 정보기획관실, 합동참모본부, 국방정보본부, 사이버작전사령부, 군사지원사령부, 국군지휘통신사령부, 국방전산정보원과 각 군의 컴퓨터침해사고대응반(CERT)을 중심으로 이루어지고 있다. 국방부 직할부대인 사이버작전사령부에서는 군사 분야 사이버전 기획과 전쟁 수행, 부대 훈련 등을 수행한다. 군사지원사령부 산하의 국방정보전대응센터는 사이버테러대응팀과 정보통신기반팀으로 구성되어 국방전산망 침해에 대한 대응, 국내외 정보전·사이버전과 관련된 정보분석, 국방정보통신기반시설에 대한 보호활동 등을 수행한다. 각급부대에 설치되어 운영되는 CERT는 국방 정보보호 업무 수행의 가장 중요한 실무조직으로 각 부대에 대한 침해사고 관제, 침해사고 발생 시 초동조치, 국방사이버지휘통제센터 통제 하에 제반 사이버 위협 대응단계에 대한 조치사항 시행 등 각 군의 정보보호 대응기능을 수행한다.

사이버테러 대응 체계도

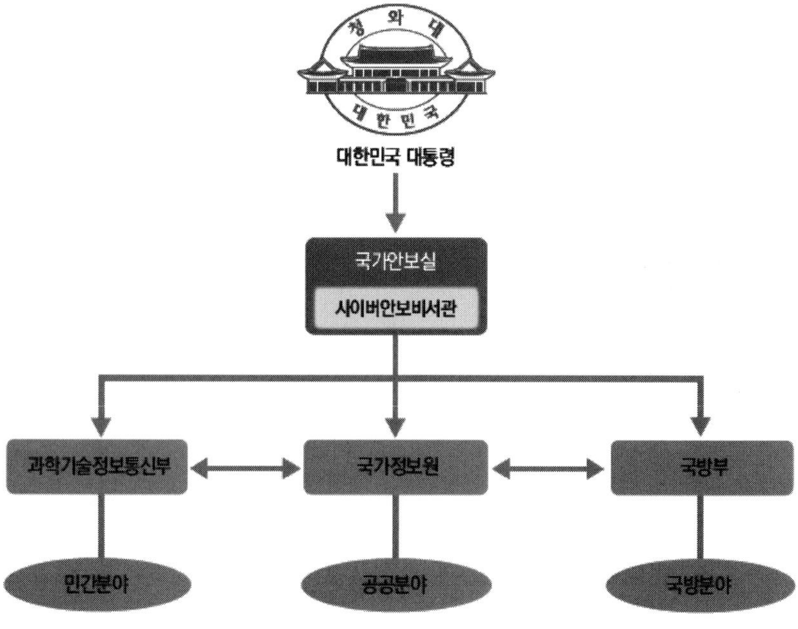

* 출처: 국가정보보호백서(2018).

민간부문 정보보호는 정보통신망이용촉진 및 정보보호 등에 관한 법률에 의거 추진한다. 정보통신서비스 제공자(ISP)는 정보보호최고책임자를 지정할 수 있으며, 이용자 수 등이 대통령령으로 정하는 기준에 해당하는 경우 정보보호 최고 책임자를 지정하고 이를 과학기술정보통신부장관에게 신고한다. 정보통신서비스 제공자는 정보통신망의 안정성 및 정보의 신뢰성 확보를 위한 보호조치를 시행하고, 타인의 정보통신서비스 제공을 위해 집적된 시설(IDC)을 운영·관리하는 사업자는 이를 안정적으로 운영하기 위한 보호조치를 강구한다. 과학기술정보통신부장관은 정보보호지침을 고시하며, 사전점검기준에 따른 보호 조치를 권고하고, 관리등급 부여 및 관리체계 운영자에 대해서는 인증 조치를 취한다. 정보통신서비스 제공자 및 집적시설 사업자는 침해사고 관련 정보를 과학기술정보통신부 또는 한국인터넷진흥원(KISA)에 제공하고, 침해사고 발생 시에도 그 사실을 과학기술정보통신부 또는 KISA에 신고한다. 과학기술정보통신부는 침해사고 관련 정보의 수집·전파, 침해사고의 예보·경보, 긴급조치를 시행하고 필요시에는 KISA에서 이를 수행한다.

민간분야 정보보호 체계도

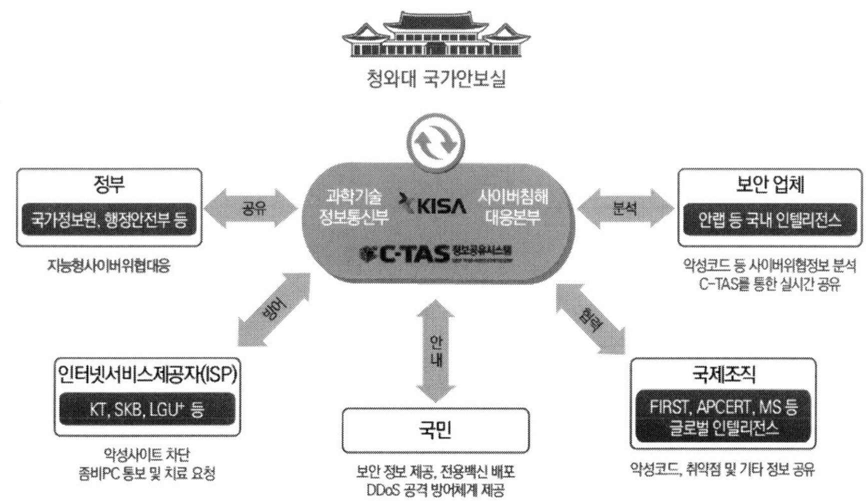

* 출처: 국가정보보호백서(2018).

① **국정원:** 국가사이버안전관리규정에 의거해 국가사이버안전센터에서 사이버안보 실무 총괄 역할을 맡아 국가·공공부문사이버공격 예방 및 침해사고 조사, 사이버위협 정보의 수집·분석·배포, 사이버안전 기본계획수립 등의 업무를 수행한다.

② **방송통신위원회:** 정보통신망법 등 관계법령에 근거하여 정보통신서비스 및 방송 관련 개인정보보호 정책 업무를 수행한다.

③ **과학기술정보통신부:** 정보통신망법, 국가정보화기본법, 전자서명법, 전기통신기반보호법, 정보산업의 진흥에 관한 법률 등 관계법령에 의거해 민간 정보보호에 관한 정책의 수립·총괄 조정, 민간분야 주요정보통신기반시설의 지정·권고·보호대책·보호지원 및 보호계획, 민간분야 침해사고 예방·대응체계의 구축 및 운영 등 민간정보보호 및 정보산업 업무를 총괄한다.

④ **행정안전부:** 국가정보화기본법, 전자정부법, 개인정보보호법 등 관계법령에 근거하여 소관 정보보호 및 개인정보보호 정책 업무를 수행한다.

⑤ **금융위원회:** 전자금융거래법에 따른 전자금융거래 이용자 보호 및 전자금융 분야 정보보안정책의 수립 및 제도개선에 관한 사항과 전기통신금융사기 피해 방지 및 피해금 환급에 관한 특별법에 따른 전기통신금융사기 피해 방지와 피해금 환급에 관한 정책 및 제도 개선사항 등을 관장한다.

⑥ **국방부:** 직할부대인 사이버작전사령부는 군사 분야 사이버전 기획과 전쟁 수행, 부대 훈련 등을 수행한다. 군사지원사령부 산하의 국방정보전대응센터는 사이버테러대응팀과 정보통신기반팀으로 구성되어 국방전산망 침해에 대한 대응, 국내외 정보전·사이버전과 관련된 정보분석, 국방정보통신기반시설에 대한 보호활동 등을 수행한다.

⑦ **대검찰청 사이버범죄수사단:** 수사기획관실과 4개과로 구성되어 사이버상에서의 범죄행위에 대한 대응 및 수사활동을 하고 있다.

⑧ **경찰청 사이버안전국:** 사이버안전팀, 사이버수사대, 디지털포렌식팀으로 구성되어 사이버범죄에 대한 사후대응은 물론 사전 위협분석을 통한 범죄 예방 및 피해확산 방지활동을 하고 있다.

⑨ **국가보안기술연구소(NSRI):** 국가사이버안전관리규정, 국가정보보안기술연구 개발지침 등에 따라 설립되어 공공 분야의 사이버안전 관련 기술확보를 위한 연구·개발활동을 수행한다.

⑩ **한국전자통신연구원(ETRI):** 정보, 통신, 전자, 방송 관련 융·복합기술 분야의

산업원천 기술을 개발하고, 성과 확산을 통해 국가경제·사회 발전에 기여할 목적으로 설립된 정부출연연구기관이다.

⑪ **인터넷진흥원:** 인터넷서비스 활성화, 해킹·바이러스 대응, 개인정보보호, 방송통신 국제협력 등을 위한 준정부기관이다.

⑫ **금융보안원:** 안전하고 신뢰할 수 있는 금융환경을 조성하여 금융 이용자의 편의 증진과 금융산업의 발전에 기여할 목적으로 설립된 금융보안 전담기관이다.

⑬ **한국지역정보개발원:** 지역정보화 촉진 및 전자정부 구현을 위해 설립된 지역정보화 전문기관이다.

⑭ **개인정보보호위원회:** 개인정보보호에 관한 사항을 심의·의결하는 대통령 소속 행정위원회이다.

4 개인정보보호

1) 개인정보의 침해실태 및 전망

정보통신기술의 눈부신 발달로 PC와 스마트폰 등의 보급이 확대된 데 이어 사물인터넷(IoT) 시대가 본격 도래해 AI, 빅데이터, 클라우드, 모바일 등 다른 IT 기술 및 정보들과 연계한 스마트홈, IP카메라, 스마트카, 로봇, 드론, 헬스케어, 스마트공장 등 다양한 분야에서의 서비스들이 개발·출시되어 우리 생활의 패러다임을 바꿔놓고 있는 상황이다. 이와 같은 매체와 정보의 손쉬운 결합과 활용으로 생활의 시간·공간적 제약은 사라지고, 개개인은 자신에게 최적화된 서비스를 향유할 수 있다. 반면에 실시간으로 수집·활용되는 정보의 양은 이전과 비교할 수도 없을 만큼 방대해지고 개인의 위치, 성향, 신체, 행적 등 민감하고 내밀화된 영역까지 드러나게 되어 개인의 프라이버시 침해의 위협에 대한 우려가 더욱 높아지고 있는 것이 현실이다.

개인정보 침해 신고 및 상담 건수(연도별)

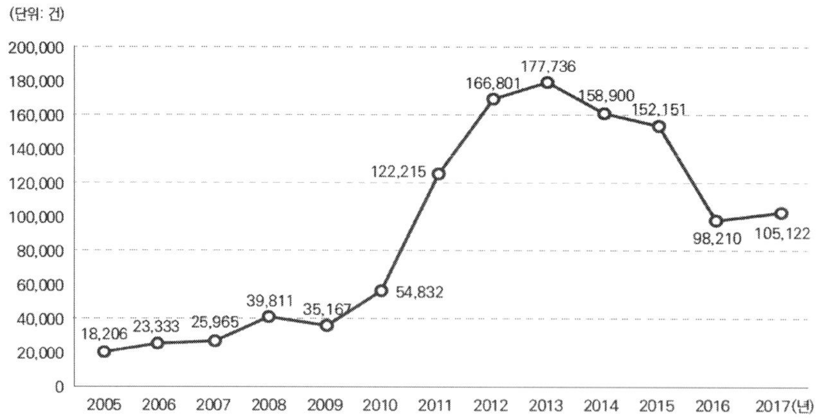

* 출처: 국가정보보호백서(2018).

이처럼 개인화되어 가는 정보통신 서비스 발전과 동시에 포털이나 SNS 등을 통한 소통과 공유 문화가 확산되면서 개인의 일상, 생각 및 각종 정보의 공유가 활발해 지고 있어, 이로 인한 표현의 자유와 개인의 프라이버시 보호를 위한 잊혀질 권리 등 온라인상의 개인정보보호와 균형에 대한 고민도 깊어지고 있는 상황이다. 최근 한국인터넷진흥원(KISA) 개인정보침해센터에 접수된 사례를 살펴보면 주민등록번호 등 타인 정보의 훼손·침해·도용이 전체의 50% 이상이고, 다음은 신용정보의 동의 없는 제3자 제공 등 정보통신망법 및 개인정보보호법 적용대상 외 관련(신용정보 문의 등)이며, 나머지는 이용자 동의 없는 개인정보 수집 및 기술적·관리적 조치미비, 목적 외 이용 또는 제3자 제공 등의 순으로 나타나고 있다. 그리고 전자상거래를 비롯해 금융, 기업, 교육, 복지 등 개인정보 침해 신고·상담 분야가 점차 다양해지고 전문화되고 있는 추세이다.

개인정보 침해 신고 및 상담 유형별 건수

(단위: 건)

접수 유형	2013	2014	2015	2016	2017(12월)
이용자의 동의 없는 개인정보 수집 관련	2,634	3,923	2,442	2,568	1,876
개인정보 수집시 고지 또는 명시 의무 관련	84	268	65	54	69
과도한 개인정보 수집	1,139	1,200	868	390	681
목적 외 이용 또는 제3자 제공 관련	1,988	2,242	3,585	3,141	3,881
개인정보 취급자에 의한 훼손·침해 등	1,022	1,036	857	622	484
개인정보 처리 위탁시 고지의무	44	40	22	25	73
영업의 양수 등의 통지의무	47	54	41	41	64
개인정보관리책임자 관련	51	39	48	123	165
기술적·관리적 조치 미비 관련	4,518	7,404	4,006	2,731	1,768
수집 또는 제공받은 목적 달성 후 개인정보 미파기	602	686	767	545	723
동의철회·열람 또는 정정 요구 관련	674	792	957	855	862
동의철회, 열람·정정을 수집보다 쉽게 해야 할 조치	510	352	381	286	266
아동의 개인정보 수집	36	33	34	33	49
주민등록번호 등 타인 정보의 훼손·침해·도용	129,103	83,126	77,598	48,557	63,189
정보통신망법 적용대상 외 관련(신용정보 등)	35,284	57,705	60,480	38,239	30,972
합 계	177,736	158,900	152,151	98,210	105,122

* 출처: 국가정보보호백서(2018).

그동안 우리나라의 대표적인 개인정보 침해 및 유출 사례로는 2003년 1월 연예인 X-파일 사건에 이어 2008년 2월 옥션(1,081만 명) 및 2008년 7월 GS칼텍스(1,125만 명)의 개인정보 유출과 2010년 3월 중국 해커에 의한 개인정보(2,000만 건) 유출과 함께 2011년 7월 네이트·사이월드 해킹(3,500만 건), 2014년 1월 주요 카드사 등 주요 금융기관에서의 대규모 개인정보 유출, 2014년 3월 통신사 고객(1,200만 명)의 정보유출 사건 등을 들 수 있다. 특히 2014년 금융기관의 개인정보 유출은 2012년 3월부터 2013년 12월까지 무려 1억 건이 넘는 고객정보가 대출광고업자와 대출모집인에게 넘겨 우리나라 거의 모든 경제활동 인구의 개인신상 관련 정보가 고스란히 유출되는 큰 피해였다.

2016년 5월에는 국내 인터넷 쇼핑몰 업체인 인터파크에 해커의 사이버 공격으로 인해 약 1,000만 건의 개인정보가 유출되는 사건이 발생하였다. 당시 사건을 수사한 경찰청 사이버안전국은 인터파크 DB 서버가 해외 IP를 통해 접속한 해커의 사이버 공격으로 1,030만 건의 고객정보가 유출됐다고 파악했으며, 유출된 개인정보는 고객 아이디와 이름, 생년월일, 전화번호, e메일 주소 등이 포함된 것으로 나타났다. 이 사건으로 인터파크는 신뢰도 하락과 함께 방송통신위원회로부터 개인정보 유출사고 중 최대 금액인 44억 8,000만 원의 과징금과 2,500만 원의 과태료가 부과됐다. 이외에도 아이핀, 빗썸, 아프리카TV 등이 해킹 공격으로 인해 개인정보가 유출되는 사고가 발생했다.

이처럼 기업과 개인에 큰 피해를 주고 있는 개인정보 유출 이슈는 전 세계적으로 끊임없이 발생하고 있으며, 앞으로도 지속적으로 나타날 것으로 예상된다. 특히 클라우드 확산과 ICT 기술의 발달에 따라 유출 사고는 증가될 것으로 예상되고 있다. 2013년 10월 3일 포토샵과 아크로뱃 등과 같은 그래픽 프로그램과 솔루션을 보유하고 있는 미국 어도비 시스템즈가 해커의 공격을 받아 약 290만 명의 가입자 개인정보가 유출됐다. 당시 유출된 개인정보에는 신용카드 정보와 어도비 계정 아이디, 비밀번호 등이 포함됐으며, 아크로뱃, 콜드퓨전, 콜드퓨전 빌더 3개의 소스코드와 함께 사진 편집 프로그램으로 유명한 포토샵의 소스 코드도 일부 유출됐다. 2018년 3월 페이스북 가입자 5,000만 명의 개인정보가 미국 대선 후보를 위해 일하고 있는 기업에 대량으로 넘어가는 대형 개인정보 유출 사건이 발생했다. 이 사건으로 인해 페이스북은 약 39조 원의 주가가 하락하는 피해와 함께 개인정보 유출을 우려한 사용자들의 대규모 탈퇴가 나타났다.

4차 산업혁명을 위해 다양한 ICT 시스템이 협업·연결·융합 등으로 대형화되면서 유출 가능성 또한 더욱 확대될 것이다. 최근 다량의 유출사고 원인이 되고 있는 다중 이용 서비스(웹호스팅, 통합관리솔루션 등)의 취약점이나 해킹으로 인한 개인정보 유출이 증가할 수 있다. 또한 대기업을 제외한 대부분의 일반기업들은 개인정보보호를 위한 인력이나 예산 확보가 어렵다는 부분도 개인정보 유출이 증가될 것으로 전망되는 하나의 이유로 지적되고 있다. 개인정보보호를 위해서는 전담인력 또는 부서 중심으로 기업이 전사적 차원에서 보호가 이뤄져야 하는데 대부분의 기업들이 이 부분에 투자가 어려운 것이 현실이다. 특히 신기술로 무장한 스타트업의 경우 영세기업인 경우가 많아 개인정보보호에 더 소홀해질 수밖에 없는 구조적인 문제점을 가지고 있다. 이를 방지하기 위해서는 기업에서 개인정보처리 시스템에 대한 취약점 점검과 모의훈련 등 지속적인 관심과 함께 정보보호 투자와 임직원 교육 등에 보다 적극적으로 나서야 할 것이다.

개인정보 침해 민원처리 절차도

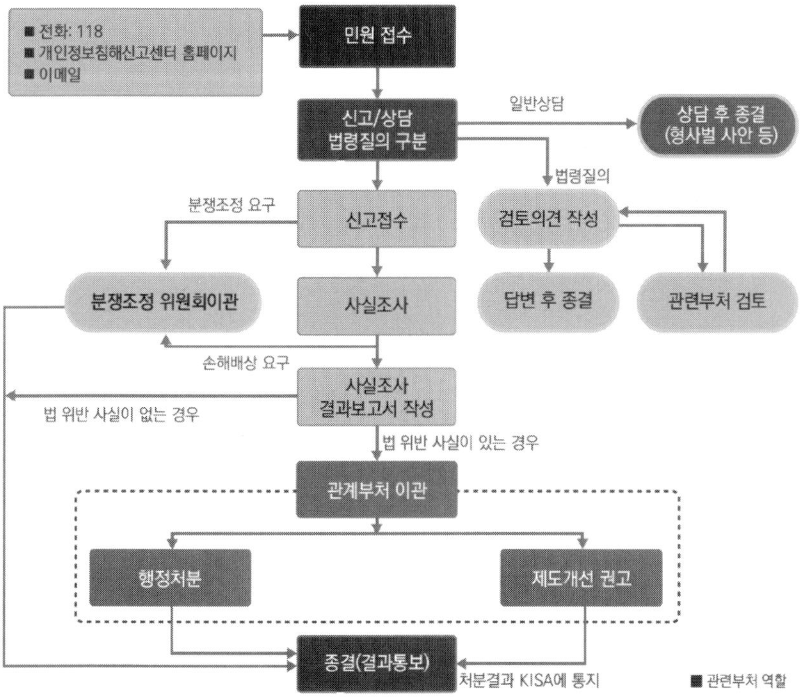

* 출처: 국가정보보호백서(2018).

2) 개인정보보호의 대책 및 방향

2011년 9월부터 민간 및 공공의 모든 개인정보처리를 규율하는 개인정보보호법이 제정·시행되어 개인정보 처리자의 개인정보 처리 단계별 의무조치 사항과 정보 주체의 개인정보 열람·처리 정지 요구 등과 같은 권리보장에 관한 사항을 규정하고 있다. 행정안전부와 방송통신위원회·과학기술정보통신부·금융위원회 등 중앙행정기관은 소관 분야의 개인정보보호 시행계획을 수립하고, 소관 법령 등이 개인정보보호법 목적에 부합하도록 개선하는 등 관련된 업무를 수행한다. 동법에 따라 설치된 대통령 소속 개인정보보호위원회는 행정안전부의 개인정보보호기본계획 및 중앙행정기관의 개인정보보호를 위한 시행계획, 법·정책·제도 개선 등을 심의·의결하고, 중앙행정기관, 지방자치단체, 법원, 헌법기관의 법 위반사항에 대한 시정을 권고한다.

한편 민간부문에는 정보통신망법이 정보통신서비스 제공자와 방송사업자에 대한 개인정보보호에 관해 광범위하게 규정하고 있으며, 이외 위치정보의 보호 및 이용에 관한 법률, 신용정보의 이용 및 보호에 관한 법률, 통신비밀보호법, 정보통신기반보호법, 금융실명거래 및 비밀보장에 관한 법률 등에서도 각기 개인정보보호에 관한 사항을 규정하고 있다.

공공 및 민간 분야에서의 개인정보보호 업무 처리 및 이행 절차를 살펴보면 공공기관은 행정안전부의 개인정보보호 기본계획에 따라 매년 개인정보보호 시행계획을 작성·시행하고, 일정 규모 이상의 개인정보파일에 대한 영향평가를 수행한다. 개인정보 주체인 국민은 자신의 개인정보에 대한 열람·정정·삭제·처리정지 등을 요구할 수 있고, 개인정보에 관한 권리 또는 이익을 침해받은 정보주체가 이를 요구할 시 공공기관은 침해사실에 대한 처리 결과를 신고인에게 통지해야 한다. 일반 사업자, 협회·단체 등 업무를 목적으로 개인정보 파일을 운용하는 자에게는 개인정보보호를 위해 안전성 확보 및 정보주체의 권리 보호 등을 위한 절차를 마련하거나 조치를 취할 의무를 부여한다.

한편 개인정보보호법 및 정보통신망법에 따라 국민의 개인정보 침해로 인한 고충 처리 및 피해 상담을 위해 한국인터넷진흥원에 개인정보침해센터를 설치·운영하면서 개인정보 침해 민원 대응 및 구제방법 안내·상담, 침해신고 방법 안내 및 신청 등의 업무를 처리한다. 또한 개인정보보호법에 따라 개인정보 침해에 대한 피해보상 등 국민의 신속한 피해구제를 위해 개인정보분쟁조정위원회를 두고 개인정보침해신고센터와 연계운영하고 있다.

정보통신망법에 따른 정보통신 부문에서의 개인정보 업무 처리 및 이행절차를 보면 정보통신서비스 제공자가 이용자의 개인정보를 수집·이용·제공 등을 할 때에는 이용자의 동의 획득(서비스를 일정 기간 이용하지 않는 개인정보는 파기조치)을 원칙으로 하고 있으며, 주민등록번호의 수집·이용의 경우에는 법률적 근거 없이는 처리를 금지하고 있다

또한 통신정보서비스 제공자는 개인정보의 분실·도난·누출·변조·훼손을 방지하기 위해 암호화 등 기술적 조치와 함께 별도의 관리계획 수립 등 관리적 조치를 시행(개인정보 누출 시 항목, 시점, 정보통신 이용자가 취할 조치, 정보통신 제공자의 대응조치 등을 정보주체에게 고지하고 방송통신위원회와 인터넷진흥원에도 관련사항 신고)해야 한다.

한편 정보통신 이용자는 언제든지 개인정보 수집·이용·제공 등의 동의를 철회할 수 있고, 자신의 개인정보 이용내역 및 제3자 제공내역, 개인정보 수집·이용·제공 등의 현황에 대한 열람 및 제공을 요구할 수 있으며 오류 시 정정 요구할 수 있는 권리보장(제공자는 이용자가 자기정보통제권을 강화할 수 있도록 이용내역을 주기적으로 통지)을 하고 있다.

개인정보보호 체계도

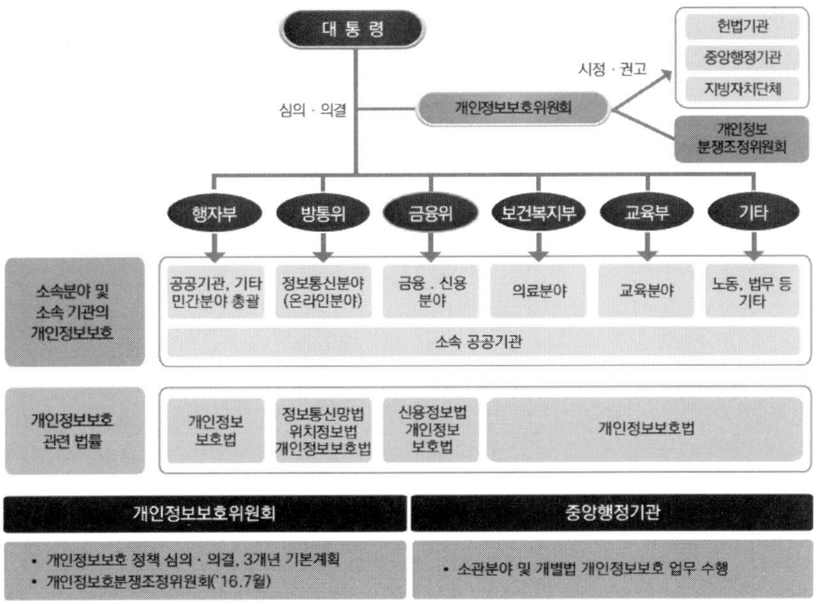

* 출처: 국가정보보호백서(2018).

앞으로 개인정보는 4차 산업혁명시대에 나타나는 인공지능(AI), 블록체인(Block Chain), 클라우드(Cloud), 빅데이터(Big Data) 등에 중요한 데이터로 활용될 수 있다. 이에 세계 각국에서는 개인정보를 활용할 수 있도록 법을 개정하고 있으며, 우리나라도 중복 적용되는 개인정보보호법과 정보통신망법을 일원화하고 독립적인 통합감독기구를 출범시킨다는 내용 등이 포함된 개인정보보호법 개정을 준비하고 있다. 그러나 새로운 통합감독기구가 데이터 활용을 제약하고 보호에 너무 치중할 것이라는 우려와 함께 가명 정보의 활용 방안 도입 등 규제 완화가 개인정보보호 약화를 초래할 것이라는 우려가 동시에 존재하고 있다. 4차 산업혁명에 발맞춰 기업의 데이터를 활용한 데이터 경제 구축에 도움이 될 수 있도록 개인정보보호 관계법령 적합성 검토, 개인정보 정의 규정 재검토와 식별기준 정립, 시행령·고시 등 하위법령 통합 정비 작업이 필요하다. 또한 정부 차원에서 기업과 사이버 위협정보, 불법스팸 정보 등을 공유해 다양한 보안 제품과 서비스 개발을 지원하는 등 데이터 경제 활성화를 위해 노력해야 할 것이다.

고한석(2015). 국가 사이버안보체계 구축에 관한 연구: 사이버전 사례분석을 중심으로. 고려대학교 정보보호대학원 박사학위논문.

국가보안기술연구소(2018). 국가사이버안보전략 참고자료.

국가정보원·과학기술정보통신부·방송통신위원회·행정안전부. 국가정보보호백서 2006, 2017, 2018.

권문택(2009). 국가 사이버안전 관리조직의 통일적 체계구축에 관한 연구. 정보보안 논문지 9(3).

김경곤·김기남·장은경 역(2015). **사이버보안과 국가안보전략**(프랭클린 크레이머·스튜어트 스타 · 래리 웬츠 편저). 서울: 에이콘.

김도승(2017). 국가 사이버안보의 법적 과제. 미국헌법연구 28(2).

김소정·양정윤(2017). 미국과 중국의 사이버안보 전략과 한국의 안보정책에 대한 함의. 국가안보와 전략 17(2).

김승주(2016). 제4차 산업혁명 시대의 사이버 안보정책. 한반도선진화재단 241회 정책세미나 자료집.

김윤영(2008). 북한의 대남 사이버투쟁에 관한 연구. 치안정책연구소.

김인중(2013). **사이버 공간과 사이버 안보.** 서울: 글과 생각.

김인중(2014). 국가사이버안보전략 수립의 필요성과 추진전략. 2014년 국가안보전략연구소 학술회의 자료집.

김인중(2015). 북한의 사이버테러 현황 및 전망. 2015년 국가안보전략연구원·국가보안기술연구소 공동학술회의 자료집.

김재광(2017). 사이버안보 위협에 대한 법제적 대응방안. 법학논고 58.

김필재(2015). **북한의 사이버 남침.** 서울: 백년동안.

김흥광(2005). 북한의 사이버정보 실태. 북한-북한연구소 2005(5).

문재명(2011). 국가안보를 위한 사이버테러 대응방안 연구. 한세대학교 대학원 석사학위논문.

박상돈·김규동·김소정(2017). 사이버안보 법제도의 의의에 대한 새로운 이해. 보안공학연구논문지 14(2).

박상돈·김수정(2013). 사이버안보법 제정을 위한 국내 사이버안보 법률안 연구. 융합보안논문지 13(6).

박상돈·김인중(2013). 사이버안보 추진체계의 제도적 개선과제 연구. 융합보안논문지 13(4).

박춘식·김현수 역(2004). **사이버테러**(안보카츠야·시모하타 노리치카 저). 서울: 진한도서.

손수원(2017). 해외사례를 통해 본 국가사이버안보전략 수립 방안 연구. 건국대학교 행정대학원 석사학위논문.

손영동(2010). **iWAR-사이버 냉전 시대, 국가는 어떻게 생존하는가**. 서울: 황금부엉이.

신동만(2016). 북한의 사이버위협이 한국안보에 미치는 영향에 관한 연구: 국가 및 군의 대응방안을 중심으로. 조선대학교 대학원 박사학위논문.

신재헌·김용현(2016). 사이버 상의 안보위협에 대한 대응방안. 한국경찰연구 15(3).

엄정호·최성수·정태명(2012). **사이버전 개론**. 서울: 홍릉과학출판사.

유동열(2012). **사이버공간과 국가안보**. 서울: 북앤피플.

유학용·유동영(2014). **사이버공격대응 기본 매트릭스**. 서울: INTERNET & SECURITY FOCUS.

윤오준·배광용·김재홍·서형준·신용태(2015). 사이버공격 대응 분석을 통한 사이버안보 강화방안 연구. 융합보안논문지 15(4).

윤재석(2016). 국가사이버보안전략 수립과 개선을 위한 참조 모델 개발. 융합보안 논문지 16(4).

윤해성 외(2010). 사이버안전체계 구축에 관한 연구. 형사정책연구원.

이강규(2011). 세계 각국의 사이버 안보전략과 우리의 정책 방향: 미국을 중심으로. 정보통신방송정책 23(16).

이상민(2017). 국가 사이버 안보전략 연구: 주요국 양상과 한국적 상황 분석. 경기대학교 정치전문대학원 박사학위논문.

이완수(2014). 국가 사이버안보 구축전략에 관한 연구. 경기대학교 대학원 박사학위논문.

이종진(2016). 미국-일본 사이버 안보 정책과 아시아·태평양 지역 안보동맹. 2016년 한국국제정치학회 60주년기념 연례학술회의 자료집.

이홍기(2017). 사이버안보 체계와 한국의 대응전략. 한국외국어대학교 정치행정언론대학원 석사학위논문.

장노순·조성권(2017). 사이버 안보위협의 성격과 통합적 대응의 전략적 의미. 국제지역연구 20(5).

정준현(2015). 북한의 사이버테러에 대한 우리의 대응전략과 과제. 2015년 국가안보전략연구원·국가보안기술연구소 공동학술회의 발표자료.

채성준(2008). 사이버 공간에서의 안보위협 대응체제 구축방안. 공공정책과 국정관리 12(2).

채재병(2013). 안보환경의 변화와 사이버안보. 정치·정보연구 16(2).

최응렬·주성빈(2012). 우리나라 사이버안보 대응전략의 문제점 및 발전방안. 형사사법연구 2(1).

한인택(2013). **사이버 시대의 국가 안보**. 제주: 제주평화연구원.

한 희(2014). 사이버 공간과 국가안보. 2014년 국가안보전략연구소 학술회의 자료집.

Dorothy E. Denning(1998). Information Warfare and Security. Reading MA: Addison-Wesley.

Edward Waltz(1998). Information Warfare: Principles and Operations. Boston: Artech House.

E-ISAC(Electricity-Information Sharing and Analysis Center)(2016). Analysis of the Cyber Attack on the Ukrainian Power Grid.

Karl Fredrick Rausche & alery Yaschenko(2011). Russia-U.S. Bilateral on Cybersecurity Critical Terminology Foundations. The East West Institute & Information Security Institute, Moscow State University.

Richard A. Clarke and Robert K. Knake(2010). Cyber War: The Next Threat to National Security and What to do about it. ECC.

The United States Of America(2008). National Security Presidential Directive (54) & Homeland Security Presidential Directive(23).

The United States Of America(2015). The Department of Defense Cyber Strategy: Introduction.

United Kingdom(2016). National Cyber Security 2016 to 2021.

인간안보와 식량·에너지안보

Chapter 06

1 새로운 안보 개념

1) 새로운 안보개념의 등장

냉전의 종식과 지구화 그리고 전 지구적 차원의 대응이 필요한 문제들의 발생은 국제환경을 변화시키고 있다. 이러한 국제환경의 변화에는 지구촌화, 문화교류 증가, 기술과 통신의 발달 등 긍정적인 영향도 있지만, 한편으로는 시급한 대처를 요하는 부정적 결과도 포함된다. 인권 유린, 환경, 빈곤, 기아, 난민, 젠더, 내전 등의 심각한 문제들이 그것이다. 특히 저개발 국가들은 이러한 문제들을 자국의 능력만으로는 대처할 수 없어 상황을 더욱 악화시킨다. 국가가 자국민을 보호해야 할 책임이 있음에도 불구하고 내전상태에 있는 국가들은 그 책임을 방기한 채 국민들을 고통에 시달리게 하거나 착취의 수단으로 이용한다.

이를 해결하기 위해 국제사회는 개입과 보호, MDGs[1], 인권의 확산 등 여러 동력을 형성하고 실천하고자 노력하고 있다. 또한 문제의 심각성이 강조되면서 이를 안보로 규정하려는 움직임이 대두되었다. 안보위협이란 인간이 인간다운 삶을 영위하지 못하도록 하는 것이기에 안보위협에는 전쟁뿐만 아니라 빈곤과 기아, 인권유린과 탄압, 자연재해도 포함된다는 것이다. 하지만 기존의 국가안보 개념은 국가를 단위로 하여 외부의 물리적 폭력으로부터 자국의 영토와 국민을 보호하는 것에만 초점이 맞춰져 있었기 때문에, 내전 발발의 증가, 난민·기아의 확산, 환경문제, 범죄와 경제적 빈곤 등과 같은 문제들을 해결할 수 없었다. 나

1) MDGs(Millennium Development Goals, 새천년개발목표)는 2000년 9월 뉴욕 국제연합본부에서 개최된 밀레니엄서미트에서 채택된 빈곤 타파에 관한 범세계적인 의제이다. 당시에 참가했던 191개의 국제연합 참여국은 2015년까지 빈곤의 감소, 보건, 교육의 개선, 환경보호에 관해 지정된 8가지 목표를 실천하는 것에 동의하였다. 주요 내용으로 ① 극심한 빈곤과 기아 퇴치, ② 초등교육의 완전보급, ③ 성평등 촉진과 여권 신장, ④ 유아 사망률 감소, ⑤ 임산부의 건강개선, ⑥ 에이즈와 말라리아 등 질병과의 전쟁, ⑦ 환경 지속 가능성 보장, ⑧ 발전을 위한 전 세계적인 동반관계의 구축을 들 수 있다.

아가 몇몇 국가들은 자국민들에게 안보를 제공하기는커녕 오히려 그들의 안보를 위협하는 모습을 보여주기도 하였다. 따라서 안보개념이 적실성을 띠기 위해서는 다양한 행위자와 다양한 분야에 걸쳐 안보의 주체와 대상 그리고 내용이 폭넓게 확대되어야만 했다.

이처럼 탈냉전 이후 안보 개념에서의 변화 중 특징적인 것의 하나는 전통적 안보(Traditional Security)의 중요성과 시급성이 상대적으로 낮아지면서 인간의 생명과 재산을 위협하는 새로운 요인에 대한 관심이 높아지고 있다는 점이다. 이는 국제정세의 흐름과 세계화·정보화 및 4차 산업혁명시대의 환경변화를 반영하는 것이라고 할 수 있다. 이런 점에서 신안보는 단순히 '새로운 안보'를 넘어 과거에도 존재하였으나, 시대적 환경변화에 따라 새롭게 부상 또는 창발하는 안보(Emerging Security)의 의미를 포괄적으로 내포하고 있다. 즉, 미시적 차원에서 소규모 '안전'(Safety)의 문제가 양적 증대와 질적 전환을 통해 거시적 차원에서 소규모 단위 '안보'(Security)의 문제로 전환하는 현상으로 발전한 것이다. 따라서 기존의 비전통 안보(소극적 안보)로 대변되던 개념을 적극적으로 해석하여 미래 안보의 측면에서 보다 포괄적으로 이해하려는 인식을 반영하고 있다.

2) 신안보 문제의 특성

(1) 잠재성

신안보 문제는 평소에는 겉으로 드러나지 않고 수면 하에 잠복해 있다가 어느 시점에서 양적 증가와 질적 전환을 통해 일정한 조건(임계점)이 충족되면 실질적인 '위협'으로 나타나는 특징이 있다. 즉, 평소에는 개인적 차원의 안전 문제로 남아 있다가 어느 정도의 규모(양)와 범위(폭)가 확장되면 심각한 위험 수준에 이르게 되어 국가 차원의 안보 문제로 대두되는 이른바 '양질전환적 형상'을 보여주고 있는 것이다.

이러한 특성으로 인해 신안보 문제는 여론과 정책 담당자의 지속적인 관심을 끌기 어려운 구조적 한계를 가지고 있다. 평소에는 미미한 수준으로 표출되거나 아예 잠복해 있기 때문에 의제화(Agenda Setting)가 어려운 측면이 있고, 이슈가 발생하더라도 문제가 해결되면 다시 관심권 밖으로 밀려나는 경향이 있다. 따라서 국가정책에 있어서도 모두가 문제의식은 가지고 있으면서도 실제 정책의 우선순위에 있어서는 후순위로 밀려 나는 게 보통이다.

(2) 불가측성

국가를 주체로 하고 군사적 문제를 위주로 하는 전통안보는 다양한 수단과 경로 및 정보들을 통해 전쟁이나 도발의 징후를 어느 정도 사전에 탐지가 가능하다. 그렇지만 신안보 문제는 다양한 주체(개인, 단체, 자연 등)를 통해 불시에 나타나는 위협이기 때문에 이를 사전에 예측하고 대응하기가 매우 어렵다는 점이 특징적이다.

이러한 특성으로 인해 신안보 문제는 ① 상시적인 정보 관리와 분석 및 사전 징후 파악 등 다양하고 효율적인 예비조치들이 필요하고, ② 위협이 발생할 경우 즉각 대응조치를 취할 수 있는 효율적이고 합리적인 시스템 구축이 매우 중요하다는 접근 방식을 요구하고 있다.

(3) 초국가성

신안보 위협은 어느 한 국가에게만 국한하는 것이 아니라 국경을 초월하여 영향을 미치게 되며, 세계화와 정보화 및 인적·물적 교류가 활발해 질수록 파급영향의 속도와 범위가 확대되는 특성이 있다. 이러한 측면에서 신안보 위협에 효율적으로 대응하기 위해서는 국가와 국가, 국가와 국제기구, 국가와 단체 등 각 주체들 간의 상호 긴밀한 소통과 협력이 필요하다.

(4) 연계성

신안보 문제는 각 이슈 간에 긴밀한 관계를 가지고 연쇄적으로 진행될 가능성이 높은 특성을 가지고 있다. 따라서 어느 한 분야에서 위협요인이 발생하면 다른 이슈들에 직간접적으로 영향을 미침으로써 복합적인 문제를 유발하여 해결과정이 더욱 복잡하고 곤란하다. 예를 들어, 기후 환경문제는 식량 문제와 보건 문제 및 에너지 문제 등과 상호 영향을 주고받으면서 진행될 수 있고, 난민 문제는 보건 및 테러 문제와 연계되어 있다.

따라서 신안보 문제에 대한 대처는 특정 이슈에 대해 개별적으로 대응하는 '핀셋'(pincette) 방식의 단선적 접근보다는 컨트롤 타워를 중심으로 연관되는 모든 이슈들을 함께 고려하는 포괄적인 대응 시스템이 효율적이다.

2 인간안보

1) 인간안보의 개념과 한계점

(1) 인간안보 개념의 형성 배경

냉전종식 이후 국제사회에서는 내전과 난민의 문제가 증가하고, 빈곤과 기아가 국제사회의 주요한 의제로 부각되었다. 이에 따라 유엔을 중심으로 국제사회가 직면한 많은 수의 인구가 경제적으로, 정치적으로, 사회적으로 최소한의 인간다운 삶조차 영위하지 못하는 문제를 해결하고자 노력하게 되었다. 특히 유엔개발계획(UNDP, United Nations Development Programme)은 모든 인류가 위기와 억압으로부터 해방되고, 보다 나은 삶을 살기 위해서는 경제적 자유가 확보되어 빈곤과 기아에서부터 벗어나야 한다고 인식하고 이를 최우선 과제로 설정하였다. UNDP는 1990년부터 매년 '인간개발보고서'(Human Development Report)를 작성하여 국제사회의 빈곤과 기아의 현주소를 알리고 이를 해결하기 위한 노력이 어떤 수준에서 이뤄지고, 어느 정도의 효과를 거두고 있는지를 보고하고 이를 통해 국제사회의 관심과 참여를 유도하고 있다. UNDP는 1994년 보고서에서 "안보란 지속적인 기아, 질병, 범죄, 억압으로부터의 안전이며, 가정이나 직장 등 사람들의 일상을 갑작스럽고 고통스럽게 파괴하는 위협으로부터의 보호"라고 정의한 후 이를 '인간안보'(Human Security)로 규정하였다. 이 보고서를 통해 '인간안보' 개념이 최초로 국제사회에 소개되었다.

인간안보는 소극적 평화 개념인 국가안보를 넘어선 적극적 평화개념을 지칭하며, 국가안보의 영역인 전통적 안보 위기에 국민생활의 안전위기 영역을 포함하는 포괄적 안보(Comprehensive Security) 개념이라고 할 수 있다. 이와 같은 인간안보의 개념은 탈냉전 시대를 맞아 군사감축이나 군비축소 외에도 인권, 환경보호, 사회안정, 민주주의 등이 기본적으로 보장되어야만 진정한 세계평화가 가능하다는 인식에서 출발하였다. 또한 전통적으로 안보는 국가 또는 국제사회 등 집단적인 실체를 대상으로 외부로부터의 군사적 침입에 대응하는 개념이었지만, 1970년대 이후 사회경제적 문제가 전쟁의 원인으로 대두되면서 인간안보라는 개념이 나오게 되었다.

1991년 소련이 붕괴하면서 냉전이 종식된 이후에도 세계 각지에서 적지 않은 분쟁이 발생하였다. 그러나 탈냉전 시대에 일어난 분쟁의 대부분은 내전 형태로 일어났다는 것이 특징이다. 이러한 내전의 최대 피해자가 군인이 아니라 민간인이라는 점이 부각되면서 민간인 보호가 국가안보라는 큰 담론에 희생되어선 안 된다는 의식이 형성되기 시작하였다. 바로 이러한 의식이 인간안보라는 개념으로 다듬어지게 되었으며, 실제로 대인지뢰금지협약, 국제형사재판소의 설립을 위한 조약 등을 채택할 때 큰 역할을 하였다. 다만 학문적으로는 오스트레일리아, 캐나다, 일본 등 전쟁의 가능성이 없고 인권 및 복지가 발달한 국가의 학자 및 안보전문가들을 중심으로 논의되고 있을 뿐 아직까지는 체계적으로 확립되지는 않았다.

(2) 인간안보 개념의 의의

인간안보란 냉전시기의 전통적 안보개념과는 달리 안보의 궁극적인 대상을 인간으로 보는 새로운 안보개념이다. 인간안보는 "인간이 인간다운 삶을 영위하지 못하도록 하는 모든 것"을 안보위협으로 규정하면서 '공포로부터의 자유'와 '결핍으로부터의 자유'를 초점으로 삼고 있다. 이는 "사람들이 자유로운 선택을 하는 것에 장애가 없고 향후에도 그 선택의 기회가 상실되지 않는다고 안심할 수 있는 것"을 의미한다.

인간안보는 기존 국가안보 개념을 수직적으로 그리고 수평적으로 확장시켜 다양한 위협들을 포괄할 수 있는 객관적 적합성을 확보하고자 한 노력의 결과이다. 수직적 확장이란 '안보대상'의 확장으로, 기존 국가안보에서는 안보대상을 국가로 제한하였지만, 인간안보에서는 인간이 포함된 조직이면 전부 안보대상이 된다. 이는 인간 한 명이 될 수도 있고 수천 명이 될 수도 있다. 수평적 확장이란 '안보영역'의 확장으로, 국가안보에서는 군사영역만을 안보대상으로 인정하였지만 인간안보는 안보영역을 비군사영역까지 확장한다. 경제, 정치, 문화, 보건, 교육 등 인간의 삶과 관련된 모든 영역이 이에 해당한다. 안보대상이 국가에서 인간으로 변한다는 것은 인간의 안보를 위협할 수 있는 모든 요인들을 제거해야 한다는 것을 의미하며, 폭력이나 물리적 위협뿐만 아니라 인간다운 삶을 영위하는데 있어 필요한 경제적 필요까지도 안보의 영역에 포함된다.

이처럼 인간안보 개념의 대두는 탈냉전 시대에 접어들면서 과거 냉전시대에 국가안보로 좁게 해석되던 안보 개념이 인간 삶의 질을 높이는 쪽으로 강조점이 옮겨진 데 따른 것이다. 이는 한 국가의 경제·군사적 우위를 잣대로 삼는 국가안보 개념과는 상반된 개념으로서, 군사력 위주의 전통적인 국가안보 개념에서 벗어나 인간의 생명과 존엄을 중시하는 안보의 새로운 패러다임이다. 실제로 인권 보호, 여성의 권리 향상, 지구오염 방지, 핵 확산 금지 등 많은 이슈들이 세계 공통의 관심사로 다뤄졌고 해결되고 있다. 그러나 이러한 산물은 보다 안전한 지구를 만들기에는 아직까지 부족한 실정이다. 지구촌은 어떤 안전지대도 마련해 두고 있지 않으며, 질병, 가난, 환경재난, 핵무기 등으로부터 완전하게 안전한 곳은 아무데도 없다.

문제는 글로벌 시대에 이러한 위험이 한 나라에서만 그치는 개별적인 것이 아니고, 전체 지구촌을 위협하다 보니 모든 나라의 단결과 더불어 범세계적인 해결책을 요구한다는 것이다. 과거와는 달리 현재 개별 국가를 위협하는 요소들이 곧 세계 전체의 문제로 직결되는 현상이 나타나기 때문이다. 점점 더 많은 사안들이 모든 국가가 힘을 모아야 그나마 해결이 가능한 양상으로 변화되고 있다. 이러한 시대에 개개인 역시 평화와 질서, 경제활동의 확산, 오염 방지, 지구온난화 억제, 질병 제어, 군축과 비핵화, 생태계 보전 그리고 부패 방지 등 가능한 모든 목적을 위해 서로 협력해야 한다.

(3) 인간안보 개념의 한계점

UNDP는 인간안보 확립을 위해서는 '물리적 폭력이나 군사력 위협으로부터의 자유'(Freedom From Fear)를 확보해야 한다는 것을 인정하면서도 국제사회의 심각한 빈곤과 기아에 주목하여 '빈곤이나 기아로부터의 자유'(Freedom From Want)에 우선순위를 부여하였고, 그에 따라 경제안보를 강조했다. 국가안보를 위해서는 주권이 제한될 수 있다는 논리가 힘을 얻던 1990년대의 국제사회에서도 국가주권을 전면적으로 부정하고 국가를 안보제공자보다는 안보 위협자로 설정한 UNDP의 유토피아적 인간안보는 많은 논란거리가 되었다. 국가주권의 절대성을 회복해야 하는 2000년대의 국제사회는 더욱 UNDP가 제안한 인간안보를 수용할 수 없었다. UNDP가 제시한 인간안보에 대해 국제사회는 그 개념이 지나치게 급진적이고 이상적이어서 실현 가능하지 않다는 네 가지 이유를 들었다.

첫째, '안보주체' 설정의 비현실성이다. UNDP는 국가를 잠재적 안보 위협의 주체로 가정하였다. 왜냐하면 국가가 자국민의 인권을 유린하고 자국민을 착취하는 상황이 1990년대에는 국제사회의 심각한 문제로 인식되었기 때문이다. 그로 인해 UNDP는 안보를 제공하는 주체에서 국가를 배제시켰다. UNDP는 국민에게 안보를 제공해 줄 의지와 능력을 지닌 가장 적합한 안보 주체는 국가행위자뿐이며, 그 이외의 행위자들은 일시적이거나 부분적으로 이들을 도울 수 있을 뿐이라는 현실적 고려를 하지 못한 채 인권유린, 착취, 내전, 난민의 문제에만 주목했다.

둘째, 주권국가체제에 대한 도전이다. UNDP는 인간안보를 달성하기 위해 현재의 주권국가체제가 아닌 '경제안보위원회' 등과 같은 새로운 체제나 기구를 형성해야 한다고 주장했다. 국제사회가 국가행위자들을 중심으로 형성되어 운영되고 있으며, 국가주권을 회복시켜 패권의 개입 논리에 대응해야 하는 상황을 고려할 때 UNDP의 주장은 지나치게 급진적이고 비현실적이었다.

셋째, '안보대상' 설정의 비현실성이다. 현실에서 국제사회가 인간안보가 필요하다고 간주하는 국가들은 원조와 지원이 필요한 국가들로, 이들은 대부분 저개발 국가들이다. 그럼에도 불구하고 UNDP는 선진국의 국민까지 포함한 세계의 모든 인류를 잠재적 안보위협 대상자로 설정하여 선택과 집중을 하지 못했다.

넷째, '안보영역' 설정의 비현실성이다. 안보라고 일컬어지기 힘든 영역, 즉 직장과 가정의 대소사까지 안보의 영역에 포함시킴으로써 지나치게 광범위한 안보개념을 가져왔고, 그로 인해 '안보'라는 단어가 주는 긴급성과 중요성을 약화시켰다.

이처럼 국제사회는 UNDP가 제안한 인간안보 개념이 2000년대 국제사회의 맥락을 제대로 반영하지 못하는 비현실성으로 인해 그리고 실천적 측면에서의 비현실성을 빌미로 인간안보 개념의 수용을 주저하였지만, 국가안보 개념의 부재 상황에서 새로운 위협을 포괄할 수 있는 인간안보 개념의 적시성을 인정하여 인간안보 개념을 완전히 폐기하진 않았다.

(4) 인간안보 개념에 대한 발전적 수용

탈냉전 이후의 국제사회에는 강제적 개입의 권리를 주장하는 새로운 인도주의의 부상과 새로운 국가 건설을 임무로 하는 유엔 평화활동을 한 축으로 하는 인도주의적 '제한주권론'과 기존의 국가주권의 절대성을 주장하는 '절대주권론'의 경쟁 구도가 형성되었다. 전자의 맥락에서 유엔 사무총장 아난과 캐나다 정부의 합작품인 '개입과 국가주권에 관한 국제위원회'(ICISS: International Commission on Intervention and State Sovereignty)가 창설되었고, '보호책임'(Responsibility to Protect, R2P 또는 RtoP)의 개념이 창안되었다. 아난은 국가주권이 국가의 인권유린에 대한 면죄부가 될 수 없다고 비판하며, 인권 문제의 주요 원인인 내전에 대한 유엔의 광범위한 인도적 개입을 주창했다. 유엔을 중심으로 국가주권의 절대성을 약화시키려는 움직임은 인도적 개입의 필요성이 증대됨에 따라 점차 강해졌고, 1990년대의 '제한주권론'이 대두되는 환경에서 UNDP는 인간안보 개념을 제안하였다. 따라서 UNDP가 제안한 인간안보 개념은 국가주권의 절대성을 부인하고, 국가 행위자를 안보제공자로 묘사하기보다는 자국민의 안보를 위협하는 주체로 설정하였다. 따라서 주권국가체제 하에서는 인간안보가 성립될 수 없다는 결론에 이르렀다. UNDP는 인간안보의 이행을 위해 새로운 기구의 형성을 주장한 것이다.

결론적으로 국제사회는 UNDP가 제안한 인간안보 개념을 국제규범으로 수용하지는 않았지만, 새로운 안보개념이 필요하고 그것을 인간안보로 명명하자는 입장을 나타냈다. 새로운 안보 규범의 형성에 적극적인 관심을 표명한 일본, 캐나다, 노르웨이 등 몇몇 국가들은 UNDP가 제안한 인간안보 개념을 수정하여 이를 자국의 외교정책에서 실천하려는 움직임을 보여주었다. 특히 2001년 일본 외무성은 유엔 사무총장과 협력하여 '인간안보위원회'를 설립하였다. 인간안보위원회가 설립된 지 2년 후인 2003년에 위원회는 '인간안보의 현재: 인간보호와 권한부여'(Human Security Now: Protecting and Empowering People) 보고서를 발표하였다. 이 보고서는 2000년대 국제사회의 국가주권 회복의 노력이 인간안보의 개념 변화에 상당한 영향을 미쳤음을 보여준다. 인간안보 확립을 위해 국가행위자 역할을 인정했고, 조건부 주권을 인정했으며, 안보제공자로서 국가의 역할도 인정했다. 또한 인간안보의 이행이 기존 주권국가체제에서 달성 가능하다고 주장하였다. 이는 국가주권에 부정적 입장을 나타낸 UNDP의 입장을 상당부분 수정하여 국가주권의 중요성이 부각되기 시작함을 보여주는 것으로 해석된다.

2) 인간안보의 특징과 기본요소

개개의 인간의 안전에 대한 위협은 전쟁이나 분쟁 등의 물리적 폭력뿐만 아니라 기아, 빈곤, 환경파괴, 정치적 억압, 글로벌한 경제위기 등 개개인의 처해진 상황에 따라 다양하다. 특히 최근 내전의 증가에 의한 난민이나 피난민의 문제, 경제 금융위기에 의한 빈곤층의 증대 등은 본래 국민의 안전을 지켜야 하는 정부의 기능 부전이 큰 원인이 되고 있다. 이에 대한 대응에는 군사력에 의해 국가를 지킨다는 소극적 의미의 안보가 아니라 예방적인 사회개발, 사회안전망의 확충, 정부 통치능력의 강화, 국제적인 인도적 개입까지 폭넓은 영역에 걸친 처방전에 의한 적극적 의미의 안보가 필요하다. UNDP의 1994년판 '인간개발보고서'에서는 인간안보의 특징을 다음과 같이 설명하고 있다.

① 보편성: 인간안보는 전 세계 어느 나라 사람에게나 보편적인 문제이다.

② 상호 의존성: 인간안보는 전 세계적으로 상호 의존적이며, 인간안보의 위협 요소는 국경 안에 국한된 것이 아니며 전 세계적인 문제이다.

③ 예방: 인간안보는 사후적 대처보다 사전적 예방이 더욱 효과적이다.

④ 인간중심성: 인간안보는 인간중심적이다.

UNDP는 인간안보의 요소로 평화와 안보, 경제발전 및 복지, 인권존중, 환경보존, 사회정의, 민주화, 군축, 법치, 좋은 정치 등을 포함시켰다. 이에 따라 인간안보는 정치적 자유, 사회적 안정, 환경권, 경제적 풍요, 문화권 등 다양한 개념을 포함하는 포괄적 개념으로 보는 것이 타당하다. 또한 개인의 안보를 국가안보보다 우선시한다는 개념이기 때문에 인간의 평화를 해칠 수 있는 모든 요소를 안보위협의 요인으로 보며, 여기에는 군사적인 위협뿐만 아니라 경제적 고통으로부터의 자유, 삶의 질, 자유와 인권보장 등이 포함된다.

UNDP는 이를 보다 구체적으로 정리해 인간안보를 경제적 안보, 식량안보, 보건 안보, 환경 안보, 개인적 안보, 사회적 안보, 정치적 안보라는

7개의 영역으로 분류하였고, 이들 각각의 안보확립을 통해 인간안보를 확립하고자 하였다.

① 경제적 안보: 경제적 안보 측면에서는 개인에게 기본적인 소득이 보장되어야 한다. 개발도상국에서는 빈곤 문제가 심각한 한편 선진국에서는 취업난과 비정규직 문제로 인해 경제적 안보가 위협받고 있다고 할 수 있다.

② 식량안보: 식량안보 측면에서는 모든 사람이 언제나 기본적인 식량을 물리적으로 그리고 경제적으로 확보할 수 있어야 한다. 식량 수급 자체는 식량안보의 필요조건이지만 충분조건은 아니다. 전 세계적인 식량 수급은 큰 문제가 아니지만 식량의 분배나 구매력의 부족으로 인해 모든 사람이 기본적인 식량을 확보하지는 못하는 문제가 발생한다.

③ 보건 안보: 보건 안보는 질병이나 건강하지 못한 생활에 대해 최소한의 보호를 보장하는 것을 목적으로 한다. 일반적으로 선진국과 개발도상국 사이에 의료 환경과 건강보험 등에 대한 격차가 심각하다. 일반적으로 가난한 사람이 부유한 사람에 비해 보건 안보에 대한 위협이 지대하다.

④ 환경 안보: 환경 안보는 자연 환경의 파괴나 고갈로부터 인간을 보호하는 것을 목적으로 한다. 개발도상국에서는 깨끗한 식수 확보의 어려움이, 선진국에서는 대기 오염과 지구온난화가 환경 안보의 문제로 등장하고 있다.

⑤ 개인적 안보: 개인적 안보는 사람들을 물리적 폭력에서 보호하는데 그 목적이 있다. 국가로부터의 폭력(고문), 외국으로부터의 폭력(전쟁)은 물론 범죄와 아동학대 역시 개인적 안보의 위협 요소에 포함된다.

⑥ 사회적 안보: 사회적 안보란 지역사회의 안보로서 공동체의 억압으로부터의 보호와 원주민의 전통보호를 내용으로 한다.

⑦ 정치적 안보: 정치적 안보는 사회에 속한 인간이 기본적인 인권을 존중받는지와 관련되어 있다.

3 식량안보와 에너지안보

1) 식량안보

(1) 식량안보의 의미와 중요성

식량안보란 인구의 증가나 재해·재난, 전쟁 등이 발생할 때를 대비하여 일정한 양의 식량을 항상 확보하여 유지하는 것을 말한다. 이는 국가가 인구 증가, 천재지변(天災地變) 등의 각종 재난, 전쟁과 같은 특수한 상황에서도 항상 국민들이 일정한 수준의 식량을 소비할 수 있도록 적정 식량을 유지하는 것을 의미한다.

식량 위기의 원인으로 크게 세 가지를 들 수 있다. 첫째, 기후변화로 인한 곡물 공급량의 감소이다. 전 지구적 차원에서 발생하고 있는 지구온난화 현상은 지구촌 곳곳에 이상기후를 낳고 있다. 오스트레일리아의 경우 한 해 평균 2,500만 톤의 곡물을 생산하다가 5년여 동안 계속되는 가뭄 탓에 1,000만 톤 미만으로 생산량이 급감하기도 하였다.

둘째, 곡물 수요의 증가이다. 중국, 인도 등의 인구 대국들이 산업화를 이루면서 경작지는 감소되는 반면, 소득의 증가에 따라 곡물과 육류 소비는 늘고 있다. 육류 소비의 증가는 곧 곡물 수요의 증가로 이어진다.

셋째, 고유가에 따른 바이오에너지 사용의 증가이다. 배럴당 100달러가 넘는 고유가 시대를 맞은 것과 지구온난화에 대비하는 친환경 에너지 수요의 증가로 인해 바이오연료에 대한 수요가 증가하였기 때문이다. 미국에서는 옥수수 생산량의 약 20%가 바이오 에탄올을 생산하는데 사용된다. 바이오연료의 소비 증가는 국제 곡물 가격을 상승시키는 주요 요인으로 꼽히고 있다.

사람은 먹지 않고는 살 수가 없기에 국가는 국민들이 항상 필요한 만큼의 식량을 안정적으로 소비할 수 있도록 관리하여야 하는 책임을 지고 있다. 과거 대부분의 국가들이 농업을 주산업으로 하고 있을 때에는 대규모의 자연재해가 아니고서는 식량이 부족한 문제를 겪지 않았다. 그러나 산업화를 거치며 국가들의 주요 산업이 1차 산업인 농업에서

2차 산업인 공업 또는 3차 산업인 서비스업으로 바뀌면서 공장용지나 상업용지가 증가하였고, 식량 재배면적 및 생산량은 줄어들었다. 그 결과 많은 국가들에서 부족한 식량을 해외에서 수입하는 등 수입 의존도가 높아졌다. 물론 일상적인 경우에서는 부족한 식량을 수입하여 큰 문제없이 넘어가는 경우가 많았으나, 2007년부터 국제 곡물가격이 전 세계적으로 급등하는 애그플레이션(Agflation)[2]이 발생하면서 필리핀, 인도네시아, 방글라데시, 이집트, 멕시코, 아이티 등에서 식량부족으로 인한 폭동이 일어나는 등 국가적인 위기를 겪은 사례가 발생하여 식량안보의 중요성에 대한 인식이 높아졌다. 이후 국가들은 식량안보를 지키기 위해 적정 규모의 농지를 유지하고, 식량 수입경로를 다양화하는 등 관련 정책을 내놓고 있다. 전 세계 국가들이 식량안보를 지키기 위해 다양한 노력을 하고 있으나, 아시아 일부 국가들과 아프리카 대륙에 위치한 대부분의 국가들은 여전히 식량안보의 위험에 노출되어 있다.

1960년 국제미작연구소(IRRI)가 세워질 정도로 아시아의 농업 강국이었던 필리핀은 '부족한 식량은 수입한다'라는 안이한 생각으로 1990년대 들어서면서 농업 투자액을 절반으로 줄이고 산업화에만 몰두하였다. 3모작이 가능한 농토에 공장과 골프장, 택지를 조성하였는데, 이렇게 사라진 농경지는 국토의 절반이나 되었다. 그 결과 필리핀은 현재 세계 최대 쌀 수입국으로 전락하였다. 2007년 말 국제 쌀값이 250% 상승하는 위기가 닥치면서 베트남, 인도 등 주요 쌀 수출국들이 쌀 수출을 전면 금지하였다. 필리핀에서는 쌀 수입이 줄어들면서 쌀값이 폭등하였다. 필리핀 국민들은 일반미의 반값에 살 수 있는 정부미를 사기 위해 치열한 경쟁을 벌였다. 정부미의 수요가 증가하면서 곳곳에서 쌀 탈취 사건이 발생하였고, 필리핀 정부는 쌀 보관 창고마다 무장 군인을 배치하였다. 이제 필리핀 정부에게 쌀을 지키는 일은 나라를 지키는 것과 같은 의미가 되고 있다. 필리핀 정부는 쌀 불법 사재기를 막기 위해 실탄을 장착한 총을 든 군인을 배치해서 감시를 하지만, 쌀 탈취나 사재기는 근절되

2) 농업을 뜻하는 영어 '애그리컬처'(agriculture)와 '인플레이션'(inflation)을 합성한 신조어로서 곡물가격이 상승하는 영향으로 일반 물가가 상승하는 현상을 가리킨다.

지 않아 악순환이 되풀이되고 있다.

2011년 1월 이집트에서 독재 정부를 규탄하는 대규모 시위에서 시위대는 "아이쉬, 호레아"를 외쳤다. '아이쉬'는 밀로 만든 빵으로 이집트인들의 주식이며, '호레아'는 '자유'를 뜻한다. 평소 실업 때문에 겨우겨우 살아가는 와중에 곡물 가격이 급격히 상승하여 빵을 사 먹지 못하게 되자, 극빈층을 비롯해 중산층에 이르기까지 불만이 폭발하였던 것이다.

곡물 자급률은 한 국가 또는 지역에서 일정 기간 동안 소비되는 총 곡물량 중에 그 국가 또는 지역 내에서 생산된 양이 차지하는 비중이다. 자급률이 낮을수록 수입량이 많다는 것을 의미한다.

우리나라와 일본의 경우 다른 OECD 국가에 비해 곡물 자급률이 매우 낮다. 우리나라는 세계 5위의 곡물 수입국인데다 2018년 한국농촌경제연구원(KREI)이 발표한 곡물 자급률은 약 23.8%로 OECD 34개 회원국 중 32위로 최하위권이다. 주식인 쌀의 자급률은 거의 100%로 큰 문제가 없는 편이나, 밀의 자급률은 0.8%, 옥수수 0.8%, 콩류 8.7%로 쌀을 제외한 곡물의 자급률은 평균 5% 수준이다. 이는 주요 곡물들이 값싼 외국산 농산물과의 경쟁에서 패하고 결국은 재배를 포기한 결과로서, 식량안보가 위협받을 가능성이 높음을 말해 주고 있다. 현재와 같은 상태라면 자유무역협정(FTA) 등을 통해 농산물 시장 개방이 확대되면서 식량자급률은 더 떨어질 수밖에 없다. 이에 대해 반도체나 자동차를 수출하고 부족한 식량은 수입하면 되지 않느냐고 반문할 수도 있다. 그러나 밀, 콩, 옥수수 등 곡물 수출국들이 곡물 수출 중단 선언이라도 한다면 어떻게 될까? 빵·국수·라면·과자를 비롯해 밀가루로 만든 음식 값이 천정부지로 뛸 것이고, 쇠고기와 닭고기도 구경하기 어려워질 것이다. 쇠고기 1㎏을 얻는 데 곡물 8㎏이 필요하다. 심지어 달걀도 곡물이 있어야 생산된다. 엄청난 돈을 쌓아 두고도 식량을 구하지 못해 굶어 죽었다는 사람의 기사가 신문에 날지도 모를 일이다.

식량안보의 중요성이 바로 여기에 있다. 세계화 시대에는 아무리 억만금을 갖고 있어도 내가 먹을 일정량의 식량을 스스로 생산해 내지 못하면 언제 굶어 죽을지 모르는 상황이 닥칠 수 있다. 필리핀의 사례가 식량안보의 중요성을 잘 말해 주고 있다. 연일 국제 곡물 가격이 들썩이는 요즘, 세계 5위의 곡물 수입국인 우리나라의 미래를 한 번쯤 생각해 볼 필요가 있다.

(2) 식량안보에 대한 국제사회의 접근법과 현실

유엔개발계획(UNDP, United Nations Development Programme)이 1994년 '인간개발보고서'에서 밝히고 있는 인간안보에 관한 영역 중에서 식량안보는 국제적 그리고 국가 간 수준에서 식량의 가용성의 차원뿐만 아니라 식량생산에 필요한 자원의 분배와 식량 획득의 능력 등을 포괄하는 개념으로 이해되고 있다. 구체적으로 다음과 같다. 첫째, 이용 가능한 식량 공급의 측면은 소비수요를 충족하는데 충분한 식량공급을 얻을 수 있는 유효한 공급을 의미한다. 둘째, 식량에 대한 접근 기회의 충분성의 측면은 경제적으로 불안정한 시기에도 식량에 대한 물리적 접근성을 확보하는 것을 의미한다. 셋째, 신뢰성의 측면은 공급이 충분하다 하더라도 많은 사람들이 필요로 하는 식량을 생산 또는 구입할 자원이 결핍되면 식량 부족의 상태에 빠질 수 있다는 것을 뜻한다고 볼 수 있다.

또한 1996년 세계식량정상회의(World Food Summit)에서 채택한 '로마선언'에서는 식량안보를 다음과 같이 규정하고 있다. 즉, 모든 사람에게는 안전하고 영양가 있는 식량을 이용할 수 있는 권리뿐만 아니라, 적절한 식량을 얻을 권리와 기아로부터 해방되어야 할 기본적 권리를 갖는 것이라고 천명하고 있다. 한편 유엔 식량농업기구(FAO, Food and Agricultural Organization)는 2011년에 식량안보를 활동적이고 건강한 삶을 영위하기 위하여 모든 사람들이 언제나 자신의 섭취욕구와 식품 기호를 만족시킬 수 있을 정도로 충분하고 안전하며, 영양가 있는 식량을 물리적·사회적·경제적으로 얻을 수 있는 상태로 정의하였다. 이러한 맥락에서 식량의 가용성(Availability), 접근성(Accessibility), 이용가능성(Afforability), 안전성(Safety) 등이 식량안보의 중요한 요소이며, 식량안보 문제에 대한 불안정성이 야기된다는 것은 이러한 요소들이 적절하게 충족되지 못한 상태라고 할 수 있다.

2008년은 국제곡물가격이 석유가격의 폭등과 맞물려 상승하면서 아프리카, 아시아 등지의 개도국에서 식량 관련 소요, 폭동 등이 나타나면서 사회경제적 위기를 초래한 시기였다. 이로 인하여 UN 차원에서 식량위기와 관련된 특별회의를 소집하여 글로벌 식량위기를 인권의 위기라고 규정하였다. 이와 같은 글로벌 식량위기가 부각되면서 2008년 UN 세계식량정상회의와 G8 정상회의에서는 식량문제가 주요 의제로 논의되었다. 2009년도의 G20 정상회의, UN 세계식량정상회의 그리고 2011년에 개최된 세계은행과 IMF 총회에서는 식량안보를 우선적인 해결과제이며 세계경제의 핵심과제로 규정하였다.

식량문제는 인간의 가장 원초적인 욕구와 관련된 문제이며, 생존의 문제와 직결되는 쟁점이다. 인류는 가용한 자원을 활용하여 적정하고도 충분한 식량을 얻기 위한 노력을 기울이고 있지만, 사회, 국가, 국제 시스템은 식량 확보의 안전성과 관련한 심각한 도전에 직면하고 있다. 즉, 치솟는 국제 식량 가격, 자연 재해와 심각한 기상이변, 국제 식량 수급의 불안전성 그리고 세계 경제위기 등이 최근의 이슈로 부각되면서 식량 문제를 안보 문제로 인식하기 시작하였다. 식량안보에 대한 관심이 증대되기 시작한 것은 이러한 제반 문제들이 특정 지역에 국한된 문제로 보기에는 그 위험이 광역화될 잠재성이 충분하고, 국제적 중요성을 갖게 되기 시작한 상황과 맥락을 같이 한다고 볼 수 있다.

앞으로 인구증가, 소비 패턴의 변화 그리고 기후 변화와 같은 세계화되고 있는 현상들로 인하여 식량안보의 문제는 개인, 사회, 국가 그리고 국제사회의 시급한 과제로 부각될 것으로 예상된다. 동시에 식량안보의 중요성은 복합적인 속성을 가지게 되는 세계적인 문제로 더욱 강조되고 있다. 이처럼 식량안보에 관한 복합성의 증대는 세계안보지형의 또 다른 변화를 촉발시킬 수 있는 요인으로 발현되고 있는 것이다.

식량농업기구와 세계식량계획 등 유엔(UN) 산하 주요 국제기구에서 공동 발표한 '세계 식량안보와 영양 상태' 보고서에 따르면 2018년 현재 전 세계에서 굶주림에 시달리는 기아인구는 대략 8억 2,100만 명 정도로 집계되는데, 이는 1990년과 비교했을 때 1억 9,000만 명의 기아인구가 감소되었음을 의미한다. 기아인구는 유엔 새천년개발목표(MDGs)를 통해서 많이 감소하였는데, 특히 동아시아와 라틴아메리카에서 경제성장과 함께 농업에 대한 투자를 늘리면서 감소효과가 나타났다. 그러나 영양부족 인구는 여전히 전 세계 인구의 12.9%를 차지하고 있으며, 개발도상국 아동의 상당수가 저체중으로 파악되고 있다. 더구나 아프리카의 경우 거의 모든 지역에서 영양실조와 식량 부족 사태가 악화되고 있으며, 내전으로 초토화된 에리트레아와 남수단 등이 포함된 동아프리카 지역은 전체 인구의 31.4%가 영양실조 상태에 놓여 있다. 그동안 아프리카 국가들은 식량자급 수준을 높이기 위해 많은 노력을 기울여 왔으나, 최근의 기상이변, 자연재해, 정치적 불안정, 글로벌 경기침체 등으로 어려움을 겪고 있다. 또한 기아가 장기화되고 있는 지역들의 경우 다른 지역에 비해 기아 비율이 3배 이상 높으며, 이들 국가에 대한 대책이 절실한 실정이다.

세계 기아지수

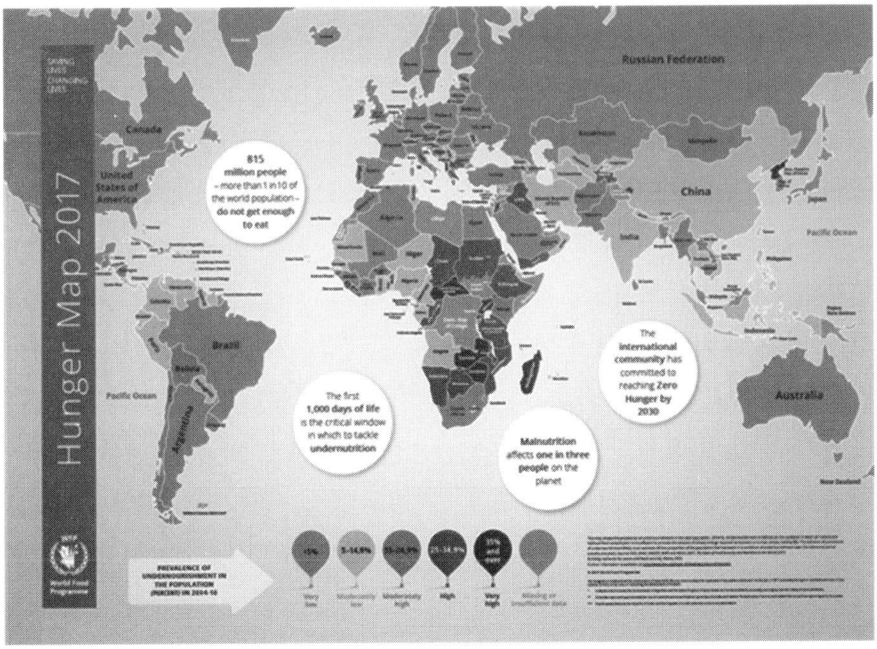

* 출처: 국제기아대책기구 홈페이지.

선진국인 식량 수출국의 입장에서 볼 때에는 국가 전체적으로 물리적인 식량 확보가 큰 문제가 되지 않기 때문에 자국 국민들 중 저소득층이 충분히 식량을 확보할 수 있는 경제적 조건이 마련되어 있는가에 관심이 많다. 따라서 저소득층의 영양상태 조사 혹은 다양한 저소득 식품 지원 프로그램이 식량안보라는 개념에서 추진되고 있다. 선진국인 식량 수입국은 경제력이 충분하기 때문에 식량을 해외에서 수입하는 데 따르는 경제적인 제약은 거의 없다고 할 수 있다. 따라서 곡물 수출국들의 금수조치, 기상이변 등으로 인한 생산량 급감에 따른 국제 곡물시장에서의 수급괴리 등의 국제곡물 시장에 효과적으로 대응하기 위해서, 물리적인 식량에의 접근성을 유지 또는 강화하는 것을 식량안보의 주요목표로 삼고 있다.

반면 개도국인 식량수출국은 식량수출이 국가의 대외무역 수지에서 가장 큰 몫을 차지하고 있기 때문에, 사실상 자국의 국민들이 식량에의 물리적·경제적 접근이 용이한가라는 데 관심을 두기보다는 어떻게 하면 국내의 식량생산 기반을 유지하여 보다 높은 가격으로 식량을 수출할 수 있을 것인가에 관심을 두고 있다. 이러한 관심 사항은 이들 식량수출국들로 하여금 석유수출국기구(OPEC, Organization of Petroleum Exporting Countries)와 유사한 쌀수출국기구(OREC, Organization of Rice Exporting Countries)를 설립할 것을 제안하는 단계에 이르게 되었다.

식량을 수입하는 개도국은 사실상 세계최빈국의 나라들로써 자국 국민들의 상당수가 기아로부터 해방되도록 하는 것을 일차적인 목표로 삼고 있는 실정이다. 이들 국가는 해외에서 식량을 구매할 수 있는 능력이 현저히 떨어지기 때문에 기아문제에 대한 해결책을 상당수 FAO와 같은 국제기구 혹은 선진국으로부터의 원조에 의존하고 있는 실정이다.

이처럼 식량안보에 대한 인식은 개별국가가 처한 현실에 따라 다르며, 국제곡물시장에서의 가격불안정성의 증가는 식량안보의 중요성을 다시 한 번 각인시키는 계기가 되었다. 또한 국제기구에서도 식량가격의 등귀는 저개발국의 기아문제 해결에도 매우 부정적인 영향을 미칠 것으로 예상하고 있어, 국제공조를 통한 식량가격 등귀 혹은 불안정 억제를 요청하고 있는 중이다.

2) 에너지안보(energy security)

(1) 에너지안보의 의미와 중요성

에너지안보란 에너지는 국가경제를 뒷받침하는데 필수불가결한 것이며, 국가의 안전보장과 깊이 결부되어 있기 때문에 에너지의 안정적이고도 합리적인 공급이 중요하다는 인식을 의미한다. 국민경제의 필수적인 에너지의 96.9% 이상을 수입에 의존하고 있는 우리나라 입장에서도 에너지안보의 중요성은 아무리 강조해도 지나치지 않다.

현대는 자원전쟁의 시대라는 말이 있다. 천연자원을 둘러싸고 벌어지는 새로운 냉전의 시대라는 얘기이다. 이 자원전쟁의 화두는 에너지이다. 지난 2008년에 국제 원유 가격이 배럴당 140달러에 달하는 초고유가 사태가 벌어졌다. 원유를 거의 100% 수입해야 하는 우리나라를 비롯한 원유 비생산 국가들은 그야말로 비상사태였다. 수입 원유 가격이 상승하면 전기료와 수송비를 비롯해 모든 석유화학제품의 가격이 동반 상승하여 물가를 압박하기 때문이다.

세계 신문의 머리기사를 장식하는 떠들썩한 자원전쟁의 예는 일일이 셀 수조차 없다. 미국은 이라크가 대량살상무기(생화학무기, 핵무기, 방사능 등 인명을 대량으로 살상할 수 있는 무기)를 보유하고 있다는 것을 구실로 삼아 이라크를 침공하였다. 이 전쟁은 후세인의 체포로 종결되었지만, 사실상 대량살상무기의 존재는 부풀려지거나 조작되었다는 의견이 지배적이다. 즉, 이라크 전쟁은 '석유를 노린 전쟁', '군수산업을 떠받치기 위한 전쟁'이었다는 것이다. 러시아는 유럽으로 가는 천연가스 파이프라인의 밸브를 움켜쥐고 전 유럽을 좌지우지하고 있다. 또 엄청난 양의 원유 및 가스가 매장되어 있는 것으로 추정되는 그루지야가 러시아의 그늘에서 벗어나려고 하자 러시아는 가차 없이 무력으로 응징하였다.

눈에 보이는 자원전쟁보다 총성 없는 자원전쟁이 더 무섭다. 인류의 미래 식량 문제 해결사처럼 등장한 GMO(유전자 변형 농산물)가 그것이다. GMO란 유전자의 일부를 조작해 특정 병충해에 강하거나 특정 형질을 강하게 만든 작물을 말한다. 옥수수를 비롯해 밀, 콩, 면화 등 다양하다. GMO 연구의 선두주자 미국은 석유를 가지고 큰소리치는 중동 국가에 소리 없이 또 다른 전쟁을 이미 선포하고 있다. 세계 최대 곡물 생산국이자 수출국인 미국이 곡물 가격을 올려 고유가에 맞불을 놓은 것이다.

또한 세계 곳곳에는 노다지 자원을 놓고 주변 국가들 간에 팽팽한 신경전을 벌이는 곳도 많다. 북극해와 동중국해, 볼리바르 베네수엘라 오리노코 강 유역, 호르무즈 해협의 아부무사 섬, 서아프리카 기니 만 등은 모두 석유와 천연가스를 놓고 치열한 영유권 다툼을 벌이고 있는 곳이다.

(2) 에너지안보에 대한 국제사회의 접근법과 현실

국제사회는 1970년대와 1980년대 두 차례에 걸친 '오일쇼크'(oilshock)로 지칭되는 에너지 파동을 겪으면서 에너지가 경제에 치명적 손상을 미칠 수 있다는 경험을 하였다. 최근에도 에너지를 둘러싼 새로운 에너지 자원 확보 경쟁이 정치적 쟁점으로 부각되고 있으며, 미국과 중국·일본 등 주변 강대국들은 산유국과의 협력체계 구축 등의 평화적 수단과 이라크 사태와 같은 전쟁수행 등의 군사적 수단을 동원하여 에너지 자원을 확보하기 위한 노력을 하고 있다.

또한 급속한 경제성장으로 중국이 식량 소비와 마찬가지로 에너지 소비의 '블랙홀'로 등장하면서 각국의 에너지 확보 전선에 비상이 초래되는 양상을 보이고 있다. 키신저(Henry A. Kissinger) 전 미국 국무장관은 "향후 지구촌에서 가장 발생 가능성이 큰 분쟁은 화석연료를 둘러싼 갈등이며, 이미 세계는 그 갈등의 입구에 들어와 있다"고 하였다. 이처럼 경제력이 국력의 필수요건인 시대에 산업의 동력원인 에너지를 안정적으로 확보하는 것은 경제성장뿐만 아니라 국가 생존에도 핵심적인 현안이다.

에너지 자원 중 가장 핵심 자원으로 볼 수 있는 석유의 경우 자원이 특정 국가에 한정되어 있으며 그 격차도 크다. 베네수엘라가 2,983억 배

럴로 가장 많은 석유를 매장하고 있는 것으로 나타났으며, 그 뒤를 이어 사우디아라비아, 캐나다, 이란, 이라크 순으로 석유를 보유하고 있는 것으로 나타났다. 우리나라는 석유매장량이 전혀 없어 원유 수입에만 의존하고 있는 실정이다. 2017년 현재 세계 석유매장량은 1조 7,067억 배럴 정도로 에너지 수요 매장량의 추가 확인 및 대체에너지 개발 등 변수에 따라 가채년수(可採年數)는 변할 수 있겠지만, 전 세계에서 37.5년가량 사용이 가능한 양(量)으로 추정된다.

세계 주요국의 석유 매장량

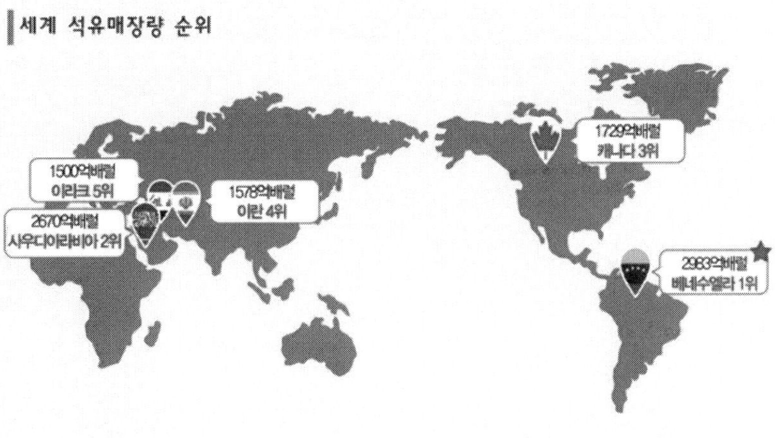

* 출처: 세계에너지 통계.

석유자원과 함께 또 다른 주요 에너지 자원으로는 천연가스가 있다. 천연가스 역시 석유와 마찬가지로 특정 국가에 밀집되어 있다. 세계에서 가장 많은 천연가스 매장량을 기록한 국가는 러시아가 57.29조 입방미터로 전 세계 천연가스 매장량의 30%를 차지하고 있다. 러시아는 넓은 국토면적 만큼이나 천연가스를 비롯해 자원부국이며 최근 수출량도 급등하면서 수입국에 대한 영향력도 커지고 있다. 실제로 의존도가 높은 유럽 국가들은 러시아와 우크라이나 사이의 분쟁에 가스관이 닫히자 난방이 끊기는 등 어려움에 직면해 국가 위기를 선포하기도 했으며, 이후 유럽 국가들은 러시아에 대한 수입의존도를 낮추기 위한 방책을 강구하고 있다. 우리나라는 석유매장량은 없지만 천연가스는 50억 입방미터 정도를 보유하고 있는 것으로 알려져 있다. 2017년 현재 세계 천연가스 매장량은 187.49조 입방미터로, 현재의 수요나 에너지 소비량을 대입해 보면 앞으로 50년에서 70년 간 사용할 수 있는 에너지 양(量)이다.

세계 주요국의 천연가스 매장량

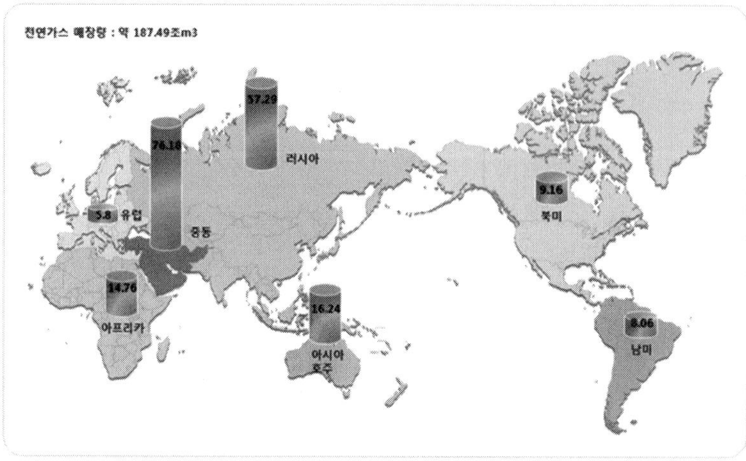

* 출처: 세계에너지 통계.

에너지를 둘러싼 국가 간의 경쟁은 한층 가속화되고 있으며, 이는 기본적으로 급증하는 수요를 공급이 안정적으로 받쳐주지 못하기 때문이다. 특히 지구상에 매장된 화석연료는 제한적이며, 에너지 공급 부족 시대가 현실화될 수 있다는 위기의식은 에너지 확보를 향한 국가 간 경쟁을 불러와 자원으로 인한 마찰이 세계적으로 증가하고 있다. 이와 같은 현실에서 우리나라와 같이 국제 에너지시장의 변화에 민감하게 영향을 받는 구조를 가진 국가들은 에너지시장의 다변화 및 에너지 자급률을 높이기 위한 해외자원 개발투자에 적극적인 참여를 추진하고 있다. 그러나 이들 방책은 한계를 가질 수밖에 없으며, 수급 안정망에 대한 체계적인 관리와 지속가능한 에너지 생산을 위한 방안 마련이 시급한 실정이다.

3) 식량 및 에너지안보 관계의 불균형

제한된 에너지자원과 지구온난화에 대처하기 위한 대책으로 옥수수·콩·사탕무 등을 이용한 바이오에너지의 사용 확대가 주목받게 되었다. 그러나 이는 식량재배 면적과 공급을 감소시켜 곡물가격을 상승시키고 식량안보를 위협하는 부작용을 낳고 있다. 2008년에 발생한 곡물가격 폭등의 한 원인이 이와 같은 곡물의 에너지용 수요와 식량수요 간의 경쟁 심화에 따라 농지를 식용생산 대신 바이오연료 생산용으로 전용해 나타난 결과로 볼 수 있다. 기술적인 측면에서 에너지 산출을 위해 투여되는 원자재의 양이 전체 곡물, 즉 식량시장에 타격을 줄 정도로 확대될 경우 식량 및 에너지안보 관계에 있어 불균형[3]을 낳을 수 있다.

또한 곡물 가격의 상승은 열대지역에 있어서 산림 용지를 농경지나 바이오연료 생산용지로의 전환을 촉진시켜 지구의 이산화탄소 흡수 능력을 약화시키고, 생물다양성을 파괴시키고 있다는 지적이 제기되고 있다. 바이오연료 생산 확대 정책은 에너지 공급량 확대라는 목적은 달성할 수 있을지는 모르지만, 한편으로는 생태계 파괴를 가져와 한파와 홍수·태풍 등 기상이변으로 인한 외부불경제 효과가 나타나 전 세계 농업은 큰 피해를 받을 수 있다. 이러한 것들을 종합해 보면 곡물을 사용하지 않는 대체에너지를 개발하거나 곡물을 대체에너지 생산에 활용한다고 했을 때, 먼저 생산효율성을 높이는 기술개발에 대한 투자가 선행될 필요가 있다. 현재의 기술수준 하에서 대체에너지 생산의 효율성은 높지 않아 효율성 개선이 선행되지 않고 생산이 이루어진다면 식량안보와 에너지안보 간의 불균형은 지속될 가능성이 높다.

3) 에너지안보를 추구하는 과정에서 식량안보의 문제를 야기하는 것을 의미한다.

김민수(2016). 인간안보의 헌법적 보장과 국가안보와의 조화. 법학논집 21(1).
김상배(2016). 신흥안보와 메타 거버넌스: 새로운 안보 페러다임의 이론적 이해. 한국정치학회보 50.
김상배(2016). **신흥안보의 미래전략**. 서울: 사회평론아카데미.
김오홍·오일석(2018). 신안보분야 남북협력 추진전략. 신안보연구 193.
김원용(2017). 가구식량안보지수를 통한 식량접근성 취약가구 실태분석 연구. 고려대학교 대학원 박사학위논문.
류지철(2011). 에너지안보 제고를 위한 APEC 국가와의 공조 방안 연구. 에너지경제연구원.
민명원(2007). 탈냉전기 안보개념의 확대와 네트워크 패러다임. 국방연구 50(20).
박균열 외 역(2010). **인간안보: 개념과 함의**(타지박시·체노이 저). 서울: 철학과현실사.
서보혁(2011). 인간안보에 있어서 국가의 역할 연구. NRF KRM(Korean Research Memory).
서보혁(2013). **인간안보와 남북한 협력**. 서울: 아카넷.
유현석(2008). 지구화 시대의 인간안보와 시민사회. NRF KRM(Korean Research Memory).
유호근(2012). 식량안보와 한국: 과제와 전망. Jpi정책포럼 97.
유호근(2014). 비전통안보 이슈로서 식량안보: 한국적 함의. OUGHTOPIA 29(2).
이정필 외 역(2015). **에너지안보: 지금은 안 보이는 에너지안보 상상하기**(코너하우스·에너지 기후정책연구소 공저). 서울: 이매진.
이철호(2012). **한반도 통일과 식량안보**. 서울: 식안연.
이혜정(2009). 보호책임의 국제정치: 인권, 국가주권, 유엔과 미국패권. 국제 지역연구 18(4).
이혜정·박지범(2013). 인간안보. 국제지역연구 22(1).
전학선(2016). 인간안보를 통한 인권보장 강화. 서울법학 24(1).
채성준(2019). **인간관계론**. 서울: 동문사.
한국국방연구원(2007). 왜 에너지안보인가. KIDA Press.
한기욱(2015). 식량 및 에너지안보에 따른 국가 유형별 생산효율성 분석. 서울대학교 대학원 석사학위논문.
홍용표(2002). 탈냉전기 안보개념의 확대와 한반도 안보환경 재조명. 한국정치학회보 36(4).

Carafano, J. J. and Smith, J. A.(2006). The Muddled Notion of 'Human Security' at the UN: A Guide for U.S. Policymakers. Backgrounder 1966.
Fargione J., J. Hill, D. Tilman, S. Polasky, and P. Hawthorne(2008). Land Clearing and the Biofuel Carbon Debts. Science 327.
FAO etal.(2015). The State of Food insecurity in the World.
Human Development Report 1994(PDF)(1994). United Nations Development Programme.
MacFarlane, S. N. and Khong, Y. F.(2006). Human Security and the UN: A Critical History. Bloomington: Indiana University Press.
UNDP(1994). Human Development Report.

찾아보기

국문색인

영문색인

기타

21세기 초국가적 안보위협

저자소개

채성준

국회 사무처(정보위원회)와 국정원 산하 국가안보전략연구원 및 총리실 산하 한국행정연구원(안전통합부) 등 정부 주요기관에서 국가안보 및 국가정책을 다루는 업무에 오랫동안 종사하였다. 단국대학교에서 행정학 박사학위를 취득하였고, 현재는 대학 강단에서 후진양성과 연구활동에 힘을 쏟고 있다.

E-mail : yeomul@hanmail.net

21세기 초국가적 안보위협

초판 1쇄 발행 / 2019년 6월 6일
초판 2쇄 발행 / 2019년 6월 30일

●

저 자 / 채 성 준
발행인 / 이 중 수
발행처 / **동 문 사**

●

서울특별시 서대문구 홍제원 1길 12
(홍제동 137-8)
Tel : 02)736-3718(대), 736-3710, 3720
Fax : 02)736-3719
등록번호 : 1974.04.27 제9-17호
가격 : 18,000원

●

ISBN : 979-11-6328-085-9(93390)
E-mail : dong736@naver.com
www.dongmunsa.com